国家出版基金项目
NATIONAL PUBLICATION FOUNDATION

外国文学学术史研究

主编

陈众议

菲茨杰拉德学术史研究

A Study of the History of F. Scott Fitzgerald Studies

程锡麟 等著

译林出版社

图书在版编目（CIP）数据

菲茨杰拉德学术史研究 / 程锡麟等著．—南京：译林出版社，2014.9

（外国文学学术史研究/陈众议主编）

ISBN 978-7-5447-5067-7

Ⅰ.①菲…　Ⅱ.①程…　Ⅲ.①菲茨杰拉德，F.S.（1896～1940）—人物研究 ②菲茨杰拉德，F.S.（1896～1940）—文学研究　Ⅳ.①K837.125.6 ②I712.065

中国版本图书馆CIP数据核字（2014）第232852号

书　　名　菲茨杰拉德学术史研究
作　　者　程锡麟　王安　黄邦福　孙薇　秦苏珏　陈爱华
责任编辑　田　智
出版发行　凤凰出版传媒股份有限公司
　　　　　　译林出版社
出版社地址　南京市湖南路1号A楼，邮编：210009
电子邮箱　yilin@yilin.com
出版社网址　http://www.yilin.com
经　　销　凤凰出版传媒股份有限公司
印　　刷　江苏凤凰扬州鑫华印刷有限公司
开　　本　718毫米×1000毫米　1/16
印　　张　23.5
插　　页　4
字　　数　318千
版　　次　2014年9月第1版　2014年9月第1次印刷
书　　号　ISBN 978-7-5447-5067-7
定　　价　58.00元

译林版图书若有印装错误可向出版社调换
（联系电话：025-83658316）

总序

在众多现代学科中,有一门过程学。在各种过程研究中,有一种新兴技术叫生物过程技术,它的任务是用自然科学的最新成就,对生物有机体进行不同层次的定向研究,以求人工控制和操作生命过程,兼而塑造新的物种、新的生命。文学研究很大程度上也是一种过程研究,从作家的创作过程到读者的接受过程,而作品则是其最为重要的介质或对象。问题是,生物有机体虽活犹死,盖因细胞的每一次裂变即意味着一次死亡;而文学作品却往往虽死犹活,因为莎士比亚是"说不尽"的,"一百个读者就有一百个哈姆雷特"。

换言之,文学经典的产生往往建立在对以往经典的传承、翻新乃至反动(或几者兼有之)的基础之上。传承和翻新不必说,即使反动,也每每无损以往作品的生命力,反而能使它们获得某种新生。这就使得文学不仅迥异于科学,而且迥异于它的近亲——历史。套用阿瑞提的话说,如果没有哥伦布,迟早会有人发现美洲;如果伽利略没有发现太阳黑子,也总会有人发现。同样,历史可以重写,也不断地在重写,用克罗齐的话说,"一切历史都是当代史"。但是,如果没有莎士比亚,又会有谁来创作《哈姆雷特》呢?有了《哈姆雷特》,又会有谁来重写它呢?即使有人重写,他们缘何不仅无损于莎士比亚的光辉,反而能使他获得新生,甚至更加辉煌灿烂呢?

这自然是由文学的特殊性所决定的,盖因文学是加法,是并存,是无数"这一个"之和。鲁迅谓文学最不势利,马克思关于古希腊神话的"童年说"和"武库说"更是众所周知。同时,文学是各民族的认知、价值、情感、审美和语言等诸多因素的综合体现。因此,文学既是民族文化及民族向心力、认同感的重要基础,也是使之立于世界之林而不轻易被同化的鲜活基因。也就是说,大到世界观,小到生活习俗,文学在各民族文化中起到了染色体的功用。独特的染色体保证了各民族在共通或相似的物质文明进程中保持着不断变化却又不可淹没的个性。惟其如此,世界文学和文化生态才丰富多彩,也才需要东西南北的相互交流和借鉴。同时,古今中外,文学终究是一时一地世道人心的艺术呈现,建立在无数个人基础之上,并潜移默化、润物无声地表达与传递、塑造与擢升着各民族活的灵魂。这正是文学不可或缺、无可取代的永久价值与恒久魅力之所在。

于是,文学犹如生活本身,是一篇亘古而来、今犹未竟的大文章。

此外,较之于创作,文学研究则更具有意识形态和上层建筑属性,因而更取决于生产力和社会形态、社会发展水平。这也是马克思主义的基本观点之一。如是,我国现代意义上的文学研究起步较晚,外国文学研究更是如此。虽然以鲁迅为旗手的新文学运动十分重视外国文学,但从实际成果看,1949年前的外国文学研究却基本上属于旁批眉注、前言后记式的简单介绍,既不系统,也不深入。因此,我国的外国文学研究几乎可以说是在新中国成立以后全面展开的,而系统的外国文学学术史研究,这还是第一次。

二

学术史研究也是一种过程学,而且是一种相对纯粹的过程学。不具备一定的学术史视野,哪怕是潜在的学术史视野,任何经典作家作品研究几乎都是不能想象的。

然而,后现代主义解构的结果是绝对的相对性取代了相对的绝对性。于是,许多人不屑于相对客观的学术史研究而热衷于空洞的理论了。在一些人眼里,甚至连相对客观的真理观也消释殆尽了。于是,过去的“一里不同俗,十里言语殊”,成了如今的言人人殊。于是,众声喧哗,且言必称狂欢,言必称多元,言必称虚拟和不确定。这对谁最有利呢?也许是跨国资本吧。无论解构主义者初衷如何,解构风潮的实际效果是:不仅相当程度上消解了真善美与假恶丑的界限,甚至对国家意识形态,至少是某些国家的意识形态和民族凝聚力都构成了威胁。然而,所谓的“文明冲突”归根结底是利益冲突,而“人权高于主权”这样的时鲜谬论也只有在跨国公司时代才可能产生。

且说经典在后现代语境中首当其冲,成为解构对象,它们不是被迫“淡出”,便是横遭肢解。所谓的文学终结论也正是在这样的背景下提出来的。它与其说指向创作实际,毋宁说是指向传统认知、价值和审美取向的全方位的颠覆。因此,经典的重构多少具有拨乱反正的意义。

正是基于上述原由,中国社会科学院外国文学研究所于2004年着手设计“外国文学学术史研究工程”计划,并于翌年将该计划列入中国社会科学院“十一五规划”。这是一项向着重构的整合工程,它的应运而生,标志着外文所在原有的“三套丛书”(即20世纪60至90年代——“文革”时期中断——的“外国文学名著丛书”、“外国古典文艺理论丛书”和“马克思主义文艺理论丛书”)等工作的基础上又迈出了新的一步,也意味着我国的外国文学研究已开始对解构风潮之后的学术相对化、碎片化和虚无化进行较为系统的清算。

于是,关乎经典的一系列问题将在这一系统工程中被重新提出。比如,何为经典?经典是必然的还是偶然的?经典重在表现人类的永恒矛盾(用钱锺书的话说是“两足动物的基本根性”)呢,还是主要指向时代社会的现实矛盾?它们在认知方式、价值判断、审美取向方面有何特征?经典及经典批评与时代社会的生产力和生产关系、经济基础和上层建筑等关系何如?批评及批评家的作用(包括其立场、观点、方法及其与时代社会的一般和特殊关系)又如何?此外,经典作家的遭际与性情、阅历与禀赋,经典的内容与形式、继承与创新,以及文学的一般规律和文学经典的特殊性等诸如此类的问题,都将是本工程需要展示并探讨的。

且说世界文学一路走来,其规律并非羚羊挂角,无迹可寻。童年的神话、少年的史诗、青年的戏剧、中年的小说、老年的传记是一种概括。由高向低、由外而内、由强至弱、由大到小等等,也不失为一种轨辙。如是,文学从摹仿到独白、从反映到窥隐、从典型到畸形、从审美到审丑、从载道到自慰、从崇高到渺小、从庄严到调笑……终于一头扎进了个人主义和主观主义的死胡同。小我取代了大我,观念取代了情节;"阿基琉斯的愤怒"变成了麦田里的脏话;"路漫漫其修远兮,吾将上下而求索"变成了"我做的馅饼是世界上最好吃的";诸如此类,不一而足。是谓下现实主义。当然,这不能涵盖文学的复杂性和丰富性。事实上,认知与价值、审美与方法等等的背反或迎合、持守或规避所在皆是。况且,无论"六经注我"还是"我注六经",经典是说不尽的,这也是由时代社会及经典本身的复杂性和丰富性所生发的。

二

众所周知,文学是人类文明的重要组成部分。马克思主义的经典作家向来重视文学,尤其是经典作家在反映和揭示社会本质方面的作用。马克思在分析英国社会时就曾指出,英国现实主义作家"向世界揭示的政治和社会真理,比一切职业政客和道德家加在一起所揭示的还要多"。恩格斯也说,他从巴尔扎克那里学到的东西,要比从"当时所有职业的历史学家、经济学家和统计学家那里学到的全部东西还要多"。列宁则干脆地称托尔斯泰是俄国革命的一面镜子。这并不是说只有文学才能揭示真理,而是说伟大作家所描绘的生活、所表现的情感、所刻画的人物往往不同于一般抽象的概括、数据的统计。文学更加具体、更加逼真,因而也更加感人、更加传神。其潜移默化、润物无声的载道与传道功能更不待言。站在世纪的高度和民族立场上重新审视外国文学,梳理其经典,展开研究之研究,将不仅有助于我们把握世界文明的律动和了解不同民族的个性,而且有利于深化中外文化交流,从而为我们借鉴和吸收优秀文明成果、为中国文学及文化的发展提供有益的“他山之石”。胡锦涛前不久说过,“我们必须准确把握当代世界和中国发展变化的大势,坚持立足国情,同时又吸收世界文化的优秀成果;坚持立足当代,同时又大力弘扬中华民族优秀文化传统”。这和“洋为中用”、“古为今用”思想一脉相承。

“观乎天文以察时变,观乎人文以化成天下”;文学作为人文精神的重要基础和介质,既是人类文明的重要见证,同时也是一时一地人心、民心的最深刻、最具体的体现,而外国文学则是建立在外国各民族无数作家基础上的不同时代、不同民族的认识观、价值观和审美观的形象反映。研究人心自然不能停留在简单抽象的理念上,因此,走进经典永远是了解此时此地、彼时彼地人心、民心的最佳途径。换言之,文学创作及其研究指向各民族变化着的活的灵魂,而其中的经典(包括其经典化或非经典化过程)恰恰是这些变化着的活的灵魂的集中体现。

如是,“外国文学学术史研究”立足国情,立足当代,从我出发,以我为主,瞄准外国文学经典作家作品和思潮流派,进行历时和共时的梳理。其中第一、第二系列由十六部学术史研究专著、十六部配套译著组成:第一系列涉及塞万提斯、歌德、雨果、左拉、庞德、高尔基、肖洛霍夫和海明威;第二系列包括普希金、茨维塔耶娃、康拉德、狄更斯、哈代、菲茨杰拉德、索尔·贝娄和芥川龙之介。

三

格物致知,信而有证;厘清源流,以裨甄别。“外国文学学术史研究”中的经典作家作品学术史研究系列,顾名思义都是学术史研究(或谓研究之研究)。学术史研究既是对一般博士论文的基本要求,也是一种行之有效的文学研究方法,更是一种切实可行的文化积累工程,同时还可以杜绝有关领域的低水平重复。每一部学术史研究著作通过尽可能抽丝剥茧式的梳理,即使不能见人所未见、言人所未言,至少也能老老实实地将有关作家作品的研究成果(包括有关研究家的立场、观点和方法)公之于众,以裨来者考。如能温故知新,有所创建,则读者幸甚,学界幸甚。相配套的经典论文翻译,则遴选有关作家作品研究的阶段性和标志性成果,其形式类似于外文所先前出版的"外国文学研究资料丛书"。

此次面世的"外国文学学术史研究"中的每一部学术史研究著作将由三部分组成。第一部分为经典作家(作品)的学术史梳理。这是相对客观的,但其中的艰难也不可小觑。首先,学术史梳理既不像平素泛舟书海,拾贝书海,尽意兴而为之的俯拾由已和随心所欲;其次,牵涉语种繁多,而且经过20世纪的形形色色的方法论和批评思潮的浸染,用汗牛充栋来形容经典作家作品研究成果已不为过。因此,要在浩如烟海的研究史料中攫取最有代表性的观点和方法,实在是件考验耐心和毅力的事情。战战兢兢,生怕挂一漏万,自不待言,且挂一漏万在所难免。因此,我们只能择要概述,甚至把侧重点放在经典作家的代表作上。不然纵使篇幅再大,也难以涵括浩瀚的文献资料。换言之,去芜杂的枝蔓和重复的敷衍,留精粹要义和真知灼见是必然的,但也是不容易做到的。它考验我们涉猎的深度和广度,而且也是检验我们学术水准和价值判断的重要环节。

第二部分研究之研究何啻是一大考验。都说20世纪是批评的世纪,在经历了现代主义的标新立异和后现代主义的解构风潮之后,在各种思潮、各种方法杂然纷呈的情况下,如何言之有物、言之成理、不炒冷饭,殊是不易;如何在前人的基础上有所发现、有所前进,就更是难上加难。反过来看,正因为文化相对主义的盛行和批评的多元,也才有了我们展示立场、发表见解的特殊理由和广阔余地。举个简单的例子,解构主义针对二元论的颠覆虽然是形而上学的,却不可谓不彻底。其结果是相当一部分学者怀疑甚至放弃了二元思维,但事实上,二元思维不仅难以消解,而且在可以想见的未来仍将是人类思维的主要方法。真假、善恶、美丑、你我、男女、东方和西方等等实际存在,并将继续存在。与此同时,作为中国学者,面对西方话语,我们并非无话可说。总之,从文学出发，关心小我与大我、外力与内因、形式与内容、反映与想象、情节与观念，以至于物质与精神、肉体与灵魂、西方与东方等诸如此类的二元问题，以及经典在民族和人类文明进程中的地位和作用，依然可以是我们的着力点。当然，二元论决不是排中律，而是在辩证法的基础上融会二元关系及二元之间所蕴藏的丰富内涵和无限可能性。毋庸讳言，改革开放以来，学术界解放思想，广开言路，但日新月异中不乏矫枉过正、时髦是趋。比如大到存在与意识、物质与精神的辩证关系，小到客观与主观、客体与主体等等，都大有乾坤倒转、黑洞化吸之势。至于意识形态“淡化”之后，跨国资本主义的一元化意识形态更是有增无已；真假不辨、善恶不论、美丑混淆的现象所在皆是；个人主义大行其道，从而使抽象的人性淹没了社会性；普世主义势不可挡，以致文化相对主义甚嚣尘上。文学从大我到小我，从外向到内倾，从摹仿到虚拟，从代言到众声喧哗；真实给虚幻让步，艺术向资本低头；对妖魔鬼怪和封建迷信津津乐道，任帝王将相和无厘头充斥视阈，能不发人深省？然而，经典作家是说不尽的，以上的任何一位作家都是无法穷尽的。用巴尔加斯·略萨的话说，伟大的经典具有“自我翻新”的本领。至于何为经典，虽然也是个说不尽的话题，但用简单的方式综观前人的观点，也许可以用两句话来概括：一是它们必须体现时代社会（及民族）的最高认知和一般价值（包括人类永恒的主题、永恒的矛盾）；二是其方法的魅力及审美的高度不会随着岁月的更迭而褪色或销蚀。当然这是将复杂问题简单化的一种说法。而本课题便是关乎经典其所以成为经典的一种较为复杂的论证方式。需要说明的是，经典不等于市场。用桑塔亚那的话说，经典不在于一时一地喜欢者的多寡，而在于喜欢者的喜欢程度。如果在此基础上再加上一个历史的维度，那么这话也就更加全面了。

学术史研究的最后部分为文献目录。它在尽可能详尽的基础上，还要有所选择。不然，展示一个经典作家的学术史，光文献目录就可以编辑厚厚的几大本。因此，去粗存精，是为重要或主要文献目录。

最后需要说明的是，“外国文学学术史研究”的中长期目标是在作家作品和流派思潮研究的同时,进行更具问题意识的学术史乃至学科史研究,以期点面结合,庶乎“既见树木,又见森林”;若能密切联系实际,促进中华学术的繁荣、发展和创新,则读者幸甚,我等幸甚。无疑,此工程面向全国高校及科研机构,希望有志于外国文学学术史研究的同仁踊跃加盟、不吝赐教。

陈众议

2010 年 1 月

目录

绪言

F. 斯科特·菲茨杰拉德是美国文学史上的重要经典作家。他与海明威齐名，同为迷惘一代的成员。他是社会世态小说家的杰出代表，是公认的美国爵士时代的代言人。他共发表了长篇小说5部和短篇小说178篇，另外还写了不少诗歌、剧本、文章和大量书信。

菲茨杰拉德在世时，其作品经历了大起大落的命运。菲茨杰拉德的第一部长篇小说《人间天堂》(1920)使他一夜成名，成为一战后美国青年一代的代言人。他一度成为美国稿酬最高的作家。而在1930年代中后期他的名声急剧下降，在文学界近乎完全销声匿迹。1945年开始出现"菲茨杰拉德复兴"。他的作品逐步被重新出版，批评界开始重新对他进行研究和评价。"菲茨杰拉德复兴"在1960年代达到第一次高潮，菲茨杰拉德进入了经典作家的殿堂。以后在1970年代、1980年代和1990年代、2000年代分别出现第二、三、四次高潮。菲茨杰拉德作为经典作家的地位得到进一步巩固和发展。哈罗德·布鲁姆(Bloom, Harold)在《西方正典》(*Western Cannon*, 1994)附录的"经典书目"中便列入了菲茨杰拉德的《了不起的盖茨比》、《夜色温柔》和《重访巴比伦及其他故事》。

菲茨杰拉德的作品具有丰富深刻的内涵，这与其强烈的历史意识是密不可分的。它们真实地记录了社会的变化，深刻地反映了当时的社会世态，生动地再现了历史，体现了时代的精神特征。罗纳德·伯曼(Berman, Ronald)称"菲茨杰拉德是美国景象第一流的观察家"。[①] 亨利·丹·派

① Ronald Berman: *"The Great Gatsby" and Fitzgerald's World of Ideas*. Tuscaloosa, Ala: University of Alabama Press, 1997, p.2.

珀(Piper, Henry Dan)在评论《了不起的盖茨比》时明确指出:“他的小说比许多正统历史学家的事实性陈述使我们更接近于那个世界。”[①]莱昂内尔·特里林(Trilling, Lionel)更把他与歌德相提并论。[②]

自1945年前后“菲茨杰拉德复兴”开始以来,菲茨杰拉德研究就一直伴随着20世纪批评理论的流变而发展。不过,菲茨杰拉德研究的发展并非是与批评理论的流变同步的。与后者相比,菲茨杰拉德研究中批评方法和模式的运用常有延续、滞后和并存的现象。

从1945年至1960年代末,菲茨杰拉德研究的主要范式是新批评以及传统的历史批评和传记批评。自1960年代起,虽然种种新的批评理论流派一波又一波地出现,但新批评细读解析作品的方法长期在美国大学和批评界承袭延续,也在菲茨杰拉德研究中长期存在。1970年代和1980年代的菲茨杰拉德研究受到一些新的批评理论流派的影响,一些批评家运用了女性主义批评、心理分析、文化研究等理论去进行研究,也有不少批评家仍然坚持采用传统的历史、传记以及神话批评。在1990年代及2000年代的菲茨杰拉德研究领域中,一个明显的倾向是关注大众通俗文化对他作品的影响和阶级、种族、性属等因素在他作品中的表现,这是注重外部因素影响和意识形态问题的外在批评。同时,不少批评家也结合了新批评的文本细读方法、叙事理论、文体和话语分析方法去解读菲茨杰拉德的作品。注重作品外在因素和意识形态问题的批评方法和模式是同注重文本内在因素的批评方法和模式并存的。

纵观90年来的菲茨杰拉德批评,一个突出的特点是:由于菲茨杰拉德在创作中把自己的生平与文学虚构作品紧密地结合在了一起,除了少数批评家外,无论批评家们倾向于采用什么批评理论和方法去解读他的作品,他们中的许多人或多或少都运用了传记批评方法,都在不同程度上关注作

① Henry Dan Piper: *Fitzgerald's "The Great Gatsby": The Novel, The Critics, The Background*. New York: Scribner's, 1970, p.1.

② 参见Alfred Kazin, ed.: *F. Scott Fitzgerald: The Man and His Work*. New York: Collier Books, 1962, p. 202。

家传记因素在其作品中的体现和作用。另一个特点是：尽管菲茨杰拉德批评和对他的评价在作家本人在世期间曾有过巨大的起伏和争议，但是自从“菲茨杰拉德复兴”开始以后，研究他的热潮一波接着一波，不断高涨，研究的深度与广度都在增加，对他的评价也越来越高。他已在美国文学经典作家的殿堂中稳固地占据了一席。这可能是菲茨杰拉德本人生前也未能预料到的。

需要说明的是本书是中国社会科学院重大课题“外国文学学术史研究工程·经典作家系列”之子项目“菲茨杰拉德学术史研究”的成果之一。程锡麟带的几位博士参与了本书撰写，他们是四川大学的王安、孙薇和黄邦福，四川师范大学的秦苏珏和华中科技大学的陈爱华。第一编第一章由黄邦福撰写，第二章第一节由孙薇撰写，第二章第二节和第三章第一节由秦苏珏撰写，第三章第二节由陈爱华撰写，第四章由王安撰写，第五章由程锡麟撰写；第二编由程锡麟撰写，王安参与了第五章第二节部分内容的写作；第二编有关国外学位论文数据和附录一重要文献由黄邦福收集整理，附录二和附录三由本课题小组全体人员共同汇编。黄邦福和王安在最后定稿阶段统一译名、体例和注释格式方面认真细致地做了不少工作。

在进行此项目的过程中得到了中国社会科学院外国文学研究所陈众议所长、吴晓都副所长、吴岳添先生的指导和帮助，得到了外文所前所长吴元迈先生、外文所其他领导、行政和后勤部门的大力支持，这里谨表示衷心感谢。同时也衷心感谢译林出版社领导和责任编辑的努力和付出。此外，对本书的不足之处还祈望专家学者不吝指正。

第一编

菲茨杰拉德学术史综述

第一章

对菲茨杰拉德作品的早期评论（1920年—1940年）

弗朗西斯·斯科特·基·菲茨杰拉德（Fitzgerald, Francis Scott Key, 1896—1940）正式登上美国文坛之前，就已经发表了一些练笔之作。13岁时，他在圣保罗私立学校的校刊上发表了自己的处女作《雷蒙德抵押品之谜》（"The Mystery of the Raymond Mortgage"）。在普林斯顿大学期间，他积极为校刊《普林斯顿之虎》（*The Princeton Tiger*）以及《拿骚文学杂志》（*The Nassau Literary Magazine*）撰写稿件。离开普林斯顿大学后，他先后在《时髦圈子》杂志（*The Smart Set*）、《星期六晚邮报》（*The Saturday Evening Post*）、《斯克里布纳》（*Scribner's*）等报刊杂志上发表了数篇短篇小说，其中包括后来收入其第一部短篇小说集《新潮女郎与哲学家》（*Flappers and Philosophers*, 1920）中的《冰宫》（"The Ice Palace"）、《头与肩》（"Head and Shoulders"）等。不过，菲茨杰拉德的这些早期作品，在当时并不为评论界所注意，只有普林斯顿大学校报《普林斯顿人日报》登载了寥寥数语，简单论及了他为《拿骚文学杂志》所撰写的那些作品。[①]

《人间天堂》（*This Side of Paradise*, 1920）的问世，标志着菲茨杰拉德正式登上了美国文坛。在其后20余年的创作生涯中，他先后又出版了《漂亮冤家》（*The Beautiful and Damned*, 1922）、《了不起的盖茨比》（*The Great Gatsby*, 1925）、《夜色温柔》（*Tender Is the Night*, 1934）

① 参见 William R. Benet: *Daily Princetonian*, 24 Feb. 1917; Katherine F. Gerould: *Daily Princetonian*, 24 April 1917。直到1960年代和1970年代，菲茨杰拉德的这些早期作品才开始引起评论界的关注（参见 Henry Claridge, ed.: *F. Scott Fitzgerald: Critical Assessments*, Vol. 2, East Sussex: Helm Information Ltd., 1991, pp. 1-35.）。

3部长篇小说，还有一部未竟之作《最后一位君子》(*The Last Tycoon*, 1941)，以及一部剧本《蔬菜》(*The Vegetable; or From President to Postman*, 1923)。此外，他还创作了178篇短篇小说[①]，出版了4部短篇小说集：《新潮女郎与哲学家》、《爵士时代的故事》(*Tales of the Jazz Age*, 1922)、《所有悲伤的年轻人》(*All the Sad Young Men*, 1926)以及《清晨的起床号》(*Taps at Reveille*, 1935)。

对菲茨杰拉德及其作品的早期评论，始于《人间天堂》的出版。此后，菲茨杰拉德每有新作问世，都会引起评论界的短暂兴奋与关注，然后渐渐又归于沉寂，直到他去世后，才开始了"菲茨杰拉德复兴"。这些早期评论表现出如下特点：第一、大多数早期评论文章都是发表在报纸和期刊杂志上的主观印象式简短书评；第二、评论家对菲茨杰拉德作品看法不一，或褒或贬、或亦褒亦贬；第三、评论家们的关注重心或争论焦点是菲茨杰拉德及其作品的文学地位，并对其作品做出道德或文学上的价值判断。

第一节　长篇小说

一、《人间天堂》

《人间天堂》出版于1920年3月，小说一问世，立即轰动了当时的美国文学界，菲茨杰拉德也随之一跃登上了美国文坛。这部小说不但取得了商业出版的成功，也引起了评论界的高度关注，仅在小说发表当年就有数十篇评论文章，这些文章虽然夹杂着一些负面的批评声音，但褒多于贬，大都对菲茨杰拉德的这部处女作给予了高度的肯定。这些评论文章主要关注的是这部小说在创作、题材及道德方面的优劣得失，并对菲茨杰拉德的文学地位进行了预判。

大多数评论文章都对《人间天堂》在表现手法、风格与结构上的独创性表达了惊喜之情，并对它给予了热情的赞扬。哈里·汉森(Harry Hansen)在《芝加哥每日新闻报》(*Chicago Daily News*, 1920年3月31

① 其中部分短篇小说是菲茨杰拉德去世后经人整理发表的。参见Jackson R. Bryer, ed.: *New Essays on F. Scott Fitzgerald's Neglected Stories*, Columbia and London: University of Missouri P, 1996, p. 4。

日）上撰文，认为《人间天堂》是为数不多的"真正的美国小说"，"风格直截了当、主旨传达手法多样"。[①] 约翰 · 布莱克（Black, John）在《布鲁克林每日鹰报》（*Brooklyn Daily Eagle*, 1920 年 4 月 10 日）上发表的题为《一部优秀的处女作》的书评，认为"《人间天堂》是自早期德莱塞以来，美国小说中最独到、最大胆、最具挑战性的冒险之作。"[②] 罗伯特 · C. 本奇利（Benchley, Robert C.）在《纽约世界早报》（*New York Morning World*, 1920 年 4 月 21 日）上发表的评论文章指出了《人间天堂》所存在的尚不成熟、稍显简单、有着诸多错误之处等问题，但也高度赞誉"它是一部新颖之作，仅凭这一点，菲茨杰拉德就应得到一顶分量极重的皇冠。"[③] 威廉 · 休斯（Huse, William）在《芝加哥晚邮报》（*Chicago Evening Post*, 1920 年 4 月 30 日）上发表的文章认为，"菲茨杰拉德先生的这部处女作所表现出来的新颖性与独创性，是众多成名作家永远无法企及的。"[④] 埃德温 · F. 埃杰特（Edgett, Edwin F.）在《波士顿晚报》（*Boston Evening Transcript*, 1920 年 5 月 12 日）撰文，对这部小说所表现出的对传统的反叛性予以了肯定：

> 菲茨杰拉德将小说的结构形式与连贯性抛到九霄云外，如果不是它的独创性，这部小说将毫无价值，至少在风格上是如此。《人间天堂》的每一章、每一页、每一句话、几乎每一个词都流露出菲茨杰拉德对前辈作家的违抗气息。[⑤]

最著名、也最常为人引用的赞誉之词来自评论家 H. L. 门肯（Menken, H. L.），他在《时髦圈子》（1920 年 8 月号）撰文高度评价道：

> 《人间天堂》是近年来所见到的最为精彩的美国小说……是一

① Jackson R. Bryer, ed.: *F. Scott Fitzgerald: The Critical Reception*, New York: Burt Franklin & Co., Inc., 1978, p. 1.

② Ibid., p. 9.

③ Ibid., p. 14.

④ Ibid., pp. 17-18.

⑤ Ibid., p. 22.

部真正令人惊叹的处女作——结构颇有独创性，表现手法极为老练精妙，闪烁着文学光彩，犹如美国政府罕见的诚实一样，在美国文学中极为罕见。①

但是，有些批评家认为《人间天堂》的结构和风格缺乏控制，表明菲茨杰拉德缺乏小说创作的经验，如玛格丽特 · E. 贝利（Bailey, Margaret E.）所言，它只是"一个年轻人编写的一部有关一个年轻人的编年史"。②甚至有的批评家对它进行了过于严苛的谴责，说它"语法不通、行文散漫、格调低下、结构累赘、词语空泛。"③这样的批评声音在英国也找到了回响。《泰晤士报文学评论副刊》（*Times Literary Supplement*, 1921 年 6 月 23 日）发表的评论认为，《人间天堂》是一部"令人相当厌烦"的小说，书中的人物角色都是些"令人厌恶的装腔作势之徒"，他们的谈话"矫揉造作，令人难以置信"。④

《人间天堂》所涉及的大学校园题材也是评论家们的关注点之一。《达特茅斯学院报》（*The Dartmouth*, 1920 年 4 月 24 日）、《哈佛校报》（*Harvard Crimson*, 1920 年 5 月 1 日）发表的文章都认为，《人间天堂》满足了对大学生活有着切身体验的读者们的阅读需要，是"一部难得的好小说"。⑤斯特拉特福德 · P. 里格斯（Riggs, Strafford P.）在《汉密尔顿文学杂志》（*Hamilton Literary Magazine*, 1920 年 11 月）表达了对《人间天堂》的热爱，认为它对大学校园氛围的刻画"超过了其他任何大学生活题材的小说"，"还没有哪一位美国作家能够刻画得如此之好。"⑥《纽约时报书评》（*New York Times Book Review*, 1920 年 5 月 9 日）称《人间天堂》"近乎完美地"刻画了大学生的生活经历。⑦但是，《人间天堂》

① Ibid., p. 28.

② Ibid., p. 26.

③ Jeffrey Meyers: *Scott Fitzgerald: A Biography*, New York: Cooper Square Press, 2000, p. 60.

④ 参见 Linda C. Stanley: *The Foreign Critical Reputation of F. Scott Fitzgerald*, Westport, Connecticut: Greenwood Press, 1980, p. 118。

⑤ Jackson R. Bryer, ed.: *F. Scott Fitzgerald: The Critical Reception*, pp. 16, 19.

⑥ Ibid., p. 31.

⑦ Ibid., p. 21.

最主要的负面批评者海伍德·布龙（Broun, Heywood）并不认同上述看法，他在《纽约论坛报》（*New York Tribune*, 1920 年 4 月 11 日）撰文说，菲茨杰拉德在这部小说中"营造的氛围，其真实性并不能令人信服"，即使假定他所刻画的"新潮男士"在某些方面是真实的，那"这种题材也令人不感兴趣"，并指出他的创作风格"自我意识太强"，如果不将表达大为简化，"那他是不会走得太远的"。①

《人间天堂》刻画的"新潮男士"、"新潮女郎"所表现出来的道德问题也受到了诟病。小说出版后，当时的普林斯顿大学校长就写信对菲茨杰拉德提出了批评：

> 你笔下的普林斯顿大学令我伤心。我无法想象，我们的小伙子们是在一个乡村俱乐部里度过四年的大学生活。他们在相互算计、谄上傲下的氛围中虚度了整整四年的光阴，这使我感到无法忍受。②

天主教杂志《美国》（*America*, 1920 年 5 月 20 日）对这部小说的道德问题予以了最为猛烈的抨击：

> 小说的主人公是一个自我中心、缺乏自律的花花公子，他似乎是非天主教大学所培养出来的学生的典型例子。如果艾默里身上所发生的那些风流韵事就是当今美国女孩的真实写照，那么，这个国家就在走向堕落与毁灭。③

上述批评文章对《人间天堂》或褒或贬的评论，在某种程度上是不全面的，是主观的印象式评价。第一篇真正的、实质性的文学评论来自菲茨杰拉德的同窗好友、著名文学评论家埃德蒙·威尔逊（Wilson, Edmund），他在《书人》（*The Bookman*, 1922 年 3 月号）杂志发表的《文

① Ibid., pp. 9-10.

② Matthew J. Bruccoli, ed.: *Correspondence of F. Scott Fitzgerald*, New York: Random House, 1980, p. 58.

③ Jackson R. Bryer, ed.: *F. Scott Fitzgerald: The Critical Reception*, p. 25.

学聚光灯—— F. 斯科特·菲茨杰拉德》一文,对这部小说的优劣得失作出了比较客观的分析:

> 小说创作可能出现的所有错误与不足,《人间天堂》里都能找到……《人间天堂》的一个主要不足之处,是它实际上没有讲明任何问题:它的理性内容与道德问题似乎也是装腔作势——一种彻底反叛的姿态。此外,故事构思也很不成熟:它总是显得有些荒谬可笑。最后,《人间天堂》是文字表达最糟糕的小说之一(对于这一错误,出版编辑似乎根本就没有加以修正)。它不但粉饰着虚假观点与引经据典,而且也充斥着最为鲁莽的、极不准确的文句……但是,这些毛病并非不可饶恕,因为它的生命力并不会因此而受到影响。它把反常无序的生活描写得饶有兴味、充满活力;它的情感虽不深邃动人,戏剧性虽不足以使人屏住气息,但它的欢快气氛、浓墨重彩与波澜起伏,相对于深沉凝重、晦涩难懂的严肃的美国现实主义小说,却令人兴奋不已。[①]

《人间天堂》出版后,菲茨杰拉德一夜成名。虽然海伍德·布龙等评论家对其未来的文学道路表达了疑虑,但许多评论家都预见到菲茨杰拉德必将在美国文学史上占据重要的地位。《圣路易邮讯报》(*St. Louis Post-Dispatch*, 1920 年 4 月 1 日)、《费城北美人》(*Philadelphia North American*, 1920 年 4 月 3 日)、《纽约晚邮报》(*New York Evening Post*, 1920 年 4 月 17 日)、《国家杂志》(*The Nation*, 1920 年 4 月 24 日)发表的佚名书评都认为,菲茨杰拉德是一位"值得期待的"、"将取得巨大成就的作家"。[②]《巴尔的摩太阳晚报》(*Baltimore Evening Sun*, 1920 年 5 月 22 日)上发表的文章分析了《人间天堂》在创作手法、题材等方面的独创性,指出这部小说"虽然是作者的第一部作品,但也是一部第一流的作品",并希望菲茨杰拉德"在如此迅速而荣耀地赢得桂冠后不

① Harold Bloom, ed.: *Modern Critical Views on F. Scott Fitzgerald*, New York: Chelsea House Publishers, 1985, p. 8.

② Jackson R. Bryer, ed.: *F. Scott Fitzgerald: The Critical Reception*, pp. 2, 5, 12, 17.

要渐渐地归于平庸”。[①] 文学评论家伯顿·拉斯科(Rascoe, Burton)在《芝加哥每日论坛》(*Chicago Daily Tribune*, 1920 年 4 月 3 日)上撰文说:

> 我认为,《人间天堂》已足以使他在当今为数不多的仍在从事文学创作的美国小说家群体中占有一席之地。……在我看来,这部小说是一部天才之作,是一部迄今对当代美国青少年做出恰当研究的惟一作品。[②]

英国著名作家托马斯·哈代(Hardy, Thomas)去世前夕也撰文说:“我拜读了《人间天堂》,这部小说给我的印象极为深刻。菲茨杰拉德是美国年轻一代作家中为数不多的出类拔萃的小说家之一。”[③]

虽然评论家们对《人间天堂》的看法不一,或褒或贬,但都期待着菲茨杰拉德新作的诞生,正如莫德·D. 沃克(Walker, Maud D.)所言,“《人间天堂》所包含的最重要的一点,是这位作家今后会创作出什么样的作品,因为他这部处女作非常独特,吊足了读者的胃口,都渴望读到他更多的作品。”[④]

二、《漂亮冤家》

1922 年 3 月,菲茨杰拉德的第二部长篇小说《漂亮冤家》问世,不过,它显然没有满足大部分评论家的胃口。由于《人间天堂》的成功让评论家们对菲茨杰拉德抱有过高的期望,同时这部小说正式出版时没有就其在《时尚都市》杂志(*Metropolitan Magazine*)连载所存在的结构与连贯性方面的问题进行修改,加之因仓促写就而的确存在不少瑕疵,因此,虽然不乏赞誉之言,但它令当时的许多评论家大失所望,而且在此后相当长的时间里一直被认为是菲茨杰拉德的一部低劣之作。

不少评论家认为,《漂亮冤家》的主题、故事情节和人物刻画显得非常单调沉闷、枯燥乏味。路易丝·M. 菲尔德(Field, Louise M.)在《纽

① Ibid., p. 24.

② Ibid., p. 3.

③ Jeffrey Meyers: *Scott Fitzgerald: A Biography*, p. 159.

④ Jackson R. Bryer, ed.: *F. Scott Fitzgerald: The Critical Reception*, p. 31.

约时报书评》（1922 年 3 月 5 日）撰文感叹，“很难找到比菲茨杰拉德的新作《漂亮冤家》更沉闷乏味的小说了……它叙事缓慢拖沓，只是记录了一些毫无价值、毫无成就的人生故事。”[①]《纽瓦克纪事报》（*Newark Ledger*）的佚名文章也认为，《漂亮冤家》的“人物毫无意义、主题处理非常肤浅，让读者感到极为沉闷乏味。”[②] 汤姆斯 · C. 查布（Chubb, Thomas C.）发表在《耶鲁文学杂志》（*Yale Literary Magazine*, 1922 年 3 月号）的文章认为，《漂亮冤家》“长达 400 多页的篇幅里毫无闪光之处，令人感到沉闷、乏味”，这部小说“乏善可陈，让人非常失望”。[③] 原本对菲茨杰拉德寄予厚望的埃德温 · 埃杰特在《波士顿晚报》（1922 年 3 月 11 日）上也表达了极度的失望，认为《漂亮冤家》的主题混乱不清、过于头脑简单，“很多东西都应该扔进废纸篓”。[④]

有的评论家直指小说人物和故事所表现的道德堕落。《克利夫兰老实人报》（*Cleveland Plain Dealer*, 1922 年 3 月 11 日）署名为 P. B. 的文章认为，这部小说明显不及《人间天堂》：“小说剥夺了人物角色所有的同情心。他们的猥琐轻浮暴露无遗……描写的只不过是一个极端自私的姑娘与一个同样极端自私、却在性格上更为懦弱的男子之间的风流韵事。”[⑤]《天主教世界》（*Catholic World*, 1922 年 8 月号）也指出，“菲茨杰拉德先生讲述的是一个纽约社会里追求刺激、享乐之徒的肮脏故事……它只是矫揉造作的作品，没有艺术价值。”[⑥]《堪萨斯城明星报》（*Kansas City Star*, 1922 年 6 月 3 日）甚至认为：

> 《漂亮冤家》应更名为《肮脏的灵魂》，书中角色和故事都是卑劣的，简直令人感到不快、压抑。读后你就想把这本书扔进垃圾桶，然后冲出房门，在洁净的六月清晨里忏悔、洗涤灵魂。[⑦]

① Ibid., p. 76.

② Ibid., p. 134.

③ Ibid., p. 62.

④ Ibid., p. 82.

⑤ Ibid., p. 81.

⑥ Ibid., p. 135.

⑦ Ibid., p. 130.

对此问题，罗伯特·F. 罗根（Rogan, Robert F.）认为是缘于“菲茨杰拉德过分地迎合了大众猎奇、猎艳的口味”（*Rockford Republic*, 1922年3月22日）。[1]

这部小说的写作手法也受到诟病，不少评论家认为菲茨杰拉德缺乏对结构与语言的控制力。菲尔·A. 金斯利（Kinsley, Phile A.）在《费城记事报》（*Philadelphia Record*, 1922年3月12日）撰文指出，《漂亮冤家》叙事“散漫、杂乱而冗赘，缺乏连贯性”，认为他需要“一支蓝色铅笔”和“一本词典”，学习“删除”、“编辑”、“节制情感”、“措辞”。[2] 吉尔伯特·塞尔迪斯（Seldes, Gilbert）在《日晷》杂志（*The Dial*, 1922年4月）以笔名“维维安·肖”（Shaw, Vivian）发表的文章指出，菲茨杰拉德将“深邃词汇与无关轶事”纳入这部小说中，显示出他对结构的“漫不经心”。[3] 亨利·贝斯顿（Beston, Henry）也认为，这部小说“无论是在创作方法还是在生活哲学上，都毫无进步的迹象。”（*Atlantic Monthly*, 1922年6月号）[4] 爱德华·蒂尔（Teall, Edward N.）甚至认为《漂亮冤家》表明“菲茨杰拉德不但没有进步，反而正在倒退，变得更加稚嫩了。”（*Worcester Gazette*, 1922年3月8日）[5]

此外，也有评论家指出，菲茨杰拉德在创作《漂亮冤家》时过度介入小说之中，显得过于情绪化。H. W. 博因顿（Boynton, H. W.）在《独立周评》（*The Independent and the Weekly Review*, 1922年4月22日）撰文指出：

> 《漂亮冤家》的叙事充满着花里胡哨的段落、“异乎寻常的”描写、过于热情的评论片断。作者不容许书中人物类型自由显露；一旦他们出现显露苗头，作者立即将他们打回“匿名”状态，把他们

① Ibid., pp.100-101.

② Ibid., p. 89.

③ Ibid., p. 109.

④ Ibid., p. 130.

⑤ Ibid., p. 79.

变成自己的代言人。[①]

伯顿·拉斯科也认为《漂亮冤家》的问题"在于它过于情绪化，几乎无异于酗酒后的发泄。"（*The Bookman*，1922 年 5 月）[②] 南希·巴尔·马维蒂（Mavity, Nancy Barr）同样认为，这位"远远谈不上是最出色的小说家"的这部小说"弥漫着酒精的味道"（*San Francisco Chronicle*，1922年3月26日）。[③] 甚至有评论家戏称，它是由"威士忌·菲茨杰拉德"（Scotch Fitzgerald）创作的《酒鬼冤家》（*The Boozeful and Damned*）。[④]

有些评论者在指出《漂亮冤家》所取得的进步的同时，也对其存在的问题提出了善意而中肯的批评。珊尔达·菲茨杰拉德在其《朋友/夫君的新作》一文中表达了对这部小说的喜爱之情，认为它在诸多方面"绝对是完美之作"，不过也批评它"引经据典过多，且有卖弄学识之嫌。"[⑤] 约翰·皮尔·毕晓普（Bishop, John Peale）在《纽约先驱报》（*New York Herald*，1922 年 3 月 5 日）指出：

> 从整体上看，我认为这部小说无论在创作构思还是情节处理上都代表着作者在《人间天堂》的基础之上又取得了新的进步。从文体风格上看，这部小说写得并不算十分出色，但也绝不是粗劣之作。

不过，他同时也认为，《漂亮冤家》的主人公安东尼刻画不太成功，小说的主角"是格洛丽亚，这不是因为她这个人物比安东尼刻画得更为生动，而是因为菲茨杰拉德对她的想象更为生动，对她的刻画更有连贯性"；此外，"小说的中间部分过于冗长，叙事过于仓促。"[⑥] 威廉·休斯虽然认为《漂亮冤家》"充满力量、描绘精确、富于生动性"，"结构无疑也

① Ibid., p. 119.

② Ibid., p. 121.

③ Ibid., p. 103

④ Ibid., p. 75.

⑤ Ibid., p. 111.

⑥ Ibid., p. 74.

优于《人间天堂》”，但同时也批评它“缺乏对终极价值观的追问，缺乏深刻敏锐的洞察力”（*Chicago Evening Post*，1922年3月17日）[①]。

虽然《漂亮冤家》招致了大量的负面批评，但由于菲茨杰拉德已经累积起来的文学声誉及其作品受到读者欢迎的程度，自然也不缺少赞誉者。这些批评家将《漂亮冤家》与《人间天堂》加以比较后得出结论，认为菲茨杰拉德在结构、创作手法、人物刻画和思想方面都取得了进步。哈里·汉森在《芝加哥每日新闻报》（1922年3月15日）上撰文指出：

> 小说在结构、主题与情节处理上都是一部原创性的、令人好奇的作品。……它不但满足了《人间天堂》带给人们的期望，而且也表明菲茨杰拉德已经踏上了成为我们这个时代重要小说家的道路。[②]

小约翰·S. 科恩（Cohen, John S., Jr.）在《亚特兰大日报》（*Atlanta Journal*，1922年3月26日）指出，“《漂亮冤家》大大超过了《人间天堂》，两者不可比拟”，而且认为它“在未来几年里都是美国最好的小说”。[③] 埃德蒙·威尔逊也认为，《漂亮冤家》“标志着《人间天堂》以来的一大进步：风格更趋于成熟，主题更紧密连贯，描写更令人信服，超过他以前的任何作品。”[④]《沃特伯里共和人报》（*Waterbury Republican*，1922年3月26日）发表的佚名评论文章称，“《漂亮冤家》在各个方面都比［菲茨杰拉德的］首部小说有了进步。它在结构上更为成熟……在思想上也更为成熟。”[⑤]《明尼阿波利斯周日论坛报》（*Minneapolis Sunday Tribune*，1922年5月28日）也指出，《漂亮冤家》代表着菲茨杰拉德在创作上的成熟与进步，结构优于《人间天堂》，因为它“是一部连贯的作品，而不是大杂烩。”[⑥] 玛丽·贝尔·斯旺（Swan, Mary Belle）、凯瑟琳·迈

---

① Ibid., pp. 94-95.

② Ibid., pp. 91-92.

③ Ibid., p. 101.

④ Harold Bloom, ed.: *Modern Critical Views on F. Scott Fitzgerald*, p. 11.

⑤ Jackson R. Bryer, ed.: *F. Scott Fitzgerald: The Critical Reception*, p. 104.

⑥ Ibid., pp. 127-128.

耶斯（Meyers, Catherine）、威廉·柯蒂斯（Curtis, William）等人也纷纷撰文，认为《漂亮冤家》表明，菲茨杰拉德已经明显地向前迈出了坚实的一大步。[①]

高度肯定《人间天堂》的门肯，对《漂亮冤家》同样予以了高度的评价。他在《时髦圈子》（1922 年 4 月号）上指出：

> 菲茨杰拉德灵活而不失尊严地摒弃了他所不熟悉的、难以处理的东西……开始尝试一些更具挑战性的东西，即使这部小说还算不上圆满的成功，那它至少十分接近成功，值得尊敬。书中有细致入微的观察，有大量入木三分的细节描写，文笔凝练畅达……书中数百处精彩片段的描写，足以表明作者严肃的创作主旨和无可非议的写作技巧。甚至那些不足之处也可视为他辛勤耕耘的佐证。菲茨杰拉德已经告别了他的"神童时代"，开始步入成熟时期。[②]

有些批评家更感兴趣的则是菲茨杰拉德继《漂亮冤家》之后的文学道路的发展问题，如哈特福德·库兰特（Courant, Hartford）所言，"《漂亮冤家》证明了菲茨杰拉德拥有真正的写作才华，他的才华让批评家们对他如何发展感兴趣：他是否会成为美国文坛真正的重量级人物，他是否已经到达了成就的顶峰。"[③] 约翰·V. A. 韦弗（Weaver, John V. A.）相信菲茨杰拉德"一旦最终找到自我……他将成为美国文坛真正伟大的作家之一"。（*Brooklyn Daily Eagle*，1922 年 3 月 4 日）[④] 亨利·塞德尔·坎比（Canby, Henry Seidel）在《纽约晚邮报》周末副刊《文学评论》（*Literary Review of New York Evening Post*，1922 年 3 月 4 日）上撰文指出：

> 如果说《人间天堂》……让我们窥见了菲茨杰拉德的写作天赋，那么《漂亮冤家》就证明了他拥有艺术家的良知与智慧。……一旦他在艺术和哲学上成熟起来，他将创作出更多、更精彩的作

① Ibid., pp. 61, 114, 115.

② Ibid., p. 107.

③ Ibid., p. 105.

④ Ibid., p. 69.

品。[①]

查尔斯·鲍德温(Baldwin, Charles)基于《漂亮冤家》所体现出来的讽刺、美和智慧,非常有把握地预测说:"只要菲茨杰拉德战胜对短篇小说创作的狂热,他就会拥有伟大而光辉的未来。"[②] 更为准确的预测来自E. W. 奥斯本(Osborn, E. W.)在《纽约世界报》(*New York World*, 1922年3月5日)发表的文章。作者认为,《漂亮冤家》让我们确信:"某一天,菲茨杰拉德先生一旦战胜轻佻浮躁的诱惑,他就会安静地坐下来,创作出一部让我们惊讶得长久屏住呼吸的作品。"[③] 而《文学文摘》(*Literary Digest*, 1922年7月15日)则指出,菲茨杰拉德"可能正在创作的第三部作品,才能让我们对他能否写出更重要的作品下定论。"[④] 这部让人惊讶得屏住呼吸的作品,就是真正奠定菲茨杰拉德在美国文坛地位的代表作《了不起的盖茨比》。

三、《了不起的盖茨比》

1925年4月问世的《了不起的盖茨比》,如菲茨杰拉德本人所言,"大概可以称得上是有史以来写得最精彩的美国小说之一"。[⑤] 这部小说在出版市场上并没有取得《人间天堂》和《漂亮冤家》那样巨大的商业成功,不过它获得的评价却超过了前两部长篇小说。虽然在最初的批评中,有些评论家未能发现这部小说的优点,发出了完全负面的、甚至是现在看来过于严苛的、近乎冒犯的批评声音,但在总体上讲,评论界对这部小说给予了高度的接受和赞誉。

《纽约世界报》直言"F. 斯科特·菲茨杰拉德的新作乃无用之物"。[⑥]

① Ibid., pp. 63, 65.

② Charles Baldwin: *The Men Who Make Our Novels*, New York: Dodd, Mead and Company, 1924, p. 166.

③ Jackson R. Bryer, ed.: *F. Scott Fitzgerald: The Critical Reception*, p. 78.

④ Ibid., p. 133.

⑤ John Kuehl and Jackson R. Bryer, eds.: *Dear Scott/Dear Max: The Fitzgerald-Perkins Correspondence*, New York: Charles Scribner's Sons, 1971, p. 76.

⑥ Jackson R. Bryer, ed.: *F. Scott Fitzgerald: The Critical Reception*, p. 195.

鲁思·斯奈德（Snyder, Ruth）在《纽约世界晚报》（*New York Evening World*, 1925年4月15日）上宣称："读完《了不起的盖茨比》后，我们深信，菲茨杰拉德先生并不是当代美国的伟大作家。"[①] 伊莎贝尔·佩特森（Paterson, Isabel）在《纽约先驱论坛报书评》（*New York Herald Tribune Books*, 1925年4月19日）撰文指出，这部小说既不深刻，也不会持久，"只是一部应时之作"。[②] 鲁思·黑尔（Hale, Ruth）在《布鲁克林每日鹰报》（1925年4月28日）也发出了完全否定性的声音："如果你能在《了不起的盖茨比》中为我找出能体现魅力、生机、讽刺、浪漫或神秘的丝毫迹象，那么，我在余生中就会每周阅读一部菲茨杰拉德的作品。"[③] 评论家劳伦斯·斯托林斯（Stallings, Laurence）在《纽约世界报》（1925年4月22日）撰文，认为这部小说名不符实，根本不是"一部'了不起的小说'，甚至也谈不上是'一部好书'。"[④] 天主教杂志《美国》（1925年5月30日）断言："不管从哪个角度看，《了不起的盖茨比》都是一部相对低劣的小说。"小约翰·M. 肯尼（Kenny, John M., Jr.）也持同样的观点，他在《公益》刊物（*Commonweal*, 1925年6月3日）上发文总结了菲茨杰拉德"令人失望的"艺术成长道路之后指出，《了不起的盖茨比》只是一部"平庸之作"，"毫无了不起之处"。[⑤]

有些批评家则在肯定《了不起的盖茨比》的同时，也指出了其在人物刻画、情节、用词等方面的具体"问题"。拉尔夫·科格伦（Coghlan, Ralph）在《圣路易邮讯报》（1925年4月25日）撰文认为这部小说"结构紧凑、用词精简、风格雅致"，但同时也指出小说缺乏菲茨杰拉德早期作品中的那种情感、诗意和力量，"总体上看，这部作品的表现似乎比较拙劣……没有激情，也缺乏圆熟与深度。在我们看来，《了不起的盖茨比》也许更应该叫做《长岛十夜》。"[⑥] 沃尔特·尤斯特（Yust, Walter）在《纽约晚邮报》周末附刊《文学评论》（1925年5月2日）发表文章，认

① Ibid., p. 196.

② Ibid., pp. 201-202.

③ Ibid., p. 197.

④ Ibid., p. 204.

⑤ Ibid., p. 235.

⑥ Ibid., p. 206.

为《了不起的盖茨比》表明菲茨杰拉德正在成长，"是菲茨杰拉德先生构思最精细的作品"，但在人物刻画上，"没有令人可信的人物，也没有令人印象深刻的人物。"[①] 哈维·伊格尔顿（Eagleton, Harvey）发表在《达拉斯新闻晨报》（*Dallas Morning News*, 1925 年 5 月 10 日）上的文章为菲茨杰拉德感到遗憾：

> 小说那张长达两页的、写有拜访盖茨比长岛豪宅的客人的名单，完全是多此一举。……小说毫无情节可言……过于情绪化、喧闹、刺眼、丑陋、毫无意义。……菲茨杰拉德的那盏曾经散发出些许亮丽光团的罗马蜡烛，如今似乎快要熄灭了，只剩下微弱的火星与余烟。[②]

约翰·麦克卢尔（McClure, John）在《新奥尔良时报·花絮》（*New Orleans Times—Picayune*, 1925 年 5 月 31 日）上指出，《了不起的盖茨比》只是一部"半生不熟"的作品，存在着"缺乏文学艺术作品所必需的统一性"等诸多瑕疵，"更为糟糕的是，他痴迷地使用一些时下流行的新词……使得小说的文体非常粗糙"，甚至在主题和结构方面也"显得有些粗糙"。[③] 连菲茨杰拉德一向敬重的批评家门肯也对这部小说持相对保守的看法，他在《巴尔的摩太阳晚报》（1925 年 5 月 2 日）上发表的文章为《了不起的盖茨比》贴上了"无足轻重"的标签：

> 它肯定不能与《人间天堂》相提并论……不过是一部被美化了的轶事……只是讲述了一个简单的故事——菲茨杰拉德似乎对保持小说情节上的悬念更感兴趣，而没有去挖掘深层次的意义，因而不能给人以切肤之感，这是问题的症结所在。书中只有盖茨比这一人物被描写得栩栩如生，其他人物都只是活动的木偶——虽然也很逼真，但终究缺乏生气。[④]

① Ibid., pp. 214-215.

② Ibid., p. 224.

③ Ibid., pp. 232-233.

④ Ibid., pp. 211-212.

更多的评论家对《了不起的盖茨比》做出了高度的评价。他们认为，无论在艺术表现手法还是在思想深度方面，这部小说都堪称菲茨杰拉德最优秀的作品，标志着他的创作技艺日臻成熟，也是对困扰评论界数年之久的"菲茨杰拉德能否成为一位艺术家"这一问题所作出的有力回答。

小说出版后不久，众多当时的著名作家、文学评论家纷纷写信给菲茨杰拉德，对他在这部小说中所取得的艺术成就加以祝贺并给予高度的称赞。格特鲁德·斯泰因（Stein, Gertrude）读完小说后写信给菲茨杰拉德，高度评价说：

> 作品表现出优雅美妙的格调……给人以美的享受。你用笔创造了一个现代世界，一个现代的纵酒宴乐的祭祀仪式。这部作品也是一部力作，而且比《人间天堂》更有特色，更加成熟。[①]

伊迪丝·沃顿（Wharton, Edith）在信中虽然指出小说没有交代盖茨比的早年背景这一缺憾，但也热情地对它给予了高度的评价："我认为，你的创作已经有了巨大的飞跃，较之于你以前的作品，这部小说可以说是一个显著的进步的标志。"[②] 菲茨杰拉德的同窗好友、著名评论家埃德蒙·威尔逊也写信对他说："这无疑是你写得最出色的一部作品——构思最精巧、描写最生动、语言最优美的一部佳作。"[③] 美国著名文学史家、评论家范怀克·布鲁克斯（Brooks, Van Wyck）在给菲茨杰拉德的回信中写道："在我看来，这是你最优秀的一部作品，颇具独创性，耐人寻味。书中的人物和情节，令人久久难忘。"[④] 就连向来对人苛刻的批评家、作家欧内斯特·海明威（Hemingway, Ernest）也不得不承认，这

① Edmund Wilson, ed.: *F. Scott Fitzgerald: The Crack-Up*, New York: New Directions Books, 1993, p. 308.

② Ibid., p. 309.

③ Edmund Wilson: *Letters on Literature and Politics: 1912-1972*, Farrar, Straus, Giroux, 1977, p. 121.

④ Matthew J. Bruccoli, ed.: *Correspondence of F. Scott Fitzgerald*, p. 160.

部小说“绝对是一部一流水准的作品”。[①] 美国著名诗人、文学批评家 T. S. 艾略特(Eliot, T. S.)也加入了赞誉者行列,他在 1925 年 12 月 31 日写给菲茨杰拉德的信中,对《了不起的盖茨比》作出了最有高度的、也最常为人们所引用的评价:

> 在我若干年里所拜读过的新小说中,无论是英国小说还是美国小说,我感觉这部作品是最有趣味、最令人振奋的……事实上,在我看来,这是美国小说自亨利·詹姆斯以来所迈出的第一步。[②]

除了上述书信中所获得的高度评价,不少批评家还在报刊杂志上撰文,称赞菲茨杰拉德在《了不起的盖茨比》这部小说中所体现出来的日臻成熟的创作技艺。亨特·斯塔格(Stagg, Hunter)发表在《巴尔的摩太阳晚报》(1925 年 4 月 18 日)上的文章认为《了不起的盖茨比》兼具菲茨杰拉德前两部小说的优点并避免了它们的缺点,他同时指出:“他[菲茨杰拉德]的这部新作所提供的诸多证据表明:他在艺术上日臻成熟,正在成长为真正的作家。同时,已经成熟的他依然保留着少年时代的那种清新与新颖。”[③]《圣保罗先锋报》(*St. Paul Pioneer Press*, 1925 年 4 月 19 日)上发表的佚名文章认为,“《了不起的盖茨比》是菲茨杰拉德创作的最好的小说”,“虽然这部作品本身不是最重要的,但它的确标志着作者在创作能力上取得了明显的进步。”[④] 此前对《漂亮冤家》提出严厉批评的菲尔·A. 金斯利高度肯定了《了不起的盖茨比》,他在《费城记事报》(1925 年 4 月 26 日)撰文指出:“菲茨杰拉德先生凭借《了不起的盖茨比》完成了自我救赎,他此前犯下的文学原罪都得到了解脱,所有真心希望推动美国文学成长的人,都应该为他喝彩。”[⑤]《纽约邮报》(*New York Post*, 1925 年 5 月 5 日)署名为 H. B. 的文章也

① Carlos Baker: *Ernest Hemingway: Selected Letters*, New York: Scribner's 1981, p. 163.

② Edmund Wilson, ed.: *F. Scott Fitzgerald: The Crack-Up*, p. 310.

③ Jackson R. Bryer, ed.: *F. Scott Fitzgerald: The Critical Reception*, p. 198.

④ Ibid., p. 203.

⑤ Ibid., p. 207.

指出,《了不起的盖茨比》“展现了菲茨杰拉德令人羡慕的风格和结构技巧”,认为“菲茨杰拉德先生已经抛弃了早年让他名利双收的那种小说,跻身于创作最好的严肃小说的美国作家群体行列。”[①] 最为重要、也最为著名的评价来自美国文学评论家吉尔伯特·塞尔迪斯在其担任主编的《日晷》(1925 年 8 月号)杂志上所发表的评论:

> 《了不起的盖茨比》第一次表现出了完美的艺术结构,同时也第一次展现出令人入迷的气质……有关菲茨杰拉德如何对待自己的文学天赋这一问题,《了不起的盖茨比》这部当代的精美小说已经作出了回答。菲茨杰拉德已经非常成熟。他已掌握了自己的文学天赋,正展开双翅,优美地翱翔;他把早期作品中的一切踌躇和矫饰全都抛在了身后,也把他的同辈和前辈们远远地抛在了身后。[②]

后来他又在英国杂志《新标准》(*The New Criterion*,1926 年 1 月号)上撰文,再次对这部小说予以赞扬,他在文中指出,“《了不起的盖茨比》是一部精彩的作品,也是一部积极健康的作品。它写作精细生动、结构很好、富于生机。”此外,他还认为,菲茨杰拉德这位“此前似乎是最具文学才华的、也是最随意浪费才华的美国作家”,在这部小说中不再恣意浪费他的才华,“他的所有才华,都已经加上了纪律。”[③]

更重要的是,有些批评家注意到《了不起的盖茨比》所体现的“双重视角”(double vision)叙事模式、神秘主义、现代主义等新的创作手法。赫伯特·S. 戈尔曼(Gorman, Herbert S.)、威廉·柯蒂斯、威廉·罗斯·贝内特(Benét, William Rose)等人关注了小说所采用的日后成为菲茨杰拉德批评焦点之一的“既身在其内,又身在其外”的“双重视角”叙事模式。赫伯特·S. 戈尔曼在《纽约太阳报》(*New York Sun*,1925 年 5 月 2 日)发文指出:“菲茨杰拉德讲述这个故事所采用的形式……是詹姆斯式的小说叙事模式——通过旁观者的参与和观察来建构主人公、通过沉思

① Ibid., pp. 218-219.

② Ibid., p. 239.

③ Ibid., pp. 242-243.

性的分析来装点这位主人公。”[1] 威廉·罗斯·贝内特发表在《文学评论》(*Review of Literature*, 1925 年 5 月 9 日)上的文章称赞说,《了不起的盖茨比》证明了菲茨杰拉德的“创作技艺已经完全成熟”:

> 菲茨杰拉德第一次审视了这个被绚丽灯光所遮蔽的具有巴比伦式慑人魅力的时代。他所展现的,不仅是全景式的辉煌灯火、奢侈的生活方式以及惊人的浪费现象,同时也毫无掩饰地将裸露的绞刑架暴露在你的眼前。[2]

威廉·柯蒂斯在《城乡生活周刊》(*Town & Country*, 1925 年 5 月 15 日)上指出,《了不起的盖茨比》这部“可与伦敦、维也纳、巴黎或罗马最好的小说放置在同一书架上”的小说让人意识到,“菲茨杰拉德先生不再只是事件的记录者,他开始根据自己的判断组合这些事件,并对它们作出评判;毕竟,这种评判才是文学存在的唯一理由。”[3] 此外,卡尔·范维克腾(Van Vechten, Carl)在《国家杂志》(1925 年 5 月 20 日)撰文指出,菲茨杰拉德在《了不起的盖茨比》中上演了一场创作上的“处女秀”,这部小说体现出了“一种可以大概称之为神秘主义的特质”。[4] 哈里·汉森在《芝加哥每日新闻报》(1925 年 5 月 27 日)上发表的文章,高度赞扬了菲茨杰拉德在这部小说中所采用的现代主义表现手法,认为《了不起的盖茨比》发出了“现代性挑战”:

> 要表现现代这个时代,就需要现代的创作手法。菲茨杰拉德在这部小说中展现了现代手法。而且,菲茨杰拉德的这种创作手法,比同时代的那些力图捕捉现代美国脉搏的大多数作家都要领先一步。[5]

---

① Ibid., p. 210.

② Ibid., p. 220.

③ Ibid., p. 228.

④ Ibid., p.229.

⑤ Ibid., p. 231.

《了不起的盖茨比》不但在美国国内引发了评论界的关注，法国、英国、瑞典等欧洲国家的文学界也纷纷翻译、评论菲茨杰拉德的这部小说。马里厄斯·布瓦松（Boisson, Marius）在法国《出版期刊》（*Vient de Paraître*，1927 年 1 月号）发文称赞菲茨杰拉德"创作了一部精彩的作品，态度真诚、充满热情，具有强烈的讽刺魅力与美国浪漫主义气息。"[①] 勒内·莱娄（Lalou, Rene）在《新法兰西杂志》（*La Nouvelle revue française*，1927 年 7 月号）上指出，《了不起的盖茨比》犹如"一幅光彩夺目的壁画"，能够唤起人们心中的"浪漫主义多愁善感与对电影狂热的复杂感情"，见证了"一个上帝被桎梏在金钱堆里、撒旦被囚禁在威士忌酒瓶里的社会上演的一出悲剧。"[②] 英国《泰晤士报文学评论副刊》（1926 年 2 月 18 日）评价《了不起的盖茨比》"无疑是一部艺术作品，具有远大前景"，并称赞菲茨杰拉德"用词生动"。[③]《瑞典日报》（*Svenska Dagbladet*, 1928 年 4 月 15 日）的评论文章认为，菲茨杰拉德在《了不起的盖茨比》中表现出敏锐的洞察力、优雅的风格以及细节刻画的艺术才华，处处闪现着高超的创作技巧。[④] 瑞典《哥特兰报》（*Gotlanningen*，1928 年 4 月 11 日）认为小说细节刻画大胆、风格轻快、人物刻画生动，但结构不够紧凑。[⑤] 瑞典《诺绍宾时报—西哥特兰日报》（*Norrköpings Tidningar-Östergötlands Dagblad*，1928 年 4 月 2 日）认为小说"令人兴奋"、"精美雅致"、"具有轰动性"，但同时也指出小说"过于哗众取宠"、"矫揉造作"。[⑥]

需要指出的是，《了不起的盖茨比》这部现在被公奉为现代小说经典巨著的作品，当时的许多评论家虽然都认为它是菲茨杰拉德所创作的最优秀的作品，但并未预见到它会成为一部伟大的小说。这是可以理解的，一方面，《了不起的盖茨比》所体现的现代主义创作手法还不为当时的评论家们广泛熟知与接受；另一方面，如 G. 汤姆斯·坦塞尔

① 参见 Linda C. Stanley: *The Foreign Critical Reputation of F. Scott Fitzgerald*, p. 42。

② Ibid., p. 42.

③ Ibid., p. 118.

④ Ibid., p. 259.

⑤ Ibid., p. 259.

⑥ Ibid., p. 259.

(Tanselle, G. Thomas)和杰克逊·R. 布赖尔(Bryer, Jackson R.)所言:"同时代的评论者要发现未来的文学巨著,这是非常困难的。"[①] 菲茨杰拉德去世后,随着"菲茨杰拉德复兴"的日益兴起,这部小说才逐渐完成了其经典化的过程。

四、《夜色温柔》

1934 年 4 月,在《了不起的盖茨比》出版 9 年之后,《夜色温柔》终于正式发表。对于这部作品,评论界一直翘首企盼,正如艾略特所言:"我一直期盼着斯科特·菲茨杰拉德先生的这部新作的问世。在同时代的这些作家中,除了欧内斯特·海明威先生的作品之外,我还从未怀有这种奇异、焦虑的心情期盼着作家的其他作品发表。"[②] 菲茨杰拉德已然建立起了文学盛誉,因此,《夜色温柔》自然也不乏赞誉之言。但是,也正因为其文学盛誉,评论界对他的要求更加严苛,不再抱有宽容与耐心;同时,这部小说问世于大萧条时期,社会环境与批评语境都发生了巨大变化,菲茨杰拉德一贯刻画的纵乐的富人形象被认为"不合时宜",甚至招致一些批评家的严厉苛责。因此,从总体上讲,评论界对它感到失望,贬多于褒,菲茨杰拉德的文学声誉也因而一落千丈,如他自己所言,"几乎到了无法弥补的地步"。[③]

詹姆斯·格雷(Gray, James)在《圣保罗电讯报》(*St. Paul Dispatch*, 1934 年 4 月 12 日)撰文批评说:

> 《夜色温柔》大而无当、杂乱无章、缺乏控制、结构严重失调……这么多年创作出的竟是如此不成熟的一部作品……令人大失所望,因为它出自一位我们这个时代最出色的作家,一位已经证明了自己具有娴熟的创作技艺与严谨的感受力的作家。我们注意

① 参见 Scott Donaldson, ed.: *Critical Essays on F. Scott Fitzgerald's The Great Gatsby*, Boston, Massachusetts: G. K. Hall & Co., 1984, p. 1。

② 参见 Matthew J. Broccoli, ed.: *Correspondence of F. Scott Fitzgerald*, pp. 362-363。

③ 参见 Matthew J. Bruccoli, ed.: *F. Scott Fitzgerald: A Life in Letters*, New York: Simon & Schuster Inc., 1995, p. 466。

到的，与其说是“夜色温柔”，不如说是“夜色朦胧”。[①]

赫塞尔·布里克尔（Brickell, Herschel）在《北美评论》（*North American Review*, 1934年6月号）也撰文指出，《夜色温柔》“令人有些失望，原因在于，与《了不起的盖茨比》比较，它几乎没有或根本就没有表现出哲学上的任何进步。”[②] 小说人物和主题也令评论家感到厌倦。刘易斯·甘尼特（Gannett, Lewis）在《纽约先驱论坛报》（*New York Herald Tribune*, 1934年4月13日）上质问道：

> 菲茨杰拉德还在刻画“漂亮冤家”女性、悲伤的年轻人、“人间天堂”里的爵士时代……难道就没有成长过程不同、毫无他那些过时信仰的其他一代年轻人了吗？难道就没有一代有着全新信仰的年轻人了吗？[③]

威廉·特洛伊（Troy, William）在《国家杂志》（1934年5月9日）更为直截了当地指出：迪克·戴弗只是杰伊·盖茨比的翻版，这种人物模式的重复“简直令人难受”：

> 现在，菲茨杰拉德先生是时候运用他那杰出的小说创作技艺，为我们刻画一个不再是迷惘的青少年受害者的人物，一个足够强大的、对金色女郎发出的铙钹叮当声充耳不闻的人物。[④]

连一向对菲茨杰拉德报有很高期望的伊迪丝·沃顿也难以掩饰她对《夜色温柔》的失望之情，她在《纽约太阳报》（1934年4月14日）发表了题为《陈旧而无益》的文章，指出这部作品的人物依然“是10年前的那些新潮女郎与哲学家，他们已经令人厌烦、有些失去光泽”，“它所表现的思想和生活观与作品中的那些人物一样都很肤浅；其深度和

① Jackson R. Bryer, ed.: *F. Scott Fitzgerald: The Critical Reception*, pp. 289-290.

② Ibid., p. 322.

③ Ibid., pp. 296-297.

④ Ibid., p. 320.

广度都远远不够。"[①] 批评家马尔科姆·考利(Cowley, Malcolm)在《新共和》杂志(*New Republic*, 1934 年 6 月 6 日)上发表的文章也难掩其失望之情:

> 《夜色温柔》虽是一部不错的小说,但它令人迷惑不解,读完后让人有些愤怒,因为它并不是一部伟大的小说,没有给人完整的感觉。……小说的主题非常宏大,但问题是,菲茨杰拉德根本就没有完全拿定主意,要把它写成什么类型的小说——是围绕单一角色还是群体角色进行创作。……此外,《夜色温柔》还存在着技术性差错……好几个人物都自相矛盾:他们完全不像常人那样发生改变;他们自己转化成了与众不同的人。[②]

菲利普·拉夫(Rahv, Philip)在《工人日报》(*The Daily Worker*, 1934 年 5 月 5 日)则批评菲茨杰拉德最大的败笔是"未能将其看见的一切置于社会背景之中,他本人也被其笔下生活奢靡的人物给冲走,并认同他们",提醒菲茨杰拉德说:"你不能躲在沙滩阳伞下躲过飓风"。[③]

《夜色温柔》在英国的接受情况也是负面性的。彼得·昆内尔(Quennell, Peter)批评小说"用词累赘、缺乏结构",人物刻画"流于形式,令人厌烦"; E. B. C. 琼斯(Jones, E. B. C.)认为小说"缺乏应有的结构"; D. W. 哈丁(Harding, D. W.)对小说情节提出了质疑,认为它"令人难以忍受"。[④]

与此相对的是,菲茨杰拉德文艺圈的朋友们却纷纷致信,热情赞扬《夜色温柔》深刻的主题意义与高超的叙事技巧。约翰·毕晓普写信赞扬道:

> 我刚拜读了您的大作《夜色温柔》,其优美的文体和感人的情节深深打动了我;其思想性远远超过《了不起的盖茨比》。你使我

① Ibid., pp. 303-304.

② Ibid., pp. 323-325.

③ Ibid., pp. 316-317.

④ 参见 Linda C. Stanley: *The Foreign Critical Reputation of F. Scott Fitzgerald*, p. 119。

们看到了期待已久、迫切想看到的东西。这部小说充分表明,你是一位真正优秀的、具有强烈悲剧意识的小说家。作品中所表现出来的悟性、人物性格刻画,以及它所蕴藏的深厚感情都是值得赞扬的。[①]

托马斯·沃尔夫(Wolfe, Thomas)也致函菲茨杰拉德赞扬《夜色温柔》是他写得最好的一部作品:"我认为,你这部作品所塑造的人物比你其他任何作品都更有深度,你所思考的问题也更加深刻。"[②] 海明威在写给马克斯韦尔·珀金斯(Perkins, Maxwell)的信中也对《夜色温柔》表达了赞誉之词:"这部小说的绝大部分都写得相当精彩,令人拍案叫绝……书中的大部分内容写得都比他以前的任何一部作品要好。"[③]1939 年美国普利策文学奖获得者玛乔里·K. 罗林斯(Rawlings, Marjorie K.)在其信中也高度评价《夜色温柔》:

小说具有令人不可抗拒的艺术感染力,使人产生强烈的心灵震撼……以超俗的、深邃的眼光高度形象化地再现了这一特定历史时期的生活图景——不是眼前瞬间的背景画面,而是永恒的超越时空的人生意义。[④]

有些批评家也纷纷撰文对《夜色温柔》给予了高度赞誉,认为它是菲茨杰拉德创作的最好的作品。哈里·汉森在《纽约世界电报》(*New York World-Telegram*, 1934 年 4 月 12 日)上认为《夜色温柔》可与海明威的《永别了,武器》相媲美,"是菲茨杰拉德创作的最好的小说之一"。[⑤] 吉尔伯特·塞尔迪斯发表在《纽约晚报》(*New York Evening Journal*, 1934 年 4 月 12 日)上的评论文章认为:《夜色温柔》是"一部

---

① Matthew J. Broccoli, ed.: *Correspondence of F. Scott Fitzgerald*, p. 339.

② Ibid., p. 332.

③ Carlos Baker: *Ernest Hemingway: Selected Letters*, p. 483.

④ John Kuehl and Jackson R. Bryer, eds.: *Dear Scott/Dear Max: The Fitzgerald-Perkins Correspondence*, p. 193.

⑤ Jackson R. Bryer, ed.: *F. Scott Fitzgerald: The Critical Reception*, p. 292.

精彩的、深刻的悲剧小说",它标志着菲茨杰拉德"重新登上了他应有的位置,成为我们这个时代美国作家中的翘楚。"[①] 卡梅伦·罗杰斯(Rogers, Cameron)在《旧金山纪事报》(*San Francisco Chronicle*, 1934 年 4 月 15 日)撰文,高度评价《夜色温柔》"是一部深刻感人、手法高超的小说;它将奠定菲茨杰拉德在美国文坛的地位。"[②] 戈登·刘易斯(Lewis, Gordon)在《夏洛特新闻报》(*Charlotte News*, 1934 年 5 月 6 日)发表文章,认为《夜色温柔》是"一部精美的、勇敢的悲剧作品,写得细致、充满艺术优雅"。[③]

除了上述批评家对这部小说作出总体性的或贬或褒的价值判断之外,有些评论家则着眼于小说第一部分的作用、迪克·戴弗"沉沦"结局的可信性以及心理分析小说的价值,并产生了明显的争议,使得《夜色温柔》成为菲茨杰拉德早期批评中最有争议性的一部作品。

小说第一部分用很长的篇幅以罗丝玛丽的视角叙述了罗丝玛丽初到欧洲与迪克产生恋情的经过,评论家们对这种叙事方法产生了争议。H. A. 麦克米伦(MacMillan, H. A.)在《圣保罗每日新闻》(*St. Paul Daily News*, 1934 年 4 月 22 日)上评价道:

> 这部作品有着反常的心理描写,固然是一部独特的小说,但是,它的不足之处在于:它的叙事方式模糊不清,小说前半部分的介绍性篇幅与主题没有确切的紧密联系,因而本身也无多大的趣味。例如,罗丝玛丽·霍伊特这个角色,让人感觉她毫无存在的合理理由。[④]

爱德华·威克斯(Weeks, Edward)、克利夫顿·法迪曼(Fadiman, Clifton)、约翰·张伯伦(Chamberlain, John)等批评家也持相似的看法。威克斯认为小说第一部分中的罗丝玛丽只是一个"绘有漂亮图案的木质外壳",建议读者"阅读到 151 页时再下结论"(*Atlantic Monthly*,

① Ibid., p. 293.

② Ibid., p. 310.

③ Ibid., p. 317.

④ Ibid., p. 313.

1934年4月号)。[1] 法迪曼认为"小说在150页处才真正开始"(*New Yorker*,1934年4月14日)。[2] 张伯伦在《纽约时报》(*New York Times*,1934年4月13日)也发文指出:

> 菲茨杰拉德先生犯了"绝对期待"(categorical expectancy)的错误。他将注意力之箭瞄准了罗丝玛丽……然后突然转向,让紧跟他的读者扑倒在地……但是,事实上,罗丝玛丽淡出之后,小说才真正开始。[3]

对于这种观点,有些批评家则表达了完全相反的观点,他们赞扬小说的第一部分,反而认为后面的情节发展缺乏逻辑。范妮·布彻(Butcher, Fanny)在《芝加哥论坛报》(*Chicago Tribune*, 1934年4月14日)指出:

> 小说第一部分描绘了极尽奢华的里维埃拉以及疯狂追逐享乐、逃避现实的男女,以此为背景,菲茨杰拉德为这部必将成为鸿篇巨制的戏剧搭建好了心理舞台。……仅凭这三分之一的篇幅……《夜色温柔》也是一部必读的小说。[4]

亨利·塞德尔·坎比发表在《星期六文学评论》(*Saturday Review of Literature*, 1934年4月14日)上的文章认为,小说前几章写得"非常精彩","小说之所以成功,就因为其精彩的前几章。"[5] 哈罗德·R. 沃利(Walley, Harold R.)也在《俄亥俄州报》(*Ohio State Journal*, 1934年6月6日)发文赞扬小说"开篇很好,为小说提供了精彩的国际背景,为这个古老的三角恋主题奏响了细腻的心理变奏曲。"[6] 伯顿·拉斯科在《老

① Ibid., p. 287.

② Ibid., p. 301.

③ Ibid., p. 295.

④ Ibid., p. 299.

⑤ Ibid., p. 300.

⑥ Ibid., p. 325.

爷》(*Esquire*, 1934 年 4 月号)上也表达了相似的观点:

> 这部小说的开篇似乎令人有些疑惑,但是,读者很快就会明白,菲茨杰拉德以其精湛的创作技艺,给我们留下了背景和系列事件的印象……这些印象与现实世界形成深刻的反差。这种叙事的魅力所在……是提供了一块华丽的、镶有金边的裹尸布,让死亡现实变得更令人毛骨悚然。[①]

迪克·戴弗的"沉沦"结局是否可信,也是评论家们争论的一大焦点。亨利·塞德尔·坎比评论道,小说"以研究微妙的人物关系开始,却以戴弗医生的迅速沉沦结束——他的沉沦并非没有原因,而是有着太多的原因,其中没有一个是主导原因"(*Saturday Review of Literature*, 1934 年 4 月 14 日)。[②] 这一观点得到了克利夫顿·法迪曼和威廉·特洛伊的赞同。法迪曼在《纽约客》(*New Yorker*, 1934 年 4 月 14 日)上撰文指出:

> [迪克]堕落的主要原因并不清楚。例如,迪克对失败命运的接受来得过于突然,缺乏说服力。……那些所谓的悲剧性事件的交代,尚不足以说明迪克沉沦的动机。作者未能更深入地考察和挖掘书中人物的真实生活,使得这部小说不能成为一流作品。[③]

威廉·特洛伊也对迪克沉沦的真正原因感到迷惑不解,"所有的原因都有所表明,但是,没有一个原因具有充分的说服力。"[④] 然而,有些批评家却反对这种观点。约翰·张伯伦(在《纽约时报》1934 年 4 月 16 日)上发表文章回应道:

> 有人似乎认为,戴弗医生的沉沦原因没有充分的交代。对此,

① Ibid., pp. 286-287.

② Ibid., p. 300.

③ Ibid., p. 302.

④ Ibid., p. 319.

> 我无法同意。我认为，菲茨杰拉德先生是在一步步地、精确地向前推进情节，提供的证明恰到好处，既不使情节令人费解，又没有破坏书中的暗示，这种暗示增加了潜伏在表面之下的恐惧。①

此外，批评家们对于《夜色温柔》的心理主题的价值也看法不一。玛丽·M. 科拉姆（Colum, Mary M.）在《世纪论坛杂志》（*Forum and Century*, 1934年4月号）上发表题为《精神病小说》的文章，批评《夜色温柔》中的女主角妮科尔“更像是教科书中的历史病例，而不是小说家所研究的一个真实的角色。事实上，它是对疾病的研究，而不是对疾病患者的研究。”② 哈尔·博兰（Borland, Hal）发表在《费城公共纪事报》（*Philadelphia Public Ledger*, 1934年4月13日）上的文章，也认为《夜色温柔》是一部“令人反感的”心理分析小说，他“一直期盼的并不是这种毫无价值的小说”。③ 然而，《神经与精神疾病杂志》（*Journal of Nervous and Mental Disease*, 1935年7月号）发表的佚名文章，却称赞菲茨杰拉德的这部小说“是对人类生活的深刻理解与细腻记录，同时也是一部记录1917年到1930年期间欧洲生活的准确而完整的编年史”，对精神病学和心理分析学都“具有极高的价值”，“做出了重要贡献”，因此“研究人类行为心理传记线索及其现存的特定社会相关物的学生，不能不阅读此书。”④

由于《夜色温柔》诞生于美国政治气氛较为浓厚的大萧条时代，其主题并不受人们的欢迎，因而小说受到了前所未有的冷遇，贬多于褒。直到菲茨杰拉德去世后，尤其是1960年代，评论界才对这部小说的社会历史意义和艺术价值予以了重新评估，普遍认为它是菲茨杰拉德最重要的作品之一，成为可与《了不起的盖茨比》相媲美的美国现代文学经典之作。

① Ibid., pp. 311-312.

② Ibid., p. 28.

③ Ibid., p. 294.

④ Ibid., p. 332.

第二节 短篇小说

菲茨杰拉德每发表一部长篇小说，随后都会出版一部短篇小说集。他的四部短篇小说集虽比长篇小说更畅销、稿酬也更丰厚，但他却认为是“垃圾”，浪费了他的艺术才华，损害了他的文学声誉，常常为被迫创作这样的小说而感到十分苦闷，甚至将其比作“老婊子”行为。[①]

关于菲茨杰拉德短篇小说的艺术价值，早期评论界的看法不一。大多数评论家根据菲茨杰拉德对其短篇小说所发表的措辞苛刻的言论，认为他的短篇小说不及他的长篇小说那样深刻有力、艺术感强，只是为赚取稿费而匆忙炮制的低劣之作，不值得深入研究或没有艺术价值。他的文学好友海明威甚至指责他“把长篇小说改头换面抛出去发表”的做法“是在出卖自己的才华，如同妓女出卖自己的肉体一样。”[②]但是，也有评论家对菲茨杰拉德的某些短篇小说给予了高度赞扬，认为它们完全可与其长篇小说相媲美。[③]

一、《新潮女郎与哲学家》

《人间天堂》出版6个月后，菲茨杰拉德的第一部短篇小说集《新潮女郎与哲学家》问世。由于《人间天堂》在商界和评论界所取得的成功，这部短篇小说集也引起了批评家们的兴趣与热情，他们基于其与《人间天堂》的比较，作出了或贬或褒的评价。

大多数评论家对《新潮女郎与哲学家》感到失望，认为它比《人间天堂》逊色不少。《国家杂志》（1920年9月18日）的佚名文章感叹菲

① Matthew J. Bruccoli, ed.: *F. Scott Fitzgerald: A Life in Letters*, p. 169.

② Ernest Hemingway: *A Movable Feast*, New York: Scribner's, 1964, p. 155.

③ 1980年代和1990年代，评论界开始关注菲茨杰拉德的短篇小说研究，挖掘其短篇小说的艺术价值。参见：Jackson R Bryer: *The Short Stories of F. Scott Fitzgerald: New Approaches in Criticism*, Madison: U of Wisconsin P, 1982; Alice Hall Petry: *Fitzgerald's Craft of Short Fiction: The Collected Stories, 1920-1935*, Ann Arbor: UMI Research Press, 1989; Bryant Mangum: *A Fortune Yet: Money in the Art of Fitzgerald's Short Stories*, New York: Garland, 1991; John Kuehl: *F. Scott Fitzgerald: A Study of the Short Fiction*, Boston: Twayne Publishers, 1991; Jackson R. Bryer, ed.: *New Essays on F. Scott Fitzgerald's Neglected Stories*, Columbia: U of Missouri P, 1996。

茨杰拉德“滑落得太远”,“已经从其第一部长篇小说精炼娴熟的创作技艺,滑落到把‘lay’当成不及物动词、过分使用‘onto’这个莫名其妙的介词的创作方式。”[①]《纽约晚邮报》周末附刊《文学评论》(1920 年 9 月 25 日)的佚名文章也批评说,菲茨杰拉德这部作品所收录的短篇小说缺乏《人间天堂》所具有的“本土创造性与永恒的灵感”。[②] 署名为 C. B. 的评论家在《巴尔的摩太阳晚报》(1920 年 10 月 23 日)发表的题为《菲茨杰拉德的新作令人失望》的文章中指出:

> 菲茨杰拉德很聪明,不会笨到创作出十足的蹩脚故事,有些场景设置很聪明,有些对话也不错,但是,继《人间天堂》所带给人们的希望之后,这些短篇小说简直滑落到令人大跌眼镜的地步。[③]

也有批评家对《新潮女郎与哲学家》持肯定、赞扬的态度,认为它可与《人间天堂》媲美,甚至更为出色。范妮·布彻在《芝加哥周日论坛报》(*Chicago Sunday Tribune*, 1920 年 9 月 26 日)赞誉它是“最重要的短篇小说集”,并预言《留短发的伯尼斯》(“Bernice Bobs Her Hair”)、《冰宫》、《头与肩》、《近海海盗》(“The Offshore Pirate”)等故事有朝一日必将成为经典之作。[④]《人间天堂》的主要批评者海伍德·布龙在《纽约论坛报》(1920 年 11 月 1 日)对这些短篇小说尤其是《冰宫》做出了肯定性的评价:

> 我们手上拿到的所有新出版的作品,只有《新潮女郎与哲学家》不像我们的扁桃体,是可有可无的东西。……《冰宫》让我们马上确信:菲茨杰拉德确实有内容要表达,而且知道如何表达这些内容。……它足以让我们相信:菲茨杰拉德也许找到了更为有力的跳板,继续创作作品,让我们收回曾经对他作出的种种预言。[⑤]

① Jackson R. Bryer, ed.: *F. Scott Fitzgerald: The Critical Reception*, p. 35.

② Ibid., p. 37.

③ Ibid., p. 42.

④ Ibid., pp. 38-39.

⑤ Ibid., pp. 45-46.

《天主教世界》(1920 年 11 月号)的匿名评论家也称赞“这部集子里的 8 篇短篇小说标志着作者在其长篇小说《人间天堂》的基础上取得了进步……从中我们可以找到创造性、多样性,还有非凡的想象力。”[①]《旧金山纪事报》(1921 年 1 月 23 日)上的匿名评论文章同样认为,这部短篇小说集“标志着 F. 斯科特·菲茨杰拉德的创作已经从《人间天堂》中的毫无节制与杂乱无章转变为自我控制、条理清楚的写作才华……是艺术家而非匠人之作。”[②]

还有的评论家对这部短篇小说集的评价则选择了亦褒亦贬的“中间道路”,虽然肯定的是不同的小说,但都认为某些小说是佳作、某些小说是低劣之作。《明尼阿波利斯杂志》(*Minneapolis Journal*, 1920 年 10 月 21 日)发表的匿名文章认为这些短篇小说的价值高低不一,《吃了四次拳头》(“The Four Fists”)是“人人都应该阅读的小说……为高等教育理论作出了贡献。”[③] 威廉·休斯在《芝加哥晚邮报》(1920 年 9 月 24 日)发文认为,《雕花玻璃酒缸》(“The Cut-Glass Bowl”)和《吃了四次拳头》这两篇短篇小说“实现了人们对《人间天堂》之后的菲茨杰拉德的期望……遗憾的是,其他的小说都无法与它们相提并论。”[④] 门肯在《时髦圈子》(1920 年 12 月号)发文认为这些短篇小说参差不齐:

> F. 斯科特·菲茨杰拉德的《新潮女郎与哲学家》为我们奉献了一份三明治,外面是两片厚而无味的面包,中间夹着几条美味的沙丁鱼。总体而言,这部集子里既有最出色的小说,也有最糟糕的小说。我认为《祝福》(“Benediction”)是其中的最佳小说……它从《祝福》跌落到了《近海海盗》和其他的甜点……这些甜点淡而无味、极为肤浅,是廉价之物——总体而言是糟糕透顶的东西。[⑤]

① Ibid., pp. 44-45.

② Ibid., pp. 51-52.

③ Ibid., p. 41.

④ Ibid., p. 37.

⑤ Ibid., p. 48.

拉塞尔·戈尔(Gore, Russell)也持相同的观点,他在《底特律新闻报》(*Detroit News*, 1921年2月20日)上发文指出菲茨杰拉德的这部短篇小说集"表现不均衡",认为《近海海盗》"令人非常失望、过于荒诞",《祝福》是其中最好的小说。[①]

二、《爵士时代的故事》

菲茨杰拉德出版《漂亮冤家》半年后推出了他的第二部短篇小说集《爵士时代的故事》。他一改目录的常规模式,在此书的目录中对每篇故事的创作过程都进行了描述和评价。不少评论家认为这一做法"新颖有趣",是本书的一大特色。同时,不少评论家也注意到菲茨杰拉德从"新潮女郎"故事转向"第二风格"(second manner)故事。虽然也有负面的声音,但总体而言,这部短篇小说集所获得的评价要高于《新潮女郎与哲学家》。

玛格丽特·卡尔金·班宁(Banning, Margaret Culkin)在《德卢斯先驱报》(*Duluth Herald*, 1922年10月13日)撰文批评说:

> 这部短篇小说只会给其作者和出版商带来更多的金钱,让公众记住斯科特·菲茨杰拉德的名字。它们不会提升菲茨杰拉德的声誉,也不会引起轰动,因为它们大都还是'老一套'的东西。[②]

约翰·根室(Gunther, John)在《芝加哥每日新闻报》(1922年11月8日)上表达了对这部小说集的"极度失望":"菲茨杰拉德似乎仍在原地踏步。《爵士时代的故事》只是仓促拼凑之作,其中的故事有好有差——但根本没有最优秀的小说。"[③]《明尼阿波利斯杂志》(1922年12月10日)更是对它提出了严厉的批评,认为它所收录的这些短篇小说都是"酒鬼"之作,是"趁热敛财":"这部集子没有一篇构思精美的小说,没有一篇有任何深度的小说;整部作品都将愚蠢当成滑稽。他太急于

① Ibid., pp. 52-53.

② Ibid., p. 147.

③ Ibid., p. 155.

求成,因而无法创作出优秀的作品。”[①]

更多的批评家则对《爵士时代的故事》给予了赞誉。埃德蒙·威尔逊发表在《名利场》(*Vanity Fair*, 1922 年 11 月号)的文章称赞说:

> 斯科特·菲茨杰拉德的《爵士时代的故事》这部新的短篇小说集大大超过了他的第一部短篇小说集。在这部作品中,菲茨杰拉德恣意挥洒着他的想象力、幽默感以及调侃品味;它是菲茨杰拉德的滑稽表演,而少有杂志的噱头。[②]

伍德沃德·博伊德(Boyd, Woodward)也认为它比其第一部短篇小说集更为出色,并指出《布衣妖女》(“O Russet Witch”)是其中最好的故事(《圣保罗每日新闻》,1922年12月10日)。[③]《普林斯顿校友周刊》(1922 年 10 月 11 日)发表的匿名文章认为,《没有骨气的男人》(“The Jelly-Bean”)、《布衣妖女》、《本杰明·布顿奇事》(“The Curious Case of Benjamin Button”)等短篇小说将“有助于巩固作者在美国文坛的地位”。[④] 希尔德加德·霍索恩(Hawthorne, Hildegarde)在《纽约时报书评》(1922 年 10 月 29 日)撰文也肯定了这部小说集:

> 这些故事表露出作者的第二风格。它们显然表明他的创作艺术取得了进步,表明他选择了新的方向。……放下此书,脑海里只有一个念头:“此人接下来会做什么?他在创作的,是我们急切地想见到的东西。”[⑤]

有的批评家甚至将菲茨杰拉德与欧·亨利、奥尔德斯·赫胥黎等著名短篇小说家相提并论。特德·罗宾逊(Robinson, Ted)在《克利夫兰老实人报》(1922 年 10 月 7 日)撰文指出,《爵士时代的故事》“新颖独

---

① Ibid., p. 162.

② Ibid., p. 152.

③ Ibid., pp. 160-161.

④ Ibid., p. 147.

⑤ Ibid., p. 151.

创、文风俊美、手法娴熟”，“满足了人们对其作者的所有期望”，继承了欧·亨利等艺术家的“优秀传统”。[①] 约翰·T. 华莱士（Wallace, John T.）在《底特律自由新闻报》（*Detroit Free Press*，1922 年 10 月 8 日）上发表的文章也称赞说：“每一篇小说都很出色。其中有好几篇可称得上杰作，不客气地说，它们比欧·亨利的任何作品都更能证明短篇小说的创作技艺。”[②] 约翰·法勒（Farrar, John）在《纽约先驱报》（1922 年 10 月 8 日）撰文，认为这部短篇小说集是菲茨杰拉德“迄今为止最有趣的作品”，比《新潮女郎与哲学家》更为出色，《一颗像里茨饭店那么大的钻石》（“The Diamond as Big as the Ritz”）是最好的短篇小说，具有奥尔德斯·赫胥黎的写作风范。[③]

与上述或贬或褒的评论不同，有的批评家认为这部集子里的小说参差不齐，如罗伯特·加兰（Garland, Robert）在《巴尔的摩新闻报》（*Baltimore News*，1922 年 9 月 30 日）发表的文章所言，这部作品“既令人恼怒又让人兴奋、既愚蠢可笑又博大精深、既发人深省又荒诞不经。”[④] 而斯蒂芬·文森特·贝内特（Benét, Stephen Vincent）在《纽约晚邮报》周末附刊《文学评论》（1922 年 11 月 18 日）上撰文指出：

> 《爵士时代的故事》既无助于也无损于菲茨杰拉德先生的商业或艺术声誉；从各种意义上讲，他完全还是在原地踏步。……它既不表明菲茨杰拉德先生是昙花一现，也不表明他是灿烂之星。[⑤]

三、《所有悲伤的年轻人》

由于《了不起的盖茨比》获得了巨大成功，菲茨杰拉德其后出版的《所有悲伤的年轻人》也获得了高度评价，是其获得评价最高的短篇小说集。批评家们普遍认为，这部小说集证明了菲茨杰拉德在创作艺术上获得了成长。

① Ibid., pp.140-141.

② Ibid., p. 143.

③ Ibid., p. 141.

④ Ibid., p. 139.

⑤ Ibid., p. 156.

《纽约时报书评》(1926 年 3 月 7 日)发表的匿名书评指出:

> 总体上讲,这部集子没有达到《了不起的盖茨比》那样的高度……但同菲茨杰拉德以前的短篇小说相比,是一大进步。它清楚地标志着作者的创作转向。现在,我们应该称赞菲茨杰拉德,因为他塑造的不再只是年轻角色,他也塑造了非常出色的老年角色。他创作了一部老练成熟、充满讽刺与趣味的短篇小说集,其中至少有一篇可与当今发表的最优秀的短篇小说相媲美。[①]

《密尔沃基报》(*Milwaukee Journal*, 1926 年 3 月 12 日)认为《所有悲伤的年轻人》证明了"菲茨杰拉德能够创作出一流的短篇小说","菲茨杰拉德已经成熟,已经获得了令人惊喜的深刻性。"[②]《克利夫兰老实人报》(1926 年 3 月 14 日)高度评价了这部短篇小说集:

> 《所有悲伤的年轻人》有着成熟的创作艺术、令人羡慕的幽默、合乎逻辑的讽刺,这些都源于更好的理解力、更高的智慧。……它证明菲茨杰拉德不是昙花一现的天才,而是一位思想深刻、理解独到的天才作家。[③]

马尔科姆·考利在《魅力》杂志(*Charm*, 1926 年 5 月号)撰文也称赞菲茨杰拉德的这部小说集有所进步:"数年之后,他的新潮女郎们已经学会了承担责任,她们那玫瑰花苞般的嘴唇旁也出现了淡淡的皱纹。"[④]

对于这部小说集里最好的短篇小说,评论界看法不一。有些批评家认为《赦罪》("Absolution")是其中的最佳小说。E. C. 贝克威思(Beckwith, E. C.)在《纽约晚邮报》周末副刊《文学评论》(1926 年 3 月 13 日)上发表的文章中认为《赦罪》"可与当代任何美国短篇小说作

① Ibid., pp. 257-258.

② Ibid., p. 259.

③ Ibid., p. 261.

④ Ibid., p. 272.

家的作品相媲美”。[①]《时代周刊》(*Time*, 1926 年 3 月 29 日)赞扬《赦罪》是其中“最令人惊叹的小说”。[②]《书人》杂志(1926 年 5 月号)也持同样的看法,认为“《所有悲伤的年轻人》是菲茨杰拉德有史以来创作的最优秀的短篇小说集,其中收录的一些小说是其最好的作品”,《赦罪》“堪称其最佳之作”。[③] 也有批评家选择了《阔少爷》(“The Rich Boy”)。克拉伦斯·盖恩斯(Gains, Clarence)在《北美评论》(1926 年 6 月号)上高调指出,《阔少爷》“具有新意”,“我还很少碰到菲茨杰拉德先生笔下的‘阔少爷’那样既独特又典型的小说人物”。[④] 哈里·汉森、贝拉米·帕特里奇(Partridge, Bellamy)、利昂·惠普尔(Whipple, Leon)也认为这部短篇小说集里最好的小说是《阔少爷》。[⑤] 此外,亨利·F. 普林格尔(Pringle, Henry F.)等评论家认为其中最好的小说是《冬天的梦》(“Winter Dreams”)(《纽约世界报》, 1926 年 2 月 28 日)。[⑥]

不过,有些评论家对《所有悲伤的年轻人》也作出了负面的评价。威廉·罗斯·贝内特在《星期六文学评论》(1926 年 4 月 3 日)撰文指出,批评家应该对出版《了不起的盖茨比》之后的菲茨杰拉德以成熟艺术家的标准加以判断,并对菲茨杰拉德迫于生计而为杂志创作短篇小说的做法提出了隐晦的批评:

> 菲茨杰拉德具有非凡的市场观念。但是,人们在这部作品中的大多数小说背后所感到的,不是发自内心的创作冲动,而是生活的压力。……他的这部作品充满活力与勇气。但是,既然他已经创作出了《了不起的盖茨比》,我们对他的要求自然就应更高。[⑦]

约翰·麦克卢尔发表在《新奥尔良时报·花絮》(1926 年 4 月 11

① Ibid., p. 260.

② Ibid., p. 265.

③ Ibid., p. 272.

④ Ibid., p. 274.

⑤ Ibid., pp. 255, 273.

⑥ Ibid., p. 253.

⑦ Ibid., p. 268.

日）上的文章也对《所有悲伤的年轻人》提出了批评，认为它表明“菲茨杰拉德更感兴趣的，仍然是追逐潮流，而不是成为优秀的艺术家”，“《赦罪》虽然是其中最好的小说……但远不能让人感到满意”。[1]

四、《清晨的起床号》

《夜色温柔》问世近一年之后，菲茨杰拉德出版了其在世时出版的最后一部短篇小说集《清晨的起床号》。这部集子问世于美国大萧条时期，读者和评论家不再对其爵士题材感兴趣，正如《纽约太阳报》（1935年4月5日）发表的署名为N. H.的文章所言：“在大萧条时期，很难公正地看待菲茨杰拉德先生。他笔下的那些各个年龄段（13岁—30岁）的孩子们，在今天看来就如尼安德特人一样遥远。”[2] 因此，相较于菲茨杰拉德的前三部短篇小说集，《清晨的起床号》所获得的评论关注要少得多。虽然也有负面的声音，但这些评论大都对其思想内容和艺术特色进行了肯定。

阿瑟·科尔曼（Coleman, Arthur）为这部“只能供人消遣”的短篇小说集“感到遗憾”，并悲叹菲茨杰拉德“曾经前途无量的创作能力已经衰退了”(《达拉斯新闻晨报》，1935年3月24日)。[3] 伊迪丝·沃顿在《纽约时报书评》（1935年3月31日）撰文批评《清晨的起床号》“还不够好”，“不足以证明他自出版《新潮女郎与哲学家》、《爵士时代的故事》之后已经有了进步、已经成熟”，并认为“菲茨杰拉德先生所选择的素材，根本配不上他的写作才华。”[4]T. S. 马修斯（Matthews, T. S.）同样认为这部集子表明菲茨杰拉德尚未成熟，“他笔下的人物已经成年，但仍未成熟。”(《新共和》杂志，1935年4月10日)[5] 威廉·特洛伊在《国家杂志》（1935年4月17日）撰文也对这部短篇小说集提出了隐晦的批评：

菲茨杰拉德先生是美国作家中为数甚少的仍然关注品格的作

① Ibid., p. 269.

② Ibid., p. 346.

③ Ibid., pp. 338-339.

④ Ibid., pp. 344-345.

⑤ Ibid., p. 347.

家……这解释了其独特的创作形式与技巧的原因。……不过其品格标准本身常常不容易加以确定……道德视野也模糊不清、尚未成熟。如果菲茨杰拉德先生能够扩大其视野，与其兴趣相符合，那他不但会极大地提升自己的声誉，也会极大地提升当代的美国文学创作。①

对于《清晨的起床号》的素材都是些陈词滥调、琐碎无用之物的指责，约翰·张伯伦、伊丽莎白·哈特（Hart, Elizabeth）等批评家为其进行了有力的辩护。张伯伦在《纽约时报》（1925 年 3 月 27 日）撰文指出：

读完菲茨杰拉德最新的短篇小说集《清晨的起床号》之后，我确信，当代评论家对其作品的惯常批评方法是错误的。……一块骨头能让古生物学家想到整个动物，同样，任何社会片断也都可以为小说家所用。问题不在于他选择了哪块骨头，而在于他采用何种技巧来运用某个素材、唤起隐藏在素材之后的东西。……他给我们呈现的，不只是美国这头乳齿象的上颌骨，而是几乎整个身躯骨架。看见这副骨架，他的批评者就不会再抱怨“素材琐碎无用”了。②

哈特在《纽约先驱论坛报书评》（1935 年 3 月 31 日）上发表的文章也回应了某些批评家对这部短片小说集的指责，认为菲茨杰拉德在《清晨的起床号》的创作中有所突破：

草率的读者可能会有这样的片面印象：菲茨杰拉德越来越擅长创作单一的老旧题材……一味地抄袭自己，越来越娴熟地固守于爵士时代的超短裙题材。……但是，读完本书并总体考虑其内容后，也许会作出不同的判断。《清晨的起床号》这个书名本身毫无意义，但它巧妙地象征着菲茨杰拉德在本书中所完成的一

① Ibid., p. 349.

② Ibid., pp. 340-342.

切——努力地突破其旧的创作体系,开始摸索新的创作阶段。[①]

大多数批评家则对《清晨的起床号》持肯定的看法。原本对《夜色温柔》感到极度失望的詹姆斯·格雷却对这部短篇小说集大加赞赏,他在《圣保罗电讯报》(1935年3月20日)撰文,认为它表明菲茨杰拉德已经"重返创作顶峰",尤其推崇《疯狂的星期天》("Crazy Sunday")和《重访巴比伦》("Babylon Revisited"),认为前者是《了不起的盖茨比》的余音、后者是《夜色温柔》的回响。[②] 琼·诺斯(Nourse, Joan)在《旧金山纪事报》(1935年5月5日)发表的文章指出,"虽然斯科特·菲茨杰拉德的短篇小说很少能达到其长篇小说的水平,但它们都是当今期刊文学的佼佼者。《清晨的起床号》比斯科特·菲茨杰拉德此前出版的短篇小说集更具可读性。"[③] 安妮·佩里(Perry, Anne)在《布鲁克林市民报》(*Brooklyn Citizen*, 1935年5月10日)上也称赞《清晨的起床号》"总体上体现出高超的创作技艺,具有阅读趣味,偶尔还闪现出深刻的意义"。[④]

第三节 其他作品

除了创作长篇小说和短篇小说,菲茨杰拉德对于戏剧创作也有所涉猎。1911年他发表了第一个剧本《来自牲口打着横J印记牧场的姑娘》(*The Girl From Lazy J.*),此后还先后改编了《唇膏》(*Lipstick*)、《红头歌女》(*Red-Headed Woman*)、《重访巴比伦》等电影剧本,并创作了《失节》(*Infidelity*)、《妇女》(*The Women*)、《居里夫人》(*Madame Curie*)、《空袭》(*Air Raid*)等电影剧本,这些剧本并没有引发评论界的反响。菲茨杰拉德的代表剧作是其1923年由斯克里布纳公司出版的三幕讽刺喜剧《蔬菜》,不过它既没有取得商业成功,也没有受到评论界的好评。

弗雷德里克·范德沃特(Van de Water, Frederic)在《纽约论坛报》

① Ibid., p. 342.

② Ibid., p. 337-338.

③ Ibid., p. 351.

④ Ibid., p. 352.

（1923 年 5 月 17 日）直言批评《蔬菜》“简直愚蠢至极”。[①]《维奇塔灯塔杂志》（*Wichita Beacon*, 1923 年 5 月 20 日）认为《蔬菜》“只是一颗蔬菜而已”，“主题没有任何错误，但作者处理主题的方式却是千差万错。”[②]《春田共和人报》（*Springfield Republican*, 1923 年 5 月 20 日）登载的匿名文章难掩失望之情：

> 《蔬菜》足以引起这位年轻作家的崇拜者的兴趣。但是，哪怕是新潮女郎……也不能不对菲茨杰拉德先生的这部剧本感到失望。……一位受人欢迎的、已经显露出创作才华的年轻作家，竟然创作出如此空洞的剧本，简直令人感到羞耻。[③]

邓肯·艾克曼（Aikman, Duncan）在《艾尔帕索时代报》（*El Paso Times*, 1923 年 10 月 7 日）指责《蔬菜》是“掩藏在讽刺外衣之下的无稽之谈”。[④] 最为严厉的指责来自约翰·F. 卡特（Carter, John F.），他在《纽约晚邮报》周末副刊《文学评论》（1923 年 6 月 23 日）上发表文章，批评这部作品的“主题、材料处理与创作技巧明显很肤浅……缺乏信念与美感；也缺乏真诚、简洁与知识强度。”[⑤] 两年后，托马斯·C. 查布在《论坛》杂志（*The Forum*, 1925 年 8 月号）上也直言批评《蔬菜》“也许是所有时代里最烂的剧本”。[⑥]

不过，也许是因为菲茨杰拉德此前所累积的文学盛誉，这部剧本也得到了几位批评家的喜爱与肯定。伯顿·拉斯科认为它是一部“非常有趣”的剧本（《纽约论坛报》, 1923 年 5 月 6 日）。[⑦] 约翰·克莱尔·迈诺特（Minot, John Clair）在《波士顿先驱报》（*Boston Herald*, 1923 年 5 月 16 日）上称赞《蔬菜》“具有某种最为精妙细腻的讽刺，能读到它，

---

① Ibid., p. 174.

② Ibid., p. 178.

③ Ibid., pp. 176-177.

④ Ibid., p. 189.

⑤ Ibid., p. 184.

⑥ Ibid., p. 237.

⑦ Ibid., p. 169.

是我们的荣幸。”[①]J. W. 罗杰斯（J. W. Rogers）在《达拉斯时代先驱报》（*Dallas Times-Herald*，1923 年 5 月 27 日）上甚至赞誉《蔬菜》是一部“杰作”，是“真正的绝佳之作”。[②] 同样，埃德蒙·威尔逊在《名利场》（1923 年 6 月号）撰文也持肯定的观点：

> 在某种程度上，F. 斯科特·菲茨杰拉德的剧本《蔬菜》是其创作过的最好的作品之一。在这部作品中，他更清楚地知道自己要表达什么样的主题，而且与他的长篇小说不同，它并没有把他带入超越其飞行能力的高度。它是一部奇异的、讽刺的喜剧，有着令人兴奋的幽默感。[③]

还有的批评家因为《蔬菜》而对菲茨杰拉德寄予了厚望。哈里·汉森在《芝加哥每日新闻报》（1923 年 5 月 9 日）撰文指出：“《蔬菜》表明，菲茨杰拉德结束其卑微的学徒期后，也许会成为美国舞台急切需要的讽刺轻喜剧作家。”[④]A. 唐纳德·道格拉斯（Douglas, A. Donald）在《年轻人圈子》杂志（*The Younger Set*，1923 年 6 月号）上也预测说，《蔬菜》发表之后，“人们没有任何理由怀疑，不用等上 20 年，只需 20 个月之后，菲茨杰拉德就会为我们添上一部壮丽的、迷人的不朽之作。”[⑤]

对菲茨杰拉德作品的早期评论，虽然大都是主观印象式的简短书评，并非现代意义上的学术性文学评论，但它们在菲茨杰拉德批评史上依然占据着重要的地位。它们不但帮助菲茨杰拉德初步确立了其在美国文坛的地位，有些评论还触及了菲茨杰拉德批评中的一些重要论题，如“双重视角”叙事模式和现代性，其中有些论题成为日后“菲茨杰拉德复兴”中的研究焦点，有些观点也得到了深化或修正。

1940 年 12 月 21 日，菲茨杰拉德在好莱坞因心脏病突发，猝然逝

① Ibid., p. 174.

② Ibid., p. 180.

③ Ibid., p. 182.

④ Ibid., p. 172.

⑤ Ibid., p. 182.

去。他的英年早逝令人深感惋惜,也让美国文学界和评论界有机会客观冷静地重新认识这位生前曾饱受争议的作家,他们纷纷发表纪念和评论文章,重新整理出版菲茨杰拉德的作品,包括他尚未完成的长篇小说《最后一位君子》,开启了1940年代菲茨杰拉德研究的第一次复兴。

第二章

菲茨杰拉德研究的复兴（1941年—1970年）

第一节 1941年—1960年

1940年12月21日，年仅44岁的菲茨杰拉德因心脏病辞世。《纽约时报》、《纽约先驱论坛报》、《洛杉矶时报》、《巴尔的摩太阳晚报》等各大媒体纷纷撰文为“爵士时代”和它浪漫的“预言家”发出了讣告，宣告一个时代的终结。此前的十年，菲茨杰拉德的名声经历了严峻的考验，评论界对他的意见褒贬不一，《夜色温柔》和其后的作品常常被批评为陈词滥调或者轻佻浮躁。到1930年代末，市面上几乎已经找不到他的作品，连曾与菲茨杰拉德在好莱坞合作剧本的巴德·舒尔伯格（Schulberg, Budd）也承认说，他以为菲茨杰拉德早已经死了。

1941年到1960年通常被认为是“菲茨杰拉德复兴”（the Fitzgerald Revival）的重要阶段，在埃德蒙·威尔逊、约翰·奥哈拉（O'Hara, John）、多萝西·帕克（Parker, Dorothy）、马尔科姆·考利、约翰·多斯·帕索斯（Dos Passos, John）以及阿瑟·迈兹纳（Mizener, Arthur）、马修·布鲁科利（Bruccoli, Matthew）和杰克逊·布赖尔等多名文学批评家和学者的共同努力下，[①] 评论界开始重新反省、评定菲茨杰拉德对美国文学所做的贡献，掀起了菲茨杰拉德的研究热潮。这一时段的研究工作尽管还不太成熟，多是评论家的杂感和随想，缺乏专门的著述，但公众对菲茨杰拉德的兴趣持续升温，到1960年，菲茨杰拉德的作品卖出了

① Jackson R. Bryer, 马里兰州立大学教授；Arthur Mizener（1907—1988），康乃尔大学教授，菲茨杰拉德传记作家；Matthew Bruccoli (1931—2008)，菲茨杰拉德版本研究专家，南卡罗莱纳大学教授。

177,000 多册，是 1940 年的数千倍。

学者柯克·柯纳特（Curnutt, Kirk）认为，"菲茨杰拉德复兴"受两个重要因素影响。其一是 1941 年 3 月 3 日和 17 日发表在《新共和》杂志上的两期系列文章，菲茨杰拉德的好友约翰·毕晓普、约翰·奥哈拉、巴德·舒尔伯格以及著名批评家马尔科姆·考利、格伦韦·韦斯科特（Westcott, Glenway）等都参与撰文；其二是《最后一位君子》的出版。埃德蒙·威尔逊参照菲茨杰拉德遗留下来的笔记，选编了已完成的部分手稿，增添了该书的情节计划和注释，出版了这部未竟之作。[①]《最后一位君子》最初发行了不到 5,000 册，但由于销售量稳定，于是又在 1941 年、1945 年、1947 年和 1948 年再版。美国文坛对这本小说充满了敬意和遗憾，马克斯韦尔·珀金斯和埃德蒙·威尔逊都认为在世的作家里面没有人能够续写这部好莱坞的传奇，约翰·多斯·帕索斯也说"我相信，即使以未完成的状态，这些残篇也能够像马洛（Marlowe）的素体诗推动了伊丽莎白时代的诗歌一样，充分在立体的维度上提升美国小说。"[②]《最后一位君子》大受好评，也一改当时多数评论家对菲茨杰拉德的看法，引导他们把从对通俗小说作家的批判转变为对严肃作家的审慎，他们开始投入大量时间和精力重读他的作品，重新从道德观念、艺术和历史价值等多个方面评估菲茨杰拉德。

一、文集和专著

在《最后一位君子》出版以后，埃德蒙·威尔逊收集和梳理了菲茨杰拉德遗留下来的手稿和笔记，将一些往来书信、零散的日记和读书札记整理成册，重新编辑成为自传体文集《崩溃》（*The Crack-Up*, 1945）。文集选编了 1931 年到 1937 年间菲茨杰拉德本人的一些片断性自述和思想记录，也收录他给女儿、朋友的六十多封信件以及同时代作家在交往函件中给予的评价。《崩溃》的出现深入了菲茨杰拉德浮华生活的背后，让公众更多地了解他创作与生活的双重性，了解这位有着致命弱点

① 参见 Kirk Curnutt: *The Cambridge Introduction to F. Scott Fitzgerald,* Shanghai: Shanghai Foreign Language Education Press, 2008, p. 118。

② John Dos Passos: "A Note on Fitzgerald", in *The Crack-Up,* New York: New Directions Publishing Corporation, 1956, p. 343.

却身负英雄气质的作家："我猜想我从内心深处还是一个道德的人，我希望用一些大众可以接受的方式来传道，而不是娱乐大众。"[①] 这本载有斯泰因、伊迪丝・沃顿、T. S. 艾略特、约翰・多斯・帕索斯、托马斯・沃尔夫的赞誉的文集成功地吸引了批评界的注意力，稳固了菲茨杰拉德作为严肃作家的声名，为随后几年的菲茨杰拉德研究打好了基调。

同年，菲茨杰拉德的另一位朋友多萝西・帕克邀请约翰・奥哈拉作序，选摘了长篇小说《了不起的盖茨比》、《夜色温柔》和八个精彩的短篇如：《宝宝的聚会》（"The Baby Party"）、《五一节》（"May Day"）和《近海海盗》，在 1945 年出版了一本名为《不可或缺的菲茨杰拉德》（*The Indispensable F. Scott Fitzgerald*, 1945）的小册子。这本书在 1951 年更名为《F. 斯科特・菲茨杰拉德袖珍文集》（*The Portable F. Scott Fitzgerald*, 1951），由纽约书协再次出版。[②] 在序言中，奥哈拉以朋友的身份悼念了这位无可比拟的作家和他的时代，他说："菲茨杰拉德的作品即使是幻想，也总是逼真、真实并接近真理。"[③] 奥哈拉用了众多的词汇来形容他这位有着多重身份的朋友，称他为"艺术家"、"《星期六晚邮报》的工匠"和"畅销书作家"，他认为尽管菲茨杰拉德已经去世，他的大量作品仍"甘醇圆满"，吸引着为数众多的铁杆粉丝一直追捧和怀念。

由马尔科姆・考利选编并作序的《F. 斯科特・菲茨杰拉德短篇小说选》（*The Stories of F. Scott Fitzgerald*）在 1951 年面世。考虑到读者和评论界对早期作品的熟悉程度，编者收录了《新潮女郎与哲学家》、《爵士时代的故事》和《所有悲伤的年轻人》中的少部分经典以及一些被评论界忽视的中后期小说（如：小说集《清晨的起床号》和其他零散作品），其中包括了《一颗像里茨饭店那么大的钻石》、《最后一个南方

① 参见 Alfred Kazin, ed.: *F. Scott Fitzgerald: the Man and His Work*, New York & London: Collier Macmillan Publishers, 1962, pp. 163-164。

② *The Indispensable F. Scott Fitzgerald* 与 *The Portable F. Scott Fitzgerald* 为内容相同但书名不同的两本书，都是由 Dorothy Parker 选编，John O'Hara 作序，不同的是出版的时间，前者是 1945 年纽约 Viking 出版社出版的，而后者在 1951 年由纽约 Book Society 出版。

③ Dorothy Parker, ed.: *The Indispensable F. Scott Fitzgerald*, New York: The Book Society, 1951, p. xi.

女郎》（“The Last of the Belles”）、《疯狂的星期天》和《重访巴比伦》等28篇小说。在该书中，考利精心编排了小说家各个创作阶段中的经典，并在各章首页备以注疏，希望以此“编织二十年代美国生活的非官方历史，或者不如说，有着长远影响的十年历史。”① 这位批评家在1956年维京出版社出版的《第二次繁荣》（*The Second Flowering,* 1956）中再次提到了菲茨杰拉德。他以《菲茨杰拉德：金钱的罗曼史》（“Fitzgerald: The Romance of Money”）为题，用超过20页的篇幅回忆了他的一生，对他的少年得志、对他生活的那个喧嚣的年代、对他作品中宣扬的道德观做了生动的描述。

1951年注定要成为“菲茨杰拉德复兴”的一个重要年份，对耗时半个世纪研究菲茨杰拉德的学者布赖尔来说，这一年是“后来叫做‘菲茨杰拉德复兴’的第二个重要时间点”。② 除了帕克和考利再版的菲茨杰拉德作品以外，还有一个不容忽视的研究成果问世，这就是阿瑟·迈兹纳的菲茨杰拉德传记《远在天堂边》（*The Far Side of Paradise: A Biography of F. Scott Fitzgerald,* 1951）。

这是第一本关于菲茨杰拉德的传记，迈兹纳经过精心的准备，收集和调查了大量相关资料，通读了他的作品和手稿，披露了菲茨杰拉德和他的家庭当时一些不为人知的故事，为后来的研究做了很好的积淀。在传记的前言中，迈兹纳提到了菲茨杰拉德研究有三种途径，第一是对他的作品的研究，因为他本人“是一位天生的作家”，③ 即使除去他写的散文札记和好莱坞剧本，也有160多个故事可供读者仔细讨论；第二是对作者本人的研究，作为一位“名人作家”，他的历史就是时代的编年史，他跌宕起伏的生活与丰富多彩的阅历足以使研究者眼花缭乱；第三是对他所处时代与背景的研究，他是“爵士时代的桂冠诗人”，④ 他的

---

① Malcom Cowley, ed.: *The Stories of F. Scott Fitzgerald*, New York: Charles Scribner's Sons, 1951, p. xxv.

② Ruth Prigozy, ed.: *The Cambridge Companion to F. Scott Fitzgerald*, Cambridge UP, 2002, p. 212.

③ Arthur Mizener: *The Far Side of Paradise: A Biography of F. Scott Fitzgerald*, Boston: Houghton Mifflin Company, 1951, p. xi.

④ Ibid., p. xii.

一切都打上了那个特殊年代的记号。迈兹纳认为，在这三者中间，对菲茨杰拉德作品的研究占有中心地位，因为他的小说“具有精确观察后留下的客观细节”，那就是他的记忆，是他的世界构成，他自己活在其中，经常分不清“珊尔达和我究竟是真有其人，还是我的哪一部小说里的人物。”[①] 对于大多数菲茨杰拉德研究者来说，这本传记虽然年代久远却弥足珍贵，因为它“仍是菲茨杰拉德研究中最好的传记体文献，综合了翔实、细节的生活记录和权威、明智、敏感的作品分析。”[②]

1958年英国职业影评人希拉·格雷厄姆（Graham, Sheilah）所做的回忆录《心爱的异端》（*Beloved Infidel,* 1958）也被评论界称道。凭借两人之间亲密的私人关系，格雷厄姆在书中首次公开了菲茨杰拉德去世前数年在好莱坞鲜为人知的经历。这本既是自传、又是爱情小说和文学史的作品很快成为1959年的大众畅销书，埃德蒙·威尔逊也为此写下了“已出版的最好的菲茨杰拉德肖像”（该书封面）的评论。

第一本菲茨杰拉德论文集由麦克米兰公司出版。艾尔弗雷德·卡津（Kazin, Alfred）编辑的这本小册子名为《F. 斯科特·菲茨杰拉德：其人其作》（*F. Scott Fitzgerald: The Man and His Work,* 1951）。该书精选了1920年到1950年30年间有关菲茨杰拉德及其作品的30篇文章，收集了包括文坛泰斗艾略特在阅读《了不起的盖茨比》以后写给菲茨杰拉德的信件、资深文学评论家门肯发表的对菲茨杰拉德小说的看法，以及菲茨杰拉德的昔日同窗约翰·毕晓普对友人在普林斯顿大学生活的回忆等等。卡津对该书的编排采取了一种客观的态度，尽管他本人对这位“爵士时代”代言人的猝然离世表现出无可挽回的怅然，但文章筛选的标准仍然是力求反映对菲茨杰拉德研究的各种不同态度。整本书充满了或谨慎严峻、或热情乐观的复杂情绪，既有审慎的回顾，也有激情洋溢的书信，既有赞誉与苛责并重的书评、报评，也有传记片断甚至访谈录。作为《了不起的盖茨比》的作者，菲茨杰拉德在这本评论集中获得了令人艳羡的赞誉，评论界认为他具有深刻的洞察力和犀利的文笔，但同时，人们指责他糟践自己的才华，为了满足自己及家人的奢欲炮制粗制滥造的短篇小说，他是时代的替罪羊，是他造就了自己和笔

① Alfred Kazin, ed.: *F. Scott Fitzgerald: the Man and His Work*, p. 149.

② Ruth Prigozy, ed.: *The Cambridge Companion to F. Scott Fitzgerald*, p. 212.

下人物的靓丽奢华却又浪费堕落的生活方式。

实际上，卡津对菲茨杰拉德的研究起步较早。他在1942年完成的《在故土上》（*On Native Ground; An Interpretation of Modern American Prose Literature*, 1942）一书当中就专门谈及了菲茨杰拉德及其作品。他指出，菲茨杰拉德忍受着极端现实感带给他的痛苦，描写华美、灿烂、无忧无虑的二十年代，描写在他身边生活在权力和荣誉之中的富人，描写年轻、生气勃勃和空虚的"新潮女郎"。但他并不是因为崇拜富人才将他们作为小说的主题，他们就像战争之于海明威、混乱的现代社会之于多斯·帕索斯，只是他所熟知的一个世界，是"人类生存的一种状态和艺术家理解世界的一种媒介"。[①] 他的很多作品要么是对这一阶层快乐生活的表现，要么是对这一阶层自我怀疑的挖掘，只有《了不起的盖茨比》超出了这一范畴。卡津将盖茨比看作菲茨杰拉德的理想人物，读者可以在其中看到华贵与魔力掩盖下的盖茨比的幻想，体会他将美国梦与个人梦想合二为一的雄心，感受自我背叛和幻想破灭的悔恨。他对菲茨杰拉德的后期作品也给予了赞誉，称赞他在《夜色温柔》、《崩溃》和《最后一位君子》中保持了写作技巧，有着"神经质的精妙"。[②]

对菲茨杰拉德作品的系统研究成果在卡津的论文集出版六年后终于得以付梓，填补了菲茨杰拉德研究的一项空白。詹姆斯·E. 米勒（Miller, James Edwin）的《F. 斯科特·菲茨杰拉德的小说技巧》（*The Fictional Technique of F. Scott Fitzgerald*, 1957）可谓是第一部真正研究菲茨杰拉德作品的专著，该书最初出版于1957年，内容侧重于对《人间天堂》和《了不起的盖茨比》两本小说进行评述，但市场与评论界均反应冷漠。该书于1964年出了修订版，改版之后的书名为《F. 斯科特·菲茨杰拉德：他的艺术与技巧》（*F. Scott Fitzgerald: His Art and His Technique*, 1964），内容也有了增补。《夜色温柔》和《最后一位君子》这两部菲茨杰拉德的后期作品也被纳入了批评的范围。

在《F. 斯科特·菲茨杰拉德：他的艺术与技巧》一书中，米勒将小说和菲茨杰拉德的书信等生活细节相结合，客观、系统地分析了作品技

① Alfred Kazin: "From *On Native Gound*", in Henry Claridge, ed.: *F.Scott Fitzgerald: Critical Assessments*, Vol. 4, p. 6.

② Ibid., p. 8.

巧所展示的作家成长历程。他指出在很多作家、批评家,特别是康拉德(Conrad, Joseph)的影响下,菲茨杰拉德经历了从散漫的豪威尔斯风格向表述性的詹姆斯风格的转变。米勒认为,菲茨杰拉德的第一部作品《人间天堂》有着传统的视角,作者通过主角艾默里·布莱恩的眼睛来看故事,却采取了全知的叙述,因此他的表述方式也是传统的。在经过一段时间对詹姆斯·乔伊斯(Joyce, James)、薇拉·凯瑟(Cather, Willa)和康拉德等名家的阅读和学习后,菲茨杰拉德对小说艺术的理解有了突破,在技巧上也做了相应改变。在他最为成熟的作品《了不起的盖茨比》中,他放弃了全知的视角,还学习康拉德采用第一人称叙述,通过尼克对事件的观察和参与营造出"全知"叙述者无法描绘的真实。此外,为接近艺术"真理的实质",[①] 菲茨杰拉德也利用尼克接受信息的方式,在情节的筛选和安排上实现了无序中的有序,挑战了豪威尔斯式的、老式的、完全遵守时序的现实主义。

1950年代,面对市场的热潮和读者及评论界的积极反应,曾经与菲茨杰拉德合作紧密的斯克里布纳出版公司开始大量再版和发行他的作品,其中包括《漂亮冤家》(1950)、《F. 斯科特·菲茨杰拉德短篇小说选》(1951年,考利选编作序)、《夜色温柔》(1951)、《了不起的盖茨比》(1953)、《崩溃》(1956年版)和《爵士时代的六个故事及其他》(*Six Tales of the Jazz Age and other Stories*, 1960)。1957年菲茨杰拉德研究专家迈兹纳在菲茨杰拉德母校普林斯顿大学图书馆的帮助下出版了《作家的黄昏:未经收录的小说、散文选集》(*Afternoon of An Author: A Selection of Uncollected Stories and Essay*,1957)。其中收入了菲茨杰拉德创作中、晚期的20多篇作品。该书在第二年由斯克里布纳出版公司发行,为后来的菲茨杰拉德研究提供了更为完整的资料。

从1940年到1950年,有20多本学术专著辟专门章节评价菲茨杰拉德或讨论他的作品,而到1960年代,这个数字激增到120多本,学术界对菲茨杰拉德的兴趣也从他的个人生平、趣闻琐事转移到他的作品当中。这一倾向在以下几本读者比较熟悉的书里面得到了印证:在著名的《流放者归来》(*Exiles's Return,*1951, revised)和《美国文学的周

① James E. Miller: *F. Scott Fitzgerald: His Art and His Technique*, New York UP, 1964, p. 114.

期》(*The Cycle of American Literature*, 1955) 中，马尔科姆·考利与斯皮勒(Spiller, Robert E.)都用了零散的篇幅提到了这位"爵士时代"的代言人；在《迷惘一代之后》(*After the Lost Generation,* 1951) 中，约翰·W. 奥尔德里奇(Aldridge, John W.)列出专门的一章写菲茨杰拉德所制造的 20 年代天堂一般的幻觉和对天堂的恐惧；理查德·蔡斯(Chase, Richard)认为《了不起的盖茨比》应该在美国小说的传统中占有不可磨灭的一席之地，因此他在《美国的小说及其传统》(*The American Novel and Its Tradition,* 1955) 里把这部作品列为世态小说的典范；1960 年出版的《美国小说中的爱情与死亡》(*Love and Death in the American Novels,* 1960) 在第十章"报复女性:从露西到洛丽塔"中详细提到了菲茨杰拉德的小说。作者莱斯利·菲德勒(Fiedler, Leslie)将黛西与妮科尔作为菲茨杰拉德笔下的典型女性形象进行了剖析，认为她们作为爵士时代富裕男性的伙伴——不是伴侣一般的、而是双胞胎一样的伙伴，同为"强奸犯和挑衅者"，[①] 拥有毁灭性的力量。

二、评论文章

在这段被称为"菲茨杰拉德复兴"的历史时期中，有不少知名的文学批评家潜心研究、著书立说，重新编辑、出版菲茨杰拉德的作品，也有大量学者在报刊杂志上发表相关文章，为菲茨杰拉德正名。从布赖尔在《F. 斯科特·菲茨杰拉德的批评声誉》(*The Critical Reputation of F. Scott Fitzgerald,* 1967) 一书中所做的比较详细的记录来看，从 1941 年到 1960 年这二十年间，共有约 300 篇研究菲茨杰拉德的文章得以在重要的文学期刊和报纸上发表，最多的是 1951 年，计 44 篇。1958 年，南卡罗莱纳大学文学教授马修·布鲁科利主持创办了第一本菲茨杰拉德研究的专门刊物《菲茨杰拉德通讯》(*Fitzgerald Newsletters*)，为菲茨杰拉德研究的广大学者提供了学习和交流的平台。

1. 1940 年代

从1940年代中后期发表的文章来看，由于菲茨杰拉德刚去世不久，

① Leslie Fiedler: *Love and Death in American Novels*, New York: Stein and Day Publishers, 1975, p. 313.

所以多数撰文都是一般悼念性的回顾,其中再穿插一些对《了不起的盖茨比》和其他作品的点评,讲述才华横溢的青年菲茨杰拉德如何成为一个时代的传奇又如何被时代淹没,最终壮志未酬,隐没在了好莱坞;也有部分书评将注意力集中在 1941 年和 1945 年威尔逊选编的小说《最后一位君子》和自传体文集《崩溃》上,或比较菲茨杰拉德前后期小说的变化、或探究文本背后那个注定受作家梦和物化现实撕扯、生活在灵魂的暗夜里的、拥有悲剧内在的作家菲茨杰拉德。

这一时期,多数评论家都齐声赞扬菲茨杰拉德的能力,普遍承认他是一名早熟的天才,是“爵士时代”最引人瞩目的“明星作家”,他以敏锐的观察和客观的纪录抓住了一个时代的脉搏,却滥用自己的才华——“他的确写得过滥过多,像把舌头放在了腮帮上,把心装进了腰包或者靴子里。”[①] 因此,持有相同见解的学者们在叹息丧失了一名潜在的、“伟大”的小说家的同时,指责菲茨杰拉德的人性弱点,惋惜他为金钱所累,成为一个时代的牺牲品和替罪羊。

作为菲茨杰拉德的追随者,格伦韦·韦斯科特以为菲茨杰拉德尽管有着文学的天分,自学成才,是一名天才型的作家,却有一个弱点,那就是他有一种错误的道德感。他从来都看轻自己的言行,视其为病态的邪恶,却不发掘自己的优势所在。[②] 他不明白他的意志、他的坦率和勇气、他的自责与内省也在帮助文学成就美德,帮助公众分辨真理和伪善。

著名作家多斯·帕索斯在《菲茨杰拉德评注》(“A Note on Fitzgerald”, 1945)一文中或多或少地流露了对文学市场的不满情绪。他借菲茨杰拉德跌宕起伏的文学生涯斥责大众和以传媒主导的评论界缺乏文学责任感,一边用看待时尚的方式来批评文学,一边要求文学高雅、深邃。文学的双重标准导致青年作家的文学道德日益堕落,不去区分好的文学和“廉价”的文学,也导致文学的发展倾向好莱坞式的视觉化、感官化。多斯·帕索斯批评菲茨杰拉德受通俗文学市场影响创作,但同时他也公正地要求评论界不要为菲茨杰拉德贴上一个又一个吸引

---

① Glenway Westcott: “The Moral of Scott Fitzgerald”, in *The Crack-Up*, p. 326.

② 参见 Glenway Westcott: “The Moral of Scott Fitzgerald”, in *The Crack-Up*, pp. 329-330。

眼球的标签，而是去重新阅读他的作品，因为“明星已死。作家永存。”①

美国文学评论家莱昂内尔·特里林（Trilling, Lionel）也表达了相似的惋惜。在《F. 斯科特·菲茨杰拉德》（“F. Scott Fitzgerald”）一文中他将菲茨杰拉德比作弥尔顿笔下的力士参孙，误用了上天赋予自己的力量。不过，他对菲茨杰拉德的爱惜与赞赏同样溢于言表，“比起谴责坏的东西来，美与好的东西更吸引他去称颂。”② 他在菲茨杰拉德的作品中看到了他的天赋和努力，看到了小说中流露出的浪漫主义的幻想和理想主义的倾向。他给了《了不起的盖茨比》十分肯定的赞扬，他这样写到：“盖茨比……必然代表了美国本身。我们将是世界上唯一一个为一个梦想——美国梦——自豪并赋予它一个名字的国家”，而那本印载着美国梦的书——《了不起的盖茨比》“在四分之一个世纪过后仍然像当年一样鲜活；它赢得少数同时代作品能获得的持久与分量。”③

马尔科姆·考利在他的悼文《第三幕和尾声》（“The Third Act and Epilogue”, 1945）中给了菲茨杰拉德颇高的评价。他认为，《人间天堂》的一炮而红和《了不起的盖茨比》的巨大成功是菲茨杰拉德留下的两次冲击，而《崩溃》则是他的绝唱，是他在经历创作高峰之后克服心理和生理的双重危机给读者带来的第三次冲击，是他一生的挽歌。相比同时代的通俗作家也好，严肃作家也好，菲茨杰拉德都毫不逊色：他具有历史感，能忠实记录下流行的俚语、变换的舞步和时尚，把握住时代的节奏；他具有双重视角，能够深入其中又身在其外，洞悉身边的一切同时又超然物外；虽然在名利和疾病的折磨下，他性格中“中西部地区的刚韧和爱尔兰人的清教秉性”④ 仍能使他在《夜色温柔》的失败中重新振作起来，在临终之时再次找到自己笔调，以更成熟多样的风格创作。

作家威廉·特洛伊引用菲茨杰拉德自己的话，将他称作“失败的权威”。在这篇《斯科特·菲茨杰拉德——失败的权威》（“Scott

① John Dos Passos: “A Note on Fitzgerald”, in *The Crack-Up*, p. 339.

② Lionel Trilling: “F.Scott Fitzgerald”, in *F. Scott Fitzgerald: the Man and His Work*, p. 197.

③ Ibid., pp. 202-203.

④ Malcom Cowley: “The Third Act and Epilogue”, in *F. Scott Fitzgerald: the Man and His Work,* p. 151.

Fitzgerald—the Authority of Failure", 1945)中,他写到:菲茨杰拉德完全不是一个失败者,他只是"美国生活各种影响力中一种麻痹的高压影响力的受害者,在这种麻痹的压力之下,有良知的美国作家被催生为早熟的濒危物种……。"[①]他的早期作品带有自怜自艾的浪漫主义悲剧色彩,他的《了不起的盖茨比》是失败者的故事,是不能区分现实和梦想的不幸;迪克·戴弗的堕落是环境造成的悲剧;施塔尔则是好莱坞传奇中可怜的英雄。正如他笔下的盖茨比一样,菲茨杰拉德的选择,是有柏拉图理想的人物在困顿现实中的追寻,"他的失败正是他道德上的缺陷"。[②]

对于传记作家阿瑟·迈兹纳来说,菲茨杰拉德不只是人们所称颂的爵士时代的桂冠诗人。他看到了许多评论家们所忽略的一点,那就是,菲茨杰拉德的作品既不缺乏现实主义笔触,也充满了浪漫主义的情怀。他在《菲茨杰拉德 1896—1940:"借来的时代"的诗人》("F. Scott Fitzgerald 1896—1940: The Poet of 'Borrowed Time'", 1946)中写道:"菲茨杰拉德从不简单地记录历史经验;他的每本书都是创造历史经验的幻想性尝试",他的时空感烙满了浪漫主义的印记,"(他)与那些虚构的人物有着共同的血缘关系,或者有着某些藏而不露的相似态度或经历,他过着他们的生活,以此辨识自己。"[③]迈兹纳对菲茨杰拉德的了解可以在后者的笔记中得到印证,他写道:"书就是我的兄弟……我是独生子。盖茨比是我想象中的大哥,艾默里是我的小弟,安东尼是我的困惑,迪克是我较好的兄弟,不过他们都离家远去了(垮掉了)。"[④]

2. 1950 年代

1950 年菲茨杰拉德去世十周年之际,菲茨杰拉德的女儿斯科蒂·菲茨杰拉德(Fitzgerald, Frances Scott)把父亲的手稿和书信捐献给了他曾经就读的普林斯顿大学图书馆。同年,有 18 篇关于菲茨杰拉德的文

① William Troy: "Scott Fitzgerald—the Authority of Failure", in *F. Scott Fitzgerald: the Man and His Work*, p. 188.

② Ibid., p. 194.

③ Arthur Mizener: "F. Scott Fitzgerald 1896—1940: The Poet of Borrowed Time", in *F. Scott Fitzgerald: the Man and His Work*, pp. 23-24.

④ F. Scott Fitzgerald: *The Crack-Up*, p.176.

章发表，其中包括迈兹纳在《党派评论》（*Partisan View*）、《大西洋月报》（*Atlantic Monthly*）和《肯庸评论》（*Kenyon Review*）上的三篇文章：《二十年代的菲茨杰拉德》（"Fitzgerald in the Twenties"）、《菲茨杰拉德：一部传记》（"F. Scott Fitzgerald: A Biography"）和《美国的世态小说》（"The Novel of Manners in America"）。后来，前两篇都收录进了菲茨杰拉德的传记《远在天堂边》。

总体说来，随着菲茨杰拉德研究的逐渐深入，美国评论界的负面批评更少了，《了不起的盖茨比》所体现的文学成就获得了一致认可。在1950年代，相比作家的其他作品，《了不起的盖茨比》仍以压倒优势吸引学者们去细读和分析，其中最值得注意的是以下几篇评论：汤姆·伯纳姆（Burnam, Tom）的《埃克尔堡大夫的眼睛：重读〈了不起的盖茨比〉》（"The Eyes of Dr. Eckleburg: A Re-examination of *The Great Gatsby*"）、马里厄斯·比利（Bewley, Marius）的《斯科特·菲茨杰拉德对美国的批判》（"Scott Fitzgerald's Criticism of America"）、罗伯特·奥恩斯坦（Ornstein, Robert）的《斯科特·菲茨杰拉德的西部与东部神话》（"Scott Fitzgerald's Fable of East and West"）和约翰·亨利·罗利（Raleigh, John Henry）的《F. 斯科特·菲茨杰拉德的〈了不起的盖茨比〉：传奇的基础和寓言的重要性》（"F. Scott Fitzgerald's *The Great Gatsby*: Legendary Bases and Allegorical Significances"）。

在《埃克尔堡大夫的眼睛：重读〈了不起的盖茨比〉》一文中，汤姆·伯纳姆指出埃克尔堡大夫的眼睛是一个重要象征，它是上帝之眼，洞悉人们的一切秘密，看穿他们的举止行为，守护这个"荒原"般的世界。这一点之所以重要是因为菲茨杰拉德本人也忽略了这一点，伯纳姆以为他小说中最重要的主题不是盖茨比对黛西的爱，也不是他对长岛另一端绿色灯塔的向往。盖茨比清醒地知道自己并不需要黛西象征的金钱，而是她背后所代表的次序。盖茨比想打破这个次序，闯入另一个世界——属于汤姆·布坎南与黛西的"富人"世界，却不幸以悲剧收场，因为汤姆和黛西"砸碎了东西，毁灭了人，然后就退缩到自己的金钱或者麻木不仁……之中，"[①] 把责任推到无辜的

① 菲茨杰拉德：《了不起的盖茨比 / 夜色温柔》，巫宁坤等译，南京：译林出版社，1998年，第154页。

盖茨比头上。盖茨比为自己的追求付出了代价，菲茨杰拉德也在妻子珊尔达（Fitzgerald, Zelda Sayre）奢华的世界中开始背离自己、无所适从。

比利从"美国梦"的角度分析了小说《了不起的盖茨比》中人物性格里浪漫的、英雄的、神话的特征。他认为盖茨比本身就是对美国梦的阐述，是在美国现实中的幻象，"（正如菲茨杰拉德在一开始就阐述清楚的那样）他不仅是美国生活核心中现实和幻觉交战的具象表现，也是美国浪漫主义英雄的化身，是美国梦的真正继承人"；而黛西则代表美国现实中的无限空虚，她也是一种象征，她是"船坞那盏绿灯背后成功的希望"。[①] 盖茨比爱上的正是她身上这种象征性，那是幻想对现实胜利的一刻。

罗伯特·奥恩斯坦同样从"美国梦"的角度来解读《了不起的盖茨比》，但他否认盖茨比的命运代表着"美国梦"的破灭，不同意将小说看成是美国文明衰落的挽歌。他相信盖茨比关于"美德和骑士精神的小镇观念"[②] 是一种业已消失的价值观，他的罗曼蒂克的梦想本身就埋藏着自我毁灭的种子，"那种罗曼蒂克不属于现在，而属于被想象的记忆美化了的过去，属于由错觉允诺了的不可实现的未来。"[③] 对于盖茨比来说，东部是一个错位的梦想，但这并不意味着"西部代表了早期美国质朴的美德，而东部就是现代衰落的象征。"[④] 广袤蒙昧的西部孕育也吞噬着美国梦，因此，盖茨比才坚定地开始自己向东朝圣的旅途。不过，对于过去的浪漫记忆，现实和未来总存在太多偏差，所以他对梦想的追寻笃定会遭遇失败。

罗利对《了不起的盖茨比》的分析引用了范怀克·布鲁克斯在《清教徒的美酒》（*The Wine of the Puritans*）中的一段话："你将旧酒（欧洲人）装进新瓶（美洲大陆）……当爆发之时，你可以说，空气里弥漫了醇

---

① Arthur Mizener, ed.: *F. Scott Fitzgerald: A Collection of Critical Essays*, New Jersey: Prentice-Hall, Inc., 1963, p. 134.

② Kenneth Eble, ed.: *F. Scott Fitzgerald: A Collection of Criticism*, McGraw-Hill Book Company, New York: 1973, p. 65.

③ Ibid., p. 61.

④ Ibid., p. 66.

香而酒洒到了地上。那丝酒香或者说是理想，化作了超验主义，而那酒水或者说是现实，化作了商业主义。”[①] 对罗利而言，美国社会的这种双重性在小说里得到了充分的体现，处于理想主义和物质主义两个极端的分别是盖茨比和布坎南；而处于理智与浪漫两极的人则是尼克与盖茨比。

除了《了不起的盖茨比》以外，这一时期获得关注的还有菲茨杰拉德的另外两部长篇小说：《夜色温柔》和《最后一位君子》，对它们的文学批评虽然不多，却少而精。1951 年由考利重新编辑并作序的《夜色温柔》由斯克里布纳之子公司再版，却引起了批评界的广泛争议。巴德·舒尔伯格认为经过修订，新的版本虽然逻辑更加清楚，“但却丧失了原有的讽刺、美感和……戏剧性的悬念，”[②] 因此，后来重印的《夜色温柔》都遵循了 1934 年最初的编排方式。

不过，虽然考利再版的《夜色温柔》一度引起了争议，但学者们的研究兴趣也随之升温。1952 年秋季的《亚利桑那季刊》刊登了英国人 D. S. 萨维奇（Savage, D. S.）的一篇相对较长的评论——《F. 斯科特·菲茨杰拉德的重要性》（“The Significance of F. Scott Fitzgerald”）。文章试图用菲茨杰拉德的早期经历，即他与珊尔达之间坎坷的恋情以及他少年得志所带来的影响来解读《了不起的盖茨比》、《夜色温柔》以及另一短篇小说《重访巴比伦》。在萨维奇看来，菲茨杰拉德与珊尔达的关系在小说中以“盖茨比—黛西”、“迪克—妮科尔”的形式出现；青年的菲茨杰拉德很早就感知到了财富的力量，从穷困潦倒被珊尔达拒绝到一举成名与珊尔达完婚，这段生活经历的转折教会了他在小说中始终保持审视的目光。实际上，菲茨杰拉德不是因为钱才喜欢财富，而是爱上了财富带来的“人间天堂”——那是摆脱现实压力、永远年轻的幻景。但金钱是有毁灭作用的，对萨维奇来说，它还具有女性特征，象征着生命力和性。是珊尔达、黛西和妮科尔的行乐精神和无所事事摧毁了男

① 参见 John Henry Raleigh: “F. Scott Fitzgerald’s *The Great Gatsby*: Legendary Bases and Allegorical Significances”, in Arthur Mizener, ed.: *F. Scott Fitzgerald: A Collection of Critical Essays*, p. 101。

② 参见 Jackson R. Bryer: *The Critical Reputation of F. Scott Fitzgerald*, Archon Books, 1967, p. 90。

性力量。总之,菲茨杰拉德的早期生活贯穿了他的作品,是他的"自我"(Ego)的体现,作为"妈妈的小男孩",[1] 他的作品里面隐秘地流露出乱伦的主题。

萨维奇最后的这个观点被另一名叫罗伯特·斯坦顿(Stanton, Robert)的学者认同并发挥。他发表了一篇名为《老爸的女儿:〈夜色温柔〉的象征与主题》("Daddy's Girl: Symbol and Theme in *Tender Is the Night*")的文章。[2] 斯坦顿认为虽然乱伦的主题只隐晦地表现在女主人公妮科尔患精神隐疾的背景当中,但实际上它还对小说有其他潜在的影响。它贯穿了小说的主旨,除了在男主人公迪克医生的只言片语和举止倾向中能找得到痕迹以外,更重要的是,它是1920年代文化的一种总体体现,是一种文化伦理的混乱。它不仅代表着迪克这一代人对可以做女儿的年轻人有着某种倾慕与暧昧的复杂感情,还揭示了战后青年文化放纵任性、愤懑不平、道德混乱的一面。它表现了老一辈人的荣誉、谦逊和勇气等价值观的损毁,以及他们对青年一代价值观的认可、妥协、羡慕、趋同甚至模仿。

菲茨杰拉德的最后一部长篇小说——《最后一位君子》在1941年出版之时涵盖了小说正文和菲茨杰拉德生前所拟的写作纲要和札记。1940年12月菲茨杰拉德溘然长辞之时,他才完成了该作品的前五章和第六章的第一部分。尽管该书的内容并不完整,但作品本身已经初现轮廓,小说的构架和风格业已形成,所以在1950年代菲茨杰拉德逝世十年以后,部分学者将精力倾注到了这部菲茨杰拉德寄予雄心壮志的小说之上。他们结合菲茨杰拉德遗留的笔记,对小说进行了考证和批评。罗伯特·莫勒(Maurer, Robert E.)的《F. 斯科特·菲茨杰拉德的未竟之作:〈最后一位君子〉》("F. Scott Fitzgerald's Unfinished Novel: *The Last Tycoon*")就是其中一例。[3]

菲茨杰拉德的笔记表明,在好莱坞旅居多年的他早就对电影业的题材跃跃欲试,他构思了一个时代背景中的个人悲剧,也影射了一

① D.S. Savage: "The Significance of F. Scott Fitzgerald", in Arthur Mizener, ed.: *F. Scott Fitzgerald: A Collection of Critical Essays*, p. 153.

② 参见 *Modern Fiction Studies* 4.2 (Summer 1958), pp. 136-142。

③ 参见 *Bucknell University Studies* 11.3 (May 1952), pp. 139-156。

部个人传奇中的时代悲剧:特立独行的制片人门罗·施塔尔终将为日渐商业化的好莱坞所抛弃,但施塔尔之死也将为老式、繁盛、富有创造力的好莱坞画上句号。在这篇文章中莫勒指出,菲茨杰拉德的后期写作明显受好莱坞编剧创作的影响,倾向以行为阐释故事与人物,菲茨杰拉德笔记中一排大写的提示——"行为即人物"(ACTION IS CHARACTER)——证实了这种看法。他从前惯用的散文式笔法也逐渐被戏剧化的技巧所代替。但是在叙事方式的选择上,他还是延续了《盖茨比》的传统,让小说的叙事者塞西莉亚像尼克一样,从一个旁观者的角度用第一人称进行叙述。这种叙事方式不能采取全知全能的视角,在故事已出现的各个章节中造成了一些矛盾,但纵观小说,《最后一位君子》是菲茨杰拉德摆脱自身的各种困境,进入写作的另一个成熟期的开始(虽然也是结束)。从他留下的小说片段和笔记来看,它与《了不起的盖茨比》的风格大相径庭,却不失为一流水准之作,它保持了作者敏锐的洞察力和独特的叙述风格。

这一时段,在完成传记批评和作品回顾以后,阿瑟·迈兹纳的批评深入到菲茨杰拉德早期和后期作品的比较中。在《斯科特·菲茨杰拉德的成熟》("The Maturity of Scott Fitzgerald")一文中,他不认同有些学者主张菲茨杰拉德成名早,写作技巧在1924年完成短篇小说《明智之举》("The Sensible Thing")之时就臻于成熟的观点。他觉得要从小说中看到菲茨杰拉德具有成熟作家的洞察力和自制力,应该是在晚期作品《木匠门外》("Outside the Cabinet-Makers")、《作家的房子》("Author's House")和《作家的黄昏》当中。而长篇小说《最后一位君子》更是体现了菲茨杰拉德创作的成熟与进步。他迈出罗曼史小说简单、感伤的窠臼,更从容地取材生活、冷静驾驭题材。在处理《最后一位君子》时,他将生活中异常古怪的一面和普通平凡的一面协调地糅合在一起但却丝毫不露痕迹。这形成他后期创作中现实与奇迹杂糅的风格,可谓是"他后期小说的主要贡献。"①

在1950年代,除了上述所列举的部分菲茨杰拉德作品研究专著以外,对作者的一般性批评在这一时段中的数量和质量仍占据不可忽视

① Arthur Mizener: "The Maturity of Scott Fitzgerald", in Arthur Mizener, ed.: *F. Scott Fitzgerald: A Collection of Critical Essays*, p. 164.

的地位，其中最主要的有埃德温 · 富塞尔（Fussell, Edwin）的《菲茨杰拉德的美丽新世界》（“Fitzgerald’s Brave New World”）和莱斯利 · 菲德勒的《阅读 F. 斯科特 · 菲茨杰拉德札记》（“Some Notes on F. Scott Fitzgerald”）。

在《菲茨杰拉德的美丽新世界》一文中，富塞尔将菲茨杰拉德的小说情节与美国新大陆的历史类比，认为两者具有一些共同点：都有“追寻”（Quest）和“引诱”（Seduction）两大特征，前者指对浪漫奇迹的索求；后者是指这一过程的物化。富塞尔说，这个追寻的过程可以用“美国梦”或者“对幸福的追求”来形容，而菲茨杰拉德从创作伊始就瓦解着工业化美国的梦想，他的“追求具有普遍诱惑，却被永久诅咒。”①

菲德勒的观点有些与众不同，他认为正是失败成就了菲茨杰拉德，不成功的菲茨杰拉德才是真正、本色的菲茨杰拉德。醉酒是菲茨杰拉德的特色，也是禁酒令颁布后美国的主要特征，贩酒成就了盖茨比，烈酒的味道将菲茨杰拉德的晚期信件和作品浸泡得像一个真正浪漫主义作家的大作，集颓败、传奇于一生。他还认为菲茨杰拉德具有双重人格，正如考利所看到的那样，他“总是具有双重视角，同时是局内人和局外人，既是天之骄子，也是那个傻看着他的乡巴佬”，② 但与考利不同的是，菲德勒认为菲茨杰拉德带有阿尼玛情结，本身既是男性角色，也是女性观望者。在富人金碧辉煌的世界里，被美好事物吸引的菲茨杰拉德注定无法实现艺术家的梦想，但“他至少能做到真诚地面对失败和死亡”。③

三、国外评论

从琳达 · 斯坦利（Stanley, Linda C.）所著的《F. 斯科特 · 菲茨杰拉德的国外批评声誉》（*The Foreign Critical Reputation of F.Scott Fitzgerald*, 1980）来看，到 1940 年代末，国外评论界中一直很少有人重

① Edwin Fussell: “Fitzgerald’s Brave New World”, in Arthur Mizener, ed.: *F. Scott Fitzgerald: A Collection of Critical Essays*, p. 44.

② Leslie Fiedler: “Some Notes on F. Scott Fitzgerald”, in Arthur Mizener, ed.: *F. Scott Fitzgerald: A Collection of Critical Essays*, p. 74.

③ Ibid., p. 76.

视这位和海明威、福克纳同时代的作家，由于缺乏好的出版商、译者和评论家的支持，写菲茨杰拉德的书评不多，也鲜有学者在美国文学研究的重要文献中专门提及他和他的作品。从1940年代到1950年代，随着美国"菲茨杰拉德复兴"在英国和欧洲大陆的影响，少数批评家开始在相关评论文章中给予他正面评价，逐渐确立他在该国美国文学研究中的主要作家地位。

1940年至1960年间，英、法、德、意等国共翻译和出版了不到十本菲茨杰拉德的小说和短篇小说集（其中包括《了不起的盖茨比》、《夜色温柔》、《最后一位君子》、《人间天堂》、《崩溃》和《作家的后期时代》），发表了约四五十篇论文和书评。1950年英国伦敦《泰晤士报文学评论副刊》对菲茨杰拉德的主要作品包括《人间天堂》、《漂亮冤家》、《了不起的盖茨比》、《夜色温柔》和《最后一位君子》都做了点评，但总体评价不高。该文指出《了不起的盖茨比》是唯一突破菲茨杰拉德局限，以客观角度创造的一个美国神话，其他小说要么结构松散，要么无法摆脱菲茨杰拉德一贯主观的自传体风格，该文命名为《未闪耀的天赋》（"Power without Glory"）正是对菲茨杰拉德所留下的文学传统表示遗憾。从法国批评界所得的反馈来看，人们对菲茨杰拉德的文学地位亦有存疑。法国重要的英语和西班牙语翻译家莫里斯-埃德加·宽德罗（Coindreau, Maurice-Edgard）认为《人间天堂》和《了不起的盖茨比》"是（一）战后最为重要的文献"，但《夜色温柔》却是"可怕的、毫无意义的"。[①]

值得一提的是菲茨杰拉德在日本的影响。尽管最早的作品译本出现在1950年代中后期，但二战后的日本青年迅速接受了菲茨杰拉德关于"青春"、"代沟"的思想和观念，"新潮女郎"的发型风靡一时。日本学者菅原（Sugawara）指出，战后日本社会结构的改变和不明的社会发展前景使得"愤青"（Angry Young Man）们丧失了对未来的憧憬，而菲茨杰拉德所描写的幻灭感吸引了他们，激励了他们内心的反叛，因此对日本（二）战后的一代来说，菲茨杰拉德不仅是一种文学的影响力，也是一种文化的影响力。

回顾菲茨杰拉德逝世后的二十年，随着大批学者严肃地对待菲茨

① Linda C. Stanley: *The Foreign Critical Reputation of F.Scott Fitzgerald: An Analysis and Annotated Bibliography*, London: Greenwood Press, 1980, p. 20.

杰拉德的作品，客观地研究和分析其小说的艺术价值，不再过多指责他本人在现实生活中所表露出来的人格缺陷，对菲茨杰拉德的研究逐渐开始深入。批评界对待菲茨杰拉德也由最初的犹疑不决、保守苛责转向了更公正、更合理的评价。他从一名畅销书“名人作家”跻身于一流作家之列，他的名字开始和他所崇拜的约瑟夫·康拉德、亨利·詹姆斯一起成为文学史上不朽的标记。正如诗人斯蒂芬·文森特·贝内特所预言的：“先生们，你们可以脱帽了，我想，你们应该脱帽了。这不是一个传奇，这是一种名望——从长远看，这可能是我们这个时代最稳固的名望。”①

第二节　1961年—1970年

1950年代美国学术界和读者群基于对战后美国社会现实的理解，尤其是对一味追求成功与扩张的社会风气的反思，同时出于怀旧情结，对“成功的失败者”②（a failure as a success）的典型代表——菲茨杰拉德的研究成为一个热点。1960年代菲茨杰拉德研究在1950年代的研究基础之上进入高涨阶段，除了陆续重新出版他久已停印的作品外（如1960年斯克里布纳出版社推出的《爵士时代的六个传说及其他故事》、1962年的《帕特·霍比系列小说》（*The Pat Hobby Stories*），1963年阿瑟·迈兹纳对《菲茨杰拉德读本》（*The Fitzgerald Reader*）的增补、1965年约翰·屈尔（Kuehl, John）编辑出版的《F. 斯科特·菲茨杰拉德学徒期小说：1909—1917》（*The Apprentice Fiction of F. Scott Fitzgerald 1909—1917*）和《弗朗西斯·斯科特·基·菲茨杰拉德的思想笔记》（*Thoughtbook of Francis Scott Key Fitzgerald*）都为研究者提供了更多的素材。这一时期的研究有两个突出的特点，一是传记研究和参考目录的陆续推出，二是评论集的涌现。

① Stephen Vincent Benet: “Fitzgerald’s Unfinished Symphony”, in Henry Claridge, ed.: *F. Scott Fitzgerald: Critical Assessments*, vol.3, p. 257.

② Ruth Prigozy, ed.: “Introduction: Scott, Zelda, and the Culture of Celebrity”, in *The Cambridge Companion to F. Scott Fitzgerald*, p. 16.

一、传记

1960年代菲茨杰拉德研究中推出的传记作品主要有1961年查尔斯·E. 谢恩(Shain, Charles E.)的《F. 斯科特·菲茨杰拉德》(*F. Scott Fitzgerald*)、1962年和1963年安德鲁·特恩布尔(Turnbull, Andrew)分别写作的传记《斯科特·菲茨杰拉德》(*Scott Fitzgerald*)和编辑的《F. 斯科特·菲茨杰拉德书信集》(*The Letters of F. Scott Fitzgerald*)、1963年肯尼思·埃布尔(Eble, Kenneth)的《F. 斯科特·菲茨杰拉德》(*F. Scott Fitzgerald*)、1964年K. G. W. 克罗斯(Cross, K. G. W.)的《F. 斯科特·菲茨杰拉德》(*F. Scott Fitzgerald*)、1968年米尔顿·欣德斯(Hindus, Milton)的《F. 斯科特·菲茨杰拉德:介绍及解读》(*F. Scott Fitzgerald: An Introduction and Interpretation*)等。

在这些著作中,肯尼思·埃布尔的传记具有较大的影响。在书中,埃布尔介绍了菲茨杰拉德的身世,尤其是他早年在圣·保罗和普林斯顿的生活经历对其文学创作的影响。尽管菲茨杰拉德作品中的主要人物终日沉迷于纽约等大都市的繁华生活,但是——

> 他始终都依然是那个乡下人,那个来自明尼苏达州圣·保罗的男孩。他对于基本礼仪的辨别、对财富和权力的目眩神迷、对怠慢冷漠的敏感,甚至对一个完全超级浪漫女孩所抛洒的绝对浪漫爱情的渴求都表现出对一个乡下人而言的重大意义和执意不懈。[①]

同时,父母不和谐的婚姻生活也对青春期的菲茨杰拉德产生了很大的影响。"麦奎兰家族(母亲家族)的财富和父亲的破产、父母对他的强烈期许与他们自己的个人悲剧都成为他人生和作品中挥之不去的预兆。"[②]1913年秋,菲茨杰拉德进入普林斯顿大学开始了远离父母的大学生活,而"橄榄球和上层俱乐部活动构成的普林斯顿景象"并没有给菲茨杰拉德提供任何可供敬仰的知识传统和道德传统,[③]尽管在学业上他勉为其难,忙于除学习之外的其他事务,但也正是在这几年里,"他广泛地了解了19世纪晚期的诗歌,大量阅读了如萧伯纳、威尔斯、康普顿·麦

① Kenneth Eble: *F. Scott Fitzgerald*. New York: Twayne Publishers, Inc., 1963, p. 17.

② Ibid., p. 19.

③ Ibid., p. 38.

肯齐(Mackenzie, Compton)等现代英国作家的作品,激发出突破普林斯顿要求的强烈抱负。"[1] 菲茨杰拉德在普林斯顿的挫败经历为他的小说创作提供了一个模式:"成功来源于极度悲惨的失败,亦或是紧随的失败带来艰难的成功。"[2] 埃布尔遵循菲茨杰拉德创作的时间顺序介绍了他的文学创作经历,简要分析了他的主要作品,重点是《了不起的盖茨比》和《夜色温柔》。他分析了《了不起的盖茨比》的主题、结构、叙述者等,并将它与康拉德的《黑暗的心》进行比较,认为通过库尔茨和盖茨比这两个浪漫的自私主义者的塑造,康拉德更注重道德教诲,而菲茨杰拉德更关注美学意味。他盛赞《了不起的盖茨比》在今天的读者看来也是"新颖、无比美妙而简洁,并且结构精当。"[3] 而《夜色温柔》则是菲茨杰拉德最难以评判的作品,一是由于书中的两个部分——迪克的故事和罗丝玛丽的故事如何安排先后的问题存在争议,二是对迪克这个人物的刻画有不完善之处。作为一部完整的文学作品来说,埃布尔认为它来自于"不同时段、不同状态的不同灵感",因此有"太多的暗示,而缺乏充实的内容。"[4] 但作为真实记录美国 1920 年代中上层社会生活的"社会历史学家","他的道德意识使他仍被认作是一个固守的严肃的小说家"。[5]

对菲茨杰拉德的研究目录也在 1960 年代开始出现,其中最全面、使用最多的是 1967 年杰克逊·布赖尔编写的《F. 斯科特·菲茨杰拉德的批评声誉:书目研究》,书中列出了两千多篇有关菲茨杰拉德的书评、论文、书摘、报刊文章、研究生论文等参考目录,并在 1974 年和 1978 年的版本中进行了扩充。他在 1969 年主编的《十五位美国现代作家:研究和批评概述》(*Fifteen Modern American Authors: A Survey of Research and Criticism*)中对菲茨杰拉德研究参考目录也进行了梳理和综述。安德鲁·特恩布尔在 1963 年出版的《F. 斯科特·菲茨杰拉德书信集》中虽然只选编了编者已经收集的菲茨杰拉德的书信的一半,但对菲茨杰

① Ibid., p. 39.

② Ibid., p. 41.

③ Ibid., p. 88.

④ Ibid., p. 139.

⑤ Ibid., pp. 156-157.

拉德研究的意义却是重大的。特恩布尔没有按照写信的时间顺序而是按照收信者的不同编排这些书信，如写给他的女儿、妻子、马克斯韦尔·珀金斯、海明威、埃德蒙·威尔逊或约翰·毕晓普等。大量菲茨杰拉德书信的收集出版确实为当时菲茨杰拉德研究的学者提供了确实的第一手研究素材，并使后来的研究者受益匪浅，吸引其他学者陆续出版了菲茨杰拉德尚未面世的其他零星书信。在1961年至1970年的十年间，出版的关于菲茨杰拉德的书信集和研究目录类的书籍已有近十部。①

二、论文集和专著

在此期间，关于菲茨杰拉德文学创作的论文集和专著开始大量涌现，其中一些论著对今天的研究仍然非常具有启发意义。1961年塞尔焦·佩罗萨（Perosa, Sergio）用意大利文出版了《F. 斯科特·菲茨杰拉德的艺术》（*The Art of F. Scott Fitzgerald*）一书，随后在1965年和1968年分别推出了英文版，对菲茨杰拉德的小说创作进行了全面的评述，重点介绍了菲茨杰拉德一生所创作的短篇故事与长篇小说之间相互的交织和关联。尽管有的故事没有成为读者阅读的重点，但这些故事也显现出作者最初的创作动机，以及在其后的长篇小说中对类似主题的发展和深化，对于读者更好地理解其中的一些人物和情节有很大的帮助。按照佩罗萨的解读，"菲茨杰拉德的小说正介于实验小说和构思完美的传统小说之间，并越来越趋向后者。"② 他一再强调，"每个时代的作家都必须仔细塑造，不断修整作品，以使其不朽。"③ 由于深受康拉德和亨利·詹姆斯的影响，菲茨杰拉德的小说也被纳入世态小说之列，并被看作这一作家群的代表之一。就如詹姆斯一样，"他有创作'国际事件'的冲动，也有艺术家的主题（如《夜色温柔》和《最后一位君子》）；他充分利用东部和西部的地域和伦理差异，并接受詹姆斯的建议，将故事根植于一个清晰可辨的社会语境中。……在一些成熟作品中，他还采纳

① Ibid., p. 145.

② Sergio Perosa: *The Art of F. Scott Fitzgerald*, translated by Charles Matz and the author, Ann Arbor: The U of Michigan P, 1968, p. 185.

③ Ibid., p. 186.

了许多詹姆斯的创作技巧”,以此直达“美国现实的核心。”[①] 通过他的小说创作,菲茨杰拉德为美国的小说带来了两点创新,一是贯穿他的小说的中心主题——爱,二是美国现实中有闲和富裕阶层所能提供的艺术创造的可能性。尽管爱情是文学创作的传统主题,但是菲茨杰拉德所钟情于叙述的爱情故事却更犀利地表现了他了解的那个社会阶层的真实本质——

> 鉴于他的爱情故事所处的社会语境,爱的主题就随着金钱和财富的主题相互依赖着发展,而菲茨杰拉德实际上就是一个对金钱和爱情相互依存关系的最敏锐、最敏感的阐释者,讲述着可能发生的故事。他对于这两者的态度基本上与其他来自不同文化和社会语境的作者保持着一致。[②]

例如,在评论《漂亮冤家》这部小说时,佩罗萨评价道:

> 在完成自传体的《人间天堂》后不久就面临一个需要大量客观处理的全新而复杂的主题。艾默里是作者自己的直接投影,他把自己和妻子的特征、个性和看法放在安东尼和格洛丽亚身上,但他想象了人物可能的经历,而不是表现自己的个人经历。这不仅仅是唤起或再现现实的问题,而是将想象的情形赋予活力的问题。他仔细思考其可能性,描绘其客观发展,而没有与自己的生活直接联系。在这次雄心勃勃的尝试中,菲茨杰拉德证明还无法根据严格的主题原则牢牢把握人物的客观发展。他试着将自己和人物分开,作为旁观者展现他们故事中的所有含义,以至于还对他们进行了道德的评判。另一方面,他对人物寄予同情,分享他们的梦幻和人生态度,因此,他矛盾地感觉他们的尝试是合理而伟大的。换言之,他展现和揭示了两个吸引他的人物,既谴责他们,又为他们的美好而辩护。他两者都想要,小说的主题统一得到了认真的折中解决。题目中的双重选择反映出他对相互冲突的动机还没法找到

① Ibid., pp. 187-188.

② Ibid., p. 190.

> 一个一致的解决方案,安东尼和格洛丽亚被"诅咒"是情节发展的客观和无可逃避的结果:因此,他们不可能如作者试图描述的那样是"漂亮的"。[①]

因此,佩罗萨的结论是:

> 《漂亮冤家》是一部转折性的小说,它介于年轻的成功和成熟的成就之间。但是将它视作一部转折性的小说,是因为它已超越了《人间天堂》的一些局限。轻佻女郎和哲学家们不再在这部小说中歌颂成功,如果说他们似乎有所成功的话,也很快就显现为虚幻和欺骗,一种不可救药的失败的精巧形式,一个道德苦难的圈套。菲茨杰拉德尽管同情他的主人公们大胆反抗的态度,他也感受到需要对他们进行道德的评判,展现他们光鲜、随意的生活方式下所隐藏的失落、挫败之伤。尽管心怀一片热忱,菲茨杰拉德在《漂亮冤家》中关注揭示生活的内在意义,而不是单单再现它的辉煌外表;他关注经历的苦难和辛酸,而不是欢乐嬉戏的表现。[②]

菲茨杰拉德的文学创作志向,也正来自于他时不时的自我流露,而这直面社会现实的良知不断吸引着一代又一代的读者。

1963年阿瑟·迈兹纳在1951年卡津主编的论文集的基础上增加了一些最新的研究成果,出版了《F. 斯科特·菲茨杰拉德:批评论文集》,其中包括查尔斯·谢恩对《人间天堂》的评述,认为《人间天堂》没有令读者失望是因为"主人公艾默里·布莱恩就像一个文化间谍一样置身于同辈人中报道着史实"。[③] 菲茨杰拉德真实地展现了"与他同时代的美国青年如何发现自己崭露头角的方式,如何通过书本或出于对时代的锐利感知模仿出一种行为方式,"从而如实地报道了"一个年轻

---

① Ibid., pp. 45-46.

② Ibid., p. 46.

③ Charles E. Shain: "This Side of Paradise", in Arthur Mizener, ed.: *F. Scott Fitzgerald: A Collection of Critical Essays*, p. 77.

人怎样在情感上准备好了如何生活”。[①]A. E. 戴森(Dyson, A. E.)在《〈了不起的盖茨比〉: 36 年之后》(“*The Great Gatsby*: Thirty-Six Years After”)一文中探讨了作品中的象征和反讽意象,认为“涉及这部作品的新观点认为,它不仅仅是美国文学,还是属于世界的文学作品;它不仅仅产自直接的土壤(禁酒令、大财阀、黑社会、爵士乐、无家可归以及其他情况),也是整个人类的悲惨困境的写照。”[②] 戴森指出,“从某一层面来说,在这片‘荒原’上所发生的就是对这破碎的社会的勘察。”[③] 迈兹纳的论文《斯科特·菲茨杰拉德和 1920 年代》(“Scott Fitzgerald and the 1920’s”)也是这一时期被广泛阅读的成果之一。他认为“斯科特·菲茨杰拉德对 1920 年代的经历具有一种想象的感知,他实际上离那个时代如此之近,濒于被这种感受和自己所写的作品完全吞没的危险,几乎无法脱身。”读者好奇的是菲茨杰拉德的作品对他所处时代的特征、对它的态度和情感的改变表现了多少,这些情景也就是一种历史,而“菲茨杰拉德对这种历史的感知是极为准确的”。[④]

1964 年小詹姆斯·E. 米勒的《F. 斯科特·菲茨杰拉德:他的艺术与技巧》一书由纽约大学出版社出版,这本著作是在他 1957 年推出的《F. 斯科特·菲茨杰拉德的小说技巧》基础上进行扩展后的新成果。在旧作中,米勒只论及菲茨杰拉德 1925 年以前的三部小说——《人间天堂》、《漂亮冤家》和《了不起的盖茨比》,主要讨论了菲茨杰拉德由早期的《人间天堂》到《了不起的盖茨比》之间在创作技巧方面所受的影响及其改变,但具有一定的局限性。米勒在新作中对菲茨杰拉德的创作技巧进行了更深入的研究,指出菲茨杰拉德的《了不起的盖茨比》的写作技巧“是继亨利·詹姆斯对小说创作的重大贡献之后在技巧方面的首要突破”。[⑤] 此外,他还对菲茨杰拉德 1925 年以后的短篇故事和小说

① Ibid., p. 78.

② A. E. Dyson: “*The Great Gatsby*: Thirty-Six Years After”, in Arthur Mizener, ed.: *F. Scott Fitzgerald: A Collection of Critical Essays*, p. 112.

③ Ibid., p.113.

④ Authur Mizener: “Scott Fitzgerald and the 1920’s,” in *The Minnesota Review*, I (Winter 1961), pp. 161-162.

⑤ James E. Miller, Jr.: *F. Scott Fitzgerald: His Art and His Technique*, p. xi.

创作进行了探讨，在新增加的篇章中重点研究了《夜色温柔》和《最后一位君子》，并在创作技巧之外探讨了其创作行为本身。菲茨杰拉德在完成《了不起的盖茨比》和推出《夜色温柔》的十年间命途多舛，因此，对于相同的素材，他却采用了完全不同的透视角度，例如 1926 年的《阔少爷》故事是对"富人中的巨大差异的最深入勘察"；1935 年的《清晨的起床号》中巴兹尔和约瑟芬的故事尽管在《人间天堂》的前部分已经出现，但菲茨杰拉德却从不同的角度再次"看清了他在中西部所度过的少年时代"；有关好莱坞的《疯狂的星期天》则"预示了他的最后一部小说"。[①] 在论及《夜色温柔》一书时，米勒首先探讨了该作品一个重要的特点——视角转换的技巧，认为"视角转换证明了他创作技巧的多变和完善"，但该书构想复杂，因此造成主题聚焦不够。[②] 他进而分析了书中的主人公迪克，"他的故事就是一个失去自己，丧失自我的故事"，[③] 认为这部小说"对内深入探析了迪克·戴弗的精神隐忧，对外诊察了社会和文化的广泛病态。"[④] 在《最后一位君子》一书中，菲茨杰拉德在叙事视角上采取了与《了不起的盖茨比》类似的选择，即通过塞西莉亚·布雷迪这一叙述者展开故事，而塑造这一叙述者也同时让菲茨杰拉德"发现了自己对（好莱坞）这样的创作素材的态度"，他认识到通过塞西莉亚产生的距离"既不会令他玩世不恭，也不会让他多愁善感。"[⑤] 尽管这是一部未完成的作品，但从已完成的篇章和菲茨杰拉德的笔记和写作计划来看，《最后一位君子》"无疑不仅仅是关于施塔尔和好莱坞的故事，其主旨更指向美国现代生活……那机械和毫无意义的一面，"[⑥] 通过过去与现在、严肃与浅薄的比照，菲茨杰拉德透过其创作技巧展现出对小说主题的精心考量。

亨利·丹·派珀（Piper, Henry Dan）1965 年出版的《F. 斯科特·菲茨杰拉德：一幅批评画像》（*F. Scott Fitzgerald: A Critical Portrait*）以

① Ibid., p. 130.

② Ibid., p. 139.

③ Ibid., p. 140.

④ Ibid., p. 146.

⑤ Ibid., p. 151.

⑥ Ibid., p. 157.

菲茨杰拉德的作品为主线,将其身世穿插于作品评论之中,夹叙夹议,既介绍作品写作背景、所受影响、短篇故事融入长篇小说的例证和比较等,又通过大量书信、手稿等史料分析,研究了《了不起的盖茨比》、《夜色温柔》等长篇小说和一些短篇故事的不同版本的改进,还对作品进行了一定的分析和评论,其中突出的观点包括对《人间天堂》的评析,认为这一作品的社会影响力远远大于其文学影响力,对当时出现的"新自由"(The "New Freedom")进行了生动的阐释。[①] 派珀还提到了菲茨杰拉德作品的宗教含义,认为"《了不起的盖茨比》是一本有关宗教的书,因为深切感受到的宗教情感是其中的一大元素。"[②] 尽管在书中派珀没有对这一个观点展开论述,它却成为后来研究者的一个兴趣点,引发了新的研究成果。派珀也不赞成 1952 年考利作序出版的《夜色温柔》将第一卷和第二卷的排列次序互换,通过对菲茨杰拉德原手稿和笔记的研究,他相信"从历史文献和美学含义来说,《夜色温柔》都有理由保持 1934 年的原版本。"[③]

理查德·D. 利汉(Lehan, Richard D.)在 1966 年出版了《F. 斯科特·菲茨杰拉德与小说技巧》(*F. Scott Fitzgerald and the Craft of Fiction*)一书。利汉将菲茨杰拉德的生平与文学评论相结合,"将其放置于 19 世纪和 20 世纪的文学传统之中,表明他文学想象中的浪漫特质,以及在主题表达方面他与济慈、斯温伯恩(Swinburne)、佩特(Pater)、道森(Dawson)、鲁珀特·布鲁克(Brooke, Rupert)、奥斯卡·王尔德(Wilde, Oscar)、弗兰克·诺里斯(Norris, Frank)、H. G. 威尔斯(Wells, H. G.)、约瑟夫·康拉德等人的相似性,令人惊讶的还有奥斯瓦尔德·施彭格勒(Spengler, Oswald)对他的影响也被忽略了。"同时,利汉也研究了菲茨杰拉德的创作主题,将其作品的意义与他的经历相结合,"以表明菲茨杰拉德对其自身经历的态度转变过程和他在每部小说中所表现出的情感气质,以及如何学会用逐渐发展的艺术感控制和保持这种情感。"通过研究菲茨杰拉德与其同时代的海明威和福克纳等作

① Henry Dan Piper: *F. Scott Fitzgerald: A Critical Portrait*, New York: Holt, Rinehart and Winston, 1965, p. 60.

② Ibid., p. 111.

③ Ibid., p. 226.

家之间的关系，"发现了由于感情崩溃和运用自身经历这些素材的局限性，菲茨杰拉德作为一个小说家的力所能及和力所不能及。"①

除此之外，还有一些有影响的论文散见于涉及美国文学的期刊和论著中，被后期的学者不断发掘，纳入菲茨杰拉德的批评文集中，例如尤金·怀特（White, Eugene）的《迪克·戴弗的"复杂命运"》（"The 'Intricate Destiny' of Dick Diver"）、詹姆斯·F. 莱特（Light, James F.）的《F. 斯科特·菲茨杰拉德小说中的政治良知》（"Political Conscience in the Novels of F. Scott Fitzgerald"）、艾伦·特拉亨伯格（Trachtenberg, Alan）的《归程：〈夜色温柔〉中的神话与历史》（"The Journey Back: Myth and History in *Tender Is the Night*"）等。其中，特拉亨伯格运用了当时的学者约瑟夫·弗兰克有关文学的空间理论的见解：

> 《了不起的盖茨比》在很多方面具有明显的空间形式，《夜色温柔》则明显具有时间形式。在阅读《盖茨比》时，书中藏于杰伊·盖茨比身后的地理、历史和神话原型被不断发掘，并被赋予象征意义。盖茨比本人也是一个"没有历史时间"的人物，他对过去的强烈愿望完全出于虚构，是一种没有时间条件的愿望，是对无法改变时序的救赎，是一种完全仪式化的对原始化身的"回归"。②

此外，在对两部小说的比较中，特拉亨伯格发现：

> 读者在很大程度上是依赖尼克来获得一个平衡的观点——梦想的吸引力和时间的推力将盖茨比置于两种动力的交叉路口。《夜色温柔》中的观点来得并不容易；它依赖读者并需读者具有不同的功能。不同的是对历史观的全新强调，尼克的叙述是回顾性的，暗指静态的；发生的情节清楚而保有常态的敏锐。而不同的是，后一

① Richard D. Lehan: *F. Scott Fitzgerald and the Craft of Fiction*, Carbondale: Southern Illinois UP, 1966, pp. xiii-xiv.

② Alan Trachtenberg: "The Journey Back: Myth and History in *Tender Is the Night*", in Milton R. Stern, ed.: *Critical Essays on F. Scott Fitzgerald's "Tender Is the Night"*, Boston: G. K. Hall & Co., 1986, p. 176.

部小说是一部发展的小说;它的情节更流畅而随意,但同时它的发展又更加巧妙而故意地变得含蓄和复杂。前一部小说中通过尼克的意识传达给读者的信息在《夜色温柔》中则必须由读者自己去获取,这样的阅读更困难,但对作品的关注(极少得到)却证明是能取得收获的。①

最后,作者总结道:

《夜色温柔》让美国神话接受时间的考验,读者在转变的过程中感受小说世界,上演冲突。就像过去一样,历史意识不过是书本的产物。菲茨杰拉德对转变、社会结构和感情的理解自《了不起的盖茨比》之后有了长足的进步,前一部小说或多或少地试图以神话的方式领会世界;在读者的配合下,《夜色温柔》坚定地创造了一个历史的视角,读者的成功就是将小说的素材与一个虚构的历史相组合,一旦达成,就必然是美国文学中最具非凡启发性的感受。②

除了对菲茨杰拉德进行总体评述的论文集外,此间还出现了4本对《了不起的盖茨比》和《夜色温柔》两部小说分别进行研究的文集或专著——弗雷德里克·霍夫曼(Hoffman, Frederick)的《〈了不起的盖茨比〉研究》(*The Great Gatsby: A Study*, 1962)、欧内斯特·洛克里奇(Lockridge, Ernest)的《〈了不起的盖茨比〉的二十世纪解读:批评论文集》(*Twentieth Century Interpretations of The Great Gatsby: A Collection of Critical Essays*, 1968)、马修·布鲁科利的《〈夜色温柔〉的创作:手稿研究》(*The Composition of "Tender Is the Night": A Study of the Manuscripts*, 1963)、马文·拉胡德(LaHood, Marvin)的《〈夜色温柔〉批评文集》(*Tender Is the Night: Essays in Criticism*, 1969)。

霍夫曼在书中选录了12篇论文和一些菲茨杰拉德的书信、手稿及背景资料,从以下四个方面研究了《了不起的盖茨比》一书:第一部分是从《人间天堂》到《了不起的盖茨比》,包括菲茨杰拉德在《了不起

① Ibid., pp. 171-172.

② Ibid., p. 185.

的盖茨比》出版之前已有的声名、从1920年到1925年间的经历,以及他在《冬天的梦》这篇短篇故事中所表现出的对《了不起的盖茨比》的预先展望。第二部分介绍了《了不起的盖茨比》及其世界。在书中,菲茨杰拉德展现了一个梦幻与平凡生活交杂的现实世界,其中金钱造就的心理情形也"触及和反映了菲茨杰拉德的生活世界中财富所引发的清晰可见的文学反照"。[①] 第三部分主要通过菲茨杰拉德为《了不起的盖茨比》所写的前言和他在该书出版前后与朋友在往来书信中的评价和讨论,集中分析了他对该书的早期批评的困惑,并最终坚信作为代表作,该书足以证明他的成功。霍夫曼在第四部分精选了格伦韦·韦斯科特、威廉·特洛伊、莱昂内尔·特里林、理查德·蔡斯、亨利·丹·派珀等学者所写的9篇论文,分别从菲茨杰拉德其人、《了不起的盖茨比》的主题、叙事和对美国社会的批判以及所反映的宗教背景等方面深入分析了该作品。

韦斯科特在菲茨杰拉德死后不久发表的论文《斯科特·菲茨杰拉德的道德》中盛赞他把握自己作为作家的良知,"展现才能,就真正重要的方面能从谎言中辨明真相。"[②] 特洛伊则在《斯科特·菲茨杰拉德——失败的权威》一文中强调菲茨杰拉德"并不是一个绝对意义上的失败者",他之所以被贴上这个标签是因为"作为一个艺术家、一个人,美国生活令人麻痹的高强度的压力带给他数不清的影响,加速了一个诚实的美国作家的过早凋亡,成为一个真正的牺牲品",[③] 而菲茨杰拉德却敢于"从头至尾将失败作为他文学作品的一贯主题"。[④] 与成功者的代表海明威相比,菲茨杰拉德坦诚地承认自己"与失败的权威交流",如果他是失败者,也是因为"就如在北达科他州那狭小的卧室里年轻的杰伊·盖茨比为自己确立的柏拉图式的理想一样,菲茨杰拉德唯一认可的梦想标准太难以实现了。他的失败只是他美德的瑕疵罢了,而这一点

① Glenway Wescott: "The Moral of Scott Fitzgerald", in Frederick J. Hoffman, ed.: "*The Great Gatsby*": *A Study*, New York: Charles Scribner's Sons, 1962, p. 117.

② Ibid., p. 222.

③ William Troy: "Scott Fitzgerald—The Authority of Failure", in Frederick J. Hoffman, ed.: "*The Great Gatsby*": *A Study*, p. 224.

④ Ibid., p. 225.

也许正是他的事业对年轻一代作家的最大意义所在"。[1]

特里林的《F. 斯科特·菲茨杰拉德》一文成为1945年版的《了不起的盖茨比》的前言,作者在文中谈到菲茨杰拉德"能公开地高声地说出对自己命运的看法而不失尊严",以及他"在危机中诊察生活"的英雄气质。[2] 就如他的主人公盖茨比一样,菲茨杰拉德缺乏"一种精明,一种自我保护的本能",但正是这种"善良的缺陷、英勇的缺陷"[3] 使他成为作家中的模范。埃德温·富塞尔在《菲茨杰拉德的美丽新世界》中分析菲茨杰拉德胜人一筹的关键就在于"他能将'浪漫奇观'中所蕴藏的超人感性与最一目了然又最意味深长的美国文明并置一处,从而获得对人类本性的道德评判。"[4] 在阅读菲茨杰拉德的作品时要获得这样的评判就需要理解他不仅仅在创作中讲述了自己具有代表性的生活方式和经历,还进行了坦诚的告白,并在告白中进行了价值评判,使其成为美国历史的一部分。那么,读者就需要学会如同"解读美国历史一样去阅读这发生在真实的美国社会生活中的浪漫想象的故事"。[5] 菲茨杰拉德创作的所有情节都是发生在这新世界中的故事,是对人类想象的历史记录。尽管大多数评论家都认为菲茨杰拉德的《了不起的盖茨比》一书是对美国梦的阐释,并且菲茨杰拉德对此也大致赞成,但马里厄斯·比利在《斯科特·菲茨杰拉德对美国的批评》一文中认为,"《了不起的盖茨比》是文学所能做到的对美国梦最严厉、最直观的批判",如果从这个角度来理解的话,"《了不起的盖茨比》代表了对整个美国经历——不是指风俗习惯,而是指对生活的最根本的历史态度——的批评……而《盖茨比》的主题就是美国梦的凋萎。"[6] 正是盖茨比不成熟的浪漫主义、他的善良本性使他无视美国社会生活中的重重陷阱,但同时却警醒了

① Ibid., p. 230.

② Lionel Trilling: "F. Scott Fitzgerald", in Frederick J. Hoffman, ed.: "*The Great Gatsby*": *A Study*, p. 232.

③ Ibid., p. 242.

④ Edwin Fussell: "Fitzgerald's Brave New World", in Frederick J. Hoffman, ed.: "*The Great Gatsby*": *A Study*, p. 244.

⑤ Ibid., p. 245.

⑥ Marius Bewley: "Scott Fitzgerald's Criticism of America", in Frederick J. Hoffman, ed.: "*The Great Gatsby*": *A Study*, pp. 263-264.

读者对美国梦未来方向的思考。托马斯·汉左(Hanzo, Thomas)在《〈了不起的盖茨比〉的主题和叙述者》一文中通过对尼克·卡拉韦的第一人称叙事的研究,论述了菲茨杰拉德的创作主旨不仅仅在凸显盖茨比及其梦想,也在于通过这种叙事方式展现“尼克在这样的社会中对自己和良知的审视”。[①] 尽管盖茨比是引人注意的焦点,但尼克作为旁观者和普通人的心路历程更值得读者分享。理查德·蔡斯的《了不起的盖茨比》探讨了该作品“独特的魅力就在于浪漫与现实的新生力量的古怪结合,这里的新生力量就是金钱所造就的财阀集团。当它面对一个入侵者时就联合起来形成自我保护的联盟”,[②] 盖茨比自然就沦为了这个联盟的牺牲品。小盖尔·H. 卡里瑟斯(Carrithers, Gale H., Jr.)基于《了不起的盖茨比》用于课堂教学的经历,细致分析了菲茨杰拉德在此书中的人物塑造和意象的运用,指出“整部作品的结构并不聚焦于盖茨比的悲惨世界,而是尼克和我们的世界,”[③] 即盖茨比的故事对旁观者和读者的教化和影响,这才是菲茨杰拉德的成功之处。亨利·丹·派珀在《未装饰的圣诞树:〈了不起的盖茨比〉的宗教背景》一文回顾了这部长篇小说的创作过程,尤其是与他在1924年发表的短篇小说《赦罪》的联系。派珀认为,尼克的闪光点就在于他从父辈继承而来的、时时萦绕脑际的道德价值观,从未停止过的对死亡的思考,“就如T. S. 艾略特的《荒原》一样,《了不起的盖茨比》也是一部宗教作品,因为它具有一种能被深深感知的宗教情愫。”[④]

欧内斯特·洛克里奇在1968年推出的《〈了不起的盖茨比〉的二十世纪解读:批评论文集》一书的第一部分选录了以往的论文集中和最新发表的关于《了不起的盖茨比》的较有影响的论文,第二部分选录了就

① Thomas Hanzo: “The Theme and the Narrator of ‘*The Great Gatsby*’”, in Frederick J. Hoffman, ed.: “*The Great Gatsby*”: *A Study*, p. 287.

② Richard Chase: “*The Great Gatsby*”, in Frederick J. Hoffman, ed.: “*The Great Gatsby*”: *A Study*, p. 297.

③ Gale H. Carrithers, Jr.: “Fitzgerald’s Triumph”, in Frederick J. Hoffman, ed.: “*The Great Gatsby*”: *A Study*, p. 320.

④ Henry Dan Piper: “The Untrimmed Christmas Tree: The Religious Background of *The Great Gatsby*”, in Frederick J. Hoffman, ed.: “*The Great Gatsby*”: *A Study*, p. 334.

创作该作品时菲茨杰拉德与珀金斯、蔡斯和特里林等学者间的部分书信往来。在该书的前言中,洛克里奇引用了华莱士·史蒂文斯(Stevens, Wallace)强调虚构小说的意义所在:“最终的信仰就是相信虚构小说,你知道是虚构,无它,这微妙的真相就是你知道是虚构却愿意去相信。”读者在阅读《了不起的盖茨比》时也是明知它是基于作者自身经历的虚构作品却仍然愿意“将他的虚构作品中的秩序、意义和永久性赋予这不断变化、并不友善,甚至冷漠、毫无人情地排斥他们的大千世界。这些‘虚构’的小说成为人们躲避毁灭的唯一屏障。尽管矛盾,对读者来说,虚构却成为唯一的‘真实’”,[①] 因为通过这样的虚构小说,人们表达了寻求幸存的本能。《了不起的盖茨比》绝不仅仅是对当时的美国社会生活惟妙惟肖的摹写,“菲茨杰拉德意在将其打造成新颖、非同寻常、优美、自然而精致的作品,一部在喧嚣中长于雄辩的艺术作品。”[②] 洛克里奇在该书的第一部分选编了7篇发表于1950年代和1960年代的论文,其中既包括詹姆斯·E. 米勒、马里厄斯·比利、托马斯·汉左的研究成果,还收录了罗伯特·奥恩斯坦、加里·J. 斯克林杰(Scrimgeour, Gary J.)、大卫·L. 明特(Minter, David L.)和W. J. 哈维(Harvey, W. J.)在著名期刊发表的4篇论文。

奥恩斯坦在《斯科特·菲茨杰拉德东部与西部的寓言》中再次讨论了盖茨比的梦想主题,但他更侧重于东部与西部的差异比较。“菲茨杰拉德对东部和西部的截然划分就如詹姆斯对美国乡土气的美德与欧洲讲究优雅的感受力的两相比较一样透着诗意和真相。像《一位女士的肖像》和《大使》一样,《盖茨比》就是一个关于‘远离家园的人’一路向东探寻更多生活经历的故事。”只不过与詹姆斯关于欧洲、美国两个世界的对比不同的是,对于菲茨杰拉德来说,“东部的诱惑代表的是美国梦的深度错位”。[③] 明特的《〈了不起的盖茨比〉的梦想、构思及解读》

① Ernest H. Lockridge ed.: *Twentieth Century Interpretations of "The Great Gatsby": A Collection of Critical Essays*, Eaglewood Cliffs: Prentice-Hall, Inc. 1968, p. 16.

② Ibid., p. 17.

③ Robert Ornstein: "Scott Fitzgerald's Fable of East and West", in Ernest H. Lockridge, ed.: *Twentieth Century Interpretations of "The Great Gatsby": A Collection of Critical Essays*, pp. 56-57.

一文通过对文本的细读，认为整个盖茨比的故事——包括他的梦想以及实现梦想的荒谬计划——"只有通过尼克·卡拉韦的努力想象、解读和付出而得以摆脱堕落、徒劳、失败和荒唐的窠臼"。[①] 哈维的《〈了不起的盖茨比〉的主题和结构》一文主要关注了菲茨杰拉德创作这部作品在语言表达方面的突出特点，即"极为紧凑的结构"使该小说具有丰富和深刻的内涵，否则"那些广博的象征就不会在读者的头脑中激起极大的反响，而小说的主题也只是理性或感性的故作姿态罢了，失去了能感受到的压迫感和生活经历所能激发的想象力。"[②] 在对《了不起的盖茨比》的解读中，斯克林杰在《反对〈了不起的盖茨比〉》一文中发表了与绝大部分批评家不同的见解。他认为很多学者都对菲茨杰拉德的这部作品做了过好的评价，但如果将其与康拉德的《黑暗的心》进行对比，读者不难发现"在《了不起的盖茨比》中，菲茨杰拉德[对约瑟夫·康拉德]的钦佩已经发展为模仿。通过这两部作品的对比，就康拉德的出色思考和写作而言，我们敢于质疑菲茨杰拉德的知识和艺术价值。"[③] 在对这两部作品进行比较后，作者认为，由于卡拉韦在作品中"被认作可靠叙事者，是一个从经历中学习的人物，而我们只从这个人物的个人版本中获知发生的事件，要做客观的评价就分外困难。"[④]

马修·布鲁科利和马文·拉胡德则从《了不起的盖茨比》的研究热点中脱身而出，在此期间出版了两本关于《夜色温柔》颇有影响力的专著和论文集。布鲁科利认为"菲茨杰拉德由于自己的生活方式而不断遭受侵害，致使他仍然坚持创作的作品无法获得认真的评论。"[⑤] 为了菲

① David L. Minter: "Dream, Design, and Interpretation in *The Great Gatsby*", in Ernest H. Lockridge, ed.: *Twentieth Century Interpretations of "The Great Gatsby": A Collection of Critical Essays*, p. 83.

② W. J. Harvey: "Theme and Texture in *The Great Gatsby*", in Ernest H. Lockridge, ed.: *Twentieth Century Interpretations of "The Great Gatsby": A Collection of Critical Essays*, p. 91.

③ Gary J. Scrimgeour: "Against *The Great Gatsby*", in Ernest H. Lockridge, ed.: *Twentieth Century Interpretations of "The Great Gatsby": A Collection of Critical Essays*, p. 70.

④ Ibid., p. 79.

⑤ Matthew J. Bruccoli: *The Composition of "Tender Is the Night": A Study of the Manuscripts*, Pittsburgh: U of Pittsburgh P, 1963, p. xiii.

茨杰拉德的艺术价值能得到客观的研究,也为了对菲茨杰拉德的作品评价提供一个清晰可辨的原则,布鲁科利充分利用普林斯顿大学图书馆收藏的菲茨杰拉德手稿,以“菲茨杰拉德所有小说中创作历史最为复杂,但是却出现过美国小说中罕有的感情用事的胡话和郑重其事的猜测”为重要特征的《夜色温柔》为研究对象,对这部很有争议的小说,尤其是对其创作历史进行了仔细的分析和研究。多达3,500页的手写和打印手稿包括了菲茨杰拉德长达十年左右的写作过程中先后完成的17份原稿和三个小说版本。[①] 布鲁科利花了七个月的时间对这些放置在七个纸箱中的手稿进行分类标注,整理为199个可区分的部分,并结合菲茨杰拉德的信件和一些短篇故事,试图探查出“菲茨杰拉德的意图”,他创作这部作品的“目的和作品的意义”,希望由此证明“《夜色温柔》的创作表明菲茨杰拉德是一个艺术家,表明他天生的才能在坚定不移的自我批评的原则中得到了提炼。”[②] 在细致的文献分析后,布鲁科利对马尔科姆·考利在《夜色温柔》出版前言和附录中发表的《作者的最后版本》提出了商榷,认为考利的观点有助于理解这部作品,但是“他对于细节的一些评论却是错误的,或者说是误导性的。”[③] 另外,考利认为菲茨杰拉德可以就阿贝和罗丝玛丽各写一部小说,似乎菲茨杰拉德就这两个人物删除了大量原属于《夜色温柔》的内容,但是“实际上手稿中关于阿贝和罗丝玛丽的内容都保留在小说中”。[④] 布鲁科利分九章逐个分析了《夜色温柔》不同草稿和版本初拟、修改的细节,通过自己的研究分析了菲茨杰拉德对于这部作品的整体构思、创作、改写和出版,将其自始至终的过程总结如下:

> 1925年的夏天,菲茨杰拉德开始创作他的第四部小说,是一部紧凑的、关于美国侨民在法国里维埃拉生活的伤感小说。中心人物是弗朗西斯·麦拉基,一个年轻的电影技师。菲茨杰拉德亲笔

① Ibid., p. 15.

② Ibid., p. 15.

③ Ibid., p. 20.

④ Ibid., p. 21.

> 手写了长长的三章中的部分内容——几乎是全书的四分之一。在这最早的阶段中，诺思和戴弗夫妇的原型已经显现。紧随这部手写稿的是一部打印稿，还有许多手写的修订和插页，在这两份原稿中，第三人称直接讲述了故事。1926年菲茨杰拉德改写了故事，由一个被动卷入大部分事件的叙述者讲述故事。这个故事的手写稿中也插入了第三人称叙述故事的部分废弃的打印稿，将情节又推进了一章……这些叙述者讲述的大量巴黎素材都能在出版的小说中找到。这个版本先后使用的不同标题包括《我们的类型》、《杀死母亲的男孩》、《麦拉基案件》和《国际博览会》。1929年夏天菲茨杰拉德放弃了弑母情节，代之以新的情节，即手写的长长的两章，是发生在大海游轮上的凯莉的故事；但在这个失败的开端中出现了一个年轻的女演员，她叫罗丝玛丽，即最终出现在《夜色温柔》中的罗丝玛丽，这个凯莉版本的故事显然并没有一个明确的标题。1930年菲茨杰拉德又回到了弑母情节，将手写稿和打印稿拼接成了第三人称直接叙述的新的草稿——放弃了叙述者这一人物，这是第六稿。1932年初，菲茨杰拉德草拟了出版的第三个版本计划，这就是迪克·戴弗的故事。他准备了一个完整的手写草稿，先打印修改，再复写了那份打印稿。这第三版本的第一份草稿标题是《一个酒鬼的假日》（*The Drunkard's Holiday*），后改为《戴弗医生的假日》（*Doctor Diver's Holiday*），然后是《夜色温柔》。第二份打印稿是由改写后的复写件而来，是原稿和复写件修订后的新打印稿。第二份打印稿就源自斯克里布纳出版社的印刷工所用的连载排版原稿，后被大量重写，又在最终的连载毛条校样中被重新设置。菲茨杰拉德后来在连载的版面校样中进行了部分的修改，部分样张——从杂志排版中撕去的书页——保留了下来，但是没有再修订。书的毛条校样来自连载版本，而书的排版毛条又有极详细的修改，也许菲茨杰拉德对于书的版面校样也有一些修改。[①]

布鲁科利的细致研究将《夜色温柔》的整个创作过程进行了一个全面而客观的梳理，从菲茨杰拉德的思路、情节设计以及人物、叙事者

① Ibid., pp. xxii-xxiii.

的改变等内容和过程来看,这部作品在作者十年的修改和打磨中几经形式和内容的变换,但是作者作为一个严肃作家的原则始终没有动摇,对其手稿的研究也消除了对于这部最富争议的作品的许多无端猜测,对于作者的创作动机提供了更多的研究空间,成为一个研究文本生产的良好范本。

马文·拉胡德于1969年出版了《〈夜色温柔〉批评文集》一书,汇集了《夜色温柔》面世35年以来最具有影响力的15篇论文,是研究《夜色温柔》的早期经典论文和书摘。[①] 在论文集中,除了有阿瑟·迈兹纳、詹姆斯·E. 米勒、理查德·D. 利汉等学者对于《夜色温柔》的述评,还包括了约翰·屈尔、G. C. 米拉德(Millard, G. C.)等侧重于对作者菲茨杰拉德的评价,认为他的主题表达具有强烈的浪漫主义和社会现实主义特点,而他的社会现实主义来自于两个文学源流:"以勃特勒(Butler)和萨克雷(Thackeray)为突出代表的英国小说传统和美国现实主义者与自然主义者。他的浪漫主义一些来自于美国传统,但是大部分源于他对19世纪早期英国浪漫主义诗人和他们的后继者——近期维多利亚时代的浪漫主义者——的追随。"[②] 米拉德在对《了不起的盖茨比》、《夜色温柔》和《最后一位君子》的比较研究中,发现菲茨杰拉德的小说都以觉醒(disenchantment)为主题,是由于"作者对于强烈愿望和即使无法实现也不能抹煞其价值的体验始终抱有敏锐的、个人的执着支持",所以,小说中的人物所遭受的失败、幻灭等"从来都不悲痛、暴烈抑或坚毅"。[③] 此外,尤金·怀特和詹姆斯·埃利斯(Ellis, James)等学者重点研究了《夜色温柔》中的主人公迪克·戴弗。怀特相信迪克的复杂命运缘于"他深爱妮科尔·沃伦,在对最终将要面对的困境已有充分了解后做出了慎重的选择。当必须解决困难时,他选择了对妮科尔最好

① 参见 Jackson R. Bryer: "The Critical Reputation of F. Scott Fitzgerald", in Ruth Prigozy, ed.: *The Cambridge Companion to F. Scott Fitzgerald*, p. 217。

② John Kuehl: "Scott Fitzgerald: Romantic and Realist", in Marvin J. LaHood, ed.: "*Tender Is the Night*": *Essays in Criticism*, Bloomington: Indiana UP, 1969, pp. 1-2.

③ G. C. Millard: "F. Scott Fitzgerald: *The Great Gatsby*, *Tender is the Night*, *The Last Tycoon*", in Marvin J. LaHood, ed.: "*Tender Is the Night*": *Essays in Criticism*, p. 20.

的方案，尽管自己会面临心碎”。[①] 埃利斯试图从迪克婚前和婚后的心理状态来分析他的崩溃，认为这不是一个突然的结果，而是“源于他的早期欲望和质疑自己的职业选择时所遭受的焦虑折磨”。[②] 罗伯特·斯坦顿和威廉·E. 多尔蒂（Doherty, William E.）等学者着重研究了《夜色温柔》的主题和表现手法等。斯坦顿证明“小说包含了大量的‘乱伦主题’，如果加以正确的理解，这些主题都带有象征意义，并促成了小说的主题统一。”[③] 多尔蒂在《〈夜色温柔〉与〈夜莺颂〉》中指出：

> 评论家们在解读菲茨杰拉德的《夜色温柔》时常常感到难以理解，对已有的评论也感到难以满足——而对结构更精巧的《了不起的盖茨比》或引人入胜的未完成之作《最后一位君子》就没有这种苦恼。如果检索对《夜色温柔》——这部“伟大的失败之作”——的评论，人们会发现有所缺失；正如马克斯韦尔·盖斯马所说，人们似乎“间或有一种好奇的想法，这部小说真的完全是另有其意的。”[④]

他认为菲茨杰拉德创作《夜色温柔》时受到他钟爱的英国诗人济慈《夜莺颂》的影响，尤其是其中“夜晚”和“黑暗”等意象在小说中的恰当运用及引发的深刻含义，

> 在小说字面下所刻意设计的虚幻范式，加强了心理分析的依据，拓宽了小说的文化研究的语境。另外，《夜莺颂》为我们衬托了主题，澄清了对于理解此书至关重要的一些明确的象征结构。[⑤]

① Eugene White: “The ‘Intricate Destiny’ of Dick Diver”, in Marvin J. LaHood, ed.: “*Tender Is the Night*”: *Essays in Criticism*, p. 117.

② James Ellis: “Fitzgerald’s Fragmented Hero: Dick Diver”, in Marvin J. LaHood, ed.; “*Tender Is the Night*”: *Essays in Criticism*, p. 127.

③ Robert Stanton: “ ‘Daddy’s Girl’: Symbol and Theme in *Tender is the Night*”, in Marvin J. LaHood, ed.: “*Tender Is the Night*”: *Essays in Criticism*, p. 156.

④ William E. Doherty: “*Tender Is the Night* and the ‘Ode to a Nightingale’”, in Marvin J. LaHood, ed.: “*Tender Is the Night*”: *Essays in Criticism*, p. 190.

⑤ Ibid., p. 191.

除此之外,"《夜色温柔》中的情感高潮和衰退以及一些其他场景都来自于《夜莺颂》的系列情景中,实际上,其模式就描述出了小说的节奏。"[①] 菲茨杰拉德这部小说的题目和题词都凸显了故事中"夜晚"和"黑暗"的含义,研读后读者会发现《夜色温柔》"通过夜晚和白天、黑暗和光明的对比展现出一个复杂而精致的象征结构,而小说的题目直言夜色是温柔的,也就含蓄地有了关于白天的推论。"[②] 一贯以梦想和梦想者为创作主题的菲茨杰拉德的浪漫情愫不得不在《夜色温柔》中终结,"《夜莺颂》巧妙地宣布了不再相信想象,而直到菲茨杰拉德推出《夜色温柔》才最终告别了浪漫主义的安慰,看清想象,最被珍视的收获也会因为与梦想者的环境不符而显得笨拙和令人失望"。与《了不起的盖茨比》相比,《夜色温柔》是一部更严酷的小说,因为菲茨杰拉德正是通过这部作品告诉读者"超级梦想是内在的堕落,是有害的、自视的美好",而"在我们能痴情地向他表达同情之前,在我们能低声说出'哎呀'之前,主人公已离开了舞台。"[③] 读者在真切了解菲茨杰拉德的艺术创作成果和他的生活际遇的相似性之后,对于他的《夜色温柔》中梦想与幻灭主题的发展会有更准确的解读。

① Ibid., p. 193.

② Ibid., p. 197.

③ Ibid., p. 206.

第三章 菲茨杰拉德研究的高涨（1971年—1990年）

第一节 1971年—1980年

1970年代的菲茨杰拉德研究在1960年代研究的基础上保持了持续高涨。从1969年开始，厚达380多页的《菲茨杰拉德／海明威年鉴》取代了薄薄的《菲茨杰拉德通讯》，这一改变尽管还不能完全顾及菲茨杰拉德研究的方方面面，却为研究提供了更充足的资源和更广泛的视角。自此似乎菲茨杰拉德的所有文学作品都已经被发掘出版了，但随着研究的深入，尤其是《菲茨杰拉德／海明威年鉴》（Fitzgerald/Hemingway Annual）的不断出版，一些菲茨杰拉德从未发表过的短篇故事被陆续介绍给读者，例如《年鉴》第一辑中出现了一篇很独特的故事《亲爱的爱人》（"Dearly Beloved"）——一篇他已知的唯一以黑人为主角的悲情故事。此外，《老爷》杂志也发表了两篇故事——《我这一代人》（"My Generation"）和《看，可怜的孔雀》（"Lo, the Poor Peacock"），前者是对他那一代人富含幽默但分量不足的抗辩，后者是他创作于1930年代中期的有关父女关系的故事。1971年的《年鉴》第三辑中还第一次出现了他从1919年到1936年间每年记下的账目——收入及支出等。菲茨杰拉德作为剧作家的经历也在这期间陆续见诸文字，斯克里布纳出版社1976年再版了他的剧作《蔬菜》，1978年艾伦·马戈利斯（Margolies, Alan）编辑出版了他早期的剧作尝试——《F. 斯科特·菲茨杰拉德的圣保罗剧本：1911—1914》（*F. Scott Fitzgerald's St. Paul Plays: 1911—1914*）。这一时期在菲茨杰拉德研究中最突出的特点是相关菲茨杰拉德的第一手资料的大量发掘，收集和出版了迄今看来仍然是最重要的一些参考目录、提要和书信等有关菲茨杰拉德的原文资料。

一、文献目录和传记

从1960年代后期至1970年代的众多菲茨杰拉德研究者中,马修·布鲁科利的研究成果分外突出。他在1970年推出了《F. 斯科特·菲茨杰拉德的美林散篇目录》(*Merrill Checklist of F. Scott Fitzgerald*),这只是一本39页的小册子,列出了有关菲茨杰拉德的部分资料,但自此以后,布鲁科利的研究成果就开始大量涌现,成为菲茨杰拉德研究学者中最重要的代表之一。他和布赖尔于1971年合作选编的《F. 斯科特·菲茨杰拉德在他自己的时代:杂集》(*F. Scott Fitzgerald in His Own Time: A Miscellany*)中第一次收录了大量菲茨杰拉德一生中的各种创作尝试,如学生时代的诗歌、札记;1920年代和1930年代的书评、报刊文章、与编辑的往来信件等。此后,布鲁科利又独自或分别与菲茨杰拉德的女儿斯科蒂及其他人合作不断推出新的研究资料,如《F. 斯科特·菲茨杰拉德传略》(*Profile of F. Scott Fitzgerald*, 1971)、《F. 斯科特·菲茨杰拉德:描述性文献目录》(*F. Scott Fitzgerald: A Descriptive Bibliography*, 1972年,1980年、1987年分别进行了补充)、《此致,斯科特·菲茨:F. 斯科特·菲茨杰拉德与文学代理人哈罗德·奥伯书信集1919—1940》(*As Ever, Scott Fitz: Letters Between F. Scott Fitzgerald and His Literary Agent, Harold Ober 1919—1940*, 1972)、《F. 斯科特·菲茨杰拉德与欧内斯特·海明威在巴黎:本杰明·富兰克林图书馆展示》(*F. Scott Fitzgerald and Ernest M. Hemingway in Paris: An Exhibition at the Bibliothèque Benjamin Franklin*, 1972)、《〈了不起的盖茨比〉的手稿摹本》(*The Great Gatsby: A Facsimile of the Manuscript*, 1973)、《浪漫的自私主义者:斯科特和珊尔达剪贴簿和影集图片自传》(*The Romantic Egoists: A Pictorial Autobiography from the Scrapbooks and Albums of Scott and Zelda Fitzgerald*, 1974)、《F. 斯科特·菲茨杰拉德的〈了不起的盖茨比〉的注解》(*Apparatus for F. Scott Fitzgerald's The Great Gatsby*, 1974)、《〈最后的小说家〉: F. 斯科特·菲茨杰拉德和〈最后一位君子〉》(*"The Last of the Novelists": F. Scott Fitzgerald and The Last Tycoon*, 1977)、《斯科特和欧内斯特:失败的权威与成功的权威》

(*Scott and Ernest: The Authority of Failure and the Authority of Success*, 1978) 和《F. 斯科特 · 菲茨杰拉德通信集》(*Correspondence of F. Scott Fitzgerald*, 1980) 等等。除此之外，他还发掘整理出版了菲茨杰拉德一些不为人知的短篇故事，如《天堂的碎片：菲茨杰拉德夫妇短篇小说拾遗 21 篇》(*Bits of Paradise: 21 Uncollected Stories by F. Scott and Zelda Fitzgerald*, 1974) 和《代价高昂：F. 斯科特 · 菲茨杰拉德晚期短篇小说拾遗》(*The Price Was High: The Last Uncollected Stories of F. Scott Fitzgerald*, 1979)。

除了布鲁科利的发掘和研究之外，杰克逊 · 布赖尔在此期间也在不断补充《F. 斯科特 · 菲茨杰拉德的批评声望：提要研究》(1974, 1978)，并在 1971 年继安德鲁 · 特恩布尔之后与约翰 · 屈尔合编出版了菲茨杰拉德的第二部书信集《亲爱的斯科特 / 亲爱的马克斯：菲茨杰拉德—珀金斯通信集》(*Dear Scott/Dear Max—The Fitzgerald-Perkins Correspondence*)。尽管同期的布鲁科利也编辑出版了《此致，斯科特 · 菲茨：F. 斯科特 · 菲茨杰拉德与文学代理人哈罗德 · 奥伯书信集 1919—1940》，但布鲁科利更多关注的是奥伯作为菲茨杰拉德的代理人所提供的金钱上的援助以及如何将他的作品更好地销售给报刊杂志，在信中极少论及作品或文学批评，而屈尔和布赖尔出版的书信集却表现了菲茨杰拉德与他的编辑珀金斯这两个个性完全不同的人如何合作出版新的作品。从他们的往来书信中可以看出，菲茨杰拉德非常关注自己作品的印刷外观和宣传影响等，总是期望不断地进步。珀金斯在书信中则表现为"无疑是现代美国文学史上最有才能和影响的编辑"，[①] 对菲茨杰拉德来说，珀金斯充当了三重角色："他给菲茨杰拉德提供金钱（有时甚至自己掏腰包）；他给一个非常没把握的作者'自己的作品非常重要的感觉'；他还不时'为菲茨杰拉德正在创作的作品提供有意义的见解'，尤其是《了不起的盖茨比》一书。" 因此，"这部书信集可以被视作美国 20 年代和 30 年代文学的生动描写"。[②]

这十年间也有菲茨杰拉德的传记出版，如阿瑟 · 迈兹纳的《斯科

① Jackson R. Bryer, ed.: *Sixteen Modern American Authors: A Survey of Research and Criticism*, Durham: Duke UP, 1974, p. 309.

② Ibid., p. 309.

特·菲茨杰拉德和他的世界》（*Scott Fitzgerald and His World*, 1972）和约翰·科布拉斯（Koblas, John）的《F. 斯科特·菲茨杰拉德在明尼苏达》（*F. Scott Fitzgerald in Minnesota*, 1978）。这两本传记都以真实的图片吸引了读者。菲茨杰拉德身边的亲人和朋友在此期间也推出了一些引人注目的资料。他的女儿斯科蒂为布鲁科利编撰的几本书撰写了前言或介绍，通过真实的记忆为菲茨杰拉德研究提供了更多的支撑素材；安东尼·布蒂塔（Buttitta, Anthony）和希拉·格雷厄姆都在各自的书中——《快乐时光之后》（*After the Good Gay Times*, 1974）和《真实的 F·斯科特·菲茨杰拉德》（*The Real F. Scott Fitzgerald*, 1976）描述了他们与菲茨杰拉德相识、相处的真实经历。随着 1970 年代更多第一手研究资料的不断发掘出版，相关评论文章也大量发表，在美国国内，这十年间出版的书籍就达十余部，有收录影响广泛或新意迭出的论文的集子，也有表现学者个人研究成果的专著，尽管良莠杂陈，但也不乏出彩之作。

二、论文集和专著

约翰·希金斯（Higgins, John）在 1971 年出版了第一部重点评述菲茨杰拉德短篇小说的专著《F. 斯科特·菲茨杰拉德短篇故事研究》（*F. Scott Fitzgerald: A Study of the Stories*），成为认真研读菲茨杰拉德短篇故事创作的开端。希金斯以时间为序，概述了菲茨杰拉德几乎所有的短篇小说创作，其中有许多作品是从未被学者关注的，却被证明为他后来的一些著名长篇小说创作打下了基础；另一些作品则能证明菲茨杰拉德如何将一些主题和情节结构一再改写、调整，最终成为他能成功售出的故事。希金斯基于自己的博士论文出版的这本专著有助于菲茨杰拉德的读者了解他的短篇故事的类型和艺术特点，也准确地展现了菲茨杰拉德是如何从最初的创作动机、技法出发，逐步发展、延伸到后来的长篇小说的出炉，对这两者关系的了解能帮助读者更好地解读他的长篇小说。

与希金斯紧抓文本的新批评不同，1970 年代初期还出现了两本聚焦于菲茨杰拉德的创作与美国经历，从关注语境的新角度进行研究的专著——米尔顿·R. 斯特恩（Stern, Milton R.）1970 年出版的《金色瞬间—— F. 斯科特·菲茨杰拉德的小说》（*The Golden Moment—The*

Novels of F. Scott Fitzgerald）和 1972 年约翰·F. 卡拉汉（Callahan, John F.）的《国家的幻想——F. 斯科特·菲茨杰拉德小说中的神话与历史》（*The Illusions of a Nation—Myth and History in the Novels of F. Scott Fitzgerald*）。斯特恩在细读菲茨杰拉德的四部长篇小说的基础上，指出"菲茨杰拉德文学想象的中心就是对历史、美国身份和美国往事的道德重建的成功运用"。他由此对菲茨杰拉德的四部完整的长篇小说做了如下总结：

> 《人间天堂》是对金色瞬间的富于想象的期待，《了不起的盖茨比》则是对已得到却逝去的经历的想象。《漂亮冤家》是金色瞬间的另一面，是对挫败的预想，《夜色温柔》则是对从过去到现在已有的挫败经历的想象。《人间天堂》展望《了不起的盖茨比》，《漂亮冤家》则盼来了《夜色温柔》。[①]

卡拉汉在书中论述了菲茨杰拉德小说创作中明确的美国神话模式，认为菲茨杰拉德作为一个小说家，"抓住了美国理想主义者的复杂性，既有他历史和精神意识方面的脆弱，也糅合了内心的向往。"[②] 他用三分之二的篇幅分析了《夜色温柔》，也谈论了《了不起的盖茨比》，并简略提及了《最后一位君子》，论述了菲茨杰拉德如何在美国经历这个语境中创建美国神话。这两部专著在当时的菲茨杰拉德研究中颇具新意，但布赖尔认为斯特恩的研究更多地提供了很有价值的观点，论述不足以令人信服；"卡拉汉则忽略了菲茨杰拉德小说的文学性，带着弥赛亚式的政治热情将小说视作了历史。"[③]

肯尼思·E. 埃布尔继 1960 年代推出菲茨杰拉德传记后，又在麦格劳-希尔公司出版的《文学的当代研究》（Contemporary Studies in Literature）系列丛书中负责主编有关菲茨杰拉德的论文集——《F. 斯科特·菲茨杰拉德：论文集》(*F. Scott Fitzgerald: A Collection of*

① 参见 Jackson R. Bryer, ed.: *Sixteen Modern American Authors: A Survey of Research and Criticism*, p. 315。

② Ibid., p. 316.

③ Ibid., p. 316.

Criticism, 1973)。埃布尔在这本论文集中收集了过去15年间在各个文学和学术期刊中发表的具有代表性的相对年轻的学者发表的批评文章,避免了与迈兹纳和卡津选编的论文集中诸多著名学者的论文重复出版。在这本论文集中,埃布尔选录了12篇论文,其中较有新意的包括伊丽莎白·麦凯(MacKie, Elithabeth)为1970年的《菲茨杰拉德/海明威年鉴》撰写的追忆性文章《我的朋友斯科特·菲茨杰拉德》("My Friend Scott Fitzgerald")。她盛赞菲茨杰拉德"对生活、爱情、艺术、友情的极度认真,尤其是对自己的艺术才能的献身精神。"[①] 唐纳德·A. 耶茨(Yates, Donald A.)在《通往"天堂"之路:菲茨杰拉德的文学训练期》("The Road to 'Paradise': Fitzgerald's Literary Apprenticeship")中指出,菲茨杰拉德并不是一个天生的作家,他只是一个"天生的观察者",这样的品质才令他能在创作出《人间天堂》之前(1909—1920)都保持着朝气蓬勃的自信和坚定的信念,完成了近百篇作品,包括故事、剧作、诗歌等,那么他第一部长篇小说的成功也就绝不仅仅归功于机遇了。[②] 赛·卡恩(Kahn, Sy)在《〈人间天堂〉:幻灭的盛典》("*This Side of Paradise*: The Pageantry of Disillusion")中重点论述了《人间天堂》的主题和主人公艾默里·布莱恩。作为当时美国青年的代表,他"关注着改变准则、坚持信仰,最关键的是,还感受着美国清教传统的束缚。就像《了不起的盖茨比》中的叙述者尼克·卡拉韦一样,他们拥有源于一战前美国社会生活的道德准则而形成的'内心规则'",而《人间天堂》也就成为"一个表现美国青年在善与恶间挣扎的寓言故事"。[③] 通过详细的论述,卡恩在论文的结论中将菲茨杰拉德的第一部长篇小说与其后的创作进行了纵向对比,认为:

菲茨杰拉德在第一部小说中展现了一系列对生活的观察,并

① Elizabeth MacKie: "My Friend Scott Fitzgerald", in Kenneth E. Eble, ed.: *F. Scott Fitzgerald: A Collection of Criticism*, p. 7.

② Donald A. Yates: "The Road to 'Paradise': Fitzgerald's Literary Apprenticeship", in Kenneth E. Eble, ed.: *F. Scott Fitzgerald: A Collection of Criticism*, p. 19.

③ Sy Kahn: "This Side of Paradise: The Pageantry of Disillusion", in Kenneth E. Eble, ed.: *F. Scott Fitzgerald: A Collection of Criticism*, pp. 34-35.

逐渐成为他后期小说中持续的创作主题。年轻的艾默里不顾一切想获得声望和权力，后来才发现他的所想，甚至包括爱情，都不值得赞美，"只是人们所需，所不可缺少"，以此给他们"一种安全感"。这些"强烈的欲望"也在盖茨比和更富戏剧性的迪克·戴弗身上有所展现。另外，菲茨杰拉德对罗莎琳德的刻画也引导出一系列后期作品中的主题思想，"她清新的热情、对成长和学习的愿望、对无尽浪漫的不懈信仰、她的勇气和诚实——这些都没有被践踏"。但是，它们注定会被践踏，正是由于他的人物失去了这些品质，激起了我们对他们失败的怜悯之情，菲茨杰拉德认为是邪恶导致了这些失败。[①]

他还把《人间天堂》中的主人公艾默里与菲茨杰拉德随后塑造的其他主人公进行了对比：

凭着达观的朝气和韧性冲破幻灭，成长为一个全新的令人惊异的自我。但读着他后期的小说，人们也不禁想，他对性欲和美好的判断会令他劫数难逃，会将他置于困境，就像迪克·戴弗失落于意大利和法国后沦落在纽约上区一样。从另一角度看，张开双臂接受无限宇宙的艾默里那最后的形象变得像漂浮在泳池里的死去的盖茨比，或者在里维埃拉海滩上落魄的迪克·戴弗摆出的反讽的十字。而艾默里·布莱恩、杰伊·盖茨比和迪克·戴弗都在虚幻的人生旅程中执着于浪漫、柏拉图式的自我镜像而获得我们的同情。毫无疑问，菲茨杰拉德将这些被击败的人物刻画得比那些毁灭他们的人或势力更高尚、更具人性，年长的主人公们被钉在他们理想主义的十字架上，虽被击败却仍然高高矗立在那些把他们钉牢的男人和女人们之上。在他们行进的路途上，一些事件让他们失去防备，理想破灭，但菲茨杰拉德的创作技巧却确保他的主人公仍然是风景中的最亮点。[②]

① Ibid., p. 46.

② Ibid., p. 47.

约翰·W. 比克内尔(Bicknell, John W.)在《F. 斯科特·菲茨杰拉德的荒原》("The Waste Land of F. Scott Fitzgerald")中主要以《了不起的盖茨比》为依据,结合《夜色温柔》、《最后一位君子》和《崩溃》,认为菲茨杰拉德小说的情节曲线"都呈下行趋势,从没有高涨的情形。他似乎无法给读者呈现完整的情节和人物意象,或面向积极方向的人物及趋势,他所塑造的世界就是一个完全施彭格勒式(Spenglerian)的衰落景象。"[①] J. 阿尔伯特·罗宾斯(Robbins, J. Albert)在《菲茨杰拉德和淳朴、不善辞令的农夫》("Fitzgerald and the Simple, Inarticulate Farmer")一文中通过菲茨杰拉德与编辑珀金斯的往来信件证明作为一个阅读广泛、善于思考的作家,菲茨杰拉德非常关注同时期的小说家的创作趋势。他认为当时的青年作者托马斯·博伊德(Boyd, Thomas)受到赞誉的《穿过麦丛》(*Through the Wheat*)等作品中表现人与大地间富有泥土气息的争斗这类主题已经不是20年代美国生活的核心,而"现代小说恰当的主题和充当的角色,以及小说家的职责就是准确地针对当前的现实",而不是那些表现农夫奋斗的浪漫、逃避的小说。[②]

丹·塞特斯(Seiters, Dan)在1976年撰写出版的《F. 斯科特·菲茨杰拉德小说中的意象模式》(*Image Patterns in the Novels of F. Scott Fitzgerald*)一书中提出模式化的意象是菲茨杰拉德小说的精华,对其意象的分析能最好地展现他每部小说是由哪些部分构成的,并且各部分如何有机地构成了一个整体。《人间天堂》中几乎没有什么意象,而《漂亮冤家》中出现了许多模式,表明菲茨杰拉德创作艺术的进步,但由于这些意象大多只具有传统意义,所以不太被读者关注。《了不起的盖茨比》和《夜色温柔》中的意象则不断带来惊奇与欣喜,并具有反讽的含义,《最后一位君子》中的反讽更具有戏剧性。[③] 在随后的篇章中,塞特斯分别对这几部长篇小说中的意象进行了分类归纳和提炼,如都曾

① John W. Bicknell: "The Waste Land of F. Scott Fitzgerald", in Kenneth E. Eble, ed.: *F. Scott Fitzgerald: A Collection of Criticism*, p. 80.

② J. Albert Robbins: "Fitzgerald and the Simple, Inarticulate Farmer", in Kenneth E. Eble, ed.: *F. Scott Fitzgerald: A Collection of Criticism*, p. 93.

③ 参见 Dan Seiters: *Image Patterns in the Novels of F. Scott Fitzgerald*, Ann Arbor: UMI Research Press, 1976, p. 1。

经出现的迁移、交流、明亮—黑暗、污—病—朽和水的意象等。

琼·艾伦(Allen, Joan)在1978年出版的专著《烛光和狂欢之光：F.斯科特·菲茨杰拉德的天主教情感》(*Candle and Carnival Lights: The Catholic Sensibility of F. Scott Fitzgerald*)中继前人的研究之后，将菲茨杰拉德的小说主题、人物塑造放在了他所受宗教影响的框架之内，认为菲茨杰拉德作为美国第一个成功的爱尔兰后裔作家，“他对梦幻破灭这一创作主题的偏爱根植于他根深蒂固的宗教情感，而这一情感则主要来源于他所受的天主教影响。”[①] 幼年时麦克尔·法伦教父对他的道德观、价值观和男女关系本质的教导体现在他一生的经历之中，也“为他的主题和人物塑造定下了基调”。[②] 当他到达东部，面对信仰新教的上层社会时，尽管他从不让自己的形象表现出宗教或出身的烙印，但他第一部成功的小说《人间天堂》中(也最多地反映他的青年时代)，主人公艾默里难以逃脱的罪恶感反映出喧嚣的爵士乐掩盖不了的宿命，而“他所有的故事都含有灾难的意味”。[③] 在巴塞尔系列故事中，巴塞尔带有明显的中西部的天主教徒特征；《了不起的盖茨比》中的尼克和《夜色温柔》中的迪克成为了喧闹的荒诞世界中唯一的“道德记叙者，牧师式的人物。”[④]

罗伯特·朗(Long, Robert)在1979年出版的《〈了不起的盖茨比〉的生成：F.斯科特·菲茨杰拉德，1920—1925》(*The Achieving of The Great Gatsby: F. Scott Fitzgerald, 1920—1925*)是这一时期研究菲茨杰拉德的单部作品中较突出的一部专著。尽管詹姆斯·米勒在50年代出版《F.斯科特·菲茨杰拉德小说技巧》一书中提到康拉德对《了不起的盖茨比》创作的影响，但并没有深入比较分析，朗则从结构、人物、叙述框架和主题等方面细致地比较了《了不起的盖茨比》和《阿尔迈耶的愚蠢》、《吉姆爷》，尤其是《黑暗的心》的相似性，认为菲茨杰拉德深受康拉德的影响，两者的作品中都不乏“充满年轻梦想的主人公”，“相信能让

① Joan Allen: *Candles and Carnival Lights: The Catholic Sensibility of F. Scott Fitzgerald*, New York: New York UP, 1978, p. VIII.

② Ibid., p. 25.

③ Ibid., p. 85.

④ Ibid., p. 124.

旧日重来的‘第二次机会’”，描述着“主人公抑或社会的两个噩梦的对抗，而叙述者最终都只能不甘心地接受主人公的悲剧。”[①]

除了在美国国内有大量的学者进行菲茨杰拉德研究以外，从六七十年代起，他的作品在日本、印度和一些欧洲国家也广泛吸引读者，引发评论。1980年琳达·斯坦利在《F. 斯科特·菲茨杰拉德的国外批评声誉：分析与注释文献目录》一书中，分法国、英国、德国、意大利、日本和其他国家共计六章分别分析收录了菲茨杰拉德作品在欧洲、日本、南美等地的翻译、出版和接受状况。《了不起的盖茨比》最早于1926年由长期生活于巴黎和华盛顿的南美小说家、熟知美、法艺术家的维克多·洛纳（Llona, Victor）在法国翻译出版，但是由于缺乏知名出版商、翻译者和重要评论，1927年至二战结束期间，《了不起的盖茨比》并不为人所知，“截至1946年，关于菲茨杰拉德的文章只有两篇，在另一篇中仅仅提及。”[②] 但是1946年至1960年间，在法国出版的美国文学史书籍中，至少有九本谈到了菲茨杰拉德，有八篇论文专门研究菲茨杰拉德，“三篇是认真的文本和哲理研究，三篇主要侧重于传记，一篇目录研究，另一篇为论述性的，其中六篇都发表于重要的月刊。”[③]1961年后，菲茨杰拉德研究在法国进入第三个阶段，“被法国文学家和普通公众所熟知”。[④] 仅1963年至1964年间，《了不起的盖茨比》就出现了六个新的翻译版本。《夜色温柔》也先后有1951年、1961年和1973年的翻译版本。截至1980年，菲茨杰拉德的主要作品都译成法文在法国出版，并在大学中被广泛传播和研究。菲茨杰拉德研究在英国的状况与法国相似，“1920年至二战后，他在评论界并不引人注意；1947年至1957年，他获得一些评论；从1958年开始至1960年代中期，关于他的详细研究就一路高涨没有衰减，尽管赞扬有限，但1970年代开始一些英国评论家乐于将菲茨杰拉德与海明威、福克纳置于同一水平，甚至高

① Robert Long: *The Achieving of The Great Gatsby: F. Scott Fitzgerald, 1920—1925*, London: Associated UP, 1979, pp. 97, 100, 111.

② Linda C. Stanley: *The Foreign Critical Reputation of F. Scott Fitzgerald: An Analysis and Annotated Bibliography*, p. 5.

③ Ibid., p. 7.

④ Ibid., p. 8.

于他们。”[①] 在英国的菲茨杰拉德研究中值得一提的是1958年至1963年间博德利·黑德出版社推出的六卷本菲茨杰拉德作品集，是1980年之前在欧美国家出版的唯一完整的文集。在1971年，有两位英国学者对菲茨杰拉德的评价超越了海明威和福克纳，马尔科姆·布拉德伯里（Bradbury, Malcolm）在《美国小说与1920年代》中指出，“尽管《夜色温柔》并‘不完整’，但是‘它相对更加深入的特点、对于史实结局的关注、语体风格的严密性’却优于《太阳照常升起》。”埃里克·莫特拉姆（Mottram, Eric）认为“菲茨杰拉德作为对这一个时代进行诊疗的小说家，高于海明威和福克纳。”[②] 德国、意大利的菲茨杰拉德研究状况与法国和英国相似，都有先抑后扬的特点，并且由于其社会、政治特点而表现出对斯坦贝克、多斯·帕索斯、刘易斯等左派作家的喜爱，海明威也因为他的反法西斯主张而获得了很高评价，而菲茨杰拉德直到1950年代中期才开始受到关注，其中意大利最重要的研究成果当数“塞尔焦·佩罗萨的《F. 斯科特·菲茨杰拉德的艺术》，后译成英文，被认作是研究菲茨杰拉德文体发展的重要著作之一。”[③] 在日本关于菲茨杰拉德研究的评注提要最早只能追溯到1969年，但由于英语在日本的推广，现在菲茨杰拉德的许多短篇故事都作为读本运用于教学，关于美国文学的介绍中都会提到菲茨杰拉德，“日本关于菲茨杰拉德的资料总量已经超过了德国，可能还超过了其他西方国家。”[④] 除此之外，在苏联、西班牙、葡萄牙、南非、印度、澳大利亚、加拿大和南美的一些国家，菲茨杰拉德的作品也于1960年后被翻译、出版、评论。1960年代以前，在美国之外只能零星找到一些学者对菲茨杰拉德作品的评论，完全无法与海明威、福克纳所受的热捧相提并论。尽管有的读者对菲茨杰拉德在美国的声誉日渐高涨而在国外却备受冷落感到疑惑，但这种状况在不知不觉中已有很大改变。1967年至1980年间，共有12部专著和论文集在国外出版，其中法国2本、意大利3本、英国3本、德国2本、苏联1本、日本3本。在这些研究中主要体现出两种研究趋势，“一是文本分析，二是反

① Ibid., p. 89.

② Ibid., p. 99.

③ Ibid., p. 165.

④ Ibid., p. 198.

映出欧洲的知性关注焦点。"[①] 斯坦利的书中对美国之外的其他国家在菲茨杰拉德研究方面的详细数据与资料列举,既包括作品的译介、出版情况,又简短介绍了在专著、论文集和各类期刊中评论菲茨杰拉德其人其作的文章、书评等研究成果,是对 1980 年之前菲茨杰拉德研究的国际化趋势和成果的很好总结。

这二十年(1961 年—1980 年)是菲茨杰拉德研究中史料发掘成果最丰富的阶段,出现了大量的第一手材料,如菲茨杰拉德遗留的手稿、笔记、信件,曾与他关系亲密的亲人和朋友的真实记录,其他同时代的学者、作家、编辑的回忆和评价等。丰富的史料为研究创造了有利条件,但分析这一阶段的研究成果,也不难发现其中存在的问题。首先,研究方法单一、过于重视史料研究。这一时期非常有影响力的菲茨杰拉德研究的学者,如布鲁科利、派珀、埃布尔等在各自代表性的研究成果中都大量采用了文献分析的方式。布鲁科利通过研究《夜色温柔》的手稿,分析了这部作品的创作过程——《〈夜色温柔〉的创作:手稿研究》。派珀也是专注于手稿研究,展现《人间天堂》的草稿从第一人称叙事、富含自传特点的"浪漫的自私主义者"如何转变为客观的第三人称叙事。[②] 埃布尔在评述菲茨杰拉德的写作风格时,则直接表明要"注重研究手稿,了解短语、段落是如何形成的。"[③] 这种研究方式在他研究菲茨杰拉德的《了不起的盖茨比》、《崩溃》等作品时都占据了主导地位,也很明显地表现在同时期的其他学者的研究论文中。其次,在研究角度方面,绝大部分论文或专著都集中于探讨菲茨杰拉德的写作主题、人物塑造、表达特点、自传式风格等,通过细读和文献资料进行分析和寻找论据,过分关注作者和文本两个因素,没有将文学作品产生、流通、接受的其他因素纳入研究视野。第三,随着 1960 年代和 1970 年代美国社会和文化思潮的变化,尤其是女权运动的影响,一些学者也将菲茨杰拉德研究和这样的大环境相结合,研究其作品的文化性、社会性和其中的女性角色等,但部分学者的研究成果由于过于受当时社会氛围的影响,论点缺乏说服力。例如,南希·米尔福德(Milford, Nancy)在《珊尔达传记》

---

① Ibid., p. 12.

② Henry Dan Piper: *F. Scott Fitzgerald: A Critical Portrait*, pp 49-50.

③ Kenneth E. Eble: *F. Scott Fitzgerald: A Collection of Criticism*, p. 5.

（*Zelda: A Biography*, 1970）中将珊尔达塑造为自由女性的代表，而菲茨杰拉德则成为大男子沙文主义的典型，这样先入为主的研究结论令菲茨杰拉德的女儿斯科蒂也颇感“惊讶”，从她对两人的了解来看，认为这样的评论“是不准确的”。[①] 尽管珊尔达表现出一定的文学才华，但当时一些专注女权主义研究的学者因此认为她的创作才能远远高于菲茨杰拉德也是不恰当的。历史的车轮进入 1980 年代，随着更多的文学理念不断涌现，菲茨杰拉德研究的视角和方法也不断得以扩充，大量新颖的研究成果陆续出现。

第二节　1981 年—1990 年

在 1981 年至 1990 年这 10 年间，菲茨杰拉德研究繁荣发展，出现了新的研究热潮。据统计，这期间在美国各类学术期刊上发表的菲茨杰拉德研究论文达 100 多篇，出版的研究专著共有 9 部，论文集 7 部，传记研究 5 部，文献书目 2 部。[②] 除了美国国内菲茨杰拉德研究成果颇丰外，国外此期间也出现了研究热潮，成果卓著，比如在菲茨杰拉德研究专著方面，法国出版了 2 部，德国 3 部，日本 4 部。[③] 这在琳达·C. 斯坦利的《F. 斯科特·菲茨杰拉德的国外批评声誉，1980—2000：分析与注释文献目录》（*The Foreign Critical Reputation of F. Scott Fitzgerald, 1980—2000: An Analysis and Annotated Bibliography*, 2004）中得到了充分体现。斯坦利在该书中对许多国家如英国、法国、加拿大、意大利、德国、俄罗斯、印度、日本等的菲茨杰拉德研究进行了梳理分析并提供

① Ruth Prigozy: “Introduction: Scott, Zelda, and the Culture of Celebrity”, in Ruth Prigozy, ed.: *The Cambridge Companion to F. Scott Fitzgerald*, p. 20.

② 数据主要依据在 Worldcat（OCLC）上所检索的书目、JSTOR（Journal Storage）提供的期刊目录和艾伯特·J. 德法西奥三世（Albert J. DeFazio III）的文章所提供的关于 1920 年—2003 年所有菲茨杰拉德作品及菲茨杰拉德研究期刊文章、专著、论文集目录（Albert J. DeFazio III: “Bibliographical Essay: The Contours of Fitzgerald’ s Second Acts”, in Kirk Curnutt, ed.: *A Historical Guide to F. Scott Fitzgerald*, New York: Oxford UP, 2004, pp. 233-274）。

③ 参见 Linda C. Stantley: *The Foreign Critical Reputation of F. Scott Fitzgerald, 1980—2000: An Analysis and Annotated Bibliography*, Conn.: Greenwood, 2004。

了详细目录。所有这些研究成果将菲茨杰拉德研究推向了一个更深的层次。较之以往的研究，这期间的菲茨杰拉德研究更加深入、全面和成熟，主要有以下显著特点：一、菲茨杰拉德生平研究的深入，出现了不少有影响力的传记作品，同时，这些传记作品撰写角度多样，从不同侧面反映了菲茨杰拉德的生平、艺术创作等；二、研究范围的拓展，关注的重点不局限于菲茨杰拉德的主要作品，还涉及以往被忽视的许多短篇小说、戏剧以及改编自他小说的电影；三、新的研究方法和思路的运用，出现了不少具有新意的研究文章；四、对菲茨杰拉德的经典小说《了不起的盖茨比》和《夜色温柔》的继续关注和深入研究；五、对以往出版的菲茨杰拉德研究文献书目的修订与增补，这些文献书目不仅为研究者提供了有益的第一手信息，还是菲茨杰拉德研究发展与成熟的标志之一。A. 罗伯特·李（Lee, A. Robert）在其编辑出版的菲茨杰拉德研究论文集——《斯科特·菲茨杰拉德：生命的承诺》（*Scott Fitzgerald: The Promises of Life*, 1989）的序言中指出："本论文集提供了新一轮的菲茨杰拉德研究文章"。[①] 正如他所言，该论文集是 1981 年—1990 年这 10 年间新一轮菲茨杰拉德作品研究成果的代表，反映了 1980 年代菲茨杰拉德研究的整体水平。另外，这个时期还出版了一部菲茨杰拉德诗集和一部以他的生活经历为原型的戏剧，[②] 从另一侧面反映了文艺界和读者群对菲茨杰拉德作品及其生平的全面关注。下面拟对这个时期菲茨杰拉德传记研究、小说研究和改编自他的作品的电影研究、戏剧研究以及文献目录进行梳理分析。

一、传记

这期间的菲茨杰拉德的传记成果颇丰，主要有 5 部，分别是马修·J. 布鲁科利的《史诗般壮丽：F. 斯科特·菲茨杰拉德的一生》（*Some Sort*

---

① Robert Lee A. ed.: *Scott Fitzgerald: The Promises of Life*, New York: St. Martin's, 1989, p. 14.

② 它们分别是马修·J. 布鲁科利编辑的《菲茨杰拉德诗歌集：1911—1940》（*F. Scott Fitzgerald Poems, 1911—1940,* Columbia, S. C.: Bruccoli Clark, 1981）和迈克尔·麦圭尔（Michael McGuire）的《斯科特·菲茨杰拉德戏剧》（*The Scott Fitzgerald Play*, Columbia: U of Missouri P, 1988）。

of Epic Grandeur: The Life of F. Scott Fitzgerald, 1981）、斯科特·唐纳森（Donaldson, Scott）的《爱情的傻瓜：F. 斯科特·菲茨杰拉德》（*Fool for Love: F. Scott Fitzgerald*, 1983）、詹姆斯·R. 梅洛（Mellow, James R.）的《虚构的生活：菲茨杰拉德夫妇》（*Invented Lives: F. Scott and Zelda Fitzgerald*, 1984）、弗朗西丝·克罗尔·林（Ring, Frances Kroll）的《逆流而行：记忆中的 F. 斯科特·菲茨杰拉德》（*Against the Current: As I Remember F. Scott Fitzgerald*, 1985）、以及由威廉·拜伦（Byron, William）翻译的法国作家安德烈·勒沃特（Le Vot, André）的《F. 斯科特·菲茨杰拉德传》（*F. Scott Fitzgerald: A Biography*, 1983）。这些传记各有特色，从不同层面研究菲茨杰拉德的生平与创作以及它们之间的关系，再现了菲茨杰拉德的艺术家形象。它们注重资料的翔实，讲究学术价值，成为菲茨杰拉德作品研究不可或缺的参考书目，这无疑奠定了理解菲茨杰拉德、评论其作品的基础，将菲茨杰拉德作品研究推向新的高潮。露丝·普里戈齐（Prigozy, Ruth）对以上传记做了这样的评论，尽管 1980 年代这些菲茨杰拉德传记难以超越阿瑟·迈兹纳的《远在天堂边》，但它们都是对这部传记有价值的补充。[①]

马修·J. 布鲁科利的《史诗般壮丽：F. 斯科特·菲茨杰拉德的一生》被公认是菲茨杰拉德传记研究的权威之作。该传记甫一问世便受到了评论界的关注。如他在该传记前言所说，这部传记以事实为据，以期纠正以往传记中有关菲茨杰拉德生平的讹误，并增加一些新的事实。布鲁科利的写作获得了菲茨杰拉德女儿斯科蒂的支持与帮助，收集到许多第一手文献资料。因此，较之以往的菲茨杰拉德传记，这部传记的一个显著特征是增加了许多菲茨杰拉德的生活经历，比如，菲茨杰拉德早期的普林斯顿大学生活和晚期好莱坞的生活得到了十分详细的描述，他的经济收入情况在这部传记中首次得到了详尽的展示，相关账目多达二十页。同阿瑟·迈兹纳的《远在天堂边》和安德鲁·特恩布尔的《F. 斯科特·菲茨杰拉德》这两部著名的菲茨杰拉德传记相比，这部传记可谓鸿篇巨制，共 624 页，是它们的总和。显然，布鲁科利为这部传记做了大量的调研工作，倾注了大量的心血。他以实证方法去探求影响一个艺术家及其作品的外在因素，有很高的学术价值。作为具有深厚学

① Ruth Prigozy,ed.: *The Cambridge Companion to F. Scott Fitzgerald*, p. 224.

识素养和丰富写作经验的学者，布鲁科利的这部传记为批评家在对菲茨杰拉德作品做出客观、准确的判断时提供了一定的参考价值，是菲茨杰拉德传记的经典之作，这也是该传记不断再版的重要原因。正如约翰·贝休恩（Bethune, John）于 1984 年所预言，“布鲁科利的《史诗般壮丽：F. 斯科特·菲茨杰拉德的一生》冗长但全面详实，它无疑会成为菲茨杰拉德传记的标杆之作。”[①]

斯科特·唐纳森的《爱情的傻瓜：F. 斯科特·菲茨杰拉德》是 1980 年代菲茨杰拉德传记的又一力作，他采用心理分析和历史研究的方法对菲茨杰拉德与身边几位女性之间的关系以及她们对他文学创作的影响进行了研究。唐纳森在前言阐明了该书的主要写作目的，即“竭力揭示影响这位被利昂·艾德称为神秘人物的性格和写作方式的独特思想根源”，并指明“菲茨杰拉德被迫讨好别人，尤其是那些富人和名人”[②] 是贯穿全书的主题思想。唐纳森分析了菲茨杰拉德这种思想的形成因素，一方面是受到其母亲性格的影响，另一方面是他从未有过固定长久的家和社会地位，这导致了他的不安全感。因此，每次遇到陌生人，他总是竭力展示自己的魅力以证明他的价值。这也是他追求诸多女性的原因，他需要得到她们的承认、爱和崇拜。《夜色温柔》的主角迪克喜欢引起别人的注意和吸引女孩的冲动则与菲茨杰拉德本人的性格相似。在传记的首章中，唐纳森详细描述了菲茨杰拉德的家庭背景、早年他与父母紧张的关系以及在其作品中的体现。在描述菲茨杰拉德与几位女性的关系时，唐纳森阐述了这种关系对他创作的影响，指出“无论是在他的现实生活还是小说创作中，菲茨杰拉德脑海中出现的女性形象远远不只一位。”[③] 同时，唐纳森强调，“爱给菲茨杰拉德的生活带来了情感危机，也为他的小说创作直接提供了素材。”[④] 在讲述菲茨杰拉德与妻子珊尔达的关系时，唐纳森描述了珊尔达的写作和表演才能以及她与丈夫

① John Bethune: “Fitzgerald Study Offers Little New”, in *The Tennessean* (November 25, 1984), p. 8.

② Scott Donaldson: *Fool for Love: F. Scott Fitzgerald*, New York: Dell Publishing, 1983, p. x.

③ Ibid., p. 58.

④ Ibid., p.99.

的冲突。由于菲茨杰拉德“坚信世界是男人的,女人不能直接霸占”,[①]他不能容忍妻子才华的展现,因此珊尔达的文学才能被埋没,以至患上精神病。唐纳森利用未出版的菲茨杰拉德手稿和信件以及对他生活中的女性进行的采访,从主题上把握作家的生平与写作的内在联系,揭示出以往传记研究忽略的部分,正如美国著名学者艾丽丝·霍尔·佩特里(Petry, Alice Hall)所言,“在菲茨杰拉德缺乏安全感的悲剧方面,无论是体现在他的酗酒,还是同他人的关系上,从未有人像唐纳森讲述得如此清晰。”[②]唐纳森的这部传记摈弃了以往菲茨杰拉德传记中按时间顺序写作的方法,以主题为中心展开,对菲茨杰拉德的创作与个性进行了多方面的展示。多数菲茨杰拉德专家认为,要想研究菲茨杰拉德一生中的任何重大问题,这本传记是不可或缺的资料。

另外,特别值得一提的是,唐纳森在这部传记中还详细分析了菲茨杰拉德对犹太人和黑人的态度变化以及在作品中的体现,为21世纪菲茨杰拉德作品中的种族问题研究热起到了抛砖引玉之作用,如迈克尔·诺林(Nowlin, Michael)的专著《F. 斯科特·菲茨杰拉德的种族视角与文学的伟大事业》(*F. Scott Fitzgerald's Racial Angles and the Business of Literary Greatness*, 2007)就是在此基础上的拓展。菲茨杰拉德的小说中犹太人多被刻画为贪婪和功于心计的形象。例如,《漂亮冤家》中的约瑟夫·布莱克、《了不起的盖茨比》中盖茨比所谓的好朋友迈耶·沃尔夫山姆等。菲茨杰拉德不仅在小说中刻画负面形象的犹太人物,而且在他的私人信件中也有讨厌犹太人的言辞。[③]但后期在好莱坞的三四年里,菲茨杰拉德对犹太人的态度发生了变化,他开始表达对犹太人成就和影响的尊重。他在好莱坞最好的朋友埃迪·迈耶(Mayer, Eddie)就是位犹太人。唐纳森指通过分析指出,菲茨杰拉德竭力摆脱他所受教育中对犹太人根生蒂固的偏见。[④]关于菲茨杰拉德对黑人的

① Ibid., p.123.

② Alice Hall Petry: "Review", in *American Literature,* Vol.56 No. 3 (Oct, 1984), p. 442.

③ Scott Donaldson: *Fool for Love: F. Scott Fitzgerald*, pp. 183-184.

④ Ibid., p.184.

态度,唐纳森认为它“体现了菲茨杰拉德世界观的逐渐成熟”。[①] 菲茨杰拉德早期的态度明显是属于南方对黑人的传统看法,但在1930年代他的态度发生了变化,认为黑人有自己的尊严,他们坚韧的性格是他学习的榜样。在他晚期艰难的生活中,他曾求助于他的黑人员工,这位员工在精神上给予了他很大的支持。

曾获美国国家图书奖的著名传记作家詹姆斯·R. 梅洛于1984年出版菲茨杰拉德传记《虚构的生活:菲茨杰拉德夫妇》。此书是他著名的“迷惘的一代”传记三部曲中的第二部,其他两部是《小团体:格特鲁德·斯泰因和她的团体》(*Charmed Circle: Gertrude Stein and Her Company*, 1974)和《欧内斯特·海明威传》(*Ernest Hemingway: A Life Without Consequence*, 1992)。梅洛认为菲茨杰拉德夫妇过着“虚构的生活”,他们不仅写小说,还竭力实践这种虚构的生活。他们无法将艺术与生活分开,这无疑给他们的创作与婚姻带来灾难,如珊尔达在精神病院的长期煎熬与菲茨杰拉德后期的酗酒。有评论者指出这部传记同以往传记相比,没有增加新的内容。[②]

由菲茨杰拉德的秘书弗朗西丝·克罗尔·林撰写的《逆流而行:记忆中的F. 斯科特·菲茨杰拉德》则通过回忆详细记录了菲茨杰拉德晚期生活的艰辛以及不懈的艺术追求。那时的菲茨杰拉德身体虚弱,沉溺酗酒,开始创作他的最后一部作品《最后一位君子》。林与菲茨杰拉德相处了20个月,目睹了他在文学生涯中的最后一搏,特别是他在写作《最后一位君子》的过程中所经历的压力、挣扎、奋斗,再现了一位在文学道路上艰难跋涉,追寻伟大作家之梦的艺术家的形象。林见证了菲茨杰拉德后期生活中所面临的酗酒、赚钱与写作的三大问题。但有评论者指出该传记的主要不足之处在于弗朗西丝·克罗尔·林的有些回忆内容难以令人信服,因为它们同菲茨杰拉德研究专家长期收集的事实相抵牾。[③]

法国作家安德烈·勒沃特的《F. 斯科特·菲茨杰拉德传》是他历时

① Ibid., p.185.

② Ruth Prigozy: *The Cambridge Companion to F. Scott Fitzgerald*, p.224.

③ Tom Quirk: “Review”, in *American Literature*, Vol.58 No. 3 (Oct., 1986), pp. 455-456.

20年的研究成果。该书1979年在法国出版，1983年被翻译成英文在美国出版，获得广泛好评。勒沃特从法国人的独特视角来研究菲茨杰拉德这位美国作家及其时代，对他的生平及作品进行了富有见地的论述。艾丽丝·霍尔·佩特里给予这本书极高的评价，"安德烈·勒沃特的《F.斯科特·菲茨杰拉德传》信息丰富、深刻、富有洞察力；尽管它有许多小缺点，但瑕不掩瑜，这部传记无疑注定成为菲茨杰拉德生平和作品研究的典范之作。"[①] 露丝·普里戈齐同样给予了很高评价，他认为这部传记有关菲茨杰拉德普林斯顿的大学生活、美国1920年代的社会风貌、爵士时代、禁酒以及1920年代的巴黎的章节特别值得一读。[②] 为了让法国读者更好理解菲茨杰拉德，勒沃特将他的处境与法国作家肖代洛·德拉克洛（de Laclos, Choderlos）的著名作品《危险关系》中的人物凡尔蒙子爵的处境相比较。他认为菲茨杰拉德是美国作家中少数几位像福楼拜那样重视小说结构与写作艺术的作家之一。[③] 值得一提的是，勒沃特对菲茨杰拉德与海明威之间友谊和恩怨的分析细致深刻。

总之，这个时期的传记研究方法如约翰·B.钱伯斯（Chambers, John B.）在其所著《F.斯科特·菲茨杰拉德的小说》（*The Novels of F. Scott Fitzgerald*, 1989）中所言，仍沿袭阿瑟·迈兹纳的《远在天堂边》中将菲茨杰拉德的生平与作品相结合的传记方法。[④] 以上五部传记从不同角度，运用新的史料揭示了菲茨杰拉德的生活经历、创作实践、思想情感等，阐明了他的小说创作与生活经历之间的紧密关系，为其小说研究提供了新的视角，也有助于从不同侧面了解这位伟大的作家。斯科特·唐纳森在他的菲茨杰拉德传记作品《爱情的傻瓜：F.斯科特·菲茨杰拉德》前言中引用亨利·詹姆斯的话阐明了这些传记的作用，"我

① Alice Hall Petry: "Review", in *Modern Language Studies,* Vol.16 No. 2 (Spring, 1986), p. 93.

② Ruth Prigozy: *The Cambridge Companion to F. Scott Fitzgerald*, p. 224.

③ Andrew Le Vot: *F. Scott Fitzgerald: A Biography*, translated by William Byron, Garden City, N.Y.: Doubleday, 1983, p. ix.

④ John B. Chambers: *The Novels of F. Scott Fitzgerald*, New York: St. Martin's Press, 1989, p. 1.

们不可能知道任何事情的真相,我们仅能综合已讲述的内容。"[①] 的确,没有任何菲茨杰拉德传记作家能断言他的作品讲述了全部真相,这也是菲茨杰拉德传记层出不穷的原因。诚然,这些传记作品为深化菲茨杰拉德作品研究提供了丰富的视角,为菲茨杰拉德研究热起到了推波助澜的作用,但负面影响也被许多批评家所担忧。约翰·B. 钱伯斯的观点颇具代表性,他指出,将菲茨杰拉德小说与其生平紧密联系的批评方法的影响是巨大的:这种方法引发并保持了公众对菲茨杰拉德的极大兴趣,但同时也严重地限制了对其作品文学性的评析。[②]

二、小说研究

1. 长篇小说研究

菲茨杰拉德长篇小说研究在这十年间得到了长足发展,经典小说《了不起的盖茨比》和《夜色温柔》继续受到特别关注,以往受低估的《人间天堂》、《漂亮冤家》和《最后一位君子》得到重新评价。

《了不起的盖茨比》和《夜色温柔》

这一时期对长篇小说《了不起的盖茨比》和《夜色温柔》的深入研究体现在三部论文集上,它们是斯科特·唐纳森编辑的《〈了不起的盖茨比〉评论集》(*Critical Essays on F. Scott Fitzgerald's The Great Gatsby*, 1984)、理查德·利汉的专著《〈了不起的盖茨比〉:奇迹的极限》(*The Great Gatsby: The Limits of Wonder*, 1990)和米尔顿·R. 斯特恩编辑的《F. 斯科特·菲茨杰拉德〈夜色温柔〉评论集》(*Critical Essays on F. Scott Fitzgerald's Tender Is the Night*, 1986)。《〈了不起的盖茨比〉评论集》按综论、作品艺术、新的批评方法、历史神话意义等分类辑录了具有代表性的《了不起的盖茨比》评论文章,还收录了涉及这部小说的菲茨杰拉德信件。这部论文集体现了编者对《了不起的盖茨比》外部研究与内部研究成果的同等重视,反映了 1980 年代菲茨杰拉德研究总的特征。利汉的专著《〈了不起的盖茨比〉:奇迹的极限》不仅分析了《了不起的盖茨比》的文体与象征手法,还阐明这部作品是美国 1920 年代

① Scott Donaldson: *Fool for Love: F. Scott Fitzgerald*, p. x.

② John B. Chambers: *The Novels of F. Scott Fitzgerald*, 1989, p. 1.

独特文化的产物。专著对小说的历史语境、批评史与作品的重要性等进行了论述。利汉强调了《了不起的盖茨比》文学经典地位的永恒性，“对《了不起的盖茨比》的永恒经典地位的挑战不是来自对他成就的质疑，而是对我们的批评标准的质疑。”①《F. 斯科特·菲茨杰拉德〈夜色温柔〉评论集》按年代辑录了自 1930 年代至 1980 年代以来有关《夜色温柔》评论的主要文章。值得一提的是，约瑟夫·温克（Wenke, Joseph）的文章《〈夜色温柔〉批评文献参照目录》（“*Tender Is the Night*: A Cross-Referenced Bibliography of Criticism”）按杂志期刊和书分类列出了 1930 年代至 1980 年代有关《夜色温柔》研究的主要参考文献，并标出页码，为《夜色温柔》的研究提供了有益参考。

《了不起的盖茨比》中的故事叙述者尼克·卡拉韦以及他是否为可靠叙述者是评论的焦点，不少文章对以往将尼克视为小说中评判一切道德是非的核心人物和可靠的叙述者的评论提出了质疑。斯科特·唐纳森的文章《尼克的麻烦》（“The Trouble with Nick”）对尼克的评论可以说是颠覆性的，他在开篇提出对尼克这位叙述者不同的看法，“他是一个势利的人，瞧不起人，常常诋毁别人。他逃避情感上的投入。他的道德准则或行为都不具有榜样性，是礼貌而不是道德指导他的行为。”② 唐纳森通过文本细读的方法在文中找出有力的论据来证明其观点。A. 罗伯特·李的文章《“歪曲的特征”：想象〈了不起的盖茨比〉》（“‘A Quality of Distortion’: Imagining *The Great Gatsby*”）对叙述者尼克叙述的权威性提出质疑。A. 罗伯特·李分析证明了小说中的许多内容从人物、场景的描写到人物的对话都是尼克凭自己的感觉和记忆讲述的，造成了对事实的歪曲，缺乏真实权威性，是“对第一人称叙事权威性的完美戏仿”。③ 肯特·卡特赖特（Cartwright, Kent）的文章《尼克·卡拉韦作为不可靠叙述者》（“Nick Carraway as an Unreliable Narrator”）论述

① Richard D. Lehan: “*The Great Gatsby”: The Limits of Wonder*, Boston: Twayne, 1990, p. 15.

② Scott Donaldson: “The Trouble with Nick,” in Scott Donaldson, ed.: *Critical Essays on F. Scott Fitzgerald’s The Great Gatsby*, p. 131.

③ A. Robert Lee: “‘A Quality of Distortion’: Imagining *The Great Gatsby*”, in A. Robert Lee, ed., *Scott Fitzgerald: The Promises of Life*, p. 50.

了尼克是一位不可靠叙述者。卡特赖特认为“尼克的观点不是作者菲茨杰拉德的,至少不是他的小说所要表达的观点,因为尼克在故事发展起关键作用的时刻是一个不可靠叙述者。同样,尼克是一个有缺点的人物,有时他也是一个困惑的、误导人以及不准确的叙述者。”[①]

这时期对《了不起的盖茨比》中的历史意识进行深入研究的文章不少,较之以往研究视角更具体深入,如有评论者指出:“作为80年代的美国读者,我们意识到菲茨杰拉德在处理小说人物面对时间流逝的态度时反映了我们对历史复杂性的个人及集体性的焦虑。”[②] 托尼・马吉斯特拉(Magistrale, Tony)的文章《〈了不起的盖茨比〉中的时间语言》(“The Language of Time in *The Great Gatsby*”)以小说中的时间语言为研究视角论述历史意识,并采用巴赫金的时空体理论分析小说中的重要场景。约翰・罗尔肯帕(Rohrkemper, John)的文章《隐喻性过去:〈了不起的盖茨比〉的历史视角》(“The Allusive Past: the Historical Perspective in *The Great Gatsby*”)指出《了不起的盖茨比》是所有小说中对美国历史思考最深刻之作,但菲茨杰拉德并未按传统历史性小说来创作,而是通过对早期历史中某些特别的人或事的隐喻性提及来完成对美国历史的深刻解读。此点却往往被早期评论者所忽视。[③] 他在这篇文章中将小说内部研究与外部研究相结合,对这些隐喻的重要意义进行了透彻分析。利汉的专著《〈了不起的盖茨比〉:奇迹的极限》也重点分析了菲茨杰拉德如何受惠于浪漫主义历史观并将之运用到这部小说有关美国历史的讲述中。

被誉为“天才的编辑”马克斯韦尔・珀金斯对菲茨杰拉德小说《了不起的盖茨比》的修改意见以及对他写作的帮助已是共识,但有评论者也提出了不同的意见。卡拉・马尔福德(Mulford, Carla)的文章《菲茨杰拉德、珀金斯与〈了不起的盖茨比〉》(“Fitzgerald, Perkins and *The*

---

① Kent Cartwright: “Nick Carraway as an Unreliable Narrator”, in *Papers on Language and Literature* 20 (Spring 1984), p. 218.

② Tony Magistrale and Mary Jane Dickerson: “The Language of Time in *The Great Gatsby*”, in *College Literature*, Vol.16 No. 2 (Spring, 1989), p. 117.

③ 参见 John Rohrkemper: “The Allusive Past: the Historical Perspective in *The Great Gatsby*”, in *College Literature*, Vol.12 No. 2(Spring, 1985), p. 153。

Great Gatsby")是这方面的代表作之一。[①] 借他们之间的信件往来,马尔福德阐明了珀金斯对这部小说的评论,特别是有关主人公盖茨比的人物形象与经济来源的介绍同小说整个结构不协调方面的意见。马尔福德通过对修改前后的有关盖茨比人物介绍章节的对照比较,认为修改前版本中的人物介绍方式更有助于主题的表达。

许多评论文章还关注《了不起的盖茨比》中的艺术瑕疵。这部小说的臻美艺术结构已是评论界的共识,但有评论者认为其不足之处也不可忽视。达雷尔·曼塞尔(Mansell, Darrel)的文章《〈了不起的盖茨比〉中的〈爵士音乐世界史〉》指出许多评论家一致认为这部小说形式完美、结构紧凑,但小说第三章中有一个片段却很唐突,即乐队指挥宣告他演奏的乐曲名称是《弗拉迪米尔·托斯托夫的爵士音乐世界史》这一部分。[②] 曼塞尔详细分析了菲茨杰拉德写这个片段的目的,他想借《爵士音乐世界史》这首曲子来说明它不仅有奇特的美,还象征美国对欧洲文化的粗俗化。尽管菲茨杰拉德想用聚会中的爵士乐来烘托主题,但他的描写却未达到其要表达的主题。理查德·利汉也指出这部小说的结构还是有一些不协调之处。

这一时期有关《夜色温柔》的评论主要体现在对以往传记式批评的批判,以及对小说本身叙事艺术的重视。约翰·B. 钱伯斯在其专著《F. 斯科特·菲茨杰拉德小说研究》的第五章《明智的生命悲剧意识》中指出,在菲茨杰拉德作品研究中,《夜色温柔》的传记式批评最明显,这种批评带来的误读也最多。[③] 他论述了《夜色温柔》中的反讽性视角的高超艺术以及所表现出的明智的生命悲剧意识,对以往认为该小说材料处理方面艺术性不够的看法进行了诟病。他还将这部小说同乔治·艾略特的《米德尔马契》(*Middlemarch*)相比较,阐明了它们所具有的共

---

① Carla Mulford: "Fitzgerald, Perkins, and *The Great Gatsby*", in *The Journal of Narrative Technique*, Vol. 12 No. 3 (Fall, 1982), pp. 210-220.

② Darrel Mansell: "The Jazz History of the World in The Great Gatsby", in *English Language Notes* 25 (Dec. 1987), pp. 57-62. Rpt. in Linda Pavlovski, ed.: *Twentieth-Century Literary Criticism*, Vol. 157, Detroit: Gale, 2005. *Literature Resources from Gale*, Web. 7 May 2010.

③ John B. Chambers: *The Novels of F. Scott Fitzgerald*, 1989, p. 127.

同点,即小说的讽刺性视角与结构,论证了《夜色温柔》的艺术价值。乔治·托尔斯(Toles, George)的文章《〈夜色温柔〉的玄学风格》(“The Metaphysics of Style in *Tender is the Night*”)和E. W. 皮彻(Pitcher, E.W.)的文章《〈夜色温柔〉:“破碎的世界”混乱中的秩序》(“*Tender is the Night*: Ordered Disorder in the ‘Broken Universe’”)等对《夜色温柔》的叙事艺术风格进行了分析阐述。欧文·R. 斯坦伯格(Steinberg, Erwin R.)的文章《迪克·戴弗与内米湖牧师》(“Dick Diver and the Priest of Nemi”)阐明了菲茨杰拉德的创作受到了英国著名人类学家詹姆斯·乔治·弗雷泽(Sir James George Frazer)的名著《金枝》和杰西·L. 韦斯顿(Weston, Jessie L.)的《从仪式到传奇》(*From Ritual to Romance*)的影响。《夜色温柔》主人公迪克·戴弗就分别体现了内米湖牧师和阿多尼斯等的特征。

《人间天堂》和《漂亮冤家》

安德鲁·胡克(Hook, Andrew)的文章《重新评价菲茨杰拉德的〈人间天堂〉和〈漂亮冤家〉》(“Cases for Reconsideration: Fitzgerald's *This Side of Paradise* and *The Beautiful and Dammed*”)是这一时期评论界对菲茨杰拉德早期作品重新评价的代表作。胡克以《人间天堂》和《漂亮冤家》为例分析了以往菲茨杰拉德作品评论中的问题,主要有以下三点:其一,以《了不起的盖茨比》为标准机械地衡量其他作品,从而忽视了其他作品独特的写作风格,这也是与菲茨杰拉德本人的创作愿望相违背的;其二,《人间天堂》和《漂亮冤家》因作者成名时太早而被贴上“不成熟的标签”,这有失公允;其三,将早期作品中所体现出的道德模糊性视为其作品的致命弱点,而作者认为这种道德模糊性却深刻反映了生活在一战后新旧世界交替时代年轻人的矛盾心理。文章最后一句“或许现在是回到菲茨杰拉德早期小说的时候了”[①] 反映出80年代对菲茨杰拉德早期小说《人间天堂》和《漂亮冤家》的重视和重新评介的趋势。约翰·B. 钱伯斯的专著《F. 斯科特·菲茨杰拉德小说研究》对《人

① Andrew Hook: “Cases for Reconsideration: Fitzgerald's *This Side of Paradise* and *The Beautiful and Damned*”, in A. Robert Lee, ed.: *Scott Fitzgerald: The Promises of Life*, pp. 17-35.

间天堂》和《漂亮冤家》的评论亦颇具代表性。他指出以往对这两部作品的评论有失公允,其根本原因在于:

> 四十年以来所有评论都来自同一个假设,即菲茨杰拉德是一位情绪化思考者,而非逻辑性思考者。这种观念导致人们对他的生活极度感兴趣,认为只有将他的艺术同他的生活紧密联系才能透彻分析这位作家。[①]

钱伯斯认为正是基于这种认识,评论界一致认为他早期的这两部作品缺乏深刻思考。通过文本细读,而不是以菲茨杰拉德的个人生活为主要依据,钱伯斯在这部专著的第二章和第三章对这种观点进行了反驳,阐述了以下思想:其一,《人间天堂》这部小说从最初的版本《浪漫自我主义者》到《人间天堂》的三次修改过程体现了菲茨杰拉德早期关于自我与爱的深刻思考,其思路并非只是在他公认的杰作《了不起的盖茨比》中才逐渐形成,他对艾默里·布莱恩的故事与其心理发展关系的处理展现了他的悲剧意识的深刻性;[②] 其二,《漂亮冤家》的失落主题源自《人间天堂》中的悲剧意识;[③] 其三,对这两部小说内容与技巧的客观研究不仅揭示了小说故事的精心设计是以菲茨杰拉德前后一致的反讽观点为基础的,同时证明了他这两部早期小说同后期小说《了不起的盖茨比》与《夜色温柔》一样具有同等的重要性。[④]约翰·B. 钱伯斯认为,如果《人间天堂》和《漂亮冤家》如同以往评论所言"不成熟",那么《了不起的盖茨比》中所展示的"深刻理解"从何而来,如何解释这种"戏剧性的突飞猛进"。[⑤]

对《最后一位君子》的评价也出现了不少有新意的文章,突破了以往评论的窠臼。罗伯特·吉丁斯(Giddings, Robert)的文章《〈最后一位君子〉:菲茨杰拉德作为创造者》("*The Last Tycoon*: Fitzgerald as

① John B. Chambers: *The Novels of F. Scott Fitzgerald*, p. 9.

② Ibid., p. 66.

③ Ibid., p. 67.

④ Ibid., p. 90.

⑤ Ibid., p. 91.

Projectionist")就是其中的代表。作者指出以往的评论通常将菲茨杰拉德称为"编年史家"和"爵士时代"的记录者,但作者认为这种评价忽视了菲茨杰拉德作为艺术家的想象力和创造力。他的作品不仅仅记录"爵士时代"的历史和人物,而且通过艺术来使历史具体化、形象化。在这篇文章里,吉丁斯以《最后一位君子》为例,采用社会历史背景和文本细读相结合的方法对小说的主人公门罗·施塔尔和美国历史上好莱坞影业著名的电影制作人、米高梅影业公司的副总裁欧文·塔尔贝格之间的关系进行了思考,指出菲茨杰拉德在这部小说里塑造了一位生活在电影已成为大众文化主流形式的时代里的艺术家形象,而不是一部如以往评论者所言的"变相的欧文·塔尔贝格传记"。通过对欧文·塔尔贝格这位真实人物的生活和事业情况的介绍,吉丁斯发现他与小说人物门罗·施塔尔性格之间的相似性极少,只是他们从事相同的职业罢了。随后他通过文本细读的方法论证菲茨杰拉德在这部小说中旨在将门罗·施塔尔刻画为一位艺术家和创造者。而理解这一点是至关重要的,因为他涉及到小说主人公的性格建构和作者对价值的探索。不可否认,门罗·施塔尔为电影业工作,他的任务是为大众提供娱乐,但他不仅仅是这个行业的高管,更是一位艺术家。他清楚地意识到他必须协调好电影业中的创造因素和生产因素之间的关系,从而保证电影的艺术质量,为好莱坞的电影事业创造一个美好的未来。这主要体现在他与负责创作电影剧本的英国小说家乔治·博克斯利的一系列对话中。门罗·施塔尔觉察到博克斯利认为写电影剧本粗俗,有损他的作家身份,于是希望他能认识到电影作为一种媒介的积极方面,即它也是一种表达艺术家思想的有效的方式。吉丁斯指出小说中出现的美国历史上的两个重要人物安德鲁·杰克逊和亚布拉罕·林肯明显地给该小说的主题性结构增加了分量。这两个人物都是美国价值观的化身。在文章结尾,吉丁斯再次强调"《最后一位君子》不是一部关于电影的小说,而是关于艺术的小说。"[①] 吉丁斯的这篇文章对以往评论中的错误倾向进行了修正。

惠勒·温斯顿·狄克逊(Dixon, Wheeler Winston)的专著《F.

① Robert Giddings: "*The Last Tycoon*: Fitzgerald as Projectionist", in A. Robert Lee, ed.: *Scott Fitzgerald: The Promises of Life*, p. 94.

斯科特·菲茨杰拉德的电影视角》(*The Cinematic Vision of F. Scott Fitzgerald*, 1986)分析了菲茨杰拉德长篇小说中所体现出的电影技巧,富有新意,反映了菲茨杰拉德长篇小说研究专著中所采用的新视角。狄克逊在前言指出了该专著的主要写作目的:一是这部专著主要分析了菲茨杰拉德在好莱坞当电影编剧的经历对他创作的影响以及他长篇小说中的电影元素。狄克逊详细论述了电影技巧在《了不起的盖茨比》和《最后一位君子》中的体现,如文字的简练、视角的转换等。

2. 短篇小说研究

1980 年代菲茨杰拉德短篇小说研究受到了高度重视。不仅有短篇小说论文集出版,一些有影响的菲茨杰拉德研究论文集都辑录了短篇小说研究,如 A. 罗伯特·李编辑出版的菲茨杰拉德研究论文集——《斯科特·菲茨杰拉德:生命的承诺》和哈罗德·布鲁姆编辑的《F. 斯科特·菲茨杰拉德:现代批评》(*F. Scott Fitzgerald: Modern Critical Views*, 1985)等,这与 1970 年代一些菲茨杰拉德作品研究专著对他的短篇小说几乎只字未提的情况不同。杰克逊·R. 布赖尔在其编辑出版的《F. 斯科特·菲茨杰拉德短篇小说批评新方法》(*The Short Stories of F. Scott Fitzgerald: New Approaches in Criticism*, 1982)的前言列举了 1970 年代四部未涉及菲茨杰拉德短篇小说的研究专著,它们分别是米尔顿·R. 斯特恩的《金色瞬间—— F. 斯科特·菲茨杰拉德的小说》(1970)、约翰·F. 卡拉汉的《国家的幻想—— F. 斯科特·菲茨杰拉德小说中的神话与历史》、阿伦·莱瑟姆(Latham, Aaron)的《疯狂的星期天—— F. 斯科特·菲茨杰拉德在好莱坞》(*Crazy Sundays—F. scott Fitzgerald in Hollywood*, 1971)和托马斯·J. 斯塔沃拉(Stavola, Thomas J.)的《斯科特·菲茨杰拉德:美国身份的危机》(*Scott Fitzgerald: Crisis in an American Identity*, 1979)。[①] 这期间的菲茨杰拉德短篇小说研究热与美国 1980 年代短篇小说繁荣的大背景密不可分。比尔·奥利弗的文章《美国短篇小说的新繁荣》对 1980 年代美国短篇小说的繁荣现象进行了描

① 参见 Jackson R. Bryer, ed.: *The Short Stories of F. Scott Fitzgerald: New Approaches in Criticism*, p. xii。

述和分析。[①]

这一时期有两部重要的菲茨杰拉德短篇小说研究著作出版,除了上文提到的布赖尔编辑的《F. 斯科特·菲茨杰拉德短篇小说批评新方法》,还有一部是短篇小说研究专家艾丽丝·霍尔·佩特里的专著《菲茨杰拉德的小说技巧:1920 年—1935 年的短篇小说集》(*Fitzgerald's Craft of Short Fiction: The Collected Stories, 1920—1935*, 1989)。《F. 斯科特·菲茨杰拉德短篇小说批评新方法》可谓菲茨杰拉德短篇小说研究里程碑式的论文集。它分综合评述和具体作品分析两部分。这部论文集有五个显著特征:其一,如该论文集题目所言,它所收录的文章较之以往菲茨杰拉德短篇小说研究方法具有新颖独特之处,如约瑟夫·曼西尼(Mancini, Joseph)首次用荣格心理分析法来解读菲茨杰拉德的短篇小说;其二,针对过去菲茨杰拉德作品研究重视社会、历史与传记等外部因素的研究方法,编者强调对短篇小说文本风格与艺术性的研究,这主要体现在第二部分短篇小说的具体分析上;其三,论文集不仅涉及大家熟悉的名篇,还涉及长期被忽视的作品如《游泳者》(“The Swimmers”)等;其四,编者在附录部分主要依据杰克逊·J. 本森(Benson, Jackson J.)在《海明威短篇小说论文集》中所提供的文献参考目录方式为读者提供了详细的菲茨杰拉德短篇小说研究参考目录;最后,这部论文集的作者阵容不容小觑,他们中有理查德·利汉、肯尼思·E. 埃布尔等菲茨杰拉德研究专家,还有一些在他们以往的作品中提及菲茨杰拉德但未专门论述其小说的著名批评家如卡洛斯·贝克(Baker, Carlos)、欧文·马林(Malin, Irving)等,以及一些年轻的批评家和研究方向非美国现代文学的专家。这部评论集受到广泛好评,艾丽丝·霍尔·佩特里认为“它注定是菲茨杰拉德短篇小说研究高水准之作”。[②] 佩特里本人的专著《菲茨杰拉德的小说技巧:1920 年—1935 年的短篇小说集》也是一部重要的学术专著。她对已出版的菲茨杰拉德短篇小说集按出版先后顺序分别论述,它们是《新潮女郎与哲学家》、

① 比尔·奥利弗:《美国短篇小说的新繁荣》,杨贵生译,载《外国文学评论》,1992 年第 3 期,第 126-129 页。

② Alice Hall Petry: “Review”, in *Modern Language Studies*, Vol.15 No. 4, Fifteenth Anniversary Issue (Autumn, 1985), p. 368-370.

《爵士时代的故事》、《所有悲伤的年轻人》、《清晨的起床号》。佩特里按以下六个方面对其中的短篇小说分类论述：1、爱、性和婚姻；2、自我与社会；3、自由意志与命运；4、梦想与幻灭；5、历史意识；6、家庭观念。例如，作者从家庭观念的角度分析《爵士时代的故事》中的《一颗像里茨饭店那么大的钻石》和《五一节》，认为这两个故事都描写了不幸福的家庭。前者通常被认为是关于"美国梦"的故事，佩特里却认为它是关于家庭的故事，有关华盛顿家庭缺乏爱的故事。[①] 总之，这两部著作从一个侧面有力地说明了 1980 年代美国对菲茨杰拉德短篇小说的重视和深入。期刊文章中涉及菲茨杰拉德短篇小说的评论主要体现在作品结构的研究。威廉·J. 布隆德尔（Brondell, William J.）的文章《菲茨杰拉德短篇小说中的结构隐喻》（"Structural Metaphors in Fitzgerald's Short Fiction"）对菲茨杰拉德短篇小说的深层结构进行了分析，指出它们细致深入地描述了人物的内心思想变化，而这种变化是由作品中的深层结构来体现的。故事中的深层结构有力地说明了独特的情感和经历是菲茨杰拉德短篇小说的核心。[②]

菲茨杰拉德短篇小说的地位曾一直处在他的长篇小说的阴影中，如布赖恩·韦（Way, Brian）所言，以往菲茨杰拉德的短篇小说研究的范式是这些小说好像只有在有助于理解其长篇小说时才有意义。[③] 这期间的短篇小说研究则颠覆了以往的研究模式，强调短篇小说自身的价值以及长篇小说与它们的关系。简言之，这个时期的短篇小说研究取得了不俗成绩，出现了许多富有新意的阐释。

菲茨杰拉德小说创作中受到的影响是这个时期评论者关注的热点，主要体现在以下两点：1、德国哲学家施彭格勒和马克思的影响；2、

---

① 参见 Alice Hall Petry: *Fitzgerald's Craft of Short Fiction: The Collected Stories, 1920-1935*, p. 94。

② 参见 William J. Brondell: "Structural Metaphors in Fitzgerald's Short Fiction", in *Kansas Quarterly* 14.2 (Spring 1982), pp. 107-111. Rpt. in Thomas Votteler, ed.: *Short Story Criticism*, Vol. 6, Detroit: Gale Research, 1990. *Literature Resources from Gale*, Web. 10 May 2010。

③ 参见 Brian Way: *F. Scott Fitzgerald and the Art of Social Fiction*, New York: St. Martin's, 1980, p. 72。

文学家的影响。菲茨杰拉德1940年曾向著名编辑马克斯韦尔·珀金斯提到施彭格勒和马克思对他的影响。他在信中写道：

> 你看过施彭格勒的《西方的没落》吗？特别是第二卷。在读他作品的那个夏天，我正在写《了不起的盖茨比》。我想我还未从他的影响中恢复过来。他和马克思是在这可怕的混乱社会里尽力讲得有道理的现代哲学家。①

正是这封信引发了对菲茨杰拉德在写作《了不起的盖茨比》时是否受到施彭格勒的影响的争论和许多论述施彭格勒对菲茨杰拉德影响的文章。约翰·S. 惠特利（Whitley, John S.）的文章《"一点灾难"：菲茨杰拉德、施彭格勒和〈西方的没落〉》（"'A Touch of Disaster': Fitzgerald, Spengler and the *Decline of the West*"）首先对这种争论进行了梳理，比如R. W. 斯托尔曼（Stallman, R. W.）认为施彭格勒的《西方的没落》对《了不起的盖茨比》产生了很大的影响，而罗伯特·斯克拉（Sklar, Robert）却对此观点持反对意见，其依据是《西方的没落》的英文版1926年才出版，而菲茨杰拉德不懂德文。惠特利却认为尽管菲茨杰拉德在创作《了不起的盖茨比》时没能读《西方的没落》的德文版或英文版，但他不可否认地受到了施彭格勒的《西方的没落》的影响，原因是当时有许多关于施彭格勒及其《西方的没落》的英文文章发表。随后惠特利专门分析了菲茨杰拉德的早期作品《人间天堂》和《漂亮冤家》中所体现出的施彭格勒《西方的没落》的影响。马克思主义对菲茨杰拉德的影响以及他对马克思主义的态度仍是这阶段继续讨论的话题。罗纳德·J. 热尔韦（Gervais, Ronald J.）的文章《社会主义者与有钱阶层：菲茨杰拉德的双重忠诚》（"The Socialist and the Silk Stockings: Fitzgerald's Double Allegiance"）指出菲茨杰拉德既对他所属的资本主义阶级忠诚，但又相信社会主义带来的巨大变化。热尔韦分析了菲茨杰拉德这种矛盾的心理以及这种心理在他小说中的男主人公身上的体现。他认为菲茨杰拉德的马克思主义倾向与其说是对新的共

① Andrew Turnbull, ed.: *The Letters of F. Scott Fitzgerald*, Harmondsworth: Penguin, 1968, p. 310.

产主义制度充满希望，不如说是对资本主义文化的失望。马克思主义对他的吸引力不是来自对与资本主义社会不同的新社会制度的期望，而是来自象征资本主义社会最高理想的“社会主义”。[①] 菲茨杰拉德作品受到哪些文学家影响是研究者十分关注的问题。汤姆·夸克（Quirk, Tom）的文章《菲茨杰拉德与凯瑟：〈了不起的盖茨比〉》（“Fitzgerald and Cather: *The Great Gatsby*”）论述了薇拉·凯瑟的写作技巧对菲茨杰拉德创作的影响以及在《了不起的盖茨比》中的具体体现。罗伯特·鲁尔斯顿（Roulston, Robert）的文章《继承与创新：〈了不起的盖茨比〉所受的文学作品影响分析》（“Something Borrowed Something New: A Discussion of Literary Influences on *The Great Gatsby*”）指出《了不起的盖茨比》受到了许多作家的影响，如 T. S. 艾略特、薇拉·凯瑟、伊迪丝·沃顿、约瑟夫·康拉德、西奥多·德莱塞、亨利·詹姆斯和福楼拜等，并对这些影响进行了全面分析。作者认为这部小说尽管受到诸多作家的影响，却独具风格，不是折中的大杂烩或对某部作品的改写，即使是最权威的关于菲茨杰拉德所受影响的研究也不允许我们忘记这个事实。[②] 伊丽莎白·卡斯帕·奥尔德里奇（Aldrich, Elizabeth Kaspar）的文章《“世界上最富诗意的话题”：F. 斯科特·菲茨杰拉德小说中的女性人物》（“‘The Most Poetic Topic in the World’:Women in the Novels of F. Scott Fitzgerald”）分析了艾伦·坡的创作理论对菲茨杰拉德的影响，对小说中女性人物的塑造这个老话题进行了重新阐释。她认为这些人物无疑或多或少都是以菲茨杰拉德的妻子珊尔达为原型，但在将女性人物描写为灵感的来源和偶像这方面深受艾伦·坡的影响。这就是文章题目的含义所在。众所周知，艾伦·坡在他 1846 年发表的《创作哲学》（“The Philosophy of Composition”）中写道：“美丽女人的死亡无疑是世界上最富诗意的话题”。作者首先对艾伦·坡的创作模式进行归纳，

① Ronald J. Gervais: “The Socialist and the Silk Stockings: Fitzgerald’s Double Allegiance”, in Harold Bloom, ed.: *F. Scott Fitzgerald: Modern Critical Views*, New York: Chelsea House, 1958, p. 168.

② 参见 Robert Roulston: “Something Borrowed Something New: A Discussion of Literary Influences on *The Great Gatsby*”, in Scott Donaldson, ed.: *Critical Essays on F. Scott Fitzgerald’s “The Great Gatsby”*, Boston: G. K. Hall, 1984, p. 63。

然后以这些模式为标准对菲茨杰拉德小说中的女性人物进行分析,从而论证了菲茨杰拉德与艾伦·坡在塑造女性人物方面的相似性。除了分析以上著名作家对菲茨杰拉德的影响,一些名不见经传的作家对他的影响也被关注,如理查德·艾伦·戴维森(Davison, Richard Allan)论述了查尔斯·G. 诺里斯(Norris, Charles G.)对菲茨杰拉德的影响。

这一时期菲茨杰拉德小说研究批评方法出现了多样化的模式,除了以往传统的传记式批评、形式主义批评方法外,女性主义、社会文化批评等新的批评方法被运用到作品的解读中,出现了不少富有新意的著作和文章。萨拉·毕比·弗赖尔(Fryer, Sarah Beebe)的专著《菲茨杰拉德笔下的新女性:变革的先驱》(*Fitzgerald's New Women: Harbingers of Change*, 1988)是1980年代采用女性主义批评方法阐释菲茨杰拉德作品的代表作。弗莱尔对菲茨杰拉德的五部长篇小说中的女主人公分别进行了重新评介。她通过分析指出这些生活在现代和传统转折时期的女性是男权社会的牺牲品,她们追求独立的渴望使她们成为现代女性主义运动的先驱者。尼尔·D. 伊萨克斯(Issacs, Neil D.)的文章《〈冬天的梦〉与夏季体育运动》("'Winter Dreams' and Summer Sports")以《冬天的梦》为例,从社会文化的角度分析了美国对体育运动的爱好与重视对菲茨杰拉德创作产生的影响,以及这种影响在其作品中的体现。伊萨克斯指出美国文化中对体育运动的重视也是菲茨杰拉德小说受欢迎的原因之一,他在文章结尾部分大胆预测,只要美国人对体育运动的重视及热情不减,菲茨杰拉德就会继续受到欢迎。

三、改编自菲茨杰拉德小说的电影研究

菲茨杰拉德作品受美国影业界的青睐已成不争的事实,他的许多作品都多次被著名电影公司和导演改编成电影,并由名演员主演。改编自菲茨杰拉德短篇和长篇小说的电影在1980年代也进入菲茨杰拉德研究视阈,其学术价值得到认可。除各类期刊上的文章外,还有评论专著出版。这也说明了1980年代菲茨杰拉德研究范围的拓展。对改编自菲茨杰拉德作品的电影的重视也与美国1980年代对大众文化的重视休戚相关。

吉恩·D. 菲利普斯(Philips, Gene D.)的专著《小说、电影与F. 斯

科特·菲茨杰拉德》(*Fiction, Film, and F. Scott Fitzgerald*, 1986)对改编自菲茨杰拉德作品的电影进行了分析论述。他指出,"以往所有关于菲茨杰拉德生活和工作的著作在论及他与好莱坞的联系时,主要集中在他被雇用为电影剧本作者的经历上,而几乎完全忽视了好莱坞改编自他小说的大量电影。"[①] 该专著的主要目的是研究这些电影与原著相比在多大程度上改编是成功的。它分三部分论述。作者首先对菲茨杰拉德作为电影剧作者在好莱坞改编或创作剧本时的经历进行介绍,并强调他在改编别人作品时注重保留原作精髓的重要理念,然后对改编自菲茨杰拉德长、短篇小说的电影分别论述。通过对改编自菲茨杰拉德短篇小说的电影的分析,特别是考察了 1954 年米高梅影业公司改编自《重访巴比伦》的电影《巴黎遗梦》(*The Last Time I Saw Paris*)后,菲利普斯总结道:

> 大体而言,由菲茨杰拉德短篇小说改编成的电影都不是很好,尽管《留短发的伯尼斯》和《最后一个南方女郎》属改编中的上乘之作。但无论如何,它们还是值得一看,因为它们都能夸耀其中的一些镜头或场景保留了菲茨杰拉德的叙事才能,而正是这些镜头或场景使每部电影免于平庸。[②]

对于改编自菲茨杰拉德长篇小说的电影,作者认为尽管并不是所有都像《最后一位君子》那样如此忠实于原著,但大部分电影从保留原著精髓角度而言基本上是忠实原著的。如果菲茨杰拉德还在世,肯定会喜欢其中一些电影的。[③] 艾伦·马戈利斯的文章《从小说到戏剧再到电影:〈了不起的盖茨比〉的四个版本》[④] ("Novel to Play to Film: Four

---

① Gene D.Phillips: *Fiction, Film, and F. Scott Fitzgerald*, Chicago: Loyola UP, 1986, p. 6.

② Ibid., p. 61.

③ Ibid., p. 162.

④ 参见 Alan Margolies: "Novel to Play to Film: Four Versions of *The Great Gatsby*", in Scott Donaldson, ed.: *Critical Essays on F. Scott Fitzgerald's "The Great Gatsby"*, pp. 187-200。

Versions of *The Great Gatsby*"）对 1925 年以来改编自《了不起的盖茨比》的三部电影和一部戏剧进行了分析，认为尽管这些电影和戏剧在当时受到了评论界和观众的好评，但在他看来没有一部成功地将菲茨杰拉德的作品搬上银幕或舞台，这部小说被简化成了惊悚片和爱情故事。失败的原因不是原著缺少戏剧性元素，而是小说的改编、演员的表演和导演的指导水平不高。

另外，除美国本土外，这个时期日本的菲茨杰拉德研究专著和论文集中有不少涉及改编自菲茨杰拉德小说的电影。刈田元司（Karita, Motoshi）编辑的《F. 斯科特·菲茨杰拉德作品与美国梦的破灭》（*The Literature of F. Scott Fitzgerald and the Death of the American Dream*）辑录了十三位专家、一位作家、一位电影导演的文章，其中有两篇对改编自菲茨杰拉德小说的电影进行了论述，它们是坪井清彦（Tsuboi, Kiyohiko）的《菲茨杰拉德的戏剧与电影》（"Fitzgerald's Plays and Movies"）和著名导演栗山富夫（Kuriyama, Tomio）的《菲茨杰拉德在好莱坞》（"Fitzgerald in Hollywood"）。深受菲茨杰拉德作品影响的日本著名作家村上春树（Murakami, Haruki）在其专著《菲茨杰拉德研究》（*The Scott Fitzgerald Book,* 1988）对美国著名演员罗伯特·雷德福（Redford, Robert）主演的电影《了不起的盖茨比》进行了评论。①

四、菲茨杰拉德电影剧本研究

菲茨杰拉德一生与好莱坞结下了不解之缘，"他与好莱坞犹如一对病态的恋人，彼此厌恶，又难以割舍。"② 他从 1920 年代末开始就为好莱坞编写和创作剧本，曾两次入住好莱坞。他生命的最后几年也在好莱坞度过，靠写剧本挣钱维持生计。他总共创作了 29 部电影剧本，但由他改编、创作的剧本，或票房惨败，或被束之高阁。因此，他的电影剧本创作曾一度受到评论家的忽视或低估，被认为是他艺术创作力衰退的表现。这种看法在 1980 年代得到了修正，许多评论者重估菲茨杰拉德电影剧本的艺术成就以及对他小说创作的影响，美国电影研究专家惠

---

① 参见 Linda C. Stantley: *The Foreign Critical Reputation of F.Scott Fitzgerald, 1980—2000: An Analysis and Annotated Bibliography*, pp. 281-282。

② Peter Bates: "Review", in *Film Quarterly*, Vol. 40 No. 4 (Summer, 1987), p. 28.

勒·温斯顿·狄克逊的专著《F. 斯科特·菲茨杰拉德的电影视角》是其中的力作。

狄克逊在《F. 斯科特·菲茨杰拉德的电影视角》前言阐明了写作目的：一是修正以往评论界认为菲茨杰拉德晚期在好莱坞的写作只图赚钱，缺乏艺术追求的错误看法；二是指出评论界对菲茨杰拉德的电影剧本的关注不够，1970 年代有关他电影剧本的专著仅是自传和描述性质的，没有全面深刻研究菲茨杰拉德电影剧本的评论专著；三是论述菲茨杰拉德电影剧本的艺术成就以及对他小说创作的影响，填补研究空白。[①]《失节》与《三个战友》(*Three Comrades*)是他重点分析的两部戏剧。《失节》显示了菲茨杰拉德对电影技巧的娴熟运用，其主要成就在于采用摄影机角度和错综复杂的电影技术来写剧本，而非场景的描写和对话，"倚重视觉技巧而非语言表达来阐释主题的多样性"。[②]《三个战友》是经菲茨杰拉德多次修改、改编得比较成功的一个剧本，体现了他在尝试运用电影艺术表现手法创作剧本时所付出的努力与艰辛。狄克逊将菲茨杰拉德的这两部电影剧本与他的三部小说《了不起的盖茨比》、《夜色温柔》和《最后一位君子》进行比较研究，分析了菲茨杰拉德在好莱坞当电影编剧的经历对他创作的影响以及这些长篇小说中的电影元素。《了不起的盖茨比》这部小说中虽多处提到电影，但其中的一些电影技巧与后期创作中的相比，显得有些门外汉，说明菲茨杰拉德在创作这部小说时对电影艺术只是浅尝而已，还未真正深入研究。[③]《夜色温柔》也有许多部分涉及与电影相关的内容，较多地运用了电影艺术表现手法，如运动镜头和蒙太奇片段等，但由于小说中大量的心理刻画，使得菲茨杰拉德在运用电影艺术表现形式时遇到了不小的困难。[④]《最后一位君子》是菲茨杰拉德最后两年在好莱坞的未竟之作，该作品无论是在主题还是技巧方面皆与电影息息相关，电影艺术技巧的运用较前两部作品更为娴熟与复杂。尽管狄克逊的这部专著的研究范围不

① 参见 Wheeler Winston Dixon: *The Cinematic Vision of F. Scott Fitzgerald*, Ann Arbor, Mich.：UMI Research Press, 1986, p. 4。

② Ibid., p. 80.

③ Ibid., p. 21.

④ Ibid., p. 34.

宽,主要涉及菲茨杰拉德 1937 年至 1940 年的戏剧和后期的三部小说,但他“将一个复杂的问题简单化,论述很有说服力。”[1]

五、文献书目

这一时期美国出版了两部菲茨杰拉德研究文献书目,它们是马修·J. 布鲁科利的《F. 斯科特·菲茨杰拉德:描述性文献目录》1987 年修订版(*F. Scott Fitzgerald: A Descriptive Bibliography,* Rev. ed., 1987)和杰克逊·R. 布赖尔的《F. 斯科特·菲茨杰拉德的批评声誉:书目研究——补遗至 1981 年》(*The Critical Reputation of F. Scott Fitzgerald: A Bibliographical Study*, Supplement I *Through 1981*, 1984)。这两部由菲茨杰拉德研究著名专家所编写的文献书目是菲茨杰拉德研究不可或缺的工具书,为研究者掌握某一时期的菲茨杰拉德研究概貌,在整体上把握学术动态有着重要作用。

1981 年至 1990 年间的菲茨杰拉德研究全面深入,成果丰硕。这个时期的研究在方法上既重视外部研究,又不忽视内部研究,将二者有机融合,呈现出多元化态势。内部研究方面,有不少深入研究菲茨杰拉德作品的语言技巧、文学修辞等方面的文章和专著,如丹·塞特斯的专著《F. 斯科特·菲茨杰拉德小说中的意象模式》和杰克逊·R. 布赖尔的文章《〈了不起的盖茨比〉中的作为意义的文体:新的批评方法注解》(“Style as Meaning in *The Great Gatsby*: Notes Toward a New Approach”)就是其中的代表作。杰克逊·R. 布赖尔对《了不起的盖茨比》中的一些描述性词组和明喻之于小说的意义进行了论述,认为它们“以语言的最小形式浓缩或暗示了小说的整体意义”。[2] 外部研究方面的专著和文章颇多,它们将菲茨杰拉德的创作与其人生和当时的社会文化联系起来,如贝妮塔·A. 穆尔(Moore, Benita A.)的专著《逃进迷宫:F. 斯科特·菲茨杰拉德、天主教情感和美国方式》(*Escape into a*

① Peter Bates: “Review”, in *Film Quarterly*, Vol. 40 No. 4 (Summer, 1987), p. 28.

② Jackson R. Bryer: “Style as Meaning in *The Great Gatsby*: Notes Toward a New Approach”, in Scott Donaldson, ed.: *Critical Essays on F. Scott Fitzgerald's “The Great Gatsby”*, p. 124.

Labyrinth: F. Scott Fitzgerald, Catholic Sensibility, and the American Way, 1988)。外部研究与内部研究相结合是这个时期菲茨杰拉德研究的总趋势,许多文章将文本细读与作家的生平及当时的社会文化结合起来,深化了菲茨杰拉德研究。

第四章

菲茨杰拉德研究的新发展和动向（1991年—2010年）

第一节　1991 年—2000 年

1990 年代以来，国外菲茨杰拉德研究出现了一个复兴后的高潮，其中最重要的诱因与标志性事件是 1996 年作家的 100 周年诞辰。1996 年，美国和世界其他地方举行了许多纪念菲茨杰拉德的活动，包括举办学术会议、再版他的各种著作、发表纪念文章、出版文集等。当时在其家乡明尼苏达州圣保罗市举办了持续一周的“菲茨杰拉德文学节”（9 月 23 日—29 日），各种庆祝活动可谓盛况空前，包括重访故地，马拉松式作品朗诵，与作家海勒（Heller, Joseph）、多克托罗（Doctorow, E. L.）等共忆菲茨杰拉德，电台访谈，20 年代时尚秀，将菲茨杰拉德创作的剧本搬上舞台等，活动结束后还出版了两部文集。在他生活过的阿拉巴马州蒙哥马利市（即珊尔达的故乡）举办了菲茨杰拉德节；在作家夫妇下葬地马里兰州的罗克维尔举行了系列纪念活动；美国邮政还专门在圣保罗发行了纪念他诞辰 100 周年的邮票。1979 年《菲茨杰拉德 / 海明威年鉴》中断出版后，1990 年重新成立了 F. 斯科特 · 菲茨杰拉德学会（F. Scott Fitzgerald Society），菲茨杰拉德学会每年出版一期《菲茨杰拉德通讯》，并从 2002 年起，每年出版一卷《菲茨杰拉德评论》（*The F. Scott Fitzgerald Review*），成为菲茨杰拉德研究的重要阵地。1996 年 9 月 19 日—21 日，由该学会与普林斯顿大学共同主办在普林斯顿大学召开了菲茨杰拉德百年纪念大会，会议内容包括学术讲座、校园巡游、小组讨论、故人忆旧以及持续近一个月的菲茨杰拉德展，参议员尤金 · J. 麦卡锡（McCarthy, Eugene J.）专门举行了宴会并致辞。除了在普林斯顿的纪念活动外，菲茨杰拉德学会还分别在巴黎、罗马、马里兰州蒙哥马利学院举行了学术研讨会，众多学者与著名作家出席了这些会议，会议论文涉及菲茨杰拉德生平和作品的各个方面。9月24日—26日，南卡罗莱纳大学也举办了菲茨杰拉德百年诞辰纪念。海勒在其生日当天做主题发言，随后进行了小组讨论。几天的活动中，相继有众多作家作主旨发言，上演了菲茨杰拉德作品，举办了纪录片首映、布鲁科利的南卡罗莱纳大学藏品展，还出版了目录、作品与纪念文集等。众多的菲茨杰拉德纪念活动一直持续到年底，乘着这股春风，菲茨杰拉德研究出现了一个新高潮。

1990年代菲茨杰拉德研究的异常繁荣从数据统计可见端倪。以F. Scott Fitzgerald为关键词，以1991年到2000年为限，在WorldCat网站上搜索到的图书信息有1173条，文章297篇。分年份的图书信息是：1991：171；1992:106；1993:118；1994:138；1995:132；1996:175；1997:100；1998:130；1999:127；2000:162，以1996年最多。其中硕士博士论文160部。这些书籍的主要语种为英语、法语、德语。中文的25部出版物基本都是菲茨杰拉德的小说，主要是《了不起的盖茨比》、《夜色温柔》和菲茨杰拉德的短篇选集。[①] WordCat网站上的信息较为全面，可为我们提供了解菲茨杰拉德这一时期研究盛况的一个数据上限。如果结合笔者在菲茨杰拉德学会官方网站上进行的统计（http://www.fscottfitzgeraldsociety.org/index.html），此十年内出版或再版的菲茨杰拉德作品有10部，珊尔达的作品1部，书信集1部，传记与回忆录4部，批评文集8部，专著16部，文章则难以统计。因菲茨杰拉德学会官网的统计基本限于英美学者的研究，收录的多为较重要的文献，该数据无疑是十分保守和不完全的，但可视作数据的下限与参考的重要依据。另一可供参考的文章为布赖尔所著《菲茨杰拉德的批评声誉》一文。在该文的"1990年至1999年"部分中，作者指出1990年代是菲茨杰拉德研究极为繁荣的时期，仅专著就有约20部。[②] 根据对以上数据的综

① 〈http://www.worldcat.org/search?q=kw%3AF.+Scott+Fitzgerald&fq=yr%3A1991..2000+%3E&qt=advanced&dblist=638〉, 2012-4-12.

② 参见 Jackson R. Bryer: "The Critical Reputation of F. Scott Fitzgerald", in Ruth Prigozy, ed.: *The Cambridge Companion to F. Scott Fitzgerald*, pp. 209-234。

合分析考量,1991 年至 2000 年的十年间较有影响的相关文献至少在 70 部以上。本文将在此基础上,对该时期的菲茨杰拉德研究进行详细的回顾与梳理。

以菲茨杰拉德百年诞辰为契机,1990 年代的菲茨杰拉德研究达到一个新高潮,其主要特点有:一是与作家相关的文献研究持续升温,作品、传记、书信、回忆与访谈录等考据与背景研究的成果数量繁多,其中尤以布鲁科利贡献最大。这些研究不仅为学者与评论家们提供了丰富的原始资料,也吸引越来越多的普通读者对作家产生浓厚的兴趣。它们的问世,进一步推动了菲茨杰拉德文学声誉的确立、巩固与发展。二是短篇小说研究硕果累累。菲茨杰拉德写有约 178 部短篇,数量远超海明威,但由于种种原因长期以来其质量饱受诟病。直到 1970 年代,学界对作家的短篇小说均未引起足够重视。到 1990 年代,这一情形得到极大改观,探讨其短篇小说的专著与文集至少有 5 部,而文章则不可胜数。除了公认的八部名篇《重访巴比伦》、《赦罪》、《阔少爷》、《冰宫》、《五一节》、《冬天的梦》、《一颗像里茨饭店那么大的钻石》、《疯狂的星期天》被一再诠释外,这一时期对其短篇的分析主要侧重于以前着墨甚少的那些篇目。毫不夸张地说,1990 年代的菲茨杰拉德研究盛况中,短篇小说的复兴无疑是最具活力与影响的一环,这为重新评价菲茨杰拉德短篇小说的艺术价值及其作为短篇小说家在美国文学中的地位可谓意义重大。除了短篇研究,对菲茨杰拉德长篇小说的研究仍主要集中于《了不起的盖茨比》与《夜色温柔》,其中《了不起的盖茨比》专著与文集有 8 部,《夜色温柔》2 部,《人间天堂》1 部。研究《漂亮冤家》与《最后一位君子》的主要是一些文章。从研究的趋势与方法看,这一时期延续了先前重文本的传统,强调对作品字里行间进行细致解读,以发现背后隐藏的深意。同时,受西方文化研究思潮的影响,特别重视将菲茨杰拉德人生及作品置于现代主义的时代背景下进行社会历史文化分析。此外,不少文献还分析了作家受到的中世纪思想(如骑士精神与乔叟等)的影响、作品中的国际(尤其是法国)主题以及与其他作家(特别是海明威)的关系等。值得注意的是此时期关于珊尔达的兴趣持续升温,除布鲁科利编的文集与拉纳汉的插图版传记外,还出现了一部专著,即库拉·斯沃库斯·哈特尼特(Hartnett, Koula Svokos)的《珊尔达·菲茨杰拉德与女性美国梦的失败》(*Zelda Fitzgerald and the Failure of the American Dream for Women*, 1991)。该书将珊尔达在文学上的失败完全归咎于菲茨杰拉德，显然有失公允。

一、作品、传记、书信、回忆录、访谈等相关文献研究

菲茨杰拉德研究的专家与头号权威布鲁科利似乎永不知疲倦，截至 1996 年作家百年诞辰，除了写有《史诗般壮丽：F. 斯科特·菲茨杰拉德的一生》这一最权威的传记外，编辑或出版的与菲茨杰拉德相关的书目已有 33 部之多，[①] 仅 1990 年代就有 10 余部。据统计，至少有作品(集)4 部、专著 4 部，书信集 2 部，传记 2 部。此处按时间顺序对布鲁科利编著的作品进行梳理，附带提及其四部专著以便读者了解全貌，具体内容则会在后续小节中分析。1991 年《史诗般壮丽》再版。同一时期，布鲁科利编的 18 卷本菲茨杰拉德手稿影印本出版，收录了作家的 5 部长篇、1 部戏剧及绝大部分短篇小说与文章等，是研究者必备的全面的第一手资料。是年，布鲁科利还编了第一部珊尔达的作品集《珊尔达·菲茨杰拉德选集》(*Zelda Fitzgerald: The Collected Writings*)，收录了她唯一一部长篇《留住我的华尔兹》(*Save Me the Waltz*)、滑稽剧《流言蜚语》(*Scandalabra*)、带有自传色彩的短篇故事、关于她与斯科特的文章、一部未完成的小说与信件等。1994 年，布鲁科利夫妇将毕生的菲茨杰拉德收藏转卖南卡罗莱纳大学。同年，《菲茨杰拉德与海明威：危险的友谊》(*Fitzgerald and Hemingway: A Dangerous Friendship*)再版。他与朱迪丝·S. 鲍曼(Baughman, Judith S.)合编的《F. 斯科特·菲茨杰拉德：书信中的一生》(*F. Scott Fitzgerald: A Life in Letters*, 1994)以时间为序收录了 1907 年到 1940 年间作家与妻子、女儿、亲朋好友、编辑与合作伙伴等之间的通信，并附有详细的注释。这些信件全面展示了菲茨杰拉德的人生与人格魅力，以及他的文学抱负、非凡的智慧、自责与内心煎熬、经济困难、人生与作品的关系、鼎力襄助文学新秀、对斯科蒂的爱、与珊尔达一波三折的婚姻等内容。诚如编者开篇所言，菲茨杰拉德所著的一切皆为自传，透过这些信件，读者可了解一个更真实的

① 参见 Robert A. Carter: "Review of F. Scott Fitzgerald on Authorship", in *Publishing Research Quarterly* (Spring 1998), p. 83。

菲茨杰拉德,并更好地理解其文学创作。1996年,布鲁科利与鲍曼合编的《F. 斯科特·菲茨杰拉德论创作》(*F. Scott Fitzgerald on Authorship*)问世,收录了46篇作家论及自己及同时代作家文学创作的信函、笔记、书评、文章等。同年,两人编写了《F. 斯科特·菲茨杰拉德〈夜色温柔〉读者指南》(*Reader's Companion to F. Scott Fitzgerald's Tender is the Night*)。1997年,帕克·巴克尔(Bucker, Park)对南卡罗莱纳大学布鲁科利夫妇的藏书进行了整理分类。1998年,布鲁科利编的《F. 斯科特·菲茨杰拉德的〈阔少爷〉及其他故事》(*The Rich Boy and Other Stories by F. Scott Fitzgerald*)面世。2000年,盖尔图书公司出版了鲍曼与布鲁科利编写的文学大师系列中的第一卷《F. 斯科特·菲茨杰拉德》(*F. Scott Fitzgerald*),对作家的人生,创作过程与主题、技巧、风格,当时的社会背景与文艺思潮,作家夫妇的作品情节、接受与改编,人生与作品的关系,作家论自我与创作,他与海明威、沃尔夫等同代作家的关系,菲茨杰拉德研究及相关资源等进行了较全面的概述,是一部入门级研究参考资料。同年,该公司出版了布鲁科利编的《F. 斯科特·菲茨杰拉德的〈了不起的盖茨比〉:文献卷(文学传记辞典,第219卷)》[*F. Scott Fitzgerald's The Great Gatsby: A Documentary Volume (Dictionary of Literary Biography, Vol. 219)*]。[①] 布鲁科利编辑出版的众多书目充分展示了其充沛的精力、勤勉的工作、最详实的资料占有与细致入微的梳理,使其当之无愧成为菲茨杰拉德研究的最权威专家。在这些书籍中,布鲁科利均试图向读者展示菲茨杰拉德作为严肃作家的形象。

1990年代出版的菲茨杰拉德作品有十余部,其中有些是首次出版。自1991年始,剑桥大学出版社陆续出版了作家的系列作品,包括布鲁科利编的《了不起的盖茨比》(1991)与《最后一位君子的爱》(1993)以及詹姆斯·L. W. 韦斯特三世(West, James L. W., III)编的《人间天堂》。再版的还有《新潮女郎与哲学家》(2000)。该系列作品接着又由斯克里布纳公司发行了平装本。这一时期新出版的菲茨杰拉德作品有斯克里布纳出版公司策划的菲茨杰拉德全集中的前三卷,布鲁科利编的18卷菲茨杰拉德手稿,作家1914年所著的剧本《菲! 菲!费-费!》

① 该书2002年重印更名为 *F. Scott Fitzgerald's The Great Gatsby: A Literary Reference*, New York: Carroll & Graf, 2002。

(*Fie! Fie! Fi-Fi!*, 1914),巴德·舒尔伯格偶然发现并整理出版的菲茨杰拉德自己编剧的《重访巴比伦:剧本》(1993),杰克逊·R. 布赖尔编辑的《F. 斯科特·菲茨杰拉德长短篇故事集 1920—1922》(*F. Scott Fitzgerald: Novels and Stories 1920—1922*, 2000),以及《了不起的盖茨比》的原型《特里马尔奇奥》(*Trimalchio*, 2000)。短篇故事与非小说作品中,彼得·海宁(Haining, Peter)编有《F. 斯科特·菲茨杰拉德的幻想和神秘故事》(*The Fantasy and Mystery Stories of F. Scott Fitzgerald*, 1991),芭芭拉·H. 所罗门编有《留短发的伯尼斯和其他故事》(*"Bernice Bobs Her Hair" and Other Stories*, 1996), E. L. 多克托罗编有《F. 斯科特·菲茨杰拉德:爵士时代》(*F. Scott Fitzgerald: The Jazz Age*, 1996),帕特里克·奥唐奈(O'Donnell, Patrick)编有《爵士时代的故事》(*Jazz Age Stories*, 1998),罗伯特·皮尔斯(Pearce, Robert)则编有《F. 斯科特·菲茨杰拉德名言录》(*The Sayings of F. Scott Fitzgerald*, 1995)。

除了作品,布鲁科利编有作家夫妇的书信与文集两部,即《F. 斯科特·菲茨杰拉德:书信中的一生》与《珊尔达·菲茨杰拉德文集》,以及传记两部,分别是再版的《史诗般壮丽》与《菲茨杰拉德与海明威:危险的友谊》。奇普·德法(Deffaa, Chip)编的《F. 斯科特·菲茨杰拉德:普林斯顿时代文选, 1914 年—1920 年》(*F. Scott Fitzgerald: The Princeton Years—Selected Writings, 1914—1920*, 1996)按时间顺序收录了作家本科求学期间为普林斯顿大学两个出版物《普林斯顿之虎》和《拿骚文学杂志》所写的 70 余篇诗歌、剧作、小说与幽默短文等。传记与回忆录中,杰弗里·迈耶斯(Meyers, Jeffery)的《斯科特·菲茨杰拉德传》(*Scott Fitzgerald: A Biography*, 1994)描写了作家的私生活,包括婚姻与家庭,酗酒与精神崩溃等,对菲茨杰拉德的评价较为负面。斯科特·唐纳森的《海明威与菲茨杰拉德:文学友谊的起伏》(*Hemingway vs. Fitzgerald: The Rise and Fall of a Literary Friendship*, 1999)以其一贯感人细腻的文笔娓娓讲述了两位大作家的交往与友谊。有意思的是,这一时期还出版了几部菲茨杰拉德身边亲友的传记,一部是希拉·格雷厄姆之子罗伯特·韦斯特布鲁克(Westbrook, Robert)写的关于其母的传记,一部是作家外孙女埃莉诺·安妮·拉纳汉(Lanahan, Eleanor Anne)写的斯科蒂的传记。拉纳汉另著有一部《珊尔达·菲茨杰拉德的私人世界:

一部插图传记》（*Zelda, An Illustrated Life: The Private World of Zelda Fitzgerald*, 1996），以斯科蒂收藏的母亲作品为基础，用插图的形式追溯了珊尔达的人生，并首次集中探讨了珊尔达的艺术尤其是绘画才能。书中收录了珊尔达所作的 80 幅绘画，大量的生活、书信、手工艺品照片等。1996 年菲茨杰拉德诞辰百年之际，还有两部回忆录追溯了作家与家乡的联系，一部是劳埃德·C. 哈克尔（Hackle, Lloyd C.）的《F. 斯科特·菲茨杰拉德与圣保罗："依然是我的家乡"》（*F. Scott Fitzgerald and St. Paul: "Still Home to Me"*, 1996），一部是大卫·佩奇（Page, David）和约翰·J. 科布拉斯（Koblas, John J.）合著的《F. 斯科特·菲茨杰拉德在明尼苏达：走向顶点》（*F. Scott Fitzgerald in Minnesota: Toward the Summit*, 1996）。同年，美、英、加等国当代作家与学者在系列庆祝活动中的发言和论文被编成两部文集出版：《F. 斯科特·菲茨杰拉德诞辰百年：美国作家的百周年颂词》（*F. Scott Fitzgerald at 100: Centenary Tributes by American Writers*, 1996）以及《F. 斯科特·菲茨杰拉德——1896 年 9 月 24 日至 1940 年 12 月 21 日：1996 年 9 月 24 日百周年庆典》（*F. Scott Fitzgerald—24 September 1896 to 21 December 1940: 24 September 1996 Centenary Celebration*, 1996）。撰文的作家与评论家有：玛格丽特·阿特伍德（Atwood, Margaret）、保罗·奥斯特（Auster, Paul）、托马斯·伯杰（Berger, Thomas）、尼古拉斯·德尔班科（Delbanco, Nicholas）、唐·德里罗（DeLillo, Don）、詹姆斯·迪基（Dickey, James）、诺曼·梅勒（Mailer, Norman）、莱斯利·A. 菲德勒、艾尔弗雷德·卡津、约翰·厄普代克（Updike, John）、阿瑟·米勒（Miller, Arthur）、约翰·勒卡里（le Carre, John）、雷诺兹·普赖斯（Price, Reynolds）、托尼·坦纳（Tanner, Tony）、理查德·威尔伯（Wilbur, Richard）等等，足见菲茨杰拉德在美国乃至世界文学中的号召力与重要地位。

二、工具书与指南

1990年代重要的指南类书目有玛丽·乔·泰特（Tate, Mary Jo）的《F. 斯科特·菲茨杰拉德大全》（*F. Scott Fitzgerald A to Z: The Essential Reference to His Life and Work*, 1998），这是该时期菲茨杰拉德研究不可或缺的一本百科全书式工具书。该书意在为普通读者、学生以及学者提供了解作家人生、作品及时代背景的全景。全书分四部分，第一部分为传记。第二部分按字母顺序扼要讨论了其长篇小说、短篇小说、剧作、文章、书评、诗歌、公开信、电影以及珊尔达的作品等。第三部分介绍了与作家相关的人物（如其亲朋好友、同代作家、插图画家与批评家等）、作家人生与作品中的重要地点、作品被引述的情况、与作家相关的出版机构与组织等，以及关于爵士时代、"菲茨杰拉德复兴"与其作品的编辑出版等相关内容。第四部分以时间为序列出了关于作家及其妻子的作品、评论、传记、文集、文章及改编情况等。这是一部资料收集全面、解释简明清楚的工具书。该书经修订补充更名为《F. 斯科特·菲茨杰拉德批评指南：人生与作品的文学参考》（*Critical Companion to F. Scott Fitzgerald: A Literary Reference to His Life and Work*），于2007年再版。与泰特的《F. 斯科特·菲茨杰拉德大全》类似的是罗伯特·L. 盖尔（Gale, Robert L.）的《F. 斯科特·菲茨杰拉德百科全书》（*An F. Scott Fitzgerald Encyclopedia*, 1998）。该书包括大事年表、缩写、按字母排序的百科全书、索引等部分，对菲茨杰拉德作品中的人物、行动、重要书目、作家的亲朋好友等内容进行了总结。布赖尔认为，该书远逊于泰特的《F. 斯科特·菲茨杰拉德大全》。[①] 此类的指南还包括前述布鲁科利编的关于《了不起的盖茨比》与《夜色温柔》两部作品，哈罗德·布鲁姆的《布鲁姆主要短篇作家指南：F. 斯科特·菲茨杰拉德》（*Bloom's Major Short Story Writers: F. Scott Fitzgerald*, 1999），达尔顿·格罗斯（Gross, Dalton）的《理解〈了不起的盖茨比〉：议题、原始资料及历史文献汇编学生用书》（*Understanding "The Great Gatsby": A Student Casebook to Issues, Sources, and Historical Documents*, 1998）等。琳达·C. 佩尔泽（Pelzer, Linda C.）的《F. 斯科特·菲茨杰拉德学生指南》（*Student Guide to F. Scott Fitzgerald*, 2000）以学生为主要阅读对象，浅显易懂。全书分五章介绍了作家的人生、文学生涯、作品、时代背景、作品集及批评文献等。作品部分则重点介绍了五部长篇的人物、主题、情节、创作背景与过程、批评接受情况以及人生与作品的关系等。

① 参见 Jackson R. Bryer: "The Critical Reputation of F. Scott Fitzgerald", in Ruth Prigozy, ed.: *The Cambridge Companion to F. Scott Fitzgerald*, pp. 228-229。

三、短篇小说研究

短篇小说研究系 1990 年代菲茨杰拉德作品研究中极具活力且成果丰硕的部分，仅专著与文集就有 5 部，各类评论文章不计其数。首先不得不提的是现任菲茨杰拉德学会会长、菲茨杰拉德研究著名学者杰克逊·R. 布赖尔编的《F. 斯科特·菲茨杰拉德被忽视短篇小说新论》（*New Essays on F. Scott Fitzgerald's Neglected Stories*, 1996）。该书收录了 23 篇文章，系对菲茨杰拉德短篇小说中长期被人忽略的作品的评论，全书分两部分。第一部分 20 篇文章分析单篇作品，包括《尖顶与怪兽饰》（“The Spire and the Gargoyle”）、《戴利林波尔做错了》（“Dayrimple Goes Wrong”）、《祝福》、《骆驼之背》（“The Camel's Back”）、《留短发的伯尼斯》、《约翰·杰克逊的阿卡迪亚》（“John Jackson's Arcady”）、《雅各布之梯》（“Jacob's Ladder,” 1927）、《碗》（“The Bowl”）、《木匠门外》、《最后一个南方女郎》、《艰难穿越》（“Rough Crossing”）、《游泳者》、《错上加错》（“Two Wrongs”）、《一次国外旅行》（“One Trip Abroad”）、《酒店小孩》（“The Hotel Child”）、《空头支票》（“The Rubber Check”）、《郎才女貌》（“What a Handsome Pair!”）、《她的最后一位病人》（“Her Last Case”）、《酗酒病人》（“An Alcoholic Case”）、《失去的十年》（“The Lost Decade”）等。第二部分 3 篇文章分析短篇故事集，包括《巴兹尔和约瑟芬系列小说》（*The Basil and Josephine Stories*）、《黑暗伯爵》（*The “Count of Darkness” Stories*）和《帕特·霍比系列小说》。布赖尔指出，作为短篇作家的菲茨杰拉德，其艺术成就同样不可低估。他的短篇小说具有鲜明的特点，有的带有强烈的自传色彩，有的展示了作者的人文关怀与创作技巧，有的反映了作家的自我批评精神。它们主题多样，探讨了精神与物质的冲突、对青春的怀旧、虚伪的美国梦、情感崩溃、自我沉沦、想象与现实的关系、鄙俗的暴发户、美的弥足珍贵与稍纵即逝等复杂的内容。[①] 值得特别重视的是，这些短篇与作家的长篇之间有着天然而紧密的联系。例如，布赖恩特·曼格姆（Mangum, Bryant）指出《碗》中的黛西·卡里其实是《夜色温柔》女主人公罗丝玛丽·霍伊特的原型；布鲁斯·L. 格伦伯格（Grenberg, Bruce L.）考察了《木匠门外》与《夜色温柔》之间相似的主题；杰拉尔德·派克（Pike, Gerald）通过对《尖顶与

① 见 Jackson R. Bryer, ed.: *New Essays on F Scott Fitzgerald's Neglected Stories*, p. 5.

怪兽饰》的细读，揭示了作家早期的文本风格与叙述声音如何贯穿在其后的创作中；艾伦·马戈利斯分析了《雅各布之梯》、《冬天的梦》与《阔少爷》之间的相似之处；罗伯特·鲁尔斯顿认为《游泳者》是《了不起的盖茨比》与《夜色温柔》之间的承前启后之作；斯科特·唐纳森与约翰·屈尔分别讨论了《错上加错》、《一次国外旅行》与《夜色温柔》间的联系；艾丽丝·霍尔·佩特里则对照阅读了《失去的十年》与《崩溃》系列文章。[①]文集中的文章多为菲茨杰拉德研究的专家学者所作，对其长期受人忽视的短篇进行了多视角的深入细致的原创性解读，它们分析了短篇与作家的人生和长篇创作的密切关联，对这些短篇的艺术价值进行了肯定。

斯蒂芬·波茨（Potts, Stephen W.）的《天堂的代价：F. 斯科特·菲茨杰拉德的杂志生涯》（*The Price of Paradise: The Magazine Career of F. Scott Fitzgerald*, 1993）系在其博士论文《F. 斯科特·菲茨杰拉德的杂志生涯》（*F. Scott Fitzgerald: His Career in Magazines*, 1980）基础上出版的专著。波茨指出，《时髦圈子》、《星期六晚邮报》与《老爷》这三份杂志，对作家不同阶段的人生与短篇小说创作影响巨大，它们是其长篇创作的前奏与试验场，并促其成为两次世界大战之间重要的代表性作家。菲茨杰拉德从1919年起发表在《时髦圈子》上的短篇故事，是其早期事业成功的开始。该杂志受一战期间常青藤大学亚文化影响，兼有欧洲的美学传统与美国自然主义的悲观，菲茨杰拉德的短篇与《人间天堂》中对此均有所反映。杂志的主编门肯则在作家人生中扮演了重要角色。在为《时髦圈子》写作期间，菲茨杰拉德还在《星期六晚邮报》上发表了10多篇短篇小说，1924年后，他的投稿市场便以《星期六晚邮报》为主，从1920年到1937年间，作家在该杂志发表了70篇短篇小说，它们多问世于《了不起的盖茨比》（1925）与《夜色温柔》（1934）出版的10年间。这些故事中不乏成功的艺术之作，同时反映了菲茨杰拉德职业上的成功与他对当时美国主流社会的重要影响。另一份杂志《老爷》则是菲茨杰拉德人生最后岁月中几乎唯一的撰稿对象。除了上述三份杂志，菲茨杰拉德也为别的杂志写过故事。波茨通过考察菲茨杰拉德与杂志的关系，从市场与职业写作的角度分析了作家的短篇小说，

① Ibid., p. 6.

揭示了其在生存压力下如何努力追求艺术卓越。

罗伯特·鲁尔斯顿与海伦·H. 鲁尔斯顿(Roulston, Helen H.)《通往西卵的曲折道路》(*The Winding Road to West Egg: The Artistic Development of F. Scott Fitzgerald*, 1995)是这一时期短篇小说研究的一部重要专著。根据两位作者的说法,本书是对"菲茨杰拉德在《了不起的盖茨比》面世前的短篇小说进行的全面研究",[①] 旨在表明,在这部杰作中表现出来的鲜明特征,早在其文学生涯伊始的短篇创作中即已显露端倪。[②] 考察这些短篇,可以发现其始终有着一以贯之清晰可辨的主题、场景、人物、创作模式与自传色彩。作家自视其短篇是粗制滥造之作,而长篇才是其对高雅艺术的追求,[③] 然而本书的焦点显然并非这些短篇的艺术质量,作者的主要目的是点面结合地分析它们与《了不起的盖茨比》的艺术关联。其新意在于,详细分析了作家长期被人忽视的一些短篇作品,尤其是在重点分析斯克里布纳出版的四部短篇小说集的基础上,花较大篇幅讨论了作家在纽曼与普林斯顿时期的小说,并揭示了其短篇与最重要代表作之间的密切关联。

约翰·屈尔的《F. 斯科特·菲茨杰拉德短篇小说研究》(*F. Scott Fitzgerald: A Study of the Short Fiction*, 1991)是这一时期研究菲茨杰拉德短篇小说的另一力作。全书分三个部分。第一部分讨论作家的短篇小说。作者指出,菲茨杰拉德视长篇为高雅艺术,短篇为低级的谋生手段,因此他一方面自甘堕落为流行杂志写了不少应时应景的赚钱之作,另一方面期望以此为经济基础,创作严肃的艺术长篇。他的抑短扬长观点,使其短篇长期受评论界的忽视与诟病,它们在形式上与同时代的契诃夫、乔伊斯、安德森和海明威的作品相比亦更加保守。[④] 作家的作品表现的往往是带有自传性质的、在爱恨交织的婚姻中因激情而导致的感情崩溃,其中浪漫的理想反映了乐观的1920年代,而感情的崩溃则反映了悲观的1930年代。作家通过第一人称的观察者-叙述者、集

① Robert Roulston, & Helen H. Roulston: *The Winding Road to West Egg: The Artistic Development of F. Scott Fitzgerald*, Lewisburg, PA: Bucknell UP, 1995, p. xx.

② Ibid., p. xvii.

③ Ibid., p. 84.

④ 参见 John Kuehl: *F. Scott Fitzgerald: A Study of the Short Fiction*, p. 13。

中的第三人称视角、多重复合人格、心理象征的场景、循环旅行、时间并置、意象重复、原型人物等复杂的艺术技巧，深刻揭示了幻觉与幻灭的双重主题。[①] 叙述者-观察者与集中的第三人称的运用，实现了人物对故事"生在其中、出乎其外"的距离把控。参与者亦即旁观者的距离策略体现在人物塑造上则形成了复合人格，他们结合了虚构人物与作家及其亲朋好友等真实人物的诸多特点。[②] 内化的双重视角与多重人物性格，使作家在个人与公众生活间找到了理想的结合，个体的微观世界反映了外部的广阔场景，而外部世界则折射在个体的精神活动中。[③] 作家小说中惯常出现的都市地理空间，具有重要的心理象征意义，而地理并置以及相应的循环旅行是作家故事中运用最成功的结构模式。[④] 与空间并置相关，菲茨杰拉德有时亦会运用时间并置的方法，但总体上其叙事还是偏向线性时序的。作为剧作家的菲茨杰拉德运用了场景并置，作为小说家的菲茨杰拉德运用了时间并置，而作为诗人的菲茨杰拉德则运用了意象并置。[⑤] 在人物原型上，因其作品强调两性关系，主要有两种人物形象：失败的男性与堕落的女性。男性往往是消极的受害者，而女性往往是施害的攻击者。其中浪漫的青年男子最终理想破灭成为其小说中的焦点。[⑥] 本书的第二部分通过解读作家的公开出版物、信函和笔记等，从四个方面总结了菲茨杰拉德的批评思想。作者首先指出，作为自觉的艺术家，菲茨杰拉德一方面强调将混乱的人生融入艺术形式的塑造（shaping），[⑦] 另一方面注重表达的精炼与艺术的修剪（pruning）。[⑧] 他对待创作是严肃而吹毛求疵的。其次，菲茨杰拉德反复强调了小说创作中诗歌与原创的重要性。[⑨] 另外，作家认为道德关切

① Ibid., p. 130.

② Ibid., p. 123.

③ Ibid., p. 125.

④ Ibid., p. 126.

⑤ Ibid., p. 127.

⑥ Ibid., p. 128.

⑦ Ibid., p. 143.

⑧ Ibid., p. 144.

⑨ Ibid., p. 146.

与主体和客体间的张力关系同样是优秀作品必备的条件。[1] 最后,作者以一封信为例,追溯了《冰宫》的创作过程。作者指出,塑造与修剪、诗歌与原创、主体与客体的张力关系这些观点,亦是其短篇小说创作时遵循的原则。本书的第三部分收录了1975年后批评家们关于菲茨杰拉德7部主要短篇小说的评论文章。

布赖恩特·曼格姆的《依然是笔财富:F. 斯科特·菲茨杰拉德短篇小说艺术中的金钱》(*A Fortune Yet: Money in the Art of F. Scott Fitzgerald's Short Stories*, 1991)是对菲茨杰拉德150余篇短篇小说整体而全面的分析。在这部雄心勃勃的著作中,曼格姆指出,菲茨杰拉德的短篇在其创作中意义重大,它们是赚钱工具,是其思想的验证所与艺术技巧的试验场,也是作家公众声望的风向标。作者以详实的数据表明短篇小说是菲茨杰拉德谋生的工具。在1925年—1933年间,其58篇短篇的收入是其三部长篇的4倍,共计21万多美元,即便在今天也是一笔不小的收入。菲茨杰拉德的写作有一种为人熟知的循环模式,在创作长篇之前,他常在短篇中实验自己的主题、题材与技巧。曾有人戏称《人间天堂》不过是"菲茨杰拉德短篇小说集"。到了《了不起的盖茨比》时,菲茨杰拉德的这一创作特点更臻成熟。回顾作家一生,可以说他在世时的名声主要来自早期写给《星期六晚邮报》的短篇故事。曼格姆对菲茨杰拉德短篇的分析总体上是成功的,但从本书的标题看,尽管作者在论述《冬天的梦》、《阔少爷》、《半斤八两》、《空头支票》时考察了金钱在其短篇艺术中的作用,但全书显然并未围绕金钱这一关键词来展开分析,这或许是本书的一个瑕疵。

最后,哈罗德·布鲁姆的主要短篇作家学习指南《F. 斯科特·菲茨杰拉德》分析了《五一节》、《一颗像里茨饭店那么大的钻石》、《重访巴比伦》和《疯狂的星期天》中的人物、情节以及具有代表性的批评文献,可作为研究这四部短篇时的入门参考书。

四、长篇小说研究

1990年代的长篇小说研究仍主要集中于《了不起的盖茨比》与《夜色温柔》这两部公认艺术价值很高的作品上,其中关于前者的著作有8

① Ibid., p. 149.

部,后者有 2 部。另有一部评述《人间天堂》的专著。

菲茨杰拉德研究的重量级专家罗纳德·伯曼(Berman, Ronald)著有两部论述《了不起的盖茨比》的专著。其中,《〈了不起的盖茨比〉与现代时代》(*"The Great Gatsby" and Modern Times*, 1994)借用格特鲁德·斯泰因对作家小说的评价"你在创造一个当今世界",[①] 试图揭示文本中现代世界的具体面貌以及背后的时代思潮。作者令人信服地揭示了菲茨杰拉德如何从当时的社会思潮中汲取养分,以塑造人物形象并形成自己的写作技巧。小说人物盖茨比、尼克、玛特尔、布坎南、黛西等深受当时市场经济的影响,娱乐时尚、商品消费、广告、报刊杂志、摄影、绘画、电影与戏剧等无孔不入地起着作用,推动着故事发展,塑造着人物形象,可以说,它是一部当时社会百态的参考指南。[②] 小说中的市场经济与商品社会,展现了物质主义背后的精神图景:都市生活即作家的艺术之源。但菲茨杰拉德并不满足于描写城市的客观事物,他更关注的是艺术的表现方式,其中最重要的有两个方面。一是运用时空错乱技巧折射时代思潮。如盖茨比与尼克的双重视角将过去与现在模糊,1922 年 7 月 5 日到访盖茨比家的三教九流展现了商品社会的众生相,而 1906 年 9 月 12 日盖茨比的励志日记则突出了人物追求美国梦与独立人格的道德使命感等。[③] 另一个方面是通过描写市场关系来展现人物如何在金钱、商品与消费中建构独立意识与个体身份。小说中市场化的语言无处不在,表明文本中最重要的关系是市场关系,"思想即物质",[④] 商品成为人物关系的纽带。在物欲横流的社会,人物追求梦想实现是一种理想的物质主义,他们将文本现场变成了物质与商品的表演场,百老汇与好莱坞便是最好的舞台。在商品与市场变迁中,人物建构了个体的身份。小说通过文本的描写,将时代变迁与时光流逝反映在字里行间。小说人物则与时代思潮息息相通,他们的个体人格与人际关系深深打上了广告、消费、娱乐、出版、绘画、尤其是电影等商品社

① 参见 Ronald Berman: *The Great Gatsby and Modern Times*, Urbana and Chicago: U of Illinois P, 1994, p. 2。

② Ibid., p. 6.

③ Ibid., pp. 3-4.

④ Ibid., pp. 7-8.

会的烙印。伯曼的另一部专著《〈了不起的盖茨比〉与菲茨杰拉德的思想世界》（*"The Great Gatsby" and Fitzgerald's World of Ideas*, 1997）模仿小说的结构，从旧价值与新时代、民主众生相、社团与群体、混杂的民主、新个人主义、活力、信仰与意志、废墟与秩序等八个部分，逐章分析了小说受到的当时公共哲学家约翰·杜威（Dewey, John）、约书亚·罗伊斯（Royce, Josiah）、H. L. 门肯、乔治·桑塔亚那（Santayana, George）、沃尔特·李普曼（Lippmann, Walter）、威廉·詹姆斯等人的影响，指出这是一部试图寻求人生价值、忠诚、友谊、爱情、婚姻、家庭、自我等答案的道德小说。[①] 这些哲学家们认为，物质主义与工业产品市场化的甚嚣尘上，导致道德权威的丧失；而在丰富的产品与过度消费中美国人试图从混乱与道德荒漠里寻求机遇与美国梦的实现，这种"理想的物质主义"[②] 带来的则是民主、自由以及个体在市场经济中的身份建构。他们对美国社会的道德缺失深感痛心，呼吁重新唤起公众对家庭、婚姻、人际关系、集体义务、道德人格等的重视，这些概念在菲茨杰拉德的小说中均有突出表现。作者在全面考察美国1920年代社会背景的基础上，旁征博引，运用了大量第一手资料，对小说进行了细致入微的剖析，重点分析了盖茨比、尼克、布坎南、玛特尔、黛西等人物形象，其结论是《了不起的盖茨比》是一部围绕着美国1920年代民主生活主题建构的叙事作品，即一部道德小说，而作家本人则是美国社会的一流观察家。[③]

托马斯·A. 彭德尔顿（Thomas A. Pendelton）的《时钟之憾：〈了不起的盖茨比〉中的时序、结构与叙述技巧》（*I'm Sorry about the Clock: Chronology, Composition, and Narrative Technique in "The Great Gatsby"*, 1993）指出，与评论家们对《了不起的盖茨比》众口一词的赞美不同，小说对时间的处理有许多不当之处。[④] 作者从三方面分析了这些时间错误。彭德尔顿首先在细读文本中找出叙述的时间错误，其次

---

① 参见 Ronald Berman: *"The Great Gatsby" and Fitzgerald's World of Ideas*, Tuscaloosa and London: The U of Alabama P, 1997, p. 8。

② Ibid., p. 45.

③ Ibid., pp. 2-3.

④ 见 Thomas A. Pendelton: *I'm Sorry about the Clock: Chronology, Composition, and Narrative Technique in The Great Gatsby*, London and Toronto: Associated UP, 1993, p. 12。

试图用证据回答这些错误是因何产生的，最后分析它们对小说艺术成就的影响。作者认为，先前哪怕最优秀的批评家也没有注意到作家对时间处理中的失误，这些错误多是由作家对初稿、打印稿与清样进行修改完善的过程中产生的，[①] 它们极大地削弱了作品的叙事结构与人物形象，表明作家创作中对时间机制的处理绝非无懈可击。该书对小说的细致解读是值得肯定的，但将时间局限为线性序列，即使著者作了自我辩解亦显得有些机械化。[②]

尼古拉斯·特里德尔（Tredell, Nicolas）编著的哥伦比亚批评指南《F. 斯科特·菲茨杰拉德的〈了不起的盖茨比〉》（*F. Scott Fitzgerald: "The Great Gatsby"*, 1997）对 1920 年代至 1990 年代《了不起的盖茨比》的批评与接受史分时期进行了评述。第一章回顾了 1925 年到 1949 年间对小说的早期评论。第二章 50 年代以新批评为背景，主要探讨的是小说中的美国梦、时间机制与写作技巧。第三章 60 年代的批评中，学者们的讨论更深入，观点开始分化，对性与种族等主题有所涉及。70 年代，从历史、政治、种族、心理分析、性别等视角研究小说成为主流。第五章关于 1980 年代—1990 年代的批评接受中，学者们大量借鉴布莱希特、巴赫金、鲍德里亚等人的思想，对小说进行了后现代主义、流行文化与性属研究的解读。

除了上述专著，罗杰·拉思伯里（Lathbury, Roger）的《文学巨著：〈了不起的盖茨比〉》（*Literary Masterpieces: "The Great Gatsby"*, 2000）是盖尔图书集团出版的"文学巨著系列丛书"之第一卷，对《了不起的盖茨比》的创作、出版、接受、标题、情节、人物、主题、意象、改编、研究及相关资料等做了较全面的评述。卡蒂·德科斯特（de Koster, Katie）编有《〈了不起的盖茨比〉评论文选》（*Readings on The Great Gatsby*, 1998），布鲁科利编有《F. 斯科特·菲茨杰拉德的〈了不起的盖茨比〉：文献卷（文学传记辞典，第 219 卷）》，哈罗德·布鲁姆编有《F. 斯科特·菲茨杰拉德的〈了不起的盖茨比〉》（*F. Scott Fitzgerald's "The Great Gatsby"*, 1999）与《主要文学人物：盖茨比》（*Major Literary Characters: Gatsby*, 1991），达尔顿·格罗斯编有《理解〈了不起的盖茨比〉：议题、原

① Ibid., pp. 14-15.

② Ibid., p. 19.

始资料及历史文献汇编学生用书》等。

1990 年代还有两部研究《夜色温柔》及一部研究《人间天堂》的专著问世。布鲁科利与鲍曼合著的《F. 斯科特·菲茨杰拉德〈夜色温柔〉读者指南》介绍了小说创作的背景和过程以及编辑出版与接受情况，附有长达 103 页的详细注释。该书对小说中常令读者困惑的时序问题做了解释，并附录了小说人物与事件的时间顺序表，是研究《夜色温柔》必备的工具书。米尔顿·R. 斯特恩的《〈夜色温柔〉：破碎的世界》（*"Tender is the Night": The Broken Universe*, 1994）在时代语境下分析小说中所折射的作家个人与美国历史。斯特恩认为《夜色温柔》是一部关于美国历史的伟大小说，在其长达十年（1925—1934）的创作过程中，曾历经 18 次修改。作品展现了一战后作家的失落、对美国社会的失望与个人的艰难适应过程。此间他经历了珊尔达的精神崩溃、父亲的亡故、事业的不顺及迫于生计而委身于好莱坞电影工业的无奈；他经历了 1920 年代浮华后大萧条时代的贫困，这些使小说笼罩着失落与幻灭的色彩。两位主人公迪克·戴弗与妮科尔代表了作家对美国社会的两种观点，前者的天真与理想主义代表了完美的过去与理想的未来；后者在情感与精神上的饱受挫折代表了一战后追名逐利的支离破碎的现实美国。他们在从青年迈向中年的过程中，经历了复杂的内心与外部世界的斗争：战争的可怕后果、财富的本质、性别与婚姻的战争、人的剥削本能与道义责任等。两位主人公婚姻的失败，尤其是迪克理想的破灭，代表了深深的失落与对美好过去的怀旧。斯特恩在本书中强调了社会历史的影响，分析了小说中的文学主题、意象与象征等，以细致的解读与翔实的资料揭示了作家个人与美国社会的失落。杰克·亨德里克森（Hendriksen, Jack）的《成长小说〈人间天堂〉》（*"This Side of Paradise" as a Bildungsroman*, 1993）指出菲茨杰拉德的首部小说沿袭了歌德《威廉·迈斯特的学习年代》（*Wilhelm Meisters Lehrjahre*）与乔伊斯的《一个青年艺术家的肖像》的传统，不是许多批评家认为的不成熟的自传体小说，而是一部青年主人公如何接受教育的成长小说。

五、专著

除了前述研究作家长短篇小说的专著外，1990 年代还出现了一些较有影响的论著。

安德鲁·胡克的《F. 斯科特·菲茨杰拉德:现代小说系列》(*F. Scott Fitzgerald: Modern Fiction Series*, 1992)延续了菲茨杰拉德研究中重视将作家人生与其作品结合的传统,运用“心理传记”的研究方法,认为菲茨杰拉德向往的理想作家与真实人生之间不可调和的矛盾是其多数作品共有的潜文本,而这正是他与海明威和福克纳相比更能成为一个时代代言人的原因。随着美国梦这一概念的不断传播,菲茨杰拉德作为主要美国作家的声望得以确立。《人间天堂》中的俊男美女与少年得志,并未为其赢得艺术上的承认,反倒让人觉得缺乏深度。《漂亮冤家》与其早期作品相比,在人物塑造、结构安排与叙事的完整性上均有很大进步。而在《了不起的盖茨比》中,菲茨杰拉德作品中参与者即旁观者的特点得以完美展现,没有了早期小说中的混乱与生涩。到了《夜色温柔》与《最后一位君子》,作家对现实人生与理想艺术之间不可调和的矛盾体悟更为深切。高度参与与冷眼旁观、失败人生与理想作家这些互相矛盾的特质正是菲茨杰拉德艺术之魅力所在。

马尔科姆·布拉德伯里的《现代美国小说》(*The Modern American Novel*, 1992)中对菲茨杰拉德的评价是,他是一位现代主义的社会小说家。美国1920年代从繁荣到危机四伏、1930年代的社会政治转型,都是作家本人精神状态的直接反映。菲茨杰拉德的作品深入时代骨髓,与时代同呼吸共命运,他的人生成为其艺术风格的来源。《漂亮冤家》出版后,菲茨杰拉德更深刻地融入时代脉络,经过《夜色温柔》与《了不起的盖茨比》,他深入生活、冷眼旁观的技巧更为娴熟。盖茨比的悲剧是社会象征意义上的悲剧,而菲茨杰拉德运用高超的艺术生动刻画了这一美国梦的失落,无愧是一位卓越的美国现代小说家。

金·莫兰(Moreland, Kim)的《美国文学中的中世纪冲动:吐温、亚当斯、菲茨杰拉德和海明威》(*The Medievalist Impulse in American Literature: Twain, Adams, Fitzgerald, and Hemingway*, 1996)探讨了现代美国与中世纪的关系。作者指出,在物欲横流、理想缺失的现代美国社会,中世纪的骑士精神和宫廷爱情成为重塑价值体系的理想标准与寻根源头。新英格兰知识阶层与南方贵族迷恋中世纪文化,他们作为社会精英引领了美国流行文化的发展,这种“中世纪的怀旧”逐渐成为集体的文化记忆。中世纪的传统价值体系无疑优越于当下，现代美国的荒原化与中世纪美好的黄金年代形成了强烈对比。骑士精神与宫廷爱情成为现代粗俗的物质社会所追求的理想标准，寄托了人们对一个充满秩序、稳定、信念与美好的未来的期许。骑士精神受社会历史与罗马天主教传统的影响，鼓励个人在面对危机时不屈不挠地赢得成功，它包括勇敢、独立、自信、忠诚、慷慨、良好的出身、彬彬有礼的行为、崇尚荣誉、谦逊、正直、同情弱者等特质。宫廷爱情则视"两性之爱为人生的最高价值"，[①] 其基本概念是一位骑士爱上了一位高高在上的贵妇，他因为爱而变得高尚，在心爱的女人面前谦卑有礼、矢志不渝，满怀激情而小心翼翼地追求无法得到的爱情。他们的爱通常是崇拜贵妇的骑士行为，是浪漫与理想主义的婚外情。宫廷爱情中的男人扮演着骑士、吟游诗人与情人的三重角色。[②] 在宫廷爱情中，贵妇不是焦点，焦点是骑士如何历经艰险以求抱得美人归。她们是骑士们建构出来以代表男性欲望与价值的抽象之物，是不在场的精神他者。[③] 美国文学中的中世纪冲动不是个别作家的即兴之作，它是美国文学中的潜文本，是一种源头与模式，其中典型的代表人物是吐温、亚当斯、菲茨杰拉德与海明威。菲茨杰拉德小说中的人物、场景、主题等，处处渗透着中世纪的精神。宫廷爱情是其小说中的爱情理想，男主人公在历史转型期的美国社会中，以骑士般的英雄气概去追寻中世纪的淑女贵妇，却在残酷的现实面前遭遇无情的放荡女郎，最终只能以失落的美国梦收场。莫兰在论及菲茨杰拉德时，首先回顾了他受到的美国和西方社会思潮如亚当斯、莱斯利、施彭格勒等人思想的影响，接着分析了《黑暗爵士菲利普》、《夜色温柔》、《了不起的盖茨比》等作品中的骑士精神与宫廷爱情。作者得出了一些颇为有趣却令人信服的结论，如盖茨比与黛西之间的爱情如同中世纪的骑士追求理想中的贵妇的宫廷浪漫故事；迪克·戴弗与妮科尔的婚姻是类似骑士奔赴战场的"现代性别战争"，[④] 迪克在战斗中成长，

① Kim Moreland: *The Medievalist Impulse in American Literature: Twain, Adams, Fitzgerald, and Hemingway*, Charlottesville & London: UP of Virginia, 1996, p. 15.

② Ibid., p. 17.

③ Ibid., p. 19.

④ Ibid., p. 147.

但他的结局却是意料中的毁灭。作家小说中与中世纪理想贵妇截然不同的现代荡妇形象,往往成为骑士般男主角人生失败的根源,《人间天堂》、《夜色温柔》、《了不起的盖茨比》、《漂亮冤家》等作品中均有不少这样的"妖女、魔鬼、吸血鬼与疯女",[①] 而珊尔达同样符合这一形象。由此看来,菲茨杰拉德对女性有着深深的不信任。当然,他的作品中也有接近中世纪理想的贵妇,如克拉拉·佩奇,[②] 但她最终回归真实,成为了女人。在《最后一位君子》中,施塔尔试图将身边的两位女性变为宫廷贵妇,然而她们更向往现代的生活,施塔尔的完美女人只有在死亡世界里才可能存在,为此,施塔尔勇敢地承担起了作为男人的责任。如果说海明威对中世纪的迷恋更多表现在展现骑士的英雄气概与冒险精神上,菲茨杰拉德则更多试图通过骑士追求贵妇的宫廷浪漫爱情来喻指现代美国社会以及美国梦的破灭。[③]

德博拉·戴维斯·什拉克斯(Schlacks, Deborah Davis)的《美国的叙梦寓言诗:乔叟对 F. 斯科特·菲茨杰拉德异乎寻常的影响》(*American Dream Visions: Chaucer's Surprising Influence on F. Scott Fitzgerald*, 1994)指出,菲茨杰拉德常被视为现代美国的代言人,尽管已有文献分析他与浪漫主义时期文学尤其是济慈之间的关系,但鲜有人注意到中世纪特别是乔叟对他的深刻影响。在菲茨杰拉德的早期作品《近海海盗》、《冰宫》、《一颗像里茨饭店那么大的钻石》、《蔬菜》、《了不起的盖茨比》中处处均可发现乔叟的影子,其中以《了不起的盖茨比》最为典型。这些作品与乔叟的四部叙梦寓言诗《公爵夫人之书》(*Book of the Duchess*)、《声誉之宫》(*The House of Fame*)、《百鸟会议》(*The Parliament of Fowls*)和《贤妇传说》(*The Legend of Good Women*)有相似的主题,即作家所追求的艺术创新与反复的内心自省。两位艺术家均通过梦境的结构与相似的场景设置和人物塑造来传递这一主题。什拉克斯通过发掘乔叟叙梦寓言诗对菲茨杰拉德的重大影响,试图表明菲茨杰拉德是一位被低估了的卓越的艺术家,他充分借鉴了乔叟的主题与技巧,将其呈现在爵士时代的作品中。通过对比研究,作者提出了

① Ibid., p. 153.

② Ibid., p. 154.

③ Ibid., p. 160.

菲茨杰拉德研究中一些新的问题与结论,如他如何将中世纪的元素植入现代语境,如何塑造不同于男性的女性艺术家形象,作品中复杂的视角处理,以及作为一位带有浪漫色彩的现代主义作家在商业与艺术成功之间的矛盾抉择等。作者最后指出,菲茨杰拉德中晚期的作品中亦有乔叟的影响,值得学界进一步深入研究。[①]

伊丽莎白·A. 韦斯顿(Weston, Elizabeth A.)的《F. 斯科特·菲茨杰拉德作品中的国际主题》(*The International Theme in F. Scott Fitzgerald's Literature*, 1995)是一部探讨菲茨杰拉德小说中关于旅居欧洲的美国人形象的专著,全书分六章。第一章回顾了欧美小说中的海外美国人形象,讨论了詹姆斯、霍桑、海明威等人作品里的国际主题。具体到菲茨杰拉德,其四次欧洲之旅奠定了早期作品的浪漫与后期作品的怀旧基调。他满怀憧憬地试图在海外寻找文化根基。第二章讲述了菲茨杰拉德夫妇在欧洲的奢华生活以及作家的创作,主要分析了《一次国外旅行》、《重访巴比伦》与《夜色温柔》。第三章分析 1926 年前早期作品中的国际主题。这些故事主要讲述美国人在异国他乡寻求青春梦想与浪漫爱情,包括《身无分文的一年》、《贫儿马丁–琼斯与威尔士王子》、《花了一便士》、《旅游指南之外》、《夜幕下的爱情》等。第四章讨论作家中期创作,重点是爵士时代的盛世浮华之下在欧洲寻欢作乐的美国人的道德缺失。这一时期小说中的太阳意象象征着活力与理想的破灭,主要情节是流亡欧洲的美国理想主义者经历的痛苦与失落,以及他们的独立自强精神。该章重点分析的作品是《一次国外旅行》与《游泳者》。第五章全面分析了《夜色温柔》中的国际主题。小说对美国与欧洲人形象的揭示是深刻而全面的,塑造了一战后流亡欧洲的美国人的典型形象,而里维埃拉则象征着物质繁荣下的精神与道德衰落。第六章论述了《重访巴比伦》中的国际主题。作者认为,在该作品中,菲茨杰拉德对这一主题的处理更成熟和深刻,其先前小说中常见的美国人幸福返乡的大团圆结局也被理想破灭与悲剧的结局所取代。[②] 该书视

① 参见 Deborah Davis Schlacks: *American Dream Visions: Chaucer's Surprising Influence on F. Scott Fitzgerald*, New York: Peter Lang,1994, pp. 201-202。

② 参见 Elizabeth A. Weston: *The International Theme in F. Scott Fitzgerald's Literature*, New York: Peter Lang, 1995, pp. 6-10。

角新颖，然而其论述则稍显凌乱。

这一时期的菲茨杰拉德研究队伍中出现了一位旅美中国学者的身影。张爱平（Zhang, Aiping）在《迷人的地方：F. 斯科特·菲茨杰拉德小说中的场景运用》（*Enchanted Places: The Use of Setting in F. Scott Fitzgerald's Fiction*, 1997）中指出，菲茨杰拉德小说中的一大成就是对"迷人的地方"这一场景的运用，作家小说中的每个场景都有隐喻与象征的作用，他用丰富的地理意象展现宏观的社会风貌与微观的人物内心世界，将小说变成意蕴丰富的寓言，这是菲茨杰拉德作品中的重要艺术技巧，亦是深入解读其作品的关键。然而菲茨杰拉德运用"寓言式"场景[①]的策略尚未引起学界的足够重视。张爱平以此为突破口，分五章分析了菲茨杰拉德小说中的五大场景：家乡、酒吧、学校、城市与好莱坞。菲茨杰拉德作品中的场景运用是在继承前辈基础上的创新，它们首先是美国社会的缩微模型，[②]不仅对美国社会生活的方方面面进行了栩栩如生的描绘，更将个体的经历融入广阔的社会背景中；其次，这些场景不仅是单纯的地域概念，更是作者精心挑选出来以反映人物性格与内心世界的美国精神社会的浓缩与象征，是隐喻与象征意义上的场景；最后，菲茨杰拉德作品中的场景往往建立在真实的地理基础上，描绘栩栩如生，增添了读者的真实感，拉近了作品与受众的距离，同时又意蕴丰富，耐人寻味。

1990年代菲茨杰拉德研究的专著还有西奥多拉·奇姆波吉（Tsimpouki, Theodora）的《F. 斯科特·菲茨杰拉德的美学思想：未公开承认的沃尔特·佩特的惠泽》（*F. Scott Fitzgerald's Aestheticism: His Unacknowledged Debt to Walter Pater*, 1992）。该书分析了菲茨杰拉德受到英国作家沃尔特·佩特的影响。由于结论过于牵强附会，布赖尔称其是"幼稚而肤浅的"。[③]马克·多兰（Dolan, Marc）的《现代人生："迷惘一代"的文化重读》（*Modern Lives: A Cultural Re-reading of "The*

① 参见 Aiping Zhang: *Enchanted Places: The Use of Setting in F. Scott Fitzgerald's Fiction*, Westport & London: Greenwood Press, 1997, p. 2。

② Ibid., p. 9.

③ Jackson R. Bryer: "The Critical Reputation of F. Scott Fitzgerald", in Ruth Prigozy, ed.: *The Cambridge Companion to F. Scott Fitzgerald*, p. 230.

Lost Generation", 1996)系在文化研究语境下重新解读海明威、菲茨杰拉德、马尔科姆·考利等迷惘一代的作品,该书的第四章分析了菲茨杰拉德的《崩溃》。

六、文集

除了前述各节论及的文集外,1990年代还有不少十分重要的文集问世。布赖尔等编著的《F. 斯科特·菲茨杰拉德研究新视野》(*F. Scott Fitzgerald: New Perspectives*, 2000)是其中的扛鼎之作。本书是1992年由菲茨杰拉德学会与霍夫斯特拉大学共同主办的首届国际菲茨杰拉德学术会议上的论文集,收录21篇专家学者的论文,全书分四个部分,包括回忆录(4篇)、长篇分析(9篇)、短篇与散文(7篇)与美国文学传统(1篇)。按编者的自我评价,它是"第一部由美国出版的全面研究菲茨杰拉德的原创性论文集"。[①] 第一篇《回忆斯科特》("Remembering Scott")[②] 为作家晚年艰难生活见证人舒尔贝格所作。他回顾了两人合作为沃尔特·万格创作电影《冬天欢宴》的经历,文章饱含款款深情,生动感人。第二篇《斯科特印象》("Memories of Scott")[③] 的作者为陪伴菲茨杰拉德走完人生最后18个月的秘书弗朗西丝·克罗尔·林。这是一篇回忆作家人格魅力的短文。查尔斯·斯克里布纳三世(Scribner, Charles, III)则从一位出版商的角度回顾了与作家的交往("F. Scott Fitzgerald: A Publisher's Perspective")。[④] 作家乔治·加勒特(Garrett, George)分析了菲茨杰拉德的作品对后世美国作家的影响,重点对《夜色温柔》进行了原创性的解读("The Good Ghost of Scott Fitzgerald")。[⑤] 南希·P. 范阿斯代尔(Van Arsdale, Nancy P.)从现代主义阐释学的角度对《人间天堂》进行了重新解读("Princeton as Modernist's

① Jackson R. Bryer: *F. Scott Fitzgerald: New Perspectives*, Athens: U of Georgia P, 2000, p. x.

② Ibid., pp. 3-20.

③ Ibid., pp. 19-21.

④ Ibid., pp. 22-27.

⑤ Ibid., pp. 28-35.

Hermeneutics: Rereading *This Side of Paradise*")。[①] 作者指出,《人间天堂》不是许多人认同的成长小说,而是一部以普林斯顿大学为中心的作品,普林斯顿是故事"象征中的象征",是作家全部世界的核心,是"一位现代主义者曾短暂拥有,虽已永远失去却绝不忘怀"的天堂。从一个《圣经》研究、清教主义、浪漫主义、现实主义直至现代主义发展脉络的阐释学框架看,小说是一位现代主义作家试图从文学、宗教、国家、社会层面对伊甸园的重新定义,即普林斯顿是菲茨杰拉德用以系统地界定20世纪人类世界的建筑文本。在这部早期小说中,普林斯顿甚至是比自我更为核心的意象。凯瑟琳·B. 伯勒斯(Burroughs, Catherine B.)运用女性主义批评观点分析了济慈名诗《拉弥亚》对小说《漂亮冤家》的影响。小说运用了类似《拉弥亚》中不确定的叙述声音,以质疑将情欲之爱理想化的男女主人公的人格成长("Keat's Lamian Legacy: Romance and the Performance of Gender in The Beautiful and Damned")。[②] 叙述者在对爱情罗曼史的怀疑与多愁善感间举棋不定,展现了男性人物身上的某些女性气质,即"男性浪漫主义"(masculine romanticism),从而限制了男女之间爱情的成熟程度。史蒂文·弗赖伊(Frye, Steven)指出,《漂亮冤家》受到作家天主教出身的巨大影响,小说的人物意象、结构、叙述技巧等折射了天主教神学中的诸多圣餐主题。作者视物质世界为本质上是圣餐仪式的,是能指的符号与符指过程,其所指则是非物质的神秘的圣餐元素("Fitzgerald's Catholicism Revisited: The Eucharistic Element in *The Beautiful and Damned*")。[③] 理查德·利汉的《作为文本建构的〈了不起的盖茨比〉》("*The Great Gatsby*—The Text as Construct: Narrative Knots and Narrative Unfolding")[④] 是一篇挑刺之作。作者指出,小说中有许多不成熟与错讹之处。作为文本建构,小说自然离不开其创作的现代主义背景,而作家在此背景下可资借鉴的叙述模式有两种:浪漫主义的美学传统与强调环境宿命论的自然主义传统,《了不起的盖茨比》的叙事则在这两者之间摇摆。文章意在用福柯式的

① Ibid., pp. 39-50.

② Ibid., pp. 51-62.

③ Ibid., pp. 63-77.

④ Ibid., pp. 78-89.

话语理论,从历史的视角分析菲茨杰拉德如何与现代主义思潮相遇,在自然主义与浪漫主义的叙事模式中举棋不定。诚如作家本人即是时代的产物,作为文本建构的小说中所出现的缺陷同样是时代特征的折射,它们为读者揭示了一段现代主义创作的生动历史。或许小说里的错讹与不足恰是促成其成为美国文学中最重要的现代主义作品的原因。安德烈·勒沃特比较了《了不起的盖茨比》与普鲁斯特作品相似的艺术技巧,尤其是对象征爱情的接吻的相同处理方式(“Fitzgerald and Proust: Connoisseurs of Kisses”)。[1] 勒沃特的分析另辟蹊径,有助于加深对小说的理解。作者同时认为,普鲁斯特与菲茨杰拉德对相似主题的处理有同有异,前者更直接,运用也更全面。斯科特·F·斯托达特(Stoddart, Scott F.)指出,由杰克·克莱顿(Clayton, Jack)执导的1974年版《了不起的盖茨比》与原著相比,可谓一出电影的悲剧。小说中,作家借尼克那种类似女性主义批评中“凝视”概念的“男性化的感知”视角,聚焦了一个批判肤浅的物质主义与错位的爱情的故事。尼克是作品的道德焦点,他关于黛西与盖茨比的叙述是渐变发展的。而在电影中,导演克莱顿却剥夺了尼克的叙述权威,运用传统的男性凝视技巧,讲述了一个没有回报的爱情闹剧,道德中心变成了黛西与盖茨比,尤其是影片最后一幕,似乎黛西才是值得同情的弱女子,完全丧失了原著中尼克独特而丰富的视角感知(“Redirecting Fitzgerald's 'Gaze': Masculine Perception and Cinematic License in *The Great Gatsby*”)。[2] 米歇尔·维耶尔(Viel, Michel)以《了不起的盖茨比》的英译法为例,分析了译者对专有名词、标题、典故等的处理(“The Rendering of Proper Names, Titles, and Allusions in the French Translation of *The Great Gatsby*”)。[3] 达纳·布兰德(Brand, Dana)视《夜色温柔》为一部关于旅游的小说。菲茨杰拉德将在欧洲旅游的美国人形象视作现代性的隐喻。消费是现代主义的首要表现,而游客则是终极的消费主体与消费商品。通过细读小说中的开头几段,作者有力地揭示了旅游才是小说的核心主题,而菲茨杰拉德的思想则受到了施彭格勒的深刻影响(“Tourism and Modernity in

① Ibid., pp. 90-101.

② Ibid., pp. 102-114.

③ Ibid., pp. 115-129.

Tender is the Night”)。[1] 罗伯特·A. 马丁(Martin, Robert A.)分析了《最后一位君子》中的历史意识(“Fitzgerald’s Use of History in *The Last Tycoon*”)。[2] 菲茨杰拉德小说中的历史可分两种:神秘的历史与现实的历史。《最后一位君子》中,作家借用了三个层面的美国历史:一是位于田纳西州纳什维尔郊外的安德鲁·杰克逊的家乡赫米蒂奇,这是现实的历史;二是全书中多次出现的带有象征意义的总统名字,如门罗·施塔尔、罗斯福、杰克逊、林肯等;三是借古讽今,以戏仿或喜剧化的方式改写历史,将过去真正的君子与当下好莱坞的虚幻主义者对比。这是一种神秘的隐喻的历史。尽管菲茨杰拉德在小说中都运用了历史,在《最后一位君子》中的使用则最复杂深入。昆廷·E. 马丁(Martin, Quentin E.)认为,长期以来评论家对菲茨杰拉德短篇小说中的女性形象关注不多,深入考察《冬天的梦》有助于纠正其是一位厌女作家的定论(“Tamed or Idealized: Judy Jones’s Dilemma”)。[3] 故事中的朱迪·琼斯与黛西一样,都是歧视女性的社会牺牲品,小说对那些将女性角色程式化的习俗与观念进行了深入的批判。作者的结论是,菲茨杰拉德不是大多数人认为的厌女作家,他对女性的同情被严重低估与误读了。约翰·屈尔对比分析了《木匠门外》与《重访巴比伦》之间的关联,重点分析了其中的父女关系,并透过父女关系深入考察人类的孤独感这一更大的主题(“Inside ‘Outside the Cabinet-Maker’s”)。[4] 芭芭拉·西尔维斯特(Sylvester, Barbara)对《重访巴比伦》进行了详细解读。文章集中讨论了故事中的一处打印错误,认为这一存在于几种版本中的错误均不可避免地改变了原作的艺术性,并严重影响了故事的主题。这一例子充分说明菲茨杰拉德是一位技艺超群的作家(“Whose ‘Babylon Revisited’ Are We Teaching? Cowley’s Fortunate Corruption—and Others Not So Fortunate”)。[5] 理查德·艾伦·戴维森讨论了《重访巴比伦》中强烈的自传因素(“Art and Autobiography in Fitzgerald’s ‘Babylon

① Ibid., pp. 130-141.

② Ibid., pp. 142-156.

③ Ibid., pp. 159-172.

④ Ibid., pp. 173-179.

⑤ Ibid., pp. 180-191.

Revisited'")。[①] 在故事主人公查理·威尔士的身上,作家倾注了大量的人生经历,使其成为一篇远比评论家们认为的还要强烈得多的自传故事,而威尔士无疑是其众多人物中最明显的自我化身。布鲁斯·L. 格伦伯格("Fitzgerald's 'Crack-up' Essays Revisited: Fictions of the Self, Mirrors for a Nation")[②] 指出,《崩溃》不是许多人认为的那样,只是作家30年代精神崩溃的自我表白,这些文章形式复杂多样,反映了作家丰富的想象,它们传达的不只有个人的经历,更有宏大的美国社会历史,因而是一种"扩展的自我"。它们是诺斯罗普·弗莱在《批评的解剖》中所论及的"自白—解剖"式作品,兼有自白式"内向的知识分子"的声音与剖析式"外向的知识分子"的声音。《崩溃》是菲茨杰拉德艺术成熟期的作品,反映了作家的失落与丰富的想象,同时展示了他以个人失意观照时代悲歌的艺术魅力。爱德华·J. 格利森(Gleason, Edward J.)分析了菲茨杰拉德人生最后几年中为《老爷》杂志创作的故事,它们为读者理解其人生与艺术困境提供了很好的例证("Going Toward the Flame: Reading Allusions in the *Esquire* Stories")。[③] 作者通过解读《石膏的设计》、《弄潮》、《长路漫漫》、《作家的母亲》、《作家的房子》、《无法克服》等为《老爷》杂志所写的故事中影射的流行文化与名人典故等,追溯了菲茨杰拉德经历的失落、绝望、倦怠、负疚等情感模式,指出《老爷》系列故事中的这些典故可帮助读者更好地理解作家生命尽头的危机。H. R. 斯通巴克(Stoneback, H. R.)重新阐释了菲茨杰拉德1930年代为《红皮书》(*Redbook*)所写的菲利普系列故事中的主人公形象。作者分析了这些最受人忽略和最糟糕的故事中的天主教因素以及菲茨杰拉德与海明威的友谊,指出海明威对菲利普这一显然以自己为原型塑造的人物的最直接回应很可能见于同样是其最糟糕作品的《第五纵队》中("A Dark Ill-Lighted Place: Fitzgerald and Hemingway, Philippe Count of Darkness and Philip Counter-Espionage Agent")。[④]爱德华·J. 吉林(Gillin, Edward J.)试图唤起人们对菲茨杰拉德在美国文学传统中的地位的重

① Ibid., pp. 192-202.

② Ibid., pp. 203-215.

③ Ibid., pp. 216-230.

④ Ibid., pp. 231-249.

新评价。他从分析菲茨杰拉德想成为在世时最伟大作家的理想入手，论述了文学偶像马克·吐温对其创作的影响，以及门肯在二者之间所起的桥梁作用（"Fitzgerald's Twain"）。[①]

J. 杰拉尔德·肯尼迪（Kennedy, J. Gerald）与布赖尔合编的《法国联系：海明威和菲茨杰拉德在国外》（*French Connections: Hemingway and Fitzgerald Abroad*, 1998）是 1994 年 7 月在巴黎举行的"海明威—菲茨杰拉德国际研讨会"论文集。这次会议上共提交论文 85 篇，本书中收录了 13 篇，另有 4 篇约稿。这些文章论述了海明威与菲茨杰拉德及其作品与当时法国社会、历史、文化、文艺思潮，特别是现代主义思潮的关系，书中披露了一些不为人知的秘闻。全书分四个部分。第一部分"综述：两位美国作家在巴黎"收录两篇文章。第二部分 6 篇文章集中讨论海明威在法国。第三部分 4 篇文章集中讨论菲茨杰拉德与法国的联系。最后一部分 5 篇文章对两位作家作品中的法国影响进行了比较研究。后面将对书中涉及菲茨杰拉德的部分进行逐一介绍。乔治·威克斯（Wickes, George）的《恰当的时间恰当的地点》（"The Right Place at the Right Time"）[②] 分析了 20 年代的巴黎社会，它吸引美国文人的原因，海明威与菲茨杰拉德在巴黎的交往，以及作家及其作品对巴黎的不同态度。《菲茨杰拉德的蓝色铅笔》（"Fitzgerald's Blue Pencil"）[③] 一文中，唐纳森充分展示了其对两位作家的熟悉，信手拈来的点点滴滴细节还原了 1925 年到 1926 年间两人在法国的友谊。作者还讲述了菲茨杰拉德如何帮助海明威编辑《太阳照样升起》以及他们晚年回顾 20 年代时的不同记忆。露丝·普里戈齐的《菲茨杰拉德、巴黎与浪漫的想象》（"Fitzgerald, Paris, and the Romantic Imagination"）[④] 通过全面分析菲茨杰拉德笔下的巴黎，指出其作品中的场景承载了比具体地点丰富得多的意蕴。作家对巴黎的浪漫想象至少有三个原因：流行文化与旅游业的发达，渲染了海外美国人的浪漫生活；西方文学中的浪漫传统，

① Ibid., pp. 253-267.

② 参见 J. Gerald Kennedy: *French Connections: Hemingway and Fitzgerald Abroad*, New York: St. Martin's Press, 1998, pp. 3-14。

③ Ibid., pp. 15-29.

④ Ibid., pp. 161-171.

尤其是济慈对地点的"审美想象"(aesthetic contemplation)影响了作家笔下的场景描写,巴黎、好莱坞、纽约、中西部、里维埃拉等令人浮想联翩的诗意地点无疑具有浪漫的色彩;这种诗意情调,透过旅游与流行文化,折射在一个爱默生式的理想精神彼岸世界里。约翰 · F. 卡拉汉的《"法国曾是理想地":F. 斯科特 · 菲茨杰拉德〈夜色温柔〉中的流亡主题》(" 'France Was a Land': F. Scott Fitzgerald's Expatriate Theme in *Tender is the Night*")[①] 分析了《夜色温柔》中法国背景对人物塑造所起的重要作用。作家对法国的浪漫与诗意处理,部分揭示了迪克 · 戴弗等人物缘何对美国失望以及他们在浮华生活下的日益孤独与疏离感。通过对比人物所处的美国、瑞士、法国等场所,作者指出强烈的地方感赋予了小说人物某种历史意识,他们在异国他乡追求摆脱现实的理想反而使其悲剧命运具有了某种令人恻隐的力量。费利佩 · 史密斯(Smith, Felipe)的《床上的人:〈夜色温柔〉中的差异与美国命运》("The Figure on the Bed: Difference and American Destiny")[②] 指出小说中黑人彼得森被谋杀的情节是故事的关键。作者以菲茨杰拉德本人的文章、书信与作品为佐证,详细回顾了小说的创作历史,试图还原其思想发展轨迹,并揭示贯穿于其中的民族、种族、国家、性属意识。彼得森谋杀案是发生在巴黎的美国爵士时代种族与性别问题的集中反映。在《夜色温柔》成型的过程中,巴黎是重要的象征,它从迪克所代表的美国式理想主义渐渐衰落为享乐主义者的天堂,而这正是美国未来的缩影。杰奎琳 · 塔韦尼耶-库尔班(Tavernier-Courbin, Jaqueline)在《〈夜色温柔〉中法国对妮科尔 · 戴弗康复的影响》("The Influence of France on Nicole Diver's Recovery")[③] 中指出,在一个更直接、更声色犬马、对性更宽容、更自由且缺乏道德制约的新环境法国里,妮科尔 · 戴弗逐渐从自己的精神创伤中康复。法国的背景鼓舞她回归本真的自我,并最终康复。杰奎琳 · 沃特 · 布罗根(Brogan, Jaqueline Vaught)的《〈伊甸园〉中的奇怪果实:〈神秘的金钱〉、〈了不起的盖茨比〉与〈流动的盛宴〉》("Strange Fruits in *The Garden of Eden*: 'The Mysticism of Money', *The*

① Ibid., pp. 173-186.

② Ibid., pp. 187-213.

③ Ibid., pp. 215-232.

Great Gatsby—and *A Moveable Feast*")[①] 从菲茨杰拉德与海明威在巴黎认识的哈罗德·洛布(Loeb, Harold)所写的文章《神秘的金钱》入手，指出该文对前者创作《了不起的盖茨比》的影响，以及海明威如何试图在《伊甸园》和《流动的盛宴》中要写出一部"关于金钱的伟大小说"以超越菲茨杰拉德。作者认为，客观地说，海明威一直在改写菲茨杰拉德。詹姆斯·普拉思(Plath, James)的《〈太阳照样升起〉作为改版的〈了不起的盖茨比〉》("*The Sun Also Rises* as 'A Greater Gatsby'")[②] 认为巴黎为两位作家提供了一个文学的竞技场，《太阳照样升起》是海明威挑战菲茨杰拉德的改版《了不起的盖茨比》。两部小说中有诸多相似之处。作者在分析了两人是非曲折的友谊之后，明确提出《太阳照样升起》事实上是对《了不起的盖茨比》的刻意戏仿。南希·R. 科姆利(Comley, Nancy R.)的《里维埃拉的疯女人：菲茨杰拉德夫妇、海明威与现代主义问题》("Madwomen on the Riviera: The Fitzgeralds, Hemingway, and the Matter of Modernism")[③] 对海明威的《伊甸园》、菲茨杰拉德的《夜色温柔》与珊尔达的《留住我的华尔兹》中的里维埃拉的疯女人形象进行了互文性解读。在三部小说中，里维埃拉都是现代主义的、伊甸园式的核心场所，在这里上演的是一位艺术家与他发疯的妻子的故事。这位疯狂的妻子因无法融入丈夫的艺术创作而试图寻求发泄自己才艺的方式。因此，它们都是关于两性关系的现代主义文本。罗伯特·E. 盖杜谢克(Gajdusek, Robert E.)的《菲茨杰拉德的迪克·戴弗的变形记与海明威的类似人物》("The Metamorphosis of Fitzgerald's Dick Diver and Its Hemingway Analogs")[④] 讨论了《伊甸园》与《夜色温柔》中的雌雄同体与角色置换。《夜色温柔》开启了20世纪一个重要的文化模式：父权的没落与母权的兴起。在《伊甸园》中，海明威以《夜色温柔》为原型，同样揭示了性别与文化转型中的男女角色置换。J. 杰拉尔德·肯尼迪的《承受伤害：菲茨杰拉德的〈重访巴比伦〉与海明威的〈乞力马扎罗的雪〉》("Figuring the Damage: Fitzgerald's 'Babylon Revisited' and

① Ibid., pp. 235-256.

② Ibid., pp. 257-275.

③ Ibid., pp. 277-296.

④ Ibid., pp. 297-316.

Hemingway's 'The Snow of Kilimanjaro'"）[①] 独辟蹊径地提出，海外流亡的生活对两位作家而言并非好事。在他们 1930 年代所写的《重访巴比伦》与《乞力马扎罗的雪》中，菲茨杰拉德与海明威反思了在巴黎这一"欲望之所"那些疯狂岁月中所承受的个人损失。《重访巴比伦》中巴黎象征着主人公过去的酗酒生活，而《乞力马扎罗的雪》中巴黎左岸的生活则是作家自我毁灭的人生转折点。这些文章以法国为纽带，探讨了作家的人生与友谊，并从不同视角分析了法国在其作品中的重要作用，而以法国为中心的互文性文本分析，亦为 1990 年代的菲茨杰拉德研究拓展了新的领域。

亨利 · 克拉里奇（Claridge, Henry）编的四卷本《F. 斯科特 · 菲茨杰拉德评论汇编》（*F. Scott Fitzgerald: Critical Assessments*, 1992）堪称菲茨杰拉德研究中的大部头杰作。该系列评论集收录了 226 篇文章，涵盖了 1920 年代至 1980 年代以来的批评文献，也包括书评、回忆与访谈等，以 1980 年代的文献居多。其中第一卷为回忆录，第二卷为早期作品《人间天堂》、《漂亮冤家》和《蔬菜》的评论，第三卷为《夜色温柔》、《最后一位君子》、《崩溃》及短篇故事的评论，第四卷为菲茨杰拉德与其他作家的总体评价。克拉里奇认为，菲茨杰拉德不是一位高产作家，因此他只能算一位主要的而非伟大的作家。

除了上述三部极为重要的文集，《〈了不起的盖茨比〉评论文选》的编者卡蒂 · 德科斯特另编有《F. 斯科特 · 菲茨杰拉德评论文选》（*Readings on F. Scott Fitzgerald*, 1998），尽管收录了一些有价值的评论，但与亨利 · 克拉里奇的四卷本评论集相比则显得"微不足道"了。[②] 菲茨杰拉德百年诞辰纪念后，两位印度学者莫汉 · 拉马南（Ramanan, Mohan）与索姆达塔 · 曼达尔（Mandal, Somdatta）分别编有《F. 斯科特 · 菲茨杰拉德：来自印度的百年诞辰文集》（*F. Scott Fitzgerald: Centenary Essays from India*, 1998）与《F. 斯科特 · 菲茨杰拉德：百年献礼》（*F. Scott Fitzgerald: A Centennial Tribute*, 1998）。上述两书布赖尔

① Ibid., pp. 317-343.

② Jackson R. Bryer: "The Critical Reputation of F. Scott Fitzgerald", in Ruth Prigozy, ed.: *The Cambridge Companion to F. Scott Fitzgerald*, p. 233.

认为意义不大。[①]

七、国外研究

琳达·斯坦利在《F. 斯科特·菲茨杰拉德的国外批评声誉，1980—2000：分析与注释文献目录》一书中对1980年代到2000年间美国以外的英、法、德、意等欧洲国家与日本、印度、加拿大等国的菲茨杰拉德研究进行了详细的总结。

在美国之外，菲茨杰拉德经欧洲与日本等国翻译家、知名出版机构与杰出学者的译介，名声渐起，已成为与福克纳、海明威、巴尔扎克等齐名的国际作家。海外研究的焦点是菲茨杰拉德的名声与公众接受，以及他是否可被视为经典作家等。与此前国外研究或唯美国马首是瞻，或固步自封地以欧陆思想削足适履不同，这一时期的研究更重视欧陆思想与美国学者间的结合，主要的特点有：一是美国研究学派的影响甚大，如考察流行文化、消费社会、种族、性属、阶级等与菲茨杰拉德小说创作的关系；二是延续新批评以降的重细读传统，强调文本的深入解读；三是注重运用新的理论，从有别于美国学者的新视角重新阐释其作品。海外学者们广泛地借鉴巴尔特、拉康、福柯、克里斯蒂娃、阿尔都塞、德里达、格雷马斯等的思想，尤其倚重法国符号学、后结构主义、美国文化研究等，对菲茨杰拉德的作品进行了多层次全方位的深入分析。

以海外研究的两个重要阵地英法为例。英国的学术研究向来重实用与传统，1990年代以来，除继续强调细读以及背景与影响研究外，更重视从美国文化研究的视角来分析诸如种族、阶级、民族、流行文化、商品社会等当代资本主义社会所关注的话题，他们将菲茨杰拉德视为英国人了解美国1920年代社会的试金石。代表人物有安德鲁·胡克、杰夫·考克斯（Cox, Geof）、布赖恩·韦、理查德·戈登（Godden, Richard）、罗伯特·李、伊恩·贝尔（Bell, Ian）、阿诺德·戈德曼（Goldman, Arnold）等。法国的研究则一方面受美国新批评与文化研究思潮的影响，重视作品的文本细读，尤其是在现代主义的语境下探讨《夜色温柔》等作品中的意象。另一方面，法国繁荣的文学理论反过来极大地影响了美国的菲茨杰拉德研究。拉康、巴尔特、福柯、克里斯蒂娃等人的思想，存

① Ibid., p. 232.

在主义、结构主义、心理分析、马克思主义、符号学与叙事学等理论，极大地推动了西方的菲茨杰拉德研究。其中的代表人物有安德烈·勒沃特、米歇尔·维耶尔、伊丽莎白·布宗维勒（Bouzonviller, Elisabeth）、安德鲁·布莱卡斯坦（Bleikasten, Andrew）、罗歇·阿瑟利诺（Asselineau, Roger）等。为方便读者了解菲茨杰拉德研究在美国以外的总体情况，下面以表格形式依据该书统计了1991年到2000年间各国的出版物情况。鉴于资料可能并不完全，表中的数据仅作参考。

国别	专著与文集	在该国出版的美国学者文献	文章、书籍章节、会议论文等	在该国出版的菲茨杰拉德作品翻译	博士论文	书评、报刊文章、广播等	教师与学生用书	合计
英国	8	5	12			12	7	44
法国	7	1	51	13	6	29	8	115
意大利	2		16	13	1	3	3	38
德国	3		14	9	2	4	4	36
丹麦			5	5		12	1	23
俄罗斯、乌克兰等前苏联国家			4	2				6
罗马尼亚			14	9	1	1		25
印度			44	4	5			53
日本	3	3	66	13		1		86
加拿大			15		1		1	17
合计	23	9	241	68	16	62	24	443

第二节 2001年—2010年

新世纪里菲茨杰拉德研究蓬勃发展，成就斐然。单从数量上看，截至2010年12月底在亚马逊网站搜索，以及在国会图书馆设定F. Scott Fitzgerald为关键词在2001年到2010年间搜索，共搜索到书目160余条;在 WorldCat 上则搜索到各类条目 3,535 条,其中图书 1,650 条,小说 361 种,非小说 1,301 种,传记 187 部,硕博士论文 133 篇;按语种分,数量较多的则有英语 2,325 条,德语 102 条,西班牙语 65 条,中文 55 条,法语 42 条,日语 22 条等。[①] 经综合衡量数据来源,并参考《菲茨杰拉德评论》1-8 期后的文献目录,增删整理后与菲茨杰拉德关系密切的学术专著、作家作品、传记、书信集、专题文集、教参、翻译、博士论文、会议论文集等计有近 150 部。文章则难以计数,仅 2002 年到 2010 年发表在《菲茨杰拉德评论》上的论文就有 74 篇(不含书评、会讯及介绍等)。在这十年间,菲茨杰拉德研究持续深入,规模不断扩大,主要有以下几个特点:一是以布鲁科利为首的学者们进行的艰苦细致、认真谨慎的传记及相关文献研究取得了丰硕成果。二是出现了几部以《F. 斯科特·菲茨杰拉德剑桥指南》、《F. 斯科特·菲茨杰拉德剑桥入门》、《F. 斯科特·菲茨杰拉德历史指南》等为代表的重要的学术文集和专著。从作品来看,主要的关注焦点仍在《了不起的盖茨比》、《夜色温柔》与短篇小说研究。三是从历史文化视角探讨作家及其作品成为学界主流,内容涵盖了作家职业选择、思想来源、种族、性属、战争、消费主义、流行文化等。在这些讨论中,从流行文化与消费主义等角度展开分析取得的成果颇多。透过历史文化语境来观照作家作品中的种族、性别与阶级观点等几乎成为学者们共同的选择。除了传统强调细读与深入文本外,更注重运用当代语言、文本、历史、文化研究等综合的方法分析作家作品的主题与艺术技巧,而叙事学研究似乎正异军突起,引起更多人的关注。将菲茨杰拉德与同时代作家如海明威、凯瑟、沃尔夫甚至一些不知名的作家进行比较研究也取得了大量的成果。

一、传记及书信、访谈等相关文献研究

柯克·柯纳特指出,传记是迄今为止当代菲茨杰拉德研究成果最丰硕的部分,[②] 这一点可以找到充分的佐证。

首先是关于菲茨杰拉德的传记数量达 10 余部,这些还不包括好

① 参见 http://www.worldcat.org/。

② 参见 Kirt Curnutt: *The Cambridge Introduction to F. Scott Fitzgerald*, Cambridge, UK; New York: Cambridge UP, 2007, p.123。

友等的回忆录。多数传记都涉及到珊尔达与斯科特的婚姻与文学创作关系。最权威和经典的当然仍数布鲁科利的《史诗般壮丽》(2002 年再版)。布鲁科利的《浪漫的自私主义者》[①] 系与菲茨杰拉德的女儿等编写,可作为前者的姊妹读本。特恩布尔的《斯科特·菲茨杰拉德》则于 2001 年再版,其重要性仅次于《史诗般壮丽》。再版的传记还有弗朗西丝·克罗尔·林的《逆流而行:记忆中的 F. 斯科特·菲茨杰拉德》等。这些年新出的传记中,露丝·普里戈齐的插图版传记[②] 系统、清晰地回顾了菲茨杰拉德一生的创作、婚姻、所受到的家庭与社会思潮的影响,以及他与流行文化的关系等。其行文流畅简洁,提供了 139 幅黑白与彩色照片,有些是首次出现,既有可读性又具学术参考价值。E. 雷·坎特伯雷(Canterbery, E. Ray)等编的《影响下的 F. 斯科特·菲茨杰拉德》(*F. Scott Fitzgerald: Under the Influence*, 2006)则试图纠正过去人们对菲茨杰拉德的诸多误解,在现代性的大背景下,展现作为个人与职业作家的菲茨杰拉德的生平。

专门论及珊尔达以及她与菲茨杰拉德关系的传记或书信集中,最客观而忠实的是杰克逊·R. 布赖尔等编的《亲爱的斯科特 / 最亲爱的珊尔达:菲茨杰拉德夫妇情书集》(*Dear Scott, Dearest Zelda: The Love Letters of F. Scott and Zelda Fitzgerald*, 2002)。该书是第一部斯科特与珊尔达书信集,纠正了以往许多传记中对菲茨杰拉德在夫妻关系中的偏见。书中收录了两人从 1918 年恋爱到 1940 年菲茨杰拉德去世时的信件,包括四个部分:恋爱与婚姻、在一起的日子、珊尔达的三次崩溃、婚姻的最后两年。许多是从未发表过的第一手资料,其中多数是珊尔达写给菲茨杰拉德的。这些信件表明两位充满激情和创造力的爱人是如何追求艺术卓越、如何与酗酒和精神疾病进行抗争的。它们同时表明,斯科特和珊尔达的爱情是坚定不移的。2000 年后的其他几部,包括肯德尔·泰勒(Taylor, Kendall)的《有时疯癫亦智慧》(*Sometimes*

---

① 参见 Matthew J. Bruccoli, et al., ed.: *The Romantic Egoists: A Pictorial Autobiography from the Scrapbooks and Albums of F. Scott and Zelda Fitzgerald*, Columbia: U of South Carolina P, 2003。

② 参见 Ruth Prigozy: *Illustrated Lives: F. Scott Fitzgerald*, Penguin Books, 2001/ Woodstock, NY: Overlook Press, 2002。

Madness Is Wisdom, 2001）、萨莉·克莱因（Cline, Sally）的《珊尔达·菲茨杰拉德：天堂之音》（*Zelda Fitzgerald: Her Voice in Paradise*, 2003）、琳达·瓦格纳-马丁（Wagner-Martin, Linda）的《珊尔达·塞耶·菲茨杰拉德：一位美国女性的生平》（*Zelda Sayre Fitzgerald: An American Woman's Life*, 2004）等则多将斯科特描述为使用暴力的不称职丈夫，是他让珊尔达的文学才能被埋没。这些传记都不够令人信服。

这一时期还出现了一批与菲茨杰拉德关系密切的人物的传记或书信集。布鲁科利等编的《马克斯韦尔·珀金斯的儿子们》[①] 分析了著名编辑珀金斯与美国文学史中三位重量级人物海明威、菲茨杰拉德、托马斯·沃尔夫之间的关系，并强调了珀金斯作为20世纪上半叶美国最伟大的三位作家的编辑与导师的重要作用。书中以时间为序，收录了从1918年到1947年间四位人物间的211封通信，这些信件表明马克斯韦尔·珀金斯独具慧眼，可以帮助读者纠正以往对其人格和影响的某些误解，通过该书也可以了解1920年代至1930年代美国出版业的状况。斯科特·唐纳森的《海明威与菲茨杰拉德：文学友谊的起伏》（*Hemingway vs. Fitzgerald: The Rise and Fall of a Literary Friendship*, 2001）回顾了两位伟大作家之间的友谊。詹姆斯·L. W. 韦斯特三世的《完美时刻：F. 斯科特·菲茨杰拉德与初恋吉尼芙拉·金的罗曼史》（*The Perfect Hour: The Romance of F. Scott Fitzgerald and Ginevra King, His First Love*, 2005）和卡罗琳·普雷斯顿（Preston, Caroline）的《盖茨比的女友：一部小说》（*Gatsby's Girl: A Novel*, 2006）强调了初恋女友吉尼芙拉·金对菲茨杰拉德创作的影响。《推陈出新：墨菲夫妇的艺术与风格》（*Making It New: The Art And Style of Sara And Gerald Murphy*, 2007）则是菲茨杰拉德老朋友墨菲夫妇的传记。理查德·布勒（Buller, Richard）的《美丽的神话：女演员洛伊斯·莫兰传》（*A Beautiful Fairy Tale: The Life of Actress Lois Moran*, 2004）中有三分之一的篇幅讲述菲茨杰拉德与莫兰的友谊。布勒详细记述了两人的相知相识，分析了作家小说中以莫兰为原型的人物，当时的电影产业与好莱坞文化，以及珊

① 参见 Matthew J. Bruccoli and Judith Baughman, eds.: *The Sons of Maxwell Perkins: Letters of F. Scott Fitzgerald, Ernest Hemingway, Thomas Wolfe, and Their Editor*, Columbia, S.C.: U of South Carolina P, 2004。

尔达对丈夫与年轻女影星之间关系的态度等。约翰·威廉斯·库克的(Cooke, John Williams)《布鲁克斯兄弟:数代人的穿衣时尚》(*Brooks Brothers: Generations of Style: It's All About the Clothing*, 2003)描述了制衣商布鲁克斯兄弟与菲茨杰拉德之间的长期关系,分析了男性服饰时尚在《了不起的盖茨比》与《夜色温柔》中的体现,这部书为我们提供了了解菲茨杰拉德与美国流行文化——男性时尚、服饰风格、文学——的另一个视角。拉里·黑格(Haeg, Larry)《在盖茨比的阴影里:查尔斯·麦库姆·弗朗德罗的故事》(*In Gatsby's Shadow: The Story of Charles Macomb Flandrau*, 2004)指出19世纪末有三位来自明尼苏达州的作家去东部寻求机遇:刘易斯、菲茨杰拉德和弗朗德罗,后者逐渐被人忘却。他的主要作品是讲述哈佛大学学生生活的短篇故事集。弗朗德罗显然生活在盖茨比的阴影中,而他的一生同样让人痴迷,值得研究。乔治娅·蕾(Ray, Georgia)的《格雷丝·弗朗德罗:被打断的声音》(*Grace Flandrau: Voice Interrupted*, 2007)是查尔斯·麦库姆·弗朗德罗的弟媳、与菲茨杰拉德同时代的流行小说女作家弗朗德罗的传记。布赖恩·布鲁斯(Bruce, Brian)则回顾了作家托马斯·博伊德的一生以及他与菲茨杰拉德的交往。[1]

以布鲁科利为首的学者的第一手文献考据工作继续深入,取得丰硕的成果。帕克·巴克尔编的《南卡罗莱纳大学布鲁科利夫妇收藏之F.斯科特·菲茨杰拉德插图版目录》(*The Matthew J. and Arlyn Bruccoli Collection of F. Scott Fitzgerald at the University of South Carolina: An Illustrated Catalogue*, 2004)收集了南卡罗莱纳大学托马斯·库柏图书馆中布鲁科利夫妇的菲茨杰拉德主要藏品,目录大体以时间为序,共分15个部分,1,700多个条目,包括菲茨杰拉德的作品,藏书,手稿,照片,通信,纪念品,为他人作品所作的简介,电影剧本、广告及海报,普林斯顿大学出版物,题赠及收到他人题赠或题注的书籍,首次出现在文选与报刊杂志中的菲茨杰拉德作品与文章,与菲茨杰拉德文学创作生涯相关的文件如证书、合同、版权收入等,珊尔达的作品、手稿、通信、文件,希拉·格雷厄姆的作品、通信以及与菲茨杰拉德相关的报导等。这些

① 参见 Brian Bruce: *Thomas Boyd: Lost Author of the "Lost Generation"*, Akron: U of Akron P, 2006。

目录为菲茨杰拉德研究及爱好者提供了丰富的第一手资料来源。布鲁科利的《F. 斯科特·菲茨杰拉德访谈录》(*Conversations with F. Scott Fitzgerald*, 2004)收录了菲茨杰拉德与记者的37篇谈话,从中可窥见菲茨杰拉德如何在公众中塑造自己的偶像地位。同期出版的参考资料还有布鲁科利的《市场上的F. 斯科特·菲茨杰拉德: 1935—2006拍卖及流通目录》(*F. Scott Fitzgerald in the Marketplace: The Auction and Dealer Catalogues, 1935—2006*, 2009)与《F. 斯科特·菲茨杰拉德:描述性文献目录(2001年补遗)》(*F. Scott Fitzgerald: a Descriptive Bibliography. Supplement 2001*, 2002)等。

二、历史文化研究视野下的重要专著与文集

这一时期出版了许多重要专著与文集,这些专著与文集的共同之处是将菲茨杰拉德研究置于1920年代—1930年代的历史文化语境之下,全面考察作家与作品关于物质与消费、性、种族和阶级等的概念。

首先必须提到的是普里戈齐编的《F. 斯科特·菲茨杰拉德剑桥指南》(*The Cambridge Companion to F. Scott Fitzgerald*, 2002)。该书精选了11篇知名菲茨杰拉德研究学者的代表性文章,探讨了作家的创作背景、与青年文化的关系、职业态度、年龄意识、短篇小说、非小说、与好莱坞的关系、欧洲流亡生活、作品中的女性、《了不起的盖茨比》和《夜色温柔》等内容。文集选文精到、权威,体系安排合理,内容涵盖较广,基本涉及了作家的生平与主要作品,是研究者手中必备的参考用书。

柯克·柯纳特编的《F. 斯科特·菲茨杰拉德历史指南》(*A Historical Guide to F. Scott Fitzgerald*, 2004)收录了7篇重要的菲茨杰拉德研究学者的文章,分析了菲茨杰拉德的生平、职业创作、学术思想背景、与消费社会的关系、作品中的战争与新潮女郎等内容,书后还提供了较详细的菲茨杰拉德研究目录。

杰克逊·布赖尔编的《21世纪的F. 斯科特·菲茨杰拉德》(*F. Scott Fitzgerald in the Twenty-first Century*, 2003)收录了18篇选自1996年菲茨杰拉德百年诞辰时由菲茨杰拉德学会主办、在普林斯顿大学召开的菲茨杰拉德国际学术会议上提交的论文,以及一篇已故的斯

坦利·布罗德温(Brodwin, Stanley)写的《F. 斯科特·菲茨杰拉德与薇拉·凯瑟新论》。文集探讨了作家的大学生涯与晚期创作、天主教思想对其作品的影响、作品中表现的青年文化、性经济学、婚姻观念、叙述风格与主题、战争、好莱坞岁月、喜剧与幽默因素、在国外的影响与接受等众多内容,大体按时间顺序编排,涉及从《人间天堂》到《最后一位君子》之间的主要作品,重点放在菲茨杰拉德较少被人评论的短篇小说,如从性经济学的角度分析约瑟芬系列短篇中女主人公的情感破产、《充实人生》的手稿研究、《一颗像里茨饭店那么大的钻石》中作家对南方种植园文化爱恨交织的怀旧情绪、波特故事集和好莱坞时期的小说的价值与艺术技巧等。

柯克·柯纳特的专著《F. 斯科特·菲茨杰拉德剑桥入门》(*The Cambridge Introduction to F. Scott Fitzgerald*, 2007)在介绍部分指出,我们需要重新认识菲茨杰拉德。该书在第一章里简单回顾了菲茨杰拉德的生平后,接着的第二章分析了菲茨杰拉德所处的文化语境,指出20年代的美国是文化转型的时代,物质极大丰富,青年文化流行,传媒不断渗透,消费主义、性解放等开始出现,有闲阶层和休闲文化成为可能,这些使人们的日常生活戏剧化,年轻人更强调自我表现与个性,他们通过选择自己的消费风格来包装自己的个性。[①] 第三章分析了作家的创作过程、作品的主旨、情节、题材、体裁、风格、视角等。作者没有按照惯常的做法,以时间为序分析其作品,而是按某个主题对其作品进行总结。菲茨杰拉德的创作往往遵循以下过程:他在自己的个人经历基础上,经过艰辛的文学加工,以揭示人类最基本的失落体验。其结构往往是类似"弗雷塔格金字塔"的三步跳。[②] 菲茨杰拉德小说的主题广泛,如失落、成功与失败之间的难以界定、寻求自我价值、阶级与金钱社会对道德的影响、20年代的价值没落、欲望必导致失望等。[③] 其主要情节有恋爱故事、婚姻故事、海外流亡故事、好莱坞故事与说教故事等;[④] 其

① 参见 Kirt Curnutt: *The Cambridge Introduction to F. Scott Fitzgerald*, Cambridge, UK; New York: Cambridge UP, 2007, pp. 31-36。

② Ibid., p. 44.

③ Ibid., p. 53.

④ Ibid., pp. 85-96.

流派则包括了浪漫主义、现代主义、现实主义和自然主义,体裁涵盖了成长小说、世态喜剧、现代主义色彩的诗歌、自然主义的反讽等。风格上则具有抒情、想象、具体的细节场景描写;视角上有第一、第三人称的叙述者一人物视角和全知视角等。[①]第四章全面回顾了菲茨杰拉德的批评历史。斯科特在世时的批评多集中于感性评价,即他个人的成长历程;死后的1950年代—1970年代,更多学者集中于他的作品解读与文本研究。今天的研究则更多地将其置于1920年代—1930年代的社会背景下,讨论其历史文化语境。[②]这一趋势强调收集第一手资料和细读文献,发掘证据和新意。

斯科特·唐纳森的《菲茨杰拉德与海明威:生平及作品》(*Fitzgerald and Hemingway: Works and Days*)收录了唐纳森研究两位作家一生中42篇论文里精选出的最好文章,其中11篇是关于菲茨杰拉德的,13篇是关于海明威的。作者希望通过这些文章为读者提供了解两位作家生平与创作的窗口。这些文章尽管看上去缺乏一个中心纽带将其联系在一起,但作者讲故事般充满热忱的文字,以及对菲茨杰拉德作品字斟句酌的细读和对背景文献一丝不苟的考究,使它们不仅读来流畅动人,而且具有丰富的史料和文学价值。作者指出,该书的一个重要目的是表现两位作家创作时的严谨认真,他们对自己的作品都是改了又改,绝不轻易定稿。

另外一些重要的文集,如2000年布赖尔编的《F. 斯科特·菲茨杰拉德研究新视野》[③]前面章节已有讨论,此处不赘述。而贾迈勒·阿萨迪(Assadi, Jamal)与威廉·弗里德曼(Freedman, William)编的《远方的鼓手:F. 斯科特·菲茨杰拉德的国外视角》(*A Distant Drummer: Foreign Perspectives on F. Scott Fitzgerald*, 2007)和威廉·布拉热克(Blazek, William)与劳拉·拉特雷(Rattray, Laura)编的《〈夜色温柔〉之21世纪解读》(*Twenty-First-Century Readings of Tender Is the Night*, 2007)等则将在下文论及。

① Ibid., p. 97.

② Ibid., p. 121.

③ 参见 Jackson R. Bryer: *F. Scott Fitzgerald: New Perspectives*, 2000。

三、专题研究

由于21世纪以来菲茨杰拉德研究持续发展与深入,其探讨的主题与运用的方法涉及面极为广泛,很难简短地加以总结与概括。本部分将从流行文化、消费主义、女性、种族、战争、职业问题等加以分析,希望从这些专题的讨论中大致可以看出学者们关注的焦点与重心。

1. 流行文化:好莱坞与电影、表演、音乐、运动、喜剧等

菲茨杰拉德与青年流行文化的关系一直是学界研究的重要课题。这一时期出现了一批研究作家与电影、运动、表演、音乐关系的专著与文章,取得了令人瞩目的成绩。

柯纳特的《F. 斯科特·菲茨杰拉德、年龄意识与美国青年文化的兴起》("F. Scott Fitzgerald, age consciousness, and the rise of American youth culture")[①] 指出从20年代创作伊始,青年文化便是菲茨杰拉德小说中的突出重心。青年文化不仅在其第一部小说《人间天堂》,也在其短篇故事和以后的长篇小说中得以凸显。柯纳特考察了20年代美国文化如何转向对青年的迷恋及对成长的恐惧,以及菲茨杰拉德的作品如何受其影响并引领这一潮流。青年的亚文化得到了肯定,成长不再意味着成熟,而是衰退与堕落。他的作品正记录了这样一种文化背景下青年艰难成长的历程。

高塔姆·孔杜(Kundu, Gautam)的专著《菲茨杰拉德与电影的影响:小说中的电影语言》(*Fitzgerald and the Influence of Film: The Language of Cinema in the Novels*, 2008)从形式主义的角度,运用电影叙事的术语与方法,重点分析了电影叙事技巧在菲茨杰拉德五部长篇小说中的应用。第一章回顾了文学与电影艺术之间的紧密关系,追溯了欧美作家与电影的渊源以及对类似电影叙事技法的钟爱。作者指出有必要从具体文本分析的角度,深入挖掘菲茨杰拉德小说叙事与电影叙事之间的类同关系。第二章考察了作家的视觉想象,即他试图运用类似电影摄像手法来创作小说中时空连续体的方法,如摇摄、特写、长焦、字幕、慢镜头、静止画面等。第三章重点考察电影叙事中的剪辑过程,即小说中的过渡方法,如剪切、画面渐隐、淡入、蒙太奇等场景转换方式。第四章

① 参见 Ruth Prigozy, ed.: *The Cambridge Companion to F. Scott Fitzgerald*, pp. 28-47。

讨论小说中类似电影艺术的声音技法，如人物对话、音响效果、音乐等对塑造人物、突出主题与渲染叙事风格的重要作用。第五章则分析了诸如倒叙、追溯等戏剧化的时间表现方式及小说中类似电影的灯光、色彩与人物上场效果等。最后作者分析了大量电影叙述技巧的运用对小说主题、人物描写、章节过渡、吸引读者等起到的促进作用，指出菲茨杰拉德的电影叙事凸显了作家对技巧的高度关注以及他在小说形式上的成就。作者进一步指出，通过对菲茨杰拉德小说的电影叙事式阅读，还能揭示小说中诸如种族、阶级、性别 / 性属等深远文化蕴涵，如《了不起的盖茨比》中电影叙述技巧的运用揭示了资本主义社会中金钱、阶级与社会地位的关系，对女性人物的文本描写所揭示的作家厌女症倾向和尼克·卡拉韦可能被压抑的同性恋倾向等。①

艾伦·马戈利斯的《菲茨杰拉德与好莱坞》（“Fitzgerald and Hollywood”）② 讲述了菲茨杰拉德在好莱坞的最后岁月，而其关注的焦点则是作家毕生对电影的痴迷。马戈利斯分析了《漂亮冤家》、《夜色温柔》以及一些短篇小说中的电影因素，小说中的电影成分与好莱坞剧本之间的关系，以及作家创作的电影剧本的优缺点等。

贾迈勒·阿萨迪的专著《F. 斯科特·菲茨杰拉德与索尔·贝娄小说中的表演、修辞与阐释》（*Acting, Rhetoric, & Interpretation in Selected Novels by F. Scott Fitzgerald & Saul Bellow*, 2006）分析了菲茨杰拉德和索尔·贝娄作品中修辞、表演和阐释之间的联系。通过比较菲茨杰拉德的《了不起的盖茨比》、《夜色温柔》、《最后一位君子》与索尔·贝娄的《雨王亨德森》、《受害者》（*The Victim*）及《贝拉罗莎暗道》（*The Bellarosa Connection*），作者指出这些小说之间有个最重要的共同之处，“两位作家都在小说中广泛采用了表演的主题，以表现人类探寻其行为与现实本质的历程。”③ 阿萨迪采纳了理查德·拉纳姆（Lanham, Richard）在《言辞的动机》（*The Motives of Eloquence*）一书中提出的关于 homo

① 参见 Gautam Kundu: *Fitzgerald and the Influence of Film: The Language of Cinema in the Novels*, Jefferson, N.C.: McFarland, 2008, pp. 149-150。

② Ruth Prigozy, ed.: *The Cambridge Companion to F. Scott Fitzgerald*, pp. 189-208.

③ Jamal Assadi: *Acting, Rhetoric, & Interpretation in Selected Novels by F. Scott Fitzgerald & Saul Bellow*, New York: Peter Lang, 2006, p. 172.

seriosus（“严肃的人”）与 homo rhetoricus（“修辞的人”）之间的区分，指出前者是“有意识将自己对戏剧表演的认识强加给他人的剧作家”，而后者是“作为有意识从事舞台表演并遵循其规律的演员的剧作家”。[①] 贝娄与菲茨杰拉德的小说人物往往身兼这二者的特点，他们可以通过表演从“修辞的人”发展为“严肃的人”，反之亦然。在进一步分析了人物在这两个演出角色之间可能的选择与妥协后，阿萨迪认为贝娄的小说一直关注的是“严肃的人”所要发现的人生与世界的“真正现实”，而菲茨杰拉德描写的则是由“修辞的人”主导的舞台表演世界，揭示的是人类认识论、道德与社会的缺陷。[②] 贝娄与菲茨杰拉德小说中的人物形象往往类似，不管他们的演出有多少，主人公往往是正面形象，具有“给予人类生存之努力以意义与目标的健全人格”这一特征，[③] 而次要人物往往是“邪恶的演员，他们缺乏人性……试图使人相信其扮演的角色的真实性。”[④] 莎士比亚曾说“世界是个舞台，所有的男男女女不过是舞台上的演员”，阿萨迪则进一步告诉我们，这些演员出演的不过是“严肃的人”与“修辞的人”这两类角色。

贾洛姆 · 莱尔 · 麦克唐纳（McDonald, Jarom Lyle）的专著《F. 斯科特 · 菲茨杰拉德小说中的运动、叙事与国家》（*Sports, Narrative, and Nation in the Fiction of F. Scott Fitzgerald*, 2007）回顾了 19 世纪末 20 世纪初美国的运动文化，分析了有组织的观赏运动如何帮助菲茨杰拉德及其小说形成阶级、社群、国家等概念。他指出菲茨杰拉德的作品中“运动本身（包括其规则、历史、身体动作）以及与运动相关的故事共同建构起了作家关于社会阶级划分的思想”，[⑤] 通过分析体育运动，我们可以了解贯穿于所有美国式“叙事、思想及反讽”[⑥] 中蕴含的社会阶级划分体系。第一章“我们是一个特殊的国度”分析了通过参与运动、从媒体

---

① Ibid., p. 19.

② Ibid., p. 175.

③ Ibid., p. 172.

④ Ibid., p. 176.

⑤ Jarom Lyle McDonald: *Sports, Narrative, and Nation in the Fiction of F. Scott Fitzgerald*, New York: Routledge, 2007, p. 2.

⑥ Ibid., p. 7.

上阅读或收听运动节目以及成为运动迷等方式形成具有共同爱好的阶层与群体。关于美国体育英雄的叙事事实上验证了“对于美国社会结构的划分”；[①] 运动是通向美国式成功的门票，但今天通过体育运动实现美国式成功却越来越可望不可及。第二到第四章讨论菲茨杰拉德、普林斯顿与橄榄球，指出菲茨杰拉德作品里的运动文化反映了美国社会的复杂面貌。第二章“球场上的天堂：普林斯顿的橄榄球与美国的阶级”讨论了《人间天堂》里的大学橄榄球比赛，以及围绕橄榄球比赛形成的共同观众群、橄榄球所引发的竞争及不同意识形态等。作者质疑了大学教育以及可通过橄榄球实现成功梦想的普林斯顿体育英雄主义。第三章“所有年轻人的偶像：橄榄球英雄与社会地位的表现”则分析了作家的《碗》、《巴兹尔与克莱奥帕特拉》、《新手》等短篇中的橄榄球主题，考察了作为表演艺术的体育运动与作为表现的社会阶级之间的关系。第四章“敷衍的爱国主义”分析了《了不起的盖茨比》中的棒球运动。棒球是菲茨杰拉德向往的精英社会与中产阶级之间的阶级分水岭；这一章里还借用了皮埃尔·布迪厄对体育运动与文化阶级之间关系的讨论，分析了《了不起的盖茨比》里的棒球观赏文化导致的阶级划分与冲突，抨击了棒球所象征的浪漫的美国民族主义情绪。

维尔吉·米哈尤（Mihaiu, Virgil）的专著《在爵士时代与后现代主义之间：F. 斯科特·菲茨杰拉德》（*Between the Jazz Age and Postmodernism: F. Scott Fitzgerald*, 2004）在“后现代主义的综合视野”[②] 下，从音乐美学这一“颠倒的角度”，[③] 运用切分、发音、音调调谐、进行、中断等爵士乐术语，从罗马尼亚学者的立场分析菲茨杰拉德作品的历史、美学与批评语境，以寻求菲茨杰拉德作品与后现代主义之间的契合。从音乐的角度分析菲茨杰拉德与后现代主义之间关联的意义在于，菲茨杰拉德的作品为我们提供了一种想象空间，在后现代主义的支离破碎后面，音乐与小说等艺术形式可以为我们提供一个和谐的统一。对于罗马尼亚等东欧读者而言，音乐是可以逃避压制的一种艺术

---

① Ibid., p. 13.

② Virgil Mihaiu: *Between the Jazz Age and Postmodernism: F. Scott Fitzgerald*, Timisoara: Editura Universaitatii de Vest, 2004, p. 9.

③ Ibid., p. 38.

形式,而菲茨杰拉德的语言具有爵士乐的特征,它解放人的灵魂,艺术上自足,有恒久的艺术魅力,可将读者团结起来。对于全世界处于后现代语境下的所有读者而言,"困在都市化与技术牢笼之中,疏离于自然之外的人类灵魂可以在艺术中寻求替代,"[①]而菲茨杰拉德的作品"使我们的怀旧成为寻求新希望的理由"。[②]作者将菲茨杰拉德的文学风格与爵士乐进行平行比较研究,将作家与出色的爵士乐歌手特伦纽斯·蒙克(Monk, Thelonious)相并列;作者还分析了菲茨杰拉德在东欧尤其是罗马尼亚的接受史,并从声学与光学的角度重新审视菲茨杰拉德的作品。

D. G. 克尔(Kehl, D. G.)的《跳查尔斯顿舞[③]的塔利亚: F. 斯科特·菲茨杰拉德小说中的幽默因素》("Thalia Does the Charleston: Humor in the Fiction of F. Scott Fitzgerald")[④]指出菲茨杰拉德小说中有许多重要的喜剧因素,而这一点长期被评论家们忽略。菲茨杰拉德受杂耍、音乐剧、马克·吐温、林·拉德纳以及1920年代流行的喜剧演员等影响,作品中运用了大量喜剧成分,如幽默的对话、场景和技巧等。在技法上,他使用了反讽、悬念、黑色幽默;修辞手段上运用了明喻、暗喻、突降、尖刻言辞、警句、轮番对白等;语言上运用了双关、错释、文字游戏等。作者指出,菲茨杰拉德的作品随着时间推移,其喜剧因素的灰暗成分逐渐增加,而他的喜剧成分与悲剧因素来自同样的目的:对美国梦的理想与残酷现实之间的矛盾这一"最大的美国笑话"[⑤]的认识,他要用喜剧的方式来讽刺美国社会。最后作者指出,菲茨杰拉德逝去60年后我们应重新认识其喜剧的才华。

托马斯·英奇(Inge, Thomas)的《滑稽故事中的 F. 斯科特·菲茨杰拉德,兼评米老鼠和查理·布朗》("F. Scott Fitzgerald in the Funny Papers: The Commentary of Mickey Mouse and Charlie Brown")[⑥]从外部

① Ibid., p. 53.

② Ibid., p. 54.

③ 查尔斯顿舞是1920年代美国流行的交谊舞。

④ Jackson R. Bryer, Ruth Prigozy & Milton R. Stern, eds.: *F. Scott Fitzgerald in the Twenty-first Century*, Tuscaloosa: U of Alabama P, 2003, pp. 202-222.

⑤ Ibid., p. 204.

⑥ Ibid., pp. 223-237.

影响出发分析了菲茨杰拉德与喜剧艺术。作者用大量的图片和资料分析了流行文化是如何对菲茨杰拉德的作品尤其是《了不起的盖茨比》进行利用和滑稽式改写的。流行的幽默故事中众多的改写可以看作是菲茨杰拉德在美国文化中重要地位的评注，它们使我们意识到菲茨杰拉德及其作品是美国文化中不可或缺的一部分，而《了不起的盖茨比》则是理解美国文学传统的核心。菲茨杰拉德不仅是时代偶像，也对美国具有恒久的影响。

2. 女性与新潮女郎

雷娜·桑德森（Sanderson, Rena）的《菲茨杰拉德小说里的女性》（"Women in Fitzgerald's Fiction"）[1] 分析了菲茨杰拉德小说中新潮女郎这一文化偶像。她们代表了强调反叛、追求自由与浪漫个人主义的新价值观，同时象征了社会的混乱与冲突。桑德森在作家个人生活与文化背景之中分析其主要作品里的女性形象，众多的女性形象表明菲茨杰拉德对待女性的态度是模棱两可的，经历了发展和变化，他痴迷于新潮女郎，同时对她们感到困惑，对于两性间的角色变化难以适从。菲茨杰拉德对待新潮女郎的态度似乎验证了现代主义鼎盛时期代表着美学传统的男性价值面对代表流行文化的女性形象时的反应：他的作品中既有女性也有男性化的倾向，即具有强烈的雌雄同体特征。有着男性特征的新潮女郎们颠覆了人们对两性角色的传统定位。

乔舒亚·蔡茨（Zeitz, Joshua）的专著《新潮女郎：促成美国现代化的性、时尚、名人与女性》（*Flapper: A Madcap Story of Sex, Style, Celebrity, and the Women Who Made America Modern*, 2006）结合1920年代美国的社会历史、流行文化与传记资料，分析了新潮女郎这一形象的来源与重要作用。

露丝·普里戈齐的《菲茨杰拉德的新潮女郎与爵士时代电影中的新潮女郎》（"Fitzgerald's Flappers and Flapper Films of the Jazz Age"）[2] 分析了1920年代电影业如何接受并改编新潮女郎的形象，以及电影中的新潮女郎形象与小说中新潮女郎的不同。作者围绕三部早期小说《头

① Ruth Prigozy, ed.: *The Cambridge Companion to F. Scott Fitzgerald*, pp.143-162.

② Kirk Curnutt, ed.: *A Historical Guide to F. Scott Fitzgerald*, pp. 129-161.

与肩》、《迈拉会亲》及《近海海盗》及其电影改编展开分析，指出菲茨杰拉德笔下的新潮女郎具有复杂的人格，她们勇敢、困惑、内心矛盾、难以预测，她们反传统，视生活如游戏，但又意识到韶华易逝、自由是短暂的，自由的代价是枯燥的婚姻与家庭生活。而电影中的新潮女郎缺乏内心生活与矛盾斗争，是传统好女孩与荡妇的结合。她们用迷人的外表来赢取中产阶级理想中的金钱、丈夫和家庭。电影无法传达新潮女郎们内在的惶惑，更多地只能渲染技巧与视觉冲击。

迈克尔·诺林的《门肯的〈为女性辩护〉与〈漂亮冤家〉中的婚姻》（"Menken's Defense of Women and the Marriage Plot of *The Beautiful and Damned*"）[1] 从分析门肯的《为女性辩护》出发，讨论了门肯、尼采、弗洛伊德、拉康等人的思想对菲茨杰拉德小说《漂亮冤家》中的宫廷爱情和资产阶级婚姻观的影响。门肯强调两性差异，女性具有的神秘浪漫气质是对男性的诱惑，代表着男性为之奋斗而难以企及的欲望与幻觉。女性的诱惑或"并不存在的女人"[2] 是男人存在的动力，即拉康所说的"阉割情节"，因而"女人"（Woman）和"菲勒斯"是等同的概念。在宫廷爱情中，骑士所追求的是永远得不到的女人，异性的诱惑促使他们去维系两性的浪漫关系。而资产阶级的婚姻通过"女人"的丧失，给人以修补两性关系的虚假幻觉，结果却带来不幸与失落。菲茨杰拉德在《漂亮冤家》这一小说中运用了婚姻而非爱情故事，来打破理想化的"女人"形象。安东尼·佩奇需要"女人"来证实自己的菲勒斯，而女主人公吉尔伯特也需要扮演"女人"角色来获得自己的菲勒斯，然而她在婚姻中丧失了女人性从而失去了享有宫廷浪漫的权利。在资产阶级婚姻中，一旦"女人性"丧失了，浪漫也就消失了，因而，菲茨杰拉德清楚，浪漫只能是"男人自己的浪漫"。

3. 消费主义

关于消费主义与菲茨杰拉德小说的研究目前尚无专著，但在许多文章里都有涉及。这方面的文章较有影响的是斯科特·唐纳森的《〈了

① Jackson R. Bryer, Ruth Prigozy & Milton R. Stern, eds.: *F. Scott Fitzgerald in the Twenty-first Century*, pp. 104-120.

② Ibid., p. 111.

不起的盖茨比〉中的物欲》（“Possessions in *The Great Gatsby*”）[①]，该文分析了盖茨比的人生如何映证了索尔斯坦·维布伦（Veblen, Thorstein）在《有闲阶级理论》一书中提出的“明显的消费主义”与“金钱竞争”。柯克·柯纳特的《菲茨杰拉德的消费世界》（“Fitzgerald's Consumer World”）[②] 运用鲍德里亚关于消费社会的观点分析了 1920 年代以来的消费浪潮在菲茨杰拉德作品中的表现。首先，消费主义与商业广告改变了自我、身份、性属的概念。市场所提供的丰富产品可以使个人的内在自我通过所选择的产品的风格体现出来。这种时尚不仅是自我的装饰，而且具有塑造自我、实现自我的功能。[③] 按市场运作的原则，男性通过销售、女性通过消费的行为来实现自己的性别与身份认同，男性销售的诀窍是真诚，而女性消费的策略是意愿或选择。盖茨比的悲剧在于误以真诚为时尚，而妮科尔则获得了自由，因为作为一个女性消费的机会主义者她抓住了市场销售给她的产品。其次，消费主义改变了人们的价值观念。社会所提供的大量产品脱离了其实用价值，导致了价值体系的蒸发，人们不再推崇节俭与保守而追求浪费与无度。最后，与此相适应，产生了一种浪费美学。市场交换的前提是商品尽快被消费，为了加快并鼓励商品的更新换代，人类需要一种自我浪费（self-wastage）[④] 的破坏性消费作为审美标准。于是，从物质的消费到精神与价值的崩溃，人类与自我越来越疏离。

在《青年文化与浪费的奇观》（“Youth Culture and the Spectacle of Waste”）[⑤] 一文里，柯纳特首先回顾了维多利亚时代的青年与现代主义背景下的青年的不同，指出前者是成长过程中一个通向成年的过渡阶段，而《人间天堂》中的主人公却视青年为现代主义的文化产物，是一种浪漫的心理状态而非生理上的成熟过程。小说中的主人公在成长过

① Kirk Curnutt: *The Cambridge Introduction to F. Scott Fitzgerald*, Cambridge, UK; New York: Cambridge UP, 2007, p. 123.

② Kirk Curnutt, ed.: *A Historical Guide to F. Scott Fitzgerald*, pp. 85-128.

③ Ibid., p. 94.

④ Ibid., p. 121.

⑤ Jackson R. Bryer, Ruth Prigozy & Milton R. Stern, eds.: *F. Scott Fitzgerald in the Twenty-first Century*, pp. 79-103.

程中四处碰壁,最终只好浪费青年人的旺盛精力以站在成年人的对立面反抗他们,对他们构成威胁。他们以这种自我放逐的叛逆方式来寻求承认,却并不被成年社会所接受,因而他们始终无法被人理解。这是对年轻人的讽刺。在美国1920年代鼓吹消费和享乐的物质极大丰富背景下,年轻人将自己的青春当成一种产品进行浪费,"青年文化的精髓便是浪费自己的青春"[①]正是《人间天堂》的中心主题。如果说《人间天堂》关注的是年轻人成长中的困难与烦恼,《漂亮冤家》则侧重于描写主人公们因惧怕时间流逝而变老所采取的放纵生活。他们担心韶华易逝因而急于在青春结束前消费掉它。菲茨杰拉德指出,他们这种浪费青春的方式只能使其过早地变老,这才是导致其毁灭的真正悲剧。[②]

4. 现代性思想

从2001年到2010年,学者们继续以文章或专著的形式探讨菲茨杰拉德所处的1920年代—1930年代历史文化背景。他们关注的焦点是,如何纠正人们对菲茨杰拉德一贯的偏见,如其作品缺乏深度、他是一个失败的作家等,以重新评价其历史地位。在这些研究中,伯曼对其现代性思想的探讨有一定代表性。

从2001年到2010年,伯曼以4部专著及数篇文章诠释了菲茨杰拉德所受到的20世纪思想家的影响。在《菲茨杰拉德、海明威与20年代》(*Fitzgerald, Hemingway, and the Twenties*, 2001)一书中,作者指出20年代是一个"分崩离析的时代",[③]需要信仰却缺乏信仰。威廉·詹姆斯关于道德意志失落的讨论,沃尔特·李普曼用"漂泊"(drift)[④]的概念描述美国人不愿做出道德选择的心态,约翰·杜威、范怀克·布鲁克斯、门肯、威尔逊、辛克莱·刘易斯、伊迪丝·沃顿、T. S. 艾略特等人所关注的美国人对生活的漠然和漫无目的,都在菲茨杰拉德作品中找到了大量例证。"漂泊"是伯曼的关键词:在《留短发的伯尼斯》中这一社会哲

① Ibid., p. 89.

② Ibid., p. 99.

③ Ronald Berman: *Fitzgerald, Hemingway, and the Twenties*, Tuscaloosa: U of Alabama P, 2001, pp. 1, 148.

④ Ibid., p. 4.

学表现在情节与人物的发展上;《一颗像里茨饭店那么大的钻石》则表现了消费社会里财富所导致的精神衰落;《了不起的盖茨比》中的人物验证了这一思潮,而其语言则复现了当时的争论——美国越来越有钱却越来越缺乏英雄气概,远离了过去激情洋溢的时代。美国社会中存在的道德精神危机导致了对上帝、自我和社会的信仰缺失,而这正可以在菲茨杰拉德和海明威的作品中找到丰富的例证。伯曼用新历史主义的方法将两位作家的作品与1920年代的社会思想进行平行解读;其行文隐晦,随举随释,信手拈来皆是细致入微的观察。

《菲茨杰拉德—威尔逊—海明威:语言与经验》(*Fitzgerald-Wilson-Hemingway: Language and Experience*, 2003)探讨了菲茨杰拉德、威尔逊和海明威如何在爵士时代这一特定背景下处理语言、经验和现实的关系,即他们如何将现实组织进自己的文学语言的。具体到菲茨杰拉德,作者通过分析其主要作品如《了不起的盖茨比》和他对其他作家作品的批评,指出菲茨杰拉德受柯勒律治、济慈、华兹华斯、威廉·詹姆斯、沃尔特·李普曼和乔治·桑塔亚纳等作家和思想家的影响,其浪漫思想具有深厚的哲学渊源。菲茨杰拉德是1920年代"最后一位浪漫的批评家",[①] 其批评思想在于"以浪漫主义反抗现实主义范式的统治",[②] 即用浪漫主义的理解和创作去表现浓厚的现实细节,从而实现浪漫主义和现实主义的理想结合。这一思想体现在其小说作品中具有三层含义:首先它暗示现实主义的写作是不够的,对现实的描写需要浪漫的语言与结构方式,要通过"崭新的感知使熟悉的事物变得新鲜";[③] 其次,仅仅提供过多外部细节(即使它们具有浪漫主义的性质)的现实主义写作是没有多大意义的;最后,他为我们提供了一种改良了的浪漫主义创作模式,这一模式强调重新发现熟悉的经验世界,致力于描写从懵懂的青春年少过度到成年过程中的失落以及对语言结构方式的不断改革。[④] 菲茨杰拉德的小说和批评将现实结合于浪漫主义中,而他也正是以这种

① Ronald Berman: *Fitzgerald-Wilson-Hemingway: Language and Experience*, Tuscaloosa: U of Alabama P, 2003, p. 9.

② Ibid., p. 16.

③ Ibid., p. 19.

④ Ibid., p. 23.

理想的结合来表现1920年代的美国社会。

《现代性与进步:菲茨杰拉德、海明威与奥威尔》(*Modernity and Progress: Fitzgerald, Hemingway, Orwell*, 2005)一书从1920年代—1930年代美国的历史、哲学与文化语境入手,深刻分析了菲茨杰拉德、海明威及奥威尔作品中两个美国现代主义文学最重要的结构特征:对进步概念的反思及爱因斯坦相对论对时间第四个维度的讨论。在《菲茨杰拉德与进步地理学》一章中,伯曼指出菲茨杰拉德是那些质疑现代主义进步性的作家之一。菲茨杰拉德小说中有许多短暂的建筑意象,如傲然耸立的高塔、消失的大厦、倒塌的广告牌,这些意象表达了美国人被挫败了的国家期许。与其他作家对进步性质疑不同的是,菲茨杰拉德的反思是一种独特的"关于进步的地理学":他的地理描写既有真实也有隐喻的一面。他也描写东西南北等传统地理概念,但他笔下的东和北是与西和南对立的。东部的纽约代表了进步的市场价值,而南方则代表了发展中不可避免的传统的失落,[①]人物的思想与行为因为时间与空间的不同而具有了不同的意义。《冰宫》里的萨莉·卡罗尔·哈珀(Happer, Sally Carrol)多次重返塔里顿的墓地,是因为墓地凝集了历史的厚重,代表了人性化的历史。菲茨杰拉德对于南方的过去与现在、历史传统与发展进步有着双重的视野。除了空间上的进步地理学外,伯曼还在《时间、连续性、相对性》一章中对现代主义的时间概念作了深刻的阐述。伯曼的分析表明,菲茨杰拉德汲取了爱因斯坦关于时间相对性的概念,颠覆了美国人认为历史就是进步的观点。"空间—速度—时间是菲茨杰拉德作品形象的特征……他总是提醒我们观察者的视角就是对被观察的事物的阐释。"[②]菲茨杰拉德在小说中将时间的主体性融入客观的可量化的真实性中,这不是另一种形式的现实主义。他将时间与空间以及人的主观感受联系起来,而相对的时间永远不可能是真实的时间。这是他一生创作所折射出来的主题。

《翻译现代主义:菲茨杰拉德与海明威》(*Translating Modernism: Fitzgerald and Hemingway*, 2009)指出两位作家都"翻译"了其他思想

① 参见Ronald Berman: *Modernity and Progress: Fitzgerald, Hemingway, Orwell*, Tuscaloosa: The U of Alabama P, 2005, p. 17。

② Ibid., p. 50.

家的观点，菲茨杰拉德翻译了弗洛伊德、约翰·杜威、詹姆斯等人的思想，海明威则通过塞尚翻译了现代主义的结构与视觉艺术。两位作家虽兴趣和关注的焦点不同，但都从别的思想家那里获得灵感与启发，并运用于自己的创作中。

《菲茨杰拉德的思想背景》（“Fitzgerald’s Intellectual Context”）① 一文重申了菲茨杰拉德的作品受20年代门肯、詹姆斯和沃尔特·李普曼等思想家的影响。从门肯那里，菲茨杰拉德学到了尼采的超人意志并以此来解释美国贵族阶层的没落；从詹姆斯那里，他学到了人格是形成个人道德意识的基础；跟李普曼一样，菲茨杰拉德对美国的命运感到惶惑。菲茨杰拉德并未像上述思想家们那样在作品中公开宣传自己的主张，他首先是艺术家，惟其如此才能以更令人信服的艺术创作来传达自己作品的主题。

5. 种族问题

关于种族研究，主要集中在讨论菲茨杰拉德是否具有反犹主义和他对待黑人的态度上。其中梅雷迪斯·戈德史密斯（Goldsmith, Meredith）的《白皮肤与白面具：〈了不起的盖茨比〉中的流逝、伪装与操演》（“White Skin, White Mask: Passing, Posing, and Performing in *The Great Gatsby*”）② 指出应该在哈莱姆文艺复兴的背景下去阅读菲茨杰拉德。1920年代的美国主流是强调种族同化，黑人试图通过自我改造来融入白人社会。事实上，菲茨杰拉德是反对种族主义的。加拿大学者迈克尔·诺林的专著《F. 斯科特·菲茨杰拉德的种族视角与文学的伟大事业》分析了菲茨杰拉德的主要作品，包括《了不起的盖茨比》、《漂亮冤家》、《夜色温柔》、《最后一位君子的爱》以及早期的两部作品《头与肩》和《近海海盗》（均写于1920年）及死后发表的《亲爱的爱人》（1969）中的种族视角。作者要讨论的焦点是，菲茨杰拉德如何在20年代美国现代主义文化生产的宏观背景下，实现成为严肃作家、文化精英和白人男性贵族写作代表的。作者借用法国思想家皮埃尔·布迪厄关于文

① 参见 Ronald Berman: “Fitzgerald’s Intellectual Context”, in Kirk Curnutt, ed.: *A Historical Guide to F. Scott Fitzgerald*, pp. 69-84。

② Kirk Curnutt: *The Cambridge Introduction to F. Scott Fitzgerald*, p. 124.

化生产的思想，认为艺术创作是一种两分法的经济运作（dichotomized economy），[①] 具有反经济的逻辑（antieconomic logic）。[②] 一方面纯艺术是自足的、反市场模式的有限生产，其目标不是短期的市场经济效益，而是长期的象征性的文化资本，如名望、学术认同等；另一方面，作为文化产品，文学艺术作品自然也受市场经济和消费社会的影响，尽管它们逆时代而动，具有拒绝常规、时尚和流行的本能，优秀的作品自然也能在未来赢得读者和迟到的认同。作者认为，布鲁科利将菲茨杰拉德定位为"职业作家"的说法值得商榷，因为"职业作家"一词既涵盖文学创作的必备技能和知识，又可指迎合市场需要的如记者、专栏作者等职业，前者追求"现代主义"（modernism）美学上的卓越，后者则追求"现代性"（modernity）[③] 社会中的轰动效应、名人崇拜和市场化认可。菲茨杰拉德不是后者意义上的职业作家，他是努力实现艺术卓越的职业作家，他要展现的是"艺术家版本的美国梦"。[④] 作者进一步指出，菲茨杰拉德对流行文化的热衷和驾轻就熟，并非表现他想在艺术和市场之间达成妥协，而是表现贯穿其所有作品的种族和性别内涵。20 年代美国流行文化打上了黑人、女性和少数裔移民的烙印，而菲茨杰拉德要追求的更高层次上的艺术卓越则体现在传统白人贵族精英写作里。作为一位严肃的作家，他一方面渴望实现成为现代主义写作白人精英的理想，另一方面又要迎合寻求社会平等的黑人娱乐文化的需要。于是，为了前者，他采用了形式上创新而经济上冒险的艺术手法，为了后者，他作品中的主题则更多表现国民的失落和理想幻灭。通过形式和主题上的上述策略，菲茨杰拉德力图实现成为严肃作家的理想。

6. 战争

目前尚无讨论菲茨杰拉德与战争关系的专著，但战争无疑是作家关注的重要内容。詹姆斯·梅雷迪斯（Meredith, James）的《菲茨杰拉

① Michael Nowlin: *F. Scott Fitzgerald's Racial Angles and the Business of Literary Greatness*, New York: Palgrave Macmillan, 2007, p. 5.

② Ibid., p. 3.

③ Ibid., p. 7.

④ Ibid., p. 10.

德与战争》("Fitzgerald and War")[1]深入系统地讨论了战争对菲茨杰拉德创作的影响。菲茨杰拉德不像海明威、多斯·帕索斯和E. E. 卡明斯那样,强调对战争的残酷与血腥进行自然主义式的写实描写,而更关注战争所造成的社会后果与影响。菲茨杰拉德分别从内战、一战与中世纪战争三个侧面审视了战争对人类与社会所造成的破坏。菲茨杰拉德作品中的一战是浪漫主义基础上的现实主义挽歌,他哀悼一战后的千疮百孔,接受战后毁灭的现实而不陷于悲观主义;对于内战,菲茨杰拉德通过个体对战争内心独白式的陈述,以喜剧与反讽的笔法来表现个人对战争与历史的理解,从而将现代性的因素融入了历史小说;对于菲茨杰拉德创作的描写中世纪战争的菲利普系列故事,评论界一直认为是艺术上的彻底失败。而在这些作品中,菲茨杰拉德试图通过中世纪的战争,以古喻今,警示人们注意甚嚣尘上的纳粹集权主义的危险,因而具有政治讽喻小说的特征。该文没有像多数批评家那样,将菲茨杰拉德对战争的反思局限于《夜色温柔》一书的讨论,而是考察了其多数作品对战争后果的描述,指出菲茨杰拉德正是通过战争这一多棱镜,反思过去、现在、未来;他对战争的描写也表明他文学创作上的多样性:他不仅是社会历史学者和文体学家,其作品更糅合了浪漫主义、自然主义、现实主义、象征主义、政治讽喻小说、现代主义等的特点。

弗雷德里克·韦格纳(Wegener, Frederic)的《F. 斯科特·菲茨杰拉德的两种内战》("The 'Two Civil Wars' of F. Scott Fitzgerald")[2]分析了内战主题在菲茨杰拉德作品中的重要作用及影响。对菲茨杰拉德而言,内战是他毕生关注的主题。受其父亲影响,菲茨杰拉德一直关注内战故事,有强烈的历史意识,而他笔下的内战与一战是相对应的,暗讽战争对美国的巨大创伤。菲茨杰拉德的历史意识表现在作品中两种对立的内战:浪漫的与现实主义的、北方的与南方的、悲剧的与闹剧的、事实的与记忆中的、现实性的与作品所表现的。

① James Meredith: "Fitzgerald and War", in Kirk Curnutt, ed.: *A Historical Guide to F. Scott Fitzgerald*, pp.163-213.

② Frederic Wegener: "The 'Two Civil Wars' of F. Scott Fitzgerald", in Jackson R. Bryer, et al. eds.: *F. Scott Fitzgerald in the Twenty-first Century*, pp. 238-266.

7. 精神分析

乔纳森·希夫(Schiff, Jonathan)的专著《尘归尘:F. 斯科特·菲茨杰拉德小说中的感伤与社会差异》(*Ashes to Ashes: Mourning and Social Difference in F. Scott Fitzgerald's Fiction*, 2001)从精神分析的角度分析了幼年的不幸对菲茨杰拉德文学创作生涯的影响。作者指出菲茨杰拉德的小说围绕着从小遭遇的各种不同类型的感伤(mourning)[①]展开:父母对两位姐姐怀有哀伤并将这种哀悼之情转移到他身上,以及他对父母的感伤情绪如何表现为作品中的文化感伤模式。希夫试图运用约翰·鲍尔比(Bowlby, John)、弗洛伊德、梅拉妮·克莱因(Klein, Melanie)、海因茨·科胡特(Kohut, Heinz)、瓦米克·D. 沃尔坎(Volkan, Vamik D.)、D. W. 温尼科特(Winnicott, D. W.)等心理分析家的理论,揭示这些感伤模式如何反映了作家最根本的内心冲突:幼年时父母对姐姐的哀伤如何影响他并被他用来展现外在的文化感伤。因此内在的精神冲突与小说中的文化差异是紧密联系而非彼此孤立的。内心的哀伤外化为作家对经济、道德、种族等文化因素的描述,而从心灵深处他对美国高贵的过去有着深深的眷恋,不愿有所改变。菲茨杰拉德的小说试图通过作家个人的不幸经历建构社会性别,其作品表现了男性特征与感伤的文化对立:感伤是美国男性的文化禁忌。[②]菲茨杰拉德在面对这对矛盾时表现出了惶惑但最终以自己的方式克服了它:要么让作品中的男性主人公主动表现出感伤或对他人的感伤表示同情;要么让男主人公们否认或压抑自己的伤感情绪;因而在对待女性的态度上,菲茨杰拉德既有女性主义也有反女性主义的倾向:在将女性理想化的背后潜藏着他对女性的仇视,其精神根源是他将自己对伤感的母亲的愤怒转移到其他女性身上;另一方面,菲茨杰拉德与伤感的父母之间的纽带又使他能在文学作品中揭示被父权社会边缘化了的感伤这一属于女性的特征,因而有着女性主义的思想因素。作者运用心理分析的方法,探讨了菲茨杰拉德短篇故事、《人间天堂》、《漂亮冤家》、《了不起的盖茨比》、《夜色温柔》和《最后一位君子》等作品中的感伤模式。该书存在

① Jonathan Schiff: *Ashes to Ashes: Mourning and Social Difference in F. Scott Fitzgerald's Fiction*, Selinsgrove, PA: Susquehanna UP, 2001, p. 13.

② Ibid., p. 14.

的主要问题是，作者的讨论很多时候显得牵强附会，对文字的解读有不少揣测和妄断，例证不够严谨，因而结论往往不太令人信服。

8. 菲茨杰拉德作为职业作家与职业问题

詹姆斯·韦斯特的《F. 斯科特·菲茨杰拉德，一位职业作家》（"F. Scott Fitzgerald, Professional Author"）①在1920年代—1930年代文学市场所能提供的职业机遇背景下探讨菲茨杰拉德的创作。尽管1920年代的美国没有产生职业作家的土壤与技术背景，菲茨杰拉德仍以写作谋生，是除辛克莱·刘易斯之外，另一位以写作为职业的作家。韦斯特从丰富的历史资料出发，分析了菲茨杰拉德如何在经济压力下运用各种手段最大化自己的创作收益，如书籍发行、作品的电影与喜剧改编、流行杂志连载等。由于1920年代的出版发行业并不发达，菲茨杰拉德的收益与今天的职业作家不可同日而语，尽管他自认为是失败者，但其20余年写作所收入的近30万美金表明他是个成功的职业作家。②他的职业生涯可分为四个相互交叉的阶段：1919—1925是学徒阶段，获得了早期的接受与认同；1925—1934为海外流亡阶段，主要为发行量大的杂志定期供稿；1934—1937开始失去自己的市场并濒于崩溃；1937—1940为好莱坞阶段，主要创作剧本并留下未完成的《最后一位君子》。③

韦斯特的《〈人间天堂〉与〈漂亮冤家〉中的职业问题》（"The Question of Vocation in *This Side of Paradise* and *The Beautiful and Damned*"）④则关注的是1920年代青年人的职业选择及其对爱情、婚姻与人生的影响。《人间天堂》和《漂亮冤家》中一个核心的主题是职业选择。两部作品的主人公们都家境殷实，没有明确的职业意向，认为努

---

① James L. W. West III: "F. Scott Fitzgerald, Professional Author", in Kirk Curnutt, ed.: *A Historical Guide to F. Scott Fitzgerald*, pp. 49-68.

② Ibid., p. 65.

③ Ibid., p. 55.

④ James L. W. West III: "The Question of Vocation in *This Side of Paradise* and *The Beautiful and Damned*", in Ruth Prigozy, ed.: *The Cambridge Companion to F. Scott Fitzgerald*, pp. 48-56.

力得不到回报(futility of efforts),[①] 他们成天游手好闲,生活没有方向与目标,最后陷入自我陶醉、酗酒和堕落。菲茨杰拉德在这些作品中强调工作在美国人生活中的重要性以及没有工作可能造成的种种危害,他想告诉我们,没有职业,我们将走向堕落与毁灭,酒精、漫无目的的享乐、金钱都不是生活之所在,只有有了工作,我们才有生活的目标与方向。

四、作品研究

新世纪里对菲茨杰拉德作品的研究持续深入。这一时期仅美国出版的菲茨杰拉德的作品就有40余部,包括了长篇、短篇、非小说等。其中数量最多的是他的短篇小说,如《盖茨比之前:早期26篇小说》(*Before Gatsby: The First Twenty-Six Stories,* 2001)、《F. 斯科特 · 菲茨杰拉德早期短篇小说精选》(*The Best Early Stories of F. Scott Fitzgerald*, 2005)、《失去的十年:1936年—1941年刊发在〈老爷〉杂志的短篇小说》(*The Lost Decade: Short Stories from Esquire, 1936—1941*, 2008)、《F. 斯科特 · 菲茨杰拉德的圣保罗故事集》(*The St. Paul Stories of F. Scott Fitzgerald*, 2004)等都是这一时期出版的较有代表性的短篇故事集。从研究者的角度看,短篇是这一时期着墨较多的部分,长篇中则以《了不起的盖茨比》和《夜色温柔》最受重视,并出版了一部《夜色温柔》研究的论文集,非小说与其他作品也受到了相应的重视。

1. 短篇小说

布赖恩特 · 曼格姆的《F. 斯科特 · 菲茨杰拉德的短篇小说》("The Short Stories of F. Scott Fitzgerald")[②] 全面考察了菲茨杰拉德作为严肃短篇作家的创作一生。曼格姆指出菲茨杰拉德在世时受到好评的短篇今天重新得到了更高的评价;同时,学者们开始发掘其短篇中被人忽略的因素,尤其是各故事间的关联性;这些故事在后结构主义与性属研究等的关注视野下,具有深刻的意义与价值。在这些基础上,我们还应全面系统地分析其所有短篇,尤其是研究作为短篇作家的"菲茨杰拉德

① Ibid., p. 54.

② Bryant Mangum: "The Short Stories of F. Scott Fitzgerald", in Ruth Prigozy, ed.: *The Cambridge Companion to F. Scott Fitzgerald*, pp. 57-78.

A"与作为严肃小说家的"菲茨杰拉德 B"[①]之间的关系。菲茨杰拉德的短篇创作不仅出于职业与生活的需要,也为其稍后进行的长篇小说做了素材上的准备。他一生都在职业作家和文学艺术家之间寻求自己的定位,而进一步的分析表明,他的短篇同样具有高度的文学价值,所谓两个菲茨杰拉德之间的距离并非如传闻的那么遥远。

J. 杰拉尔德·肯尼迪的《菲茨杰拉德的流亡生涯与欧洲短篇故事》("Fitzgerald's Expatriate Years and the European Stories")[②]分析了菲茨杰拉德在欧洲创作的 15 个短篇,指出流亡生涯对菲茨杰拉德作品的影响。作者认为,应将这些故事作为一个完整系列来阅读,它们背后有一个共同的叙事目的:在表现美国海外流亡作家们生活的幼稚与无度的同时,揭示他们面对文化冲突与海外放逐压力下的国家认同。他们远离了本国文化的道德约束,又从有利的外汇结算中得到了更多的金钱,生活在一个经济及阶级地位上优越于本地人,精神上却趋向个人堕落的不真实的文化空间里。通过分析这些在欧洲的美国作家的民族主义情结、他们与欧洲人相比的阶级优越感、以及适应不同语言与文化的努力,肯尼迪试图纠正我们对菲茨杰拉德不关心政治经济现实的偏见,抨击了流亡欧洲的美国有钱人整天无所事事、歧视本地人、放纵腐化的生活方式。

《21 世纪的 F. 斯科特·菲茨杰拉德》收录了三篇分析其短篇小说的文章。霍斯特·H. 克鲁泽(Kruse, Horst H.)的《1937年的F. 斯科特·菲茨杰拉德:〈充实人生〉的手稿研究》("F. Scott Fitzgerald in 1937: A Manuscript Study of 'A Full Life'")[③]对长期被评论家及作者本人所忽略的短篇《充实人生》的手稿进行了细致的文献研读,指出该作品是"具有自传性质的讽喻之作"。[④]克里斯托弗·埃姆斯(Ames, Christopher)的《帕特·霍比系列小说和好莱坞时期的小说》("Pat Hobby and the

① Ibid., p. 60.

② J. Gerald Kennedy: "Fitzgerald's Expatriate Years and the European Stories", in Ruth Prigozy, ed.: *The Cambridge Companion to F. Scott Fitzgerald*, pp. 118-42.

③ Horst H. Kruse: "F. Scott Fitzgerald in 1937: A Manuscript Study of 'A Full Life'", in Jackson R. Bryer, et al. eds.: *F. Scott Fitzgerald in the Twenty-first Century*, pp. 153-172.

④ Ibid., p. 167.

Fictions of the Hollywood Writer"）[1] 指出《帕特·霍比系列小说》并非如评论家们所认同的那样是蹩脚的作品。在这些故事中，作家故意设置了重复而老套的情节结构，表现了一位好莱坞雇佣作家如何成为自己创作的小说的牺牲品。这些具有自我指涉（self-referential）[2] 特征的故事结构恰恰与帕特创作它们时的情景雷同，读者在阅读这些可以预见结果的老套故事时，可以体会到菲茨杰拉德的良苦用心：帕特的拙劣情节正戏仿了好莱坞电影业雇佣文人的低劣剧本写作。蒂姆·普尔哈尔（Prchal, Tim）的《来月弦音：菲茨杰拉德的帕特·霍比及流行系列小说》（"Tune in Next Month: Fitzgerald's Pat Hobby and the Popular Series"）[3] 分析了小说叙述技巧与市场经济之间的关系，指出帕特故事集中简单重复的故事迎合了杂志连载的需要，更重要的是，菲茨杰拉德创作帕特这样一个扁平形象并在流行的杂志上连载，是想以此叙述方式来表现为市场化写作的帕特其人格成长也因而陷于停滞的主题。波特意识不到正因为自己身处市场经济盛行的社会中才不会正常成长，因而菲茨杰拉德的这些故事才具有了深刻的文学价值。

玛丽·麦卡利尔·巴尔康（Balkun, Mary McAleer）的《鱼与熊掌不可得兼：菲茨杰拉德约瑟芬系列小说中的性经济学》（"'One Cannot Both Spend and Have': The Economics of Gender in Fitzgerald's Josephine Stories"）[4] 用社会经济学的方法分析了约瑟芬系列短篇故事中的约会、爱抚、挑逗、性、婚姻等内容，指出从性经济的角度看，在一个视女性为不独立的客体的消费者的社会体系里，当女性试图运用自己所拥有的性感与美貌等货币方式来满足自己的消费欲望时，必然会导致其情感破产（emotional bankruptcy）。[5] 在约瑟芬系列故事里，菲茨杰拉德首次 179

① Christopher Ames: "Pat Hobby and the Fictions of the Hollywood Writer", in Jackson R. Bryer, et al. eds.: *F. Scott Fitzgerald in the Twenty-first Century*, pp. 279-290.

② Ibid., p. 279.

③ Tim Prchal: "Tune in Next Month: Fitzgerald's Pat Hobby and the Popular Series", in Jackson R. Bryer, et al. eds.: *F. Scott Fitzgerald in the Twenty-first Century*, pp. 291-300.

④ Mary McAleer Balkun: "'One Cannot Both Spend and Have': The Economics of Gender in Fitzgerald's Josephine Stories", in Jackson R. Bryer, et al. eds.: *F. Scott Fitzgerald in the Twenty-first Century*, pp. 121-138.

⑤ Ibid., p. 121.

完整提出情感破产的概念。

邦妮·香农·麦克马伦(McMullen, Bonnie Shannon)的《写进小说又何妨？作为〈夜色温柔〉前奏的短篇故事》("'Can't We Put it in Writing?': Some Short Precursors to *Tender Is the Night*")[①]分析了1927年到1931年四年间菲茨杰拉德创作的30余个短篇故事如何催生了《夜色温柔》这部小说。作者按时间顺序将这些故事大致分为三类:《雅各布之梯》和《碗》等关注人物的表现,即人物的自由或控制、成功或失败等在故事中所形成的张力和暗藏的危机;《短暂还乡》、约瑟芬系列故事、《重访巴比伦》和《举棋不定》等关注的是作家选取素材及这些素材与读者的关系问题;《游泳者》、《碗》、《酒店小孩》和《飞行与追逐》等探讨的是小说的技巧与形式问题。作者指出,菲茨杰拉德在1925年《了不起的盖茨比》出版到1934年《夜色温柔》面世的9年间创作了许多他一生中最好也是20世纪美国最好的短篇故事,我们完全没有必要为其最后一部完整长篇小说艰难的诞生过程而遗憾。

V. 韦罗妮卡·马科夫斯基(Makowsky, V. Veronica)的《有害的乡愁:菲茨杰拉德、福克纳和种植园小说的遗产》("Noxious Nostalgia: Fitzgerald, Faulkner, and the Legacy of Plantation Fiction")[②]分析了菲茨杰拉德的短篇《一颗像里茨饭店那么大的钻石》和福克纳《押沙龙,押沙龙》中对南方种植园文化爱恨交织的怀旧情绪。他们怀念南方种植园文化崇尚的高贵与慷慨,但又痛恨因贪婪而造成的种族与性别歧视。对两位作家而言,对种植园神话的怀旧感扭曲了过去,贬低了现在,窒息了将来。

2. 长篇小说研究

《了不起的盖茨比》

① Bonnie Shannon McMullen: "'Can't We Put it in Writing?': Some Short Precursors to *Tender Is the Night*", in William Blazek & Laura Rattray, eds.: *Twenty-First-Century Readings of "Tender Is the Night"*, Liverpool: Liverpool UP, 2007, pp. 16-33

② V. Veronica Makowsky: "Noxious Nostalgia: Fitzgerald, Faulkner, and the Legacy of Plantation Fiction", in Jackson R. Bryer, et al. eds.: *F. Scott Fitzgerald in the Twenty-first Century*, pp. 190-201.

这一时期《了不起的盖茨比》继续成为研究热点，除了布鲁姆再版的几部重要专著深入分析了《了不起的盖茨比》中的主要人物形象及复兴与再生等主题外，[①] 多数探讨菲茨杰拉德与其作品的著作与文章都涉及对《了不起的盖茨比》的讨论，还出现了不少文章与专著，以下仅举部分例子说明。

罗纳德·伯曼的《〈了不起的盖茨比〉与20年代》（"*The Great Gatsby* and the Twenties"）[②] 在1920年代的社会、历史、思想背景下分析《了不起的盖茨比》，追溯作品中所反映的美国文化变迁。伯曼分析了盖茨比思想中的世俗神学渊源以及新兴的消费社会中的物质世界如何影响了小说中的语言、意象与故事发展。伯曼认为，《了不起的盖茨比》与当时的哲学著作都表达了现代社会中的"漂泊"（drift）[③] 概念：和谐让位于冲突，故事的发展从平稳趋向混乱，语言的节律从悦耳变得刺耳。

珍妮特·吉尔特劳（Giltrow, Janet）与大卫·斯托克（Stouck, David）的《〈了不起的盖茨比〉中的田园模式及语言》（"Pastoral Mode and Language in *The Great Gatsby*"）[④] 从语篇分析及语用学的角度，对《了不起的盖茨比》一书中的田园模式及语言描写进行了超越句子层面的文学—历史语境分析。田园模式表现的是人物对现在的失落与无助以及对回归人类原初和谐生活的向往，是一种自我与宇宙、主体与客体尚未分裂的场景，是爱默生所谓的"前语言"阶段，克里斯蒂娃的符号形成前阶段、拉康的想象世界、华兹华斯的无声对话时期；而语言一旦形成，人类便开始分裂。[⑤]《了不起的盖茨比》高明的地方在于其田园式语言的运用。尼克·卡拉韦的叙述具有一种挥之不去的魔力，这种高超的语言风格表明，经验可以是短暂而痛苦的，但完美的叙述风格可以使

① 参见 Harold Bloom, ed.: *Jay Gatsby*, Philadelphia: Chelsea House Publishers, 2004; and Harold Bloom, ed.: *Rebirth and Renewal*, New York, NY: Bloom's Literary Criticism, 2009。

② Ronald Berman: "*The Great Gatsby* and the Twenties", in Ruth Prigozy, ed.: *The Cambridge Companion to F. Scott Fitzgerald*, pp. 79-94.

③ Ibid., p. 92.

④ Janet Giltrow & David Stouck: "Pastoral Mode and Language in *The Great Gatsby*", in Jackson R. Bryer, et al. eds.: *F. Scott Fitzgerald in the Twenty-first Century*, pp. 139-152.

⑤ Ibid., p. 142.

其具有恒久的魅力。因此,《了不起的盖茨比》中的田园模式具有运用让人着迷的语言风格表达人性失落主题的特征。

大卫·W. 梅雷迪斯(Meredith, David W.)的专著《盖茨比、盖斯与高尔特:〈祖传的帽子〉对〈了不起的盖茨比〉的影响》(*Gatsby, Gath, and Gault: The Influence of The Entailed Hat on "The Great Gatsby"*, 2007)分析了作家乔治·艾尔弗雷德·汤森(Townsen, George Alfred)的小说《祖传的帽子》(*The Entailed Hat*)对菲茨杰拉德创作《了不起的盖茨比》与其朋友兼作家小约翰·比格斯(Biggs, John, Jr.)创作小说《偶像》(*Demigods*)[①]的影响。作者指出,菲茨杰拉德与比格斯都从汤森的小说中获得了灵感,在主题、场景设置、细节描绘等方面受到后者的影响。更重要的是,这三部小说都表达了人物在寻求自我身份过程中所经历的传统基督教宗教观与资本主义物欲社会之间的冲突。[②]伯纳德·R. 坦纳(Tanner, Bernard R.)的专著《F. 斯科特·菲茨杰拉德的奥德赛:〈了不起的盖茨比〉中的福音书读者指南》(*F. Scott Fitzgerald's Odyssey: A Reader's Guide to the Gospels in "The Great Gatsby"*, 2003)试图在《了不起的盖茨比》中寻找福音书的原型,声称小说的语言背后隐藏着一张《圣经》典故的大网。克劳迪娅·约翰逊(Johnson, Claudia)编的《〈了不起的盖茨比〉中的阶级冲突》(*Class Conflict in F. Scott Fitzgerald's "The Great Gatsby"*, 2008)则探讨了小说中的阶级冲突。

《夜色温柔》

《夜色温柔》是学者们关注最多的另一部作品。布鲁科利的《F. 斯科特·菲茨杰拉德的〈夜色温柔〉文献集》(*F. Scott Fitzgerald's "Tender is the Night": A Documentary Volume*)于2003年出版。米尔顿·R. 斯特恩的《〈夜色温柔〉与美国历史》("*Tender is the Night* and American History")[③]一文则全面分析了《夜色温柔》的创作、修订与接受史,深刻

① 作家汤森笔名为盖斯(Gath),该作品主人公名为约翰·高尔特(John Gault)。

② David W. Meredith: *Gatsby, Gath, and Gault: The Influence of The Entailed Hat on The Great Gatsby*, Bloomington, IL: AuthorHouse, 2007, p. 8.

③ Milton R. Stern: "*Tender is the Night* and American History", in Ruth Prigozy, ed.: *The Cambridge Companion to F. Scott Fitzgerald*, pp. 95-117.

揭示了一战后社会的变迁与动荡。作者重点探讨了从《了不起的盖茨比》到《夜色温柔》菲茨杰拉德作品的风格变化:从《了不起的盖茨比》散文诗风格到《夜色温柔》的风格多样性。作家用丰富多变的文笔表达了一系列主题:战争、父辈、新女性、美国历史、国际主题等。

威廉·布拉热克与劳拉·拉特雷编的《〈夜色温柔〉之21世纪解读》收录了来自北美及英法等欧洲国家知名菲茨杰拉德研究学者的12篇文章,系1986年斯特恩编选《F. 斯科特·菲茨杰拉德〈夜色温柔〉评论集》20年后出版的新世纪里对《夜色温柔》一书从新的批评理论进行分析的学术文集力作。12位不同国别的作者运用档案学、文化理论及叙事学等现代批评方法,对该书进行了"集中的、单卷的、21世纪的重新解读"。[①] 编者按探讨的主题不同对文章进行了分类。除了麦克马伦的《写进小说又何妨?作为〈夜色温柔〉前奏的短篇故事》前文已述外,下面对其他文章做简单评析。

詹姆斯·L. W. 韦斯特三世的《〈夜色温柔〉、爵士乐狂热及艾灵森弑母案》("*Tender Is the Night*, 'Jazzmania' and the Ellingson Matricide")[②] 分析了菲茨杰拉德创作《夜色温柔》时如何对艾灵森弑母案产生兴趣但最终却放弃了以该案的报道为背景写作的原因。琳达·德罗什(De Roche, Linda)的《休养社会:〈夜色温柔〉中的"宝地"》("Sanatorium Society: The 'Good' Place in *Tender Is the Night*")[③] 用大量的历史与传记资料分析了瑞士疗养院与《夜色温柔》创作之间的关系。随着19世纪末20世纪初旅游业与精神病疗法的兴起,加上广告的推波助澜,瑞士逐渐从结核病疗养中心转向精神病患的疗养中心。而通过菲茨杰拉德对瑞士作为精神病患疗养中心的描写,它又具有了双重的效果:瑞士可以是不识人间愁苦的世外桃源,换个角度看也可以是一个虚构的幻觉。威廉·布拉热克的《计划有误:菲茨杰拉德〈夜色温柔〉对精神治疗的批评》("'Some Fault in the Plan': Fitzgerald's Critique

① William Blazek & Laura Rattray: *Twenty-First-Century Readings of "Tender Is the Night"*, p. 9.

② Ibid., pp. 34-49.

③ Ibid., pp. 50-66.

of Psychiatry in *Tender Is the Night*")[①] 通过塑造理查德·戴弗(Diver, Richard)这一形象批判了精神疗法对西方文明的负面影响。作者通过对文本、文化语境与传记资料的分析,认为迪克·戴弗其实并不适合精神治疗的职业,这一职业的存在本身就是对西方现代文明的讽刺,它用科学的伪装给人以重塑个人与社会秩序的乐观期待,实则揭示了现代社会里灵与肉、个体与社团、私密与公共生活以及新旧价值体系之间的割裂。劳拉·拉特雷的《视野的局限:〈夜色温柔〉中的叙述视角》("An 'Unblinding of Eyes': The Narrative Vision of *Tender Is the Night*")[②] 指出,《夜色温柔》不是批评家们所诟病的迟到的20年代的告别演说,也不是结构松散的伪劣品,而是作家最具实验性的现代小说。菲茨杰拉德运用了视觉错位、中断与转移等叙述策略来探讨叙述形式本身的魅力。小说开始时迪克·戴弗是最权威的观察者,随着故事的发展,他逐渐丧失了观察力而将其转移给了妮科尔。这一叙述上的不适,实际上是邀请读者去关注文学作品本身叙述技巧和形式,关注阅读文学作品本身的乐趣。这种带有元小说性质的策略预示了作家创作生涯中新篇章的开始。玛丽-阿格尼丝·盖伊(Gay, Marie-Agnés)的《假如拂晓太阳不再升起:〈夜色温柔〉中错乱的瑞士时钟》("*Si le soleil ne revenait pas*: Swiss Clockwork Gone Mad in *Tender Is the Night*")[③] 从分析与菲茨杰拉德同时代的瑞士作家查尔斯-费迪南德·雷默兹(Ramuz, Charles-Ferdinand)的作品《假如拂晓太阳不再升起》入手,探讨了《夜色温柔》第二部中作家如何运用时空碎片化策略来表现二战后混乱的现实世界。作为小说发生的核心场所瑞士,长期以来是钟表与金融业中心,象征着西方世界的精确与稳定,在小说的叙述结构中它却逐渐指向了虚无。作者通过详尽分析小说的叙述风格如模糊的时间概念、省叙、时序颠倒等指出菲茨杰拉德一步步解构了像钟表般精确的叙述时间机制,以展现迪克内在自我的崩溃。柯纳特的《不合常规却恰到好处的统一体:〈夜色温柔〉的叙事学历史》("'A Unity Less Conventional But Not

① Ibid., pp. 67-84.

② Ibid., pp. 85-102.

③ Ibid., pp. 103-120.

Less Serviceable': A Narratological History of *Tender Is the Night*")[1]不赞成多数批评家对《夜色温柔》结构与形式上的抨击,对《夜色温柔》一书的叙述形式与结构进行了辩护。作者从阐释学与叙述学的视角,分析了1920年代以后菲茨杰拉德的作品及其接受史,重点分析了1934年前的《夜色温柔》手稿,指出菲茨杰拉德不仅是现代主义作家,也是碰巧会用现实主义创作浪漫作品的作家,其作品中偶尔还尝试自然主义写作,他的叙述策略丰富多样,读者及评论家们应重新认识《夜色温柔》一书的高超结构艺术与风格魅力。迈克尔·K.格伦迪(Glenday, Michael K.)的《美国的里维埃拉:〈夜色温柔〉中的风格与流放生活》("American Riviera: Style and Expatriation in *Tender Is the Night*")[2]分析了《夜色温柔》中艺术与现实之间的关系。作者指出杰拉尔德和莎拉·墨菲夫妇对菲茨杰拉德小说中描写的流放生活有着重要影响。他们在海外的美国别墅(Villa America)作为艺术家理想的沙龙在小说里化身为戴安娜别墅(Villa Diana)。平静而理想的海外艺术家流放生活同时意味着与自己群体和家园的疏离,从而法国的里维埃拉便成了一个自我流放的堕落之地。作者指出迪克及其同伴们同时存在于两个世界——真实的法国与想象的美国中,他们的海外流放生活使其逐渐走向孤独和堕落。克里斯·梅辛杰(Messenger, Chris)的《"在广阔的蒙古平原上":菲茨杰拉德在〈夜色温柔〉中的种族越界》("'Out Upon the Mongolian Plain': Fitzgerald's Racial and Ethnic Cross-Identifying in *Tender Is the Night*")[3]通过分析《夜色温柔》中的文化绘图、边界重建与置换等揭示菲茨杰拉德小说中的种族主义、对种族入侵的焦虑和幼稚的东方主义。伴随着三位美国白人女性妮科尔·沃伦·戴弗、罗丝玛丽·霍伊特、玛丽·诺思的性与种族边界被三位深肤色、东方化男性人物汤米·巴尔班、尼科泰拉、霍赛·明盖蒂入侵,迪克也逐渐堕落了。菲茨杰拉德将白人女性理想化,然而她们的性与种族边界在代表着财富与享乐的深色人种的入侵下难以保持纯洁,她们是蒙古高原、东欧与北非等充满好莱坞想象的荒野中埋藏的资本主义的富矿,不再纯白而变为了杂色。迪

① Ibid., pp. 121-142.

② Ibid., pp. 143-159.

③ Ibid., pp. 160-176.

克在追寻理想白人女性的过程中，逐渐失去了妻子、情人、工作与道德方向感，失去了对自己追求的白人性的控制，最后变成了象征着死亡与堕落的"黑死病"。在这部小说里，菲茨杰拉德放大了好莱坞的文化符号，对其加以种族主义的注解，表达了传统盎格鲁—萨克逊与北欧裔美国白人的种族焦虑和作家对20世纪开始出现的杂交文化的担忧。费思·普林（Pullin, Faith）的《性属焦虑：菲茨杰拉德作品中未决的矛盾》（"Gender Anxiety: The Unresolved Dialectic of Fitzgerald's Writing"）[①] 比较了《夜色温柔》与现代主义女性作家多萝西·理查森（Richardson, Dorothy）、琼·里斯（Rhys, Jean）和格特鲁德·斯泰因的作品在主题、题材和艺术技巧上的类似，集中讨论了小说中的两位女性人物妮科尔和罗丝玛丽，指出电影及流行文化如何从主题与形式上决定了《夜色温柔》中性属作为角色操演的作用（gender as performance）[②]。作者指出，菲茨杰拉德与海明威不同，他的伍尔夫式雌雄同体理念使其更接近同时代的现代主义女性作家，她们探讨的是性属作为表现的问题。菲茨杰拉德追求的是西苏所说的"双性伦理"（ethics of bisexuality），[③] 即个体身上同时表现出的两性特征。詹姆斯·梅雷迪斯的《〈夜色温柔〉与现代战争微积分》（"*Tender Is the Night* and the Calculus of Modern War"）[④] 指出菲茨杰拉德对战争的关注长期被人误解和忽视。菲茨杰拉德并未写出像海明威的《永别了，武器》之类的描写战争场面的战斗小说（combat novel），但他写出了反思一战如何不可逆转地从根本上改变了西方文明社会的战争小说（war novel）。[⑤] 作者首先区别了战斗小说——如亨利·巴比斯（Barbusse, Henry）的《火线：步兵班的故事》（*Under Fire: The Story of a Squad*）与战争小说——如司汤达的《帕尔马修道院》（*The Charterhouse of Parma*）和萨克雷的《名利场》之间的不同，指出前者是对战斗场景的描写，而后者重在描写战争所造成的后果。《夜色温柔》比它们对战争的描写都更深刻，它与伍尔夫的《达洛卫

① Ibid., pp. 177-191.

② Ibid., p. 177.

③ Ibid.

④ Ibid., pp. 192-203.

⑤ Ibid., p. 192.

夫人》类似,描写战争对军人与平民所带来的持久精神伤害,强调一战后西方文化的非人性与堕落。菲利普·麦高恩(McGowan, Philip)的《阅读菲茨杰拉德,阅读济慈》("Reading Fitzgerald Reading Keats")[①] 将《夜色温柔》与济慈的《夜莺颂》进行了互文解读。菲茨杰拉德《夜色温柔》中有许多复杂的济慈的因素,两部作品间的应和是理解《夜色温柔》中的主题与艺术形式的关键。两部作品都围绕垂死的堕落(dying fall)[②] 这一中心主题展开;《夜莺颂》所追求的孤寂、慰藉与自我毁灭,应和了《夜色温柔》中面临战争、家庭崩溃和个人危机的人物对爱的渴求、失落与精神空虚的主题。叙述技巧上,菲茨杰拉德放弃了线性序列描写,而是采用了自我精神分析式的叙述策略(therapeutic narrative),[③] 人物重复的行为与生活方式体现在不断重复的故事讲述与小说世界里,揭示了艺术与现实、正常与反常、自我与他者、爱与失落、生与死的张力关系。菲茨杰拉德以浪漫主义的敏感和现代主义的方法表达了自然主义的哲学关切,《夜色温柔》与《夜莺颂》一样,最终强调的是只有作品才能赋予作家以永恒的来世,以抗衡历史的遗忘和死亡的不可避免。

其他作品研究

米尔顿·斯特恩的《〈最后一位君子〉与菲茨杰拉德的后期风格》("*The Last Tycoon* and Fitzgerald's Last Style")[④] 分析了菲茨杰拉德后期创作的风格。作者认为从作家的创作伊始,他的"编剧家"风格便已经在"抒情诗人"的背后显现了,并且在《最后一位君子》中实现了"编剧家"与"抒情诗人"的结合。[⑤] 菲茨杰拉德最成熟的作品实现了艾略特所说的"客观对应物"的要求,其主题与带给读者的情感想象客观化地呈现在场景里。

沃尔特·劳比切克(Raubicheck, Walter)的《〈人间天堂〉中的天

① Ibid., pp. 204-220.

② Ibid., p. 207.

③ Ibid., p. 206.

④ Milton Stern: "*The Last Tycon* and Fitzgerald's Last Style", in Jackson R. Bryer, et al. eds.: *F. Scott Fitzgerald in the Twenty-first Century*, pp. 317-332.

⑤ Ibid., p. 319.

主教浪漫主义》(“The Catholic Romanticism of *This Side of Paradise*”)[①]指出菲茨杰拉德笔下人物的个人理想主义与本质主义核心是天主教教义。以前的批评家多忽略了菲茨杰拉德与天主教的关系,《人间天堂》并非如许多人认为的那样是不成熟的作品,它表现了菲茨杰拉德的道德负罪感这一天主教思想,深化了其浪漫主义色彩,本质上是天主教教义的浪漫理想主义。作者指出,宗教想象成就了作家所有主要作品中的浪漫主义色彩。

斯蒂芬·L. 坦纳(Tanner, Stephen L.)的《魔鬼与 F. 斯科特·菲茨杰拉德》(“The Devil and F. Scott Fitzgerald”)[②]指出以前对《人间天堂》中魔鬼出现场景的认识是不深刻的。小说中的魔鬼场景反映的是关于善与恶的天主教主题。小说中的第一部描写主人公罪恶感的发展,而第二部则描写他力图坚持自己的罪恶感,但随着故事的发展与追求野心和财富等诱惑的增加,艾默里的罪恶感逐渐减退,他越来越认不出恶了。良心已死,而小说的主旨正在于此。坦纳指出,罪恶感有助于健康社会的形成,而 20 世纪后半叶的天主教教义里,撒旦和魔鬼等意象逐渐消失,正说明了我们当今的社会越来越缺乏罪恶感,从而分析菲茨杰拉德小说中天主教教义罪恶感的逐渐消失也具有了现实的意义。菲茨杰拉德深信“天堂的这一边应该是魔鬼占有的领地”。[③]

爱德华·吉林(Gillin, Edward)的《普林斯顿、实用主义和菲茨杰拉德的情感之旅》(“Princeton, Pragmatism, and Fitzgerald's Sentimental Journey”)[④]指出菲茨杰拉德的思想受到威廉·詹姆斯的实用主义影响。詹姆斯的实用主义强调时间的暂时性、当下性,经验的即刻性、过程与新颖感以及现实的变化无常。这些成为现代主义小说的前导。作者在这一理论基础上分析了《人间天堂》和《了不起的盖茨比》中女主人公

① Walter Raubicheck: “The Catholic Romanticism of *This Side of Paradise*”, in Jackson R. Bryer, et al. eds.: *F. Scott Fitzgerald in the Twenty-first Century*, pp. 54-65.

② Stephen L Tanner: “The Devil and F. Scott Fitzgerald”, in Jackson R. Bryer, et al. eds.: *F. Scott Fitzgerald in the Twenty-first Century*, pp. 66-78

③ Ibid., p. 77.

④ Edward Gillin: “Princeton, Pragmatism, and Fitzgerald's Sentimental Journey”, in Jackson R. Bryer, et al. eds.: *F. Scott Fitzgerald in the Twenty-first Century*, pp. 38-53.

的情感现实主义以及男主人公在此世界中的理想破灭。但吉林又指出，菲茨杰拉德小说中的人物多坚守自己的爱情与理想，试图在瞬息万变的当下寻找恒久的价值，因而陷入了詹姆斯所说的多愁善感者的理性主义误区，从这个意义上说，菲茨杰拉德笔下的个人并未受实用主义的影响，而更接近于道德本质主义和理想主义，因而与此后盛行的现代主义分道扬镳。

这一时期出版的重要的菲茨杰拉德非小说有《尖顶与怪兽饰：1910年—1919年早期作品》(*Spires and Gargoyles: Early Writings, 1909—1919*, 2010)、《我失落的城市：1920—1940作家随笔》(*My Lost City: Personal Essays, 1920—1940*, 2005)等。斯科特·唐纳森的《菲茨杰拉德的非小说》("Fitzgerald's Nonfiction")[①]以讲故事的方式侃侃而谈，集中讨论了1930年代作家的自传性文章，这些文章"抒情诗般的魔力与情感力量"[②]从艺术角度看毫不逊色于他主要的小说作品。唐纳森还考察了菲茨杰拉德的报刊与访谈文章如何在公众中塑造了其名人的偶像地位，重新评价了1930年代后期在《老爷》杂志上发表的系列文章及最后岁月里留下的一些简短的小品文。

五、国外研究

新世纪里菲茨杰拉德在美国以外国家的研究也进入一个蓬勃发展期，本章第二节开头部分提到的数据可以作为佐证。这一时期出版的国外研究学者的重要著作包括琳达·C. 斯坦利编的《F. 斯科特·菲茨杰拉德的国外批评声誉，1980—2000：分析与注释文献目录》(2004)和贾迈勒·阿萨迪等编的《远方的鼓手：F. 斯科特·菲茨杰拉德的国外视角》以及前文提到的威廉·布拉泽克等编的《〈夜色温柔〉之21世纪解读》和维尔吉·米哈尤著的《在爵士时代与后现代主义之间：F. 斯科特·菲茨杰拉德》等。

斯坦利的选集集中了欧洲、亚洲与北美11个不同国家(英、法、德、意、日、丹麦、罗马尼亚、俄罗斯、乌克兰、印度、加拿大)的学者对菲茨杰

① Scott Donaldson: "Fitzgerald's Nonfiction", in Ruth Prigozy, ed.: *The Cambridge Companion to F. Scott Fitzgerald*, pp. 164-188.

② Ibid., p. 164.

拉德生平与作品研究的文献目录及分析，是菲茨杰拉德研究在国外最权威的参考书目。由于该书收集的文献止于2000年，前面已作详细分析，此处不再赘述。

宫胁俊文(Miyawaki, Toshifumi)的《"我自己的作家"：F. 斯科特·菲茨杰拉德和村上春树》("'A Writer for Myself': F. Scott Fitzgerald and Haruki Murakami")一文[①]分析了菲茨杰拉德在日本的影响，认为1980年代以前日本人对菲茨杰拉德的认识是肤浅的，似乎他便是盖茨比，盖茨比便是他，对他的其他作品知之甚少。由于村上春树的喜好和推介，人们开始了解一个更真实的菲茨杰拉德，菲茨杰拉德也才真正在日本成为经典文学大师，拥有越来越多的读者群。

《远方的鼓手：F. 斯科特·菲茨杰拉德的国外视角》收录了10篇国外尤其是欧洲国家对《了不起的盖茨比》、《夜色温柔》等作品的分析文章。以下是对这些文章的简要分析。邦妮·香农·麦克马伦的《一个重要的细节：盖茨比房间里的剑桥石头》("'This Tremendous Detail': The Oxford Stone in the House of Gatsby")，从小说中叙述者尼克所注意到的盖茨比房间里"一个重要的细节"——剑桥石头出发，指出剑桥与盖茨比这一人物之间的关联。剑桥石头代表了真实与虚幻之间模糊的关系，也是导致盖茨比的大厦最终坍塌的裂缝。麦克马伦的文章从小说的一个细节入手，讨论了作品中一个重要的主题：现实的虚幻性。妮科尔·盖坦(Guetin, Nicole)的《〈了不起的盖茨比〉中的符号与神话》("Icons and Myths in *The Great Gatsby*")分析了《了不起的盖茨比》中代表世俗的与代表精神的人物非正统的联姻。黛西代表了传统的文化偶像，而盖茨比与汤姆则代表了美国的两个神话：赞颂个人与国家通过奋斗取得的成功以及坚信美国的天命注定。然而在这些神话背后却只有虚幻。米歇尔·维耶尔的《作为分析工具的译本：法语中的〈了不起的盖茨比〉》("Translations as Instruments of Analysis: *The Great Gatsby* in French")通过细致分析，比较了《了不起的盖茨比》的两个法语译本。作者指出，译者在翻译中面临着诸多词汇与语法的障碍，尤其是care, careful,

① Toshifumi Miyawaki: "'A Writer for Myself': F. Scott Fitzgerald and Haruki Murakami", in Jackson R. Bryer, et al. eds.: *F. Scott Fitzgerald in the Twenty-first Century*, pp. 267-278.

careless 等词很难翻译。他认为,carelessness 恰好是小说的基本主题;更重要的是,在法文中为第一人称叙述者选择一般过去时或复合过去时十分关键:它传达了尼克在小说中的地位是演员或观众这一信息。文章重申了翻译即阐释的观点。索姆达塔·曼德尔的《论名人地位、死后出版、学者抉择与美国小说:以 F. 斯科特·菲茨杰拉德的〈特里马尔奇奥〉为例》("Of Celebrity Status, Posthumous Publications, Scholar's Choice, and the American Novel: A Case Study of F. Scott Fitzgerald's *Trimalchio*")分析了《了不起的盖茨比》与《特里马尔奇奥》之间主要的差异及编辑和评论界对后者的评价,质疑了在作家死后发表其作品这一做法。霍斯特·H. 克鲁泽的《跳水员的焦虑:F. 斯科特·菲茨杰拉德与游泳者的主题》("The Anxiety of the Diver: F. Scott Fitzgerald and the Swimmer Motif")认为渔猎、跳水等与水相关的主题是菲茨杰拉德表现其美国式主人公身心力量的重要意象。跳水员的主题在《夜色温柔》中反复出现,预示着人物迪克·戴弗[①]的命运变迁。这一主题可追溯到菲茨杰拉德的短篇《游泳者》。克鲁斯指出,有关水的主题不仅出现在作家创作的国际题材以及美国式成功的故事里,也是他们夫妇人生经历的反映。菲茨杰拉德在《夜色温柔》中删去了珊尔达试图挑战自己男性权威与创作力的部分,将一位丈夫、作家以及一个国家的希望与担忧集中体现在了"跳水员"这一形象上。伊丽莎白·布宗维勒的《艺术家必须探索的边疆》("The Frontiers that Artist Must Explore")认为,在菲茨杰拉德小说里的浮华社交宴会与浪漫爱情故事后面,隐藏着的是动物世界般残忍的现实。作者运用精神分析方法分析了《夜色温柔》及其他作品中表现出的对无意识黑暗领域的关注。她认为,艺术家赋予自己的使命是通过跨越身体与形而上之间的边界,探索那些使其困扰的、自己介乎其间的、接近人性不可言说的神秘性的那些界限,这不同于"喧嚣的二十年代"("Roaring Twenties")的编年史家们所做的工作。玛丽-阿格尼丝·盖伊的文章《〈夜色温柔〉中的视角与失落》("Vision and Loss in *Tender Is the Night*")分析了菲茨杰拉德高超的视角处理艺术。读者在阅读《夜色温柔》时的体会往往是从认同作家的视角,到慢慢地被作家交替使用的各种不同视角拉开距离,经历了从和谐

① Dick Diver,人物的姓,diver 英文意为"跳水员"。

到碎片化与失衡的阅读体验。菲茨杰拉德使用的叙述视角与失落这一小说主题正好形成了形式上的契合；而读者在阅读中也慢慢体会到形式与内容上的双重失落、不完整及人性的缺失。菲茨杰拉德的小说从形式到内容上结合得非常完美。帕斯卡尔·安托林(Antolin, Pascale)的《〈夜色温柔〉中作为词语游戏场的清单》("F. Scott Fitzgerald's Lists as Lexical Playfields in *Tender Is the Night*")首次详细分析了小说中人物所列清单的重要作用，这些清单的逻辑性或毋宁说缺乏逻辑性是其认识和把握现实的一个工具与标志。尽管小说中清单的反复出现构成了一个连贯的模式，但有序的清单渐渐打乱了小说的句法与叙述结构。作家颠覆了传统意义上的清单带给读者的真实感受，将它们视为"词语游戏的场所"，[①] 这些元文本的词语游戏表达了作家虚构高于现实的反思。安托林通过分析小说中一个容易被人忽视的细节，揭示了菲茨杰拉德小说中的现代性技巧，指出它们与布拉克及毕加索等现代主义艺术家所进行的拼贴实验具有类似之处。帕特里夏·弗拉-洛佩斯(Fra-López, Patricia)的《菲茨杰拉德的职业女性：〈雅各布之梯〉中的珍妮·普林斯与〈魅力〉中的海伦·埃弗里作为〈夜色温柔〉中罗丝玛丽·霍伊特的前身》("Fitzgerald's Professional Women: Jenny Prince in 'Jacob's Ladder' and Helen Avery in 'Magnetism' as Antecedents of Rosemary Hoyt in *Tender Is the Night*")分析了《夜色温柔》中女主人公霍伊特在其他两部短篇里的前身。作者在1920年代美国社会文化背景下分析了女性职业环境的变迁及霍伊特这一形象如何最终成型。安德鲁·胡克的《斯科特·菲茨杰拉德在当代英国的声誉》("Scott Fitzgerald's Current British Reputation")指出在其写作此文时菲茨杰拉德的作品甚至美国文学在英国都并不受重视。尽管菲茨杰拉德今天已经深入英国人心，但在英国的报刊上，他仍然只是喧嚣的爵士时代流行文化的代言人，而不是关注个人与国家精神裂痕的现代主义作家。

世纪之交出版的法国学者帕斯卡尔·安托林-皮雷斯(Antolin-Pirés, Pascale)的《物品及其影子》(*L'Objet et ses doubles: une relecture de Fitzgerald*, 2000)指出菲茨杰拉德的小说里充斥着1920年代浮华社会

① Jamal Assadi & William Freedman, eds.: *A Distant Drummer: Foreign Perspectives on F. Scott Fitzgerald*, New York: Peter Lang, 2007, p. 108.

的各种物品:书、家具、衣服、汽车等。作者综合运用了文学、哲学、语言学、符号学、心理批评、绘画及摄影等方面的知识,深入细致地分析了这些物品的社会意义,以揭示菲茨杰拉德语言风格、创作理念、对待人生与写作等的现代主义观点。在他的物品符号世界里,所指不再确定,能指指向不在场,指涉过程产生了危机,符号—物品之间不再稳定。这不仅是符号文本的危机,也是社会意义的危机。玛丽-阿格尼丝·盖伊的《顿悟与断裂:菲茨杰拉德小说中叙述视角的演变》(*Epiphanie et fracture: L'évolution du point de vue narratif dans les romans de F. Scott Fitzgerald*, 2000)从形式主义的角度出发对菲茨杰拉德的五部长篇小说中的文学形式尤其是视角进行了细致的文本分析。在形式上,菲茨杰拉德的叙述视角从清晰到模糊;从人物视野所看到的内容上,《了不起的盖茨比》中码头的绿灯到了《夜色温柔》里变成了济慈诗歌中黑暗的现实,而到了《最后一位君子》顿悟终于断裂,人物的视角完全被禁锢起来。菲茨杰拉德一直都在尝试一种完美的艺术形式尤其是视角模式,而这一模式与其作品的主题发展密切关联。从形式到内容,视角本身变成了菲茨杰拉德要表达的主题,有意思的是,他所采用的这一叙述视角也传达了他看待从爵士时代到大萧条的美国的视野的成熟。

第五章

菲茨杰拉德研究在中国

由于历史的原因，1979年以前菲茨杰拉德作品在我国大陆地区的译介和研究是一直是空白。随着改革开放的启动和发展，1980年代我国出现了译介外国文学作品的热潮。菲茨杰拉德作品的译介和研究也随之开始。我国大陆地区最早研究菲茨杰拉德的学者是董衡巽先生。在1979年中国社会科学出版社出版的《外国文学研究集刊》第1辑中，他发表了《艺术贵在独创》一文。该文对《了不起的盖茨比》的创作思想、艺术特色和文体风格做了客观中肯的分析和评价。接着董先生在1980年出版的《外国文学研究集刊》第2辑中发表了《司各脱·菲兹杰拉德》一文（该文是后来于1986年出版的《美国文学简史》下册中的一节）。他在此文中指出："如果说海明威是从厌战出发，进而否定资产阶级的传统价值观念，那么菲兹杰拉德则体现了年轻的一代对于'美国梦想'的幻灭。"（第352页）他进一步指出："……正是这种灾难感和幻灭感构成了菲兹杰拉德创作的思想特色。"（第353页）1988年出版、董衡巽等著的《美国现代小说家论》收有他写的《"美国梦"的寻求与幻灭——评司各特·菲兹杰拉德》一文。正是在董衡巽先生的开拓和发起下，我国学界开始了对菲茨杰拉德的译介和研究。

1981年《译林》第2期发表了菲茨杰拉德短篇小说《热血与冷血》的中译文。同年《外国文学》第4期发表了《重访巴比伦》的中译文，这可能是菲茨杰拉德作品在中国大陆的最早译文。[①] 1982年周敦仁编写的注释本《绿灯飘渺》（即《了不起的盖茨比》）出版。1983年巫宁坤翻译的《菲茨杰拉德小说选》由上海译文出版社出版，此书收入了《了不

① 参见何宁：《菲茨杰拉德研究与中国》，载《外语研究》，2008年第1期，第100页。

起的盖茨比》和菲茨杰拉德的8篇著名短篇小说。这是我国大陆首次正式出版的菲茨杰拉德作品中译本。同年,范岳译的《了不起的盖茨比》由辽宁人民出版社出版。1987年王宁等译的《夜色温柔》在陕西人民出版社出版。以后《了不起的盖茨比》和《夜色温柔》有了更多的译本问世。有人统计,在1990年—2007年间《了不起的盖茨比》的中译本达16种,[①]1987年—2001年间《夜色温柔》的中译本则达12种。[②]特别值得关注的是,过去一直没有中译本的菲茨杰拉德其他几部长篇小说和短篇小说集近年来也纷纷有了译本。《人间天堂》有张彦敏译华夏出版社2009年出版的译本、金绍禹译上海译文出版社2010年出版的译本和陆薇、张晓红合译东方出版社2010年出版的译本。《漂亮冤家》有李雪琴译华夏出版社2009年出版的译本(书名为《美丽与诅咒》)、吴文娟译文化艺术出版社2010年出版的《美丽与毁灭》、以及吴刚译上海译文出版社2011年出版的《美与孽》。《最后一位君子》则有李寄、李庆国合译东方出版社2010年出版的《最后的大亨》和黄福海译上海译文出版社2011年出版的《末代大亨的情缘:一部西部小说》。黄昱宁、包慧怡合译的《菲茨杰拉德文集:崩溃》由上海译文出版社2011年出版。菲茨杰拉德短篇小说集《新潮女郎与哲学家》、《爵士时代的故事》、《所有悲伤的年轻人》等都有了中译本。另外,还有多种长篇小说的中文注释本和中英文对照本出版。这些表明我国的菲茨杰拉德热近年来还在进一步升温。菲茨杰拉德作品的大量译介为对他的研究提供了便利条件,为菲茨杰拉德研究的进一步发展打下了基础。

自董衡巽等著的《美国文学简史》(1979/1986)出版以来,我国学者撰写的美国文学史都包含有对菲茨杰拉德的论述,一些书还以专节评介菲茨杰拉德。这些书有:毛信德的《美国小说史纲》(1988)、常耀信的英文版《美国文学简史》(1991)、王长荣的《现代美国小说史》(1992)、杨仁敬的《20世纪美国文学史》(2000)、刘海平与王守仁等著的4卷本《新编美国文学史》(2000—2002)中的第3卷(杨金才主撰)、虞建华等的《美国文学的第二次繁荣》(2004),以及杨仁敬与杨凌雁合

---

① 同上;并见刘世川:《〈了不起的盖茨比〉在中国的译介与研究》,载《和田师范专科学校学报》,2008年第4期,第113页。

② 参见吴建国:《菲茨杰拉德研究》,上海:上海外语教育出版社,2002年,第374页。

著的《美国文学简史》(2008)等。这些美国文学史显示出我国的菲茨杰拉德研究在逐步扩展深化。其中尤其值得注意的是《新编美国文学史》,该书不乏对菲茨杰拉德作品具有真知灼见的评论,例如在评论《了不起的盖茨比》时,它指出:

> 《了不起的盖茨比》的成功固然具有艺术和社会的双重性,但其中的社会性更突出一些。在处于转型期的美国社会中,盖茨比的形象生动地折射出美国现代化中个体的感受,在传统与现代之间的挣扎使得他成为具有代表意义的美国现代人的形象。①

另外,特别值得一提的是,2002年出现了我国第一部菲茨杰拉德研究的专著:吴建国著的《菲茨杰拉德研究》。此书全面地评介了菲茨杰拉德的生平、创作、国内外研究及国内译介的情况,有较大参考价值。

早期论文除了董衡巽先生的《艺术贵在独创》之外,还有赵一凡的《"迷惘的一代"初探》(1979年)、王义国的《〈了不起的盖茨比〉与"迷惘的一代"》(1980年)、陈慧的《幻灭了,美国梦!——论美国现代名作〈了不起的盖茨比〉》(1982年)、傅修延的《探梦——析〈了不起的盖茨比〉》(1983年)、王宁的《论菲茨杰拉德的小说创作》(1986年)、程锡麟的《〈了不起的盖茨比〉艺术手法试析》(1986年)等。在上述文章发表之后,我国关于菲茨杰拉德的学术论文逐步增多。根据中国知网(CNKI)等的数据,② 自1980年以来我国共发表了菲茨杰拉德研究论文686篇,其中博士论文2篇,硕士论文83篇,期刊论文601篇。在这些论文中,关于《了不起的盖茨比》的最多,达495篇、关于《夜色温柔》

① 刘海平、王守仁主编,杨金才主撰:《新编美国文学史》(第三卷),上海:上海外语教育出版社,2002年,第295页。

② 本统计中,期刊论文数据基于中国期刊全文数据库(CNKI),硕士博士论文数据基于中国博士学位论文全文数据库(CNKI)、中国优秀硕士学位论文全文数据库(CNKI)及中国国家图书馆特色资源·博士论文数据库。硕士博士论文及《漂亮冤家》的数据统计于2010年7月1日,其他数据统计于7月2日。需要注意的是,中国期刊全文数据库(CNKI)的材料有缺漏,如文中提到的赵一凡、王义国等人的文章和山东大学现代美国文学研究所办的刊物《现代美国文学研究》(后来改名为《美国文学》)中的相关文章。

的论文有94篇、《人间天堂》论文23篇、《漂亮冤家》论文8篇、《最后一位君子》论文1篇。关于短篇小说的文章61篇,其中多数是关于《重访巴比伦》、《阔少爷》及《冬天的梦》。这说明我国学界关注较多的是菲茨杰拉德的长篇小说,热点则是《了不起的盖茨比》。从期刊论文发表的时段来看,1980年代只有10篇,1990年代54篇,2000年至2010年7月则达538篇。这表明我国的菲茨杰拉德研究从1979年开始,经历了1980年代的萌芽期、1990年代的发展期,21世纪以来则进入了繁荣期。从研究的角度和方法来看,1980年代的研究基本是传统的社会历史视角,当然其中不乏有见地的文章。[①]1990年代的研究多数也是传统的社会历史视角,但是开始有人采用叙事学或神话原型批评的方法去进行研究。[②]2000年以来的研究呈现出多元化的趋势,除了传统的社会历史视角,越来越多的学者采用了各种批评理论和方法去研究菲茨杰拉德的作品,包括女性主义、叙事学(包括空间叙事理论)、文化批评、读者反应批评、解构主义、现象学、原型批评、新历史主义、心理分析、伦理批评、互文性理论、巴赫金理论等等。从这些论文讨论的主题来看,关于美国梦的达172篇、悲剧主题的有85篇、关于《了不起的盖茨比》中的人物尼克的有29篇、叙事艺术的有64篇、象征问题的有26篇、印象主义手法的有6篇、关于艺术风格的有9篇。其中有一些具有新意的文章,不过也有不少论题和观点重复的文章。可能特别值得关注的是现有的两篇博士论文。它们是何宁的《现代性的焦虑:菲茨杰拉德与1920年代》、田野的《〈了不起的盖茨比〉的多维研究》。

总的来看,我国的菲茨杰拉德研究在过去30年来取得了令人瞩目的成绩。但是,也存在一些问题。这些问题大致是:1、我国的菲茨杰拉德研究还有不少空白,三部长篇小说《人间天堂》、《漂亮冤家》和《最后一位君子》、大多数短篇小说等作品的研究成果很少或几乎为零;2、有深度的、高水平的成果不多;3、研究视角较狭窄、缺乏中国学者自己的

① 如陈慧的《幻灭了,美国梦!——论美国现代名作〈了不起的盖茨比〉》(1982年)、王宁的《论菲茨杰拉德的小说创作》(1986年)。

② 如王丽丽的《菲茨杰拉德小说作者与主人公的隐蔽距离》(1992年)、方杰的《论〈了不起的盖茨比〉的文化神话模式》(1999年)。

视野和声音。[1] 另外,如果与国外的菲茨杰拉德研究相比,无论研究的广度还是深度都存在着巨大的差距,还有需要进一步扩展和深化的广阔空间。例如,国外研究除了对于《了不起的盖茨比》和《夜色温柔》有了许多重要的成果之外,对于菲茨杰拉德一些过去曾受忽视的作品,包括《人间天堂》、《漂亮冤家》、《最后一位君子》、短篇小说、甚至剧本都有了不少成果。对于长期以来成果最多的《了不起的盖茨比》研究,近 20 年来也出现了一系列颇有深度和新意的成果,诸如罗纳德·伯曼的论著《〈了不起的盖茨比〉与现代时代》和《〈了不起的盖茨比〉与菲茨杰拉德的思想世界》。伯曼接着还发表了一系列关于菲茨杰拉德与其他作家(包括海明威、威尔逊、奥威尔等人)的论著。[2] 伯曼的这些论著对国内的研究是极富启发意义的。在今天,科研条件远优于二三十年前,我国学者的视野在不断扩展,外国文学研究的水平也在逐步提高的条件下,相信我国的菲茨杰拉德研究无论在广度上和深度上都必将会有更大的发展。

① 参见董衡巽:《〈菲茨杰拉德研究〉序》,载吴建国:《菲茨杰拉德研究》,上海:上海外语教育出版社,2002 年,第 2 页。

② 这些专著是:*Fitzgerald, Hemingway, and the Twenties*;*Fitzgerald-Hemingway-Wilson: Language and Experience*; *Modernity and Progress: Fitzgerald, Hemingway, and Orwell*; *Translating Modernism: Fitzgerald and Hemingway,* Tuscaloosa: U of Alabama P, 2009。

第二编

菲茨杰拉德学术史研究

第一章 菲茨杰拉德的生平与创作

M.H. 艾布拉姆斯在《镜与灯》中简明扼要地提出了关于艺术品的著名“四要素论”，即作品、艺术家、世界和欣赏者。[①] 文学作品的研究与阐释是一种复杂的系统工程，它涉及到种种相互关系。按照艾布拉姆斯的总结，可以把这些复杂的关系归纳为以下四种：首先是作品与作家之间的关系，作家的生平和人生体验、作家的文化（文学）修养和爱好都会对作品的创作产生影响（菲茨杰拉德的作品具有强烈的自传色彩）；第二是作品与社会历史背景的关系、与社会文化思潮的关系、与文化和文学传统的关系（菲茨杰拉德的作品就是典型的例子，它们迅速而直接地反映了 1920 年代的美国社会，同时也影响了当时的青年文化）；第三是作品与当时批评界和读者的关系，在多数情况下批评界的主流观念和读者的审美趣味会直接或者间接地影响到作家的创作，也会影响到作品的销售和流行程度（菲茨杰拉德作品销售状况的历史清楚地表明了这一点）；第四是作品与构成作品的种种内部因素，如情节、人物、主题、技巧和语言风格等的关系（这一点在菲茨杰拉德批评史中有明显的表现）。对一位经典作家的学术史研究也离不开对上述种种关系的探讨。因为在现代美国作家中，菲茨杰拉德的作品具有十分强烈的自传色彩，所以有必要对他的一生和创作做一简要的回溯。

① 详见 M.H. 艾布拉姆斯：《镜与灯》，郦稚牛等译，北京：北京大学出版社，1989 年，第 5-7 页。

第一节 菲茨杰拉德的生平

1896年9月24日F.斯科特·菲茨杰拉德生于美国圣保罗市。他的父母均是罗马天主教徒,他从小就常常跟着父母参加教会的活动。早期的罗马天主教教育和家庭生活对菲茨杰拉德的道德意识形成有较大影响。他的父亲爱德华·菲茨杰拉德在一家小公司工作,母亲玛丽·麦奎兰出身于一个殷实的爱尔兰移民家庭。1898年—1908年他全家移居纽约州的布法罗市,其间有三年移居同一州的锡拉立兹市。1908年他的父亲被解雇,全家回到圣保罗,家境日益窘困。菲茨杰拉德的父亲爱德华在经商上屡屡失败,家庭的经济来源一度主要依靠母亲继承的遗产。不过爱德华有一定的文学修养,他常常给儿子阅读诗歌,诸如艾伦·坡和拜伦的诗歌,从小就培养了儿子对文学的兴趣。出生于南方的爱德华还常跟儿子讲南北战争的故事。菲茨杰拉德从小就显示出对文学的喜爱,在少年时期就读了沃尔特·司各特的《艾凡赫》,10岁时就开始写侦探小说了。他写的最早的4篇故事中有两篇是关于南北战争的。[①] 父亲家族的南方贵族传统和母亲喜好出风头、离奇古怪的行为和喜欢文学等因素对菲茨杰拉德性格和生活习惯的形成都有着深刻的影响。在圣保罗的生活经历为他后来的创作提供了素材。

1908年9月菲茨杰拉德进入圣保罗私立中学(St. Paul Academy)。他在1909年10月的校报《圣保罗私立中学今与昔》(*St. Paul Academy Now and Then*)上发表了第一篇付诸印刷的故事《雷蒙德抵押品之谜》,[②] 此时年方13岁。

1912年菲茨杰拉德在新泽西的天主教教会办的纽曼学校(Newman School)读书时,遇上了西戈尼·费伊神父。此人很有文化修养,在教会内外都有影响,他关心并理解菲茨杰拉德的抱负和疑惑。他们形成了近似父子的亲密关系。他"可能是对菲茨杰拉德最大的单一影响"。菲茨杰拉德的第一部长篇小说《人间天堂》中达西神父与主人

① 参见 Mathew J. Bruccoli: *Some Sort of Epic Grandeur*, San Diego: HBJ Publishers, 1981, pp.19-20, 29。

② Ibid., p. 27.

公艾默里的关系就是费伊神父与菲茨杰拉德关系的写照。[①]

在纽曼学校时菲茨杰拉德就十分向往附近的普林斯顿大学。1913年从纽曼学校毕业时,他报考了该校。因入学考试成绩不够好而被要求补考和面试,经过他的努力并向面试老师求情,最后终于如愿上了普林斯顿大学。[②] 当时该校基本上是一所本科大学,有许多学生俱乐部和社团。在大学里他的学习成绩并不好,热衷于参加大学里俱乐部和文学社团的活动。他曾加入橄榄球队,不久后,可能是因膝盖受伤、也可能是因为身体不够强壮而退出了。他与后来成为文学界名人的约翰·皮尔·毕晓普和埃德蒙·威尔逊是同学和朋友。他们都加入了文学社团"三角俱乐部"(Triangle Club),他们读莎士比亚、雪莱、陀思妥耶夫斯基、易卜生、萧伯纳和威尔斯等名家的作品,创作剧本并演出。菲茨杰拉德还为学生刊物《普林斯顿之虎》和《拿骚文学杂志》(毕晓普和威尔逊是主编)写稿。1915年他被选入《普林斯顿之虎》的编委会。菲茨杰拉德在《拿骚文学杂志》上发表的第一个作品是剧本《影子桂冠》("Shadow Laurels")。仅在1917年春季,他在《拿骚文学杂志》上就发表了一个剧本、4篇故事、3首诗歌和5篇书评。其中的一篇故事后来被收入短篇小说集《爵士时代的故事》,另一篇故事和一首诗则并入了长篇小说《人间天堂》中。[③] 他在普林斯顿大学的文学活动为将来成为作家奠定了基础。他在该校的经历也为后来的创作提供了丰富的素材。

1916年1月菲茨杰拉德因肺病休学回家,同年9月复学。1917年4月6日美国威尔逊政府改变了在第一次世界大战前期的中立立场,对德国宣战。在威尔逊政府宣传的这是一场"拯救世界民主的战争"、"结束一切战争的战争"的鼓动下,美国青年纷纷参军。同年10月菲茨杰拉德也离开了普林斯顿大学去参军,任陆军少尉。1918年10月他所在的部队到达纽约长岛附近的米尔斯军营,准备去欧洲战场。临出发前,大战结束。11月他随部队返回阿拉巴马州蒙哥马利市的军营。1919年2月退伍,去纽约一广告公司工作。

① 参见 Arthur Mizener: *The Far Side of Paradise*, pp. 42-43; Mathew J. Bruccoli, *Some Sort of Epic Grandeur*, pp. 36-37。

② 参见 Mathew J. Bruccoli: *Some Sort of Epic Grandeur*, p. 43。

③ Ibid., pp. 72-73.

1918 年 7 月菲茨杰拉德在蒙哥马利市一场舞会上认识了珊尔达·塞耶。珊尔达是当地大法官的女儿,是阿拉巴马州著名的美女。而菲茨杰拉德是英俊帅气的军官。两人一见钟情,很快就相恋,接着订婚。菲茨杰拉德退伍后在纽约的广告公司工作,收入微薄。尽管他几次到蒙哥马利去求婚,珊尔达都未明确应允。1919 年 6 月珊尔达解除了与他的婚约。这给菲茨杰拉德很大的打击和刺激。于是,他辞职回到家乡圣保罗,潜心修改他的长篇小说《浪漫的自私主义者》。他希望能写出一本畅销书,赢回珊尔达,并一举成名。他在两个月里完成了修改,并把书名改为《人间天堂》。他托朋友把书稿送给了斯克里布纳出版社的编辑珀金斯。这一次,珀金斯接受了书稿,并答应在1920年春季出版。同时,在 1919 年 11 月至 1920 年 2 月,他的《头与肩》和《冰宫》等 6 篇短篇小说被当时最畅销的杂志《星期六晚邮报》接受,获得了可观的稿费。另外,他还在《时髦圈子》上发表了其他 3 篇故事。在他几次赴蒙哥马利后, 1920 年 1 月珊尔达与他恢复婚约。3 月 26 日《人间天堂》出版, 28 日《蒙哥马利日报》刊登他们的订婚公告, 6 天后这对金童玉女就在纽约圣帕特里克教堂举行了婚礼。[①] 他们婚礼的时间也恰好是"喧嚣的二十年代"——即菲茨杰拉德自己命名的"爵士时代"的开始。他本人成为了爵士时代的代言人和象征。

菲茨杰拉德第一部长篇小说《人间天堂》的发表对他的人生和事业都是关键的一步。这部小说给他带来了可观的收入,也给他带来了巨大的名声。当时新人的第一部小说能卖到 5,000 册就是最好的了,而他的这部作品出版一星期后销量就超过 20,000 册。他的短篇小说的稿酬也由每篇 30 美元猛升至 1,000 美元。此时,菲茨杰拉德从一位业余作者转变成为一位职业作家。他写道:"每天早上醒来都是面对一个难以形容的辉煌并且充满希望的世界。"[②]

菲茨杰拉德接着开始了第二部长篇小说《漂亮冤家》的创作。1920 年 5 月至 7 月菲茨杰拉德夫妇第一次出游欧洲,去了英国、法国和意大利。经人介绍,他们见到了著名英国作家高尔斯华绥,还见到了温

① Ibid., pp. 112-114.

② Mathew J. Bruccoli, et al. eds.: *F. Scott Fitzgerald on Authorship*, Columbia, SC: U of South Carolina P, 1996, p.160.

斯顿·丘吉尔,但是在法国著名作家法朗士家吃了闭门羹。英国牛津给菲茨杰拉德留下很好的印象,称它是“他所见过的最美的地方”,一度有定居牛津的念头。而意大利和法国则让他颇有微词。[①] 回到美国他们就住在圣保罗市郊的白熊湖别墅区。

1920 年 9 月斯克里布纳出版社出版了菲茨杰拉德的第一部短篇小说集《新潮女郎与哲学家》。到第二年 11 月该书共印了 6 次,销量达 15,325 册。对于一部短篇小说集来说,这个销量是相当好的了。该小说集收录了 8 篇故事,包括了《冰宫》、《留短发的伯尼斯》、《近海海盗》等。

1921 年 10 月 26 日菲茨杰拉德的女儿斯科蒂在圣保罗出生。这是菲茨杰拉德夫妇惟一的孩子。

《漂亮冤家》在 1922 年 3 月出版,当年就印了 3 次,共 50,000 册。销量可观,但是批评界的评价却甚低。除了门肯的褒扬之外,多数批评家包括菲茨杰拉德的朋友埃德蒙·威尔逊和毕晓普都提出了严厉的批评。威尔逊批评菲茨杰拉德不知道如何施展自己的才能,“因为他被赋予了想象力,却缺乏理性的控制;他被赋予了追求美的欲望,却没有美学的理想;他被赋予了表达的天赋,却没有很多思想要表达。”[②] 这一批评在评论界产生了较长远的影响。这也可能是菲茨杰拉德生前评价不高的主要原因之一。不过在今天看来,这种批评似过于严苛,更是不适合对菲茨杰拉德代表性作品的评价。

1922 年 9 月菲茨杰拉德的第二部短篇小说集《爵士时代的故事》出版。此集子收了 11 篇故事,其中有《五一节》和《一颗像里茨饭店那么大的钻石》两个名篇。其他故事的评价都不高,一些故事是他编第一部短篇小说集《新潮女郎与哲学家》时放弃选入的。不过,第二部集子的书名后来成了美国 1920 年代的代称“爵士时代”而进入历史。同年 10 月菲茨杰拉德夫妇迁居至纽约的富人区长岛,与住在那里的著名作家林·拉德纳成为朋友。

1923 年 4 月菲茨杰拉德的剧本《蔬菜》由斯克里布纳出版社出版,该剧本只印了一次,印了 7,650 册。他希望能在百老汇上演。同年 11

① Ibid., pp. 149-151.

② 参见 Mathew J. Bruccoli: *Some Sort of Epic Grandeur*, p. 165。

月19日在大西洋城阿波罗剧院的首演便是一场失败。第二幕尚未演完，许多观众就离席而去。这给了他很大的打击。他以后就再也没有发表剧本。

1924年5月初菲茨杰拉德夫妇第二次出游欧洲。他们长住在法国南部的里维埃拉海滨地区，因为那里的生活水平比他们居住的纽约长岛低。菲茨杰拉德希望在那里可以潜心创作他的第三部长篇小说。但是，事与愿违的情况是：珊尔达在里维埃拉遇上了一位法国海军航空兵飞行员尤多亚德·约桑，他们两人产生了恋情。怒不可遏的菲茨杰拉德提出要与该飞行员对决，而后者躲避了。珊尔达也为此曾提出要离婚。最后菲茨杰拉德劝阻了珊尔达，两人重归于好。这场风波给他们的婚姻带来了难以弥合的裂痕，也被写进了菲茨杰拉德后来的小说《夜色温柔》和珊尔达唯一的长篇小说《留住我的华尔兹》中。

1922年6月菲茨杰拉德就开始计划他的第三部小说，1923年6月在纽约长岛动笔。中间因写剧本《蔬菜》和养家糊口的短篇小说而多次中断。到欧洲后，经过1924年夏季和秋季的写作，完成了初稿。在通读了初稿后，珀金斯在1924年11月20日写了一封长信向菲茨杰拉德表示祝贺，称赞"它是一部杰出的书"。[①] 同时，这封信也指出了初稿的缺陷并提出了改进的意见。菲茨杰拉德遵从珀金斯的建议进行了修改。1925年4月10日《了不起的盖茨比》出版，第一次印刷就达20,870册，稿费为6,261美元，不过扣除了菲茨杰拉德预支的6,000美元，便所剩无几了。[②] 当时评论界不少人给予了较高的评价，认为是菲茨杰拉德"走向艺术成熟的一步"。薇拉·凯瑟、伊迪丝·沃顿和T.S.艾略特等著名作家都写信赞扬此书。艾略特写道："在我看来，事实上它是自亨利·詹姆斯以来美国小说迈出的第一步。"门肯在赞扬了作品的"魅力与美"之后，则批评它"不过是一部美化了的轶事"。[③]

1925年春菲茨杰拉德一家移居巴黎。在巴黎的一家酒吧他与海明威初次见面。见面的情况后来海明威在回忆录《流动的盛宴》中有所

① Ibid., p. 213.

② Ibid., pp. 220-221.

③ Ibid., p. 221.

描述。似乎海明威对他的印象并不太好。[①] 从此菲茨杰拉德与海明威开始了长期而曲折的友谊。尽管当时海明威在文学界还是一个无名之辈，但是菲茨杰拉德十分欣赏海明威的人格和才能，竭力帮助海明威。他向斯克里布纳出版社编辑珀金斯大力推荐海明威，为海明威的第一部长篇小说提出了长达10页的修改润色意见（海明威也根据他的意见做了修改），把海明威介绍给文学界的朋友。但是海明威却在作品中多次显露出对菲茨杰拉德藐视和嘲讽的态度。他们这种不对等的友谊和相互影响成了批评家研究的一个重要课题。[②]

1925年夏天菲茨杰拉德开始构思《夜色温柔》。这部小说从开始构思创作到最后出版的时间达9年。其间菲茨杰拉德还发表了55篇短篇小说，其中一些发在《星期六晚邮报》上，稿费最高的达到4,000美元一篇。[③] 名篇《阔少爷》1926年1月—2月发表在《红皮书》杂志。这个短篇表达了菲茨杰拉德对富人的看法，表现了与《了不起的盖茨比》相似的主题。第三部短篇小说集《所有悲伤的年轻人》1926年2月出版。该集子除了《阔少爷》之外，还收入了《冬天的梦》、《赦罪》、《明智之举》和《宝宝的聚会》等。评论界对该集子的评价较高，远高于他的前两部短篇小说集。

在欧洲生活了两年半后，1926年12月菲茨杰拉德夫妇返回美国。次年1月应好莱坞联艺影业公司的邀请，菲茨杰拉德去那里创作电影剧本。他写出的剧本《唇膏》未被采用。他只在好莱坞停留了两个月就回到东部。不过，他在好莱坞结识了年轻女明星路易·莫兰，这使珊尔达萌生醋意。后来莫兰成了短篇小说《雅各布之梯》女主人公和长篇小说《夜色温柔》中人物罗丝玛丽的原型。他认识的米高梅电影公

① 参见E.海明威：《海明威回忆录》（原名《流动的盛宴》），孙强译，杭州：浙江文艺出版社，1985年，第110-114页。

② 这方面的著作如：Mathew J. Bruccoli: *Scott and Ernest: The Authority of Failure and The Authority of Success*, New York: Random House, 1978. Revised as *Fitzgerald and Hemingway: A Dangerous Friendship*, New York: Carroll & Graf, 1994, London: André Deutsch, 1995/2003. Arnold Gingrich: "Scott, Ernest and Whoever", in *Esquire*, 66 (December 1966), pp. 186-189, 322-325。

③ Mary Jo Tate: *Critical Companion to F. Scott Fitzgerald*, New York: Facts on File, Inc., 2007, p. 379.

司的制片人欧文·塔尔贝格则成为《最后一位君子》中主人公的原型。

菲茨杰拉德可能是听从了珀金斯的建议，没有住在繁华喧嚣的纽约，去了德拉华州的威尔明顿。他们以相当便宜的每月 150 美元价格租了一栋豪宅。此时的珊尔达也开始了文学创作，1927 年她写的文章卖出了 3 篇，不过，那些刊物都坚持要把她丈夫的名字联署上。同时她还开始学跳芭蕾舞，每周 3 次去费城学跳舞。[①] 而她对芭蕾舞的狂热执着追求，以及夫妇俩对威尔明顿的厌倦，促使他们于 1928 年 4 月再次赴巴黎。

菲茨杰拉德夫妇此次巴黎之旅是《星期六晚邮报》预支了“巴兹尔”系列故事的稿费而成行的。1928 年 3 月至 1929 年 2 月他写出了其中 9 篇，包括《绯闻侦探》。菲茨杰拉德对自己不得不为赚钱谋生而写的故事颇感羞愧，拒绝把这个系列的故事结集出版。珊尔达在巴黎拜俄罗斯著名舞蹈家卢波夫·叶戈罗娃（Egorova, Lubov）为师。菲茨杰拉德对珊尔达执着于芭蕾舞感到不满，因她跳舞疲惫而拒绝同他一起出席晚上的社交活动而愤怒。于是他常常独自酗酒，那年夏天就两次因醉酒滋事而进监狱。在巴黎，除了经“莎士比亚书店”老板西尔维娅·比奇介绍认识的年轻作家安德烈·尚松（Chamson, André），菲茨杰拉德与法国文学界几乎没有任何交往。他把尚松的《大路上的人们》推荐给珀金斯，斯克里布纳出版社将书更名为《大路》出版；他常常把珊尔达为他买的领带和手帕送给尚松（这也引起珊尔达的不满）。尚松后来（1956 年）成为法兰西文学院院士。

1928 年 10 月菲茨杰拉德夫妇返回美国。1929 春季第四度赴欧洲。此时海明威也在法国，菲茨杰拉德与他交往密切（尽管海明威已是一位冉冉上升的文学明星，不时流露出对菲茨杰拉德的轻视，菲茨杰拉德也因酗酒而被人诟病），引起珊尔达怀疑他们有同性恋关系，进一步加深了菲茨杰拉德夫妇的婚姻危机。在 1929 年里菲茨杰拉德为《星期六晚邮报》写了 7 篇故事，其中 3 篇是以自己的婚姻问题为蓝本。

1929 年秋珊尔达开始显露出精神崩溃的迹象。为了缓解她的紧张

① 参见 Mathew J. Bruccoli: *Some Sort of Epic Grandeur*, pp.260-261。菲茨杰拉德在其《分类账户》中记录了珊尔达的 5 篇文章和 5 篇故事是以他们两人的名字联署发表的；1 篇文章和 2 篇故事是以菲茨杰拉德的名义发表的。

情绪，1930 年 2 月菲茨杰拉德带她去北非旅游。珊尔达却因缺了芭蕾舞课而更焦急了，还与菲茨杰拉德发生激烈争吵。同年 4 月珊尔达精神病发作，进了巴黎的精神病医院。她曾离开医院，想回去跳舞，并曾一度试图自杀。5 月菲茨杰拉德把她转至瑞士治疗。瑞士的医生建议菲茨杰拉德暂时与珊尔达分开一段时间。其后菲茨杰拉德便往返于巴黎（因女儿斯科蒂在巴黎）与瑞士之间。

为了支付珊尔达治病的费用，在 1930 年—1931 年间菲茨杰拉德卖出了 17 篇短篇小说，其中包括《重访巴比伦》和《一次国外旅行》等名篇。这一时期他的稿酬达到了高峰，仅 1931 年他的稿费收入就达 37,599 美元。[①]

1931 年 9 月，珊尔达在精神病院治疗了 16 个月后获准出院。菲茨杰拉德夫妇驱车回巴黎，随即返回美国，在珊尔达的家乡蒙哥马利住下。同年 11 月至 12 月菲茨杰拉德第二次去好莱坞，为米高梅公司改编电影脚本。不过，经他改编的《红头歌女》却并未被采用。1932 年 1 月，珊尔达的病再次发作，被送进巴尔的摩的霍普金斯大学医学院附属精神病院，住院半年。住院期间她完成了《留住我的华尔兹》的初稿。该书 10 月出版，但是销量不佳。1934 年 2 月珊尔达的病第三次发作，重返医院。此后，她就长期住在医院里。

1932 年夏天菲茨杰拉德重新创作《夜色温柔》。他放弃了过去构思的故事情节，设计了一个新的情节，讲述了一位在欧洲的美国精神病医生因与一位家境富裕的女病人结婚而事业被毁掉的故事。他把珊尔达的形象和病情糅进了故事女主人公妮科尔身上，让男主人公迪克·戴弗代表了作家本人的"自我判断与自我谴责"。[②] 他也把一些朋友和熟人，包括墨菲夫妇、林·拉德纳、路易·莫兰、尤多亚德·约桑等，作为原型写进了作品。1934 年 1 月至 4 月《夜色温柔》在《斯克里布纳》杂志连载。该杂志给了 10,000 美元稿费，对于处在经济困境中的菲茨杰拉德（他已到了向母亲借钱的地步）来说不啻是雪中送炭。

在《了不起的盖茨比》发表 9 年之后，《夜色温柔》于 1934 年 4 月 12 日出版。第一次印刷 7,600 册很快销售一空，紧接下来印了两次，分

① 参见 Mathew J. Bruccoli: *Some Sort of Epic Grandeur*, p. 308。

② Ibid., pp. 340-341.

别是5,705册和2,520册。在《出版家周刊》的畅销书单上排名第十位。在美国大萧条时期这样的销量是相当不错的了,但是这个销量仍然低于菲茨杰拉德本人的期望,稿酬仅有5,104美元。[①]虽然批评界对此书的评论总体上褒多于贬,不过,由于批评家们对这部作品的期望值高于9年之前的《了不起的盖茨比》,所以,多数批评家对它未能超越前一部作品而感到失望。

1935年3月,菲茨杰拉德的第四部短篇小说集《清晨的起床号》出版,印了5,100册。该集子包括了18篇故事,这是菲茨杰拉德最大的一部短篇小说集,其中含巴兹尔系列故事5篇、约瑟芬系列故事3篇、《疯狂的星期天》和《重访巴比伦》等10篇。对于此书,当时评论界给予了较高的评价。约翰·张伯伦认为菲茨杰拉德在该书中塑造的人物并不亚于福克纳、普鲁斯特、福楼拜或刘易斯等塑造的人物。[②]威廉·特洛伊则评论道:菲茨杰拉德"比他那一代任何更突出的成员与乔治·艾略特、亨利·詹姆斯和约瑟夫·康拉德有更多的共同之处。"[③]

同年11月菲茨杰拉德开始写作《崩溃》系列文章。他在《老爷》杂志1936年第2/3/4期上先后发表了《崩溃》、《恢复原状》、《小心处理》。他在这些自白性的文章中剖析了自己的精神崩溃和创作力枯竭的状况及原因。他的朋友们对这些文章感到震惊。多斯·帕索斯反对他把自己的问题袒露出来,认为那些问题本可以成为第一流小说的素材。珀金斯对这些文章感到窘困,希望他从来就没有写过它们。海明威则视这些文章为"胆怯和羞耻"。[④]后来的学者对它们发表了不同看法,许多人从历史的角度来看待这一系列文章,把菲茨杰拉德个人的体验与美国社会在1920年代和1930年代的巨大变化联系起来。例如,布鲁斯·L.格伦伯格认为,这一系列文章"从历史的语境看,不仅表明了一种个人的崩溃和'失败',而且表明了更大、更重要的美国自我的崩溃和失败","贯穿这些文章的主题就是美国的

① Ibid., p. 367.

② 参见Henry Claridge,ed.: *F. Scott Fitzgerald: Critical Assessments*, Vol. 3, p. 370。

③ Ibid., p.383.

④ 参见Mathew J. Bruccoli: *Some Sort of Epic Grandeur*, p. 405。

崩溃”。[1] 这样的看法很有道理。菲茨杰拉德去世后，埃德蒙·威尔逊把这一系列文章连同菲茨杰拉德与朋友的来往书信、以及朋友悼念他的文章编辑起来，以《崩溃》为书名于1945年出版，对引发“菲茨杰拉德复兴”起到了关键作用。

1937年菲茨杰拉德已是债台高筑，负债达22,000美元。7月他第三次去好莱坞，与米高梅电影公司签订了半年合同。在好莱坞的聚会上他与来自英国的好莱坞专栏作家希拉·格雷厄姆相识，以后发展为情人关系。菲茨杰拉德最后一部长篇小说《最后一位君子》中的人物凯瑟琳·穆尔便是以格雷厄姆为蓝本塑造的。格雷厄姆后来也写了回忆录《心爱的异端》，袒露了菲茨杰拉德最后几年同她一起生活的情况。

1937年7月至1940年10月，菲茨杰拉德为米高梅、派拉蒙、环球、20世纪福克斯等电影公司改编或参与改编了《三个战友》、《乱世佳人》、《重访巴比伦》等剧本，创作或参与创作了《失节》、《居里夫人》、《空袭》、《打开那扇门》、《窃贼》等剧本。但这些剧本大多未被采用。

1939年在希拉·格雷厄姆的鼓励下，菲茨杰拉德开始创作《最后一位君子》。这部小说成了他的未竟之作。按照他拟定的提纲，全书共30个片段，到他去世前，只写了17个。他的好友埃德蒙·威尔逊把遗稿整理编辑，于1941年10月出版。许多评论家都对此书给予了高度的评价。威尔逊在该书的前言中评价道：“尽管《最后一位君子》是一部未竟之作，但它是菲茨杰拉德最成熟的作品。……《最后一位君子》显然是我们拥有的关于好莱坞的最佳小说。”[2] 威尔逊的这一评价在批评界产生了持久的影响。J. 唐纳德·亚当斯（Adams, J. Donald）在1941年11月9日的《纽约时报书评》发文指出：“斯科特·菲茨杰拉德在40多岁时去世，这是美国文学的沉重损失。”他还说：“《最后一位君子》是一部雄心勃勃的书……如果看不到它是菲茨杰拉德的最佳小说并且是非常好的一部作品，那么这个人就是瞎了眼。”[3] 布鲁科利在他写的菲茨杰拉德

① Bruce L. Grenberg: “Fitzgerald’s ‘Crack-up’ Essays Revisited: Fictions of the Self, Mirrors for a Nation”, in Jackson R. Bryer, et al. eds.: *F. Scott Fitzgerald: New Perspectives*, pp. 207-208.

② Henry Claridge,ed.: *F. Scott Fitzgerald: Critical Assessments*, Vol. 4, p. 250.

③ Ibid., p.251.

传记中指出："《最后一位君子》几乎完美地体现了菲茨杰拉德的生涯。他那关于抱负的典型主题和伴随的他对英雄主义的追求在门罗·施塔尔（小说主人公）身上得到了最充分的表达。《了不起的盖茨比》几乎是寓言般地处理了美国梦主题，而《最后一位君子》则表明了那个寓言成为了现实。"[①] 我们可以看出《最后一位君子》虽然是一部未完成的作品，但是它有力地表明了菲茨杰拉德的创作才能和艺术水平达到了一个新的高度，使他无愧地成为美国文学经典作家的一员。

菲茨杰拉德在1940年12月21日因心脏病去世。具有讽刺意味的是，他是一位对名声十分在乎的作家，然而却在他声誉处于最低谷时去世。他在死之前也认为自己是一个失败者。[②] 不过，著名诗人斯蒂芬·文森特·贝内特在评论《最后一位君子》的文章《菲茨杰拉德未完成的交响曲》结尾对菲茨杰拉德评价道："先生们，现在你们可以摘下帽子了，我想你们最好这样做。这不是一个传说，这是一种声誉，并且客观地看，它将是我们时代最稳固的声誉之一。"[③] 贝内特的这一结论已经并且还将继续被历史证实。

第二节　菲茨杰拉德的创作

菲茨杰拉德是社会世态小说家的杰出代表，他是公认的美国爵士时代的代言人。他的作品反映了那个时代的精神特质。在某种意义上他可以被称为美国社会编年史家。有评论认为：他的小说反映的社会现实比许多正统的历史学家的著作更准确。[④]

从菲茨杰拉德创作的社会、历史、政治、经济和文化背景来看，菲茨杰拉德进行第一部长篇小说《人间天堂》创作时正是第一次世界大战结束前后，美国经济开始进入高速发展的时期。钢铁、汽车、石油、化工、纺织、建筑、电力、电器、通讯等行业都得到了迅速的发展。经济的繁荣、

① Mathew J. Bruccoli: *Some Sort of Epic Grandeur*, p. 493.

② 参见 Mary Jo Tate: *Critical Companion to F. Scott Fitzgerald*, p.10。

③ Henry Claridge, ed.: *F. Scott Fitzgerald: Critical Assessments*, Vol. 3, p. 257.

④ 参见 Leonard S. Klein, gen. ed.: *Encyclopedia of World Literature in the 20th Century*, New York: Ungar, 1982, Vol. 2, p. 111。

科学技术的发展和广告业的发展促进了美国社会的变化和民众消费观念的变化。1920 年在匹兹堡出现了第一座广播电台,收音机很快就风靡美国,人们在家里就可以及时听到新闻、音乐会、教会牧师的布道、重大事件的现场转播。[1] 福特汽车采用流水线生产,大大降低了成本、提高了产量, T 型汽车在 1924 年售价低至 300 美元,普通家庭都有能力购买。1919 年美国的载人汽车数量为 6,771,000 辆, 1929 年便达到了 23,121,000 辆。汽车的普及改变了美国人的生活方式,也改变了美国的面貌。[2] 美国的城市化进程达到了一个新的阶段, 1920 年全国城市人口第一次超过了农村人口。纽约是最大的城市,也是美国商业、时尚、新闻、出版、广告业的中心,领种种新风气之先。

1919 年 1 月 29 日美国国会通过了《宪法第 18 条修正案》,禁止生产和销售含酒精的饮料,该修正案次年生效。1920 年生效的《宪法第 19 条修正案》赋予妇女选举权。前一个修正案导致了禁酒时期(1920 年—1933 年)的开始。非法制造、运输和贩卖酒成了最能赚钱的行当,黑帮团体纷纷涉足其中。同时许多人,尤其是年轻人,把饮酒视为具有强烈刺激性的乐事。随之出现了一些相关的新词语,如"bootlegger"(指在禁酒时期非法制造、运输和贩卖酒的人)和"speakeasy"(非法经营的酒馆)。 后一修正案是半个多世纪美国妇女解放运动的重大胜利。美国妇女第一次有了选举权。选举权的获得导致对妇女其他权利和自由的承认,使妇女从过去"斯文传统"的禁锢中解放了出来。她们开始体验到种种新的自由,包括性的自由。这些导致了被称为"新潮女郎"(Flappers)的一代女性出现,她们烫短发、穿短裙、吸烟、跳流行的查尔斯顿舞。美国进入了"喧嚣的二十年代"。这些现象在菲茨杰拉德作品中都有反映。他的两部短篇小说集就分别取名为《新潮女郎与哲学家》、《爵士时代的故事》。他的长篇小说《人间天堂》几乎是同步地反映了具有反叛精神的新一代美国青年的面貌。《了不起的盖茨比》则深刻地反映了爵士时代的精神特质,并预示了那个喧嚣繁荣年代里潜藏着的危机。

① 参见 Frederick Lewis Allen: *Only Yesterday: An Informal History of the Nineteen-Twenties*, New York: Harper & Row, 1964, pp.64-65, 136-137。

② Ibid., pp.134-136.

1929 年 10 月发生的华尔街股票市场大崩溃标志着爵士时代的结束、大萧条时期的开始。在这个时期里，大量的工厂、公司、商店和银行倒闭。到 1932 年，每 4 个人中就有 1 人失业，失业人数达 1,200 多万；美国人的平均收入仅为 1929 年的一半。与危机前相比，1932 年的钢、煤、汽车产量和建筑合同数量减少了百分之七十至八十多。农民遭受的打击更大。有 100 多万个农场破产，农业总产值下降了一半多，农产品价格降低了百分之六十。1933 年 3 月 4 日富兰克林 · D. 罗斯福就任总统后，采取了一系列的新政措施，力图拯救美国经济。到 1930 年代末美国的经济逐步得到复苏。1930 年代被称为"激进的三十年代"或者"红色十年"，美国的社会文化思潮出现了左转的倾向。马克思主义在美国得到广泛传播。工人运动此起彼伏。相当一批美国知识分子重新用批判的态度来审视美国社会。许多作家和批评家的思想出现了左转。当时出现了一批以马克思主义为指南的左翼批评家，如格兰维尔·希克斯、约瑟夫·弗里曼、迈克尔·高尔德、马克斯·伊斯特曼和维·卡尔弗顿等，也出现了一批左翼刊物，如《新大众》（*New Masses*）和《党派评论》等，他们在传播马克思主义思想、促进左翼文学的发展上发挥了重要作用。左翼文学成为 1930 年代文学的主潮，出现了包括多斯·帕索斯、詹姆斯 · 法雷尔、约翰 · 斯坦贝克等在内的一大批左翼作家和左翼小说。而菲茨杰拉德在这一时期仍然坚持他在 1920 年代文学创作的那类题材和人物，与当时占主导地位的文化思潮和社会环境格格不入。因此在大萧条时期他的名声急剧下降。到 1930 年代后期，他几乎完全被美国文学界遗忘了。不过，虽然菲茨杰拉德在这一时期的长篇小说并未直接描写大萧条时期的美国社会，但是他的一些短篇小说仍然是有所回应的，如《三到四天》（"Between Three and Four" ,1931）、《我失去的城市》和《失去的十年》。

下面将分类对菲茨杰拉德作品的创作过程及评价进行简要评述。

一、长篇小说

菲茨杰拉德的第一部长篇小说《人间天堂》的创作和发表过程并非一帆风顺。1917 年夏天在费伊神父的鼓励下，他在普林斯顿大学开始写第一部长篇小说。费伊神父为这本书建议了两个书名：《浪漫的自私主义者》(*The Romance of an Egotist*)和《最后日子里的孩子》(*A Child of the Last Days*)。菲茨杰拉德选择了前者。他有意识地模仿了英国作家康普顿·麦肯齐的成长小说《青年的遭遇》(*Youth's Encounter*, 1913)。[①] 1918 年 2 月该书完稿后,他的好友沙恩·莱斯利(Leslie, Shane)热情地把它推荐给斯克里布纳出版公司的老板查尔斯·斯克里布纳。然而同年 8 月被委婉地退稿了, 10 月修改稿也再次被退稿。该书稿便被搁置一边。1919 年 7 月,在珊尔达解除婚约的打击下,菲茨杰拉德辞去了纽约一家广告公司的工作,回到家乡圣保罗。他在家里的阁楼上潜心修改《浪漫的自私主义者》的书稿,并把书名改为《人间天堂》。同年 9 月初他把该书的第三稿寄给斯克里布纳出版公司,两周后便收到编辑马克斯韦尔·珀金斯表示接受该书稿的电报。[②]《人间天堂》几经波折后终于在 1920 年 3 月出版。

《人间天堂》的销量奇好,菲茨杰拉德一夜成名。他成了新一代青年的代言人。书中的主人公及其他青年男女角色成为当时青年竞相模仿的对象。批评家们纷纷赞扬菲茨杰拉德处女作大胆的题材和创新的风格。罗伯特·C. 本奇利在《纽约世界早报》(1920 年 4 月 21 日)说:“我应该把任何能想出新的东西来、让许许多多人感兴趣的 23 岁的作家欢呼为一位天才。”[③] 约翰·布莱克在《布鲁克林每日鹰报》(1920 年 4 月 10 日)称《人间天堂》是“自早期的德莱塞以来,美国小说最独到、最大胆、最具有挑战性的冒险之作”。[④] 埃德温·弗朗西斯·埃杰特在《波士顿晚报》(1920 年 5 月 12 日)上称“《人间天堂》的每一章、每一页、每一句话、几乎每一个词都流露出菲茨杰拉德对前辈作家的违抗气息”,还说“他采用了一种叙述方法,一直诱使我们相信:他有独创的东西要说、有新的东西要揭示。”[⑤]H.L. 门肯在《时髦圈子》(1920 年 8 月号)上发文赞扬《人间天堂》是“一部真正令人惊叹的处女作——结构颇有独

① Henry Dan Piper: *F. Scott Fitzgerald: A Critical Portrait*, pp. 38, 46.

② Ibid., pp. 39-41.

③ 参见 Jackson R. Bryer, ed.: *F. Scott Fitzgerald: The Critical Reception*, p. xii。

④ Ibid.

⑤ Ibid.

创性，表现手法极为老练精妙、闪烁着光彩……"[①]

但是，该书在当时批评界的评价并非是一派好评，也有一些批评的意见。海伍德·布龙在《纽约论坛报》（1920 年 4 月 11 日）发文，表示不同意那些认为菲茨杰拉德准确地描写了大学生活的观点，说"我们难于相信他所创造出的氛围的真实性"，并认为他的风格"不自然"，要求他在语言表达上应该"简洁一些"。[②] 玛格丽特·爱默生·贝利评论道："菲茨杰拉德先生不在乎形式的规则；……他从直接叙事过渡到书信、诗歌、或者戏剧片段。他的文风十分随意。尽管其文风显得矫揉造作、巧妙、偶尔具有美感、甚至有时带有故意的粗俗以及随之而来的羞怯，但是它把材料组合了起来，使这部书成了一部由青年写的令人信服的青年编年史。"[③] 还有人称《人间天堂》是"菲茨杰拉德的作品汇集"。因为它包含了他的不少早期作品，有短篇小说（如《林中的婴儿》、《尖顶与怪兽饰》、《情感与口红的使用》），诗歌（如《在普林斯顿最后的日子》、《关于看过两次的一出戏》、《多彩宝石浮雕框架》）和剧本（《初次进入社交界的年轻女子》）。这种写法使该小说具有一种松散的形式。这一点导致有人认为《人间天堂》具有实验性或者革新性，也有人认为这是年轻作者在处理小说结构问题上还缺乏经验的表现。[④] 不过，应该说在客观上，这种写法迎合了当时欧美追求标新立异的现代主义文艺思潮。

菲茨杰拉德在此书中汇集了他过去所写的短篇小说、诗歌、散文、速写及对话。整部作品显得结构松散，也有一些明显的模仿痕迹。不过这部作品真实地记录了那个时期的音乐、语言、服装、舞蹈、文学时尚等等，是扎根于它那个时代的。它不仅吹响了 1920 年代——"爵士时代"——的前奏曲，迎来了一个新时代，它也为菲茨杰拉德以后的创作奠定了基础。艾默里和罗莎琳德两个角色在菲茨杰拉德以后的作品中反复出现。即：《漂亮冤家》中的安东尼·佩奇和格洛丽亚·吉尔伯特

---

① H. L. Mencken: "Books More or Less Amusing," in Henry Claridge, ed.: *F. Scott Fitzgerald: Critical Assessments*, Vol. 2, p.48.

② 参见 Jackson R. Bryer, ed.: *F. Scott Fitzgerald: The Critical Reception*, p. xiii。

③ Margaret Emerson Bailey: "A Chronicle of Youth by Youth", in Henry Claridge, ed.: *F. Scott Fitzgerald: Critical Assessments*, Vol. 2, p.47.

④ 参见 Mary Jo Tate: *Critical Companion to F. Scott Fitzgerald*, p. 379。

（Gilbert, Gloria），《了不起的盖茨比》中的盖茨比和黛西，《夜色温柔》中的迪克和妮科尔。

对于菲茨杰拉德的整个创作生涯来讲，《人间天堂》的重要性不仅在于它为作者带来了名声并奠定了他作为职业作家的基础，而且还在于它预示了他后来所有长篇小说的主要主题。正如赛·卡恩指出的："在他的第一部长篇小说《人间天堂》中……菲茨杰拉德宣告了他全部作品的主要主题。这部小说揭示了菲茨杰拉德对基本素材有一种早期的把握，尽管他尚未学会熟练地利用它。……在《人间天堂》主人公艾默里·布莱恩身上，我们能够看到这个孩子是后来作品中男性人物的父亲，并且在他的困境中，我们发现了菲茨杰拉德作品中具有强烈吸引力的主题。"[①] 这是一个颇具反讽色彩的悲剧性主题：尽管理想主义的主人公在生活的道路上遭遇一次又一次的挫折和失望，他依然矢志不渝地去追求幸福和梦想。

菲茨杰拉德第二部长篇小说《漂亮冤家》的创作过程也是比较曲折的。在1919年9月18日给斯克里布纳出版社编辑珀金斯的信中，他说开始写"一部雄心勃勃的小说叫《魔鬼情人》"（The Demon Lover）。10月中旬他把要写的新小说改名为《一位文学失败者的日记》（The Diary of Literary Failure），其后又改名为《酒鬼的假日》（The Drunkard's Holiday）。1920年2月他告诉珀金斯：由于近期实施的禁止色情法律，他决定放弃这部已改名为《心肝宝贝》（Darling Heart）的新小说。他把《心肝宝贝》的部分内容作为短篇小说《五一节》7月在《时髦圈子》上发表，后来收入短篇集《爵士时代的故事》中。同年6月他的代理人奥伯把这部尚未写出的小说的连载版权卖给《都市杂志》，获得7,000美元。8月他写信给查尔斯·斯克里布纳说新小说的书名是《火箭飞》（The Flight of the Rocket）。到当年圣诞节时又改名为《无情的漂亮女人》（The Beautiful Lady Without Mercy）。这部小说的写作多次中断，第一稿终于在1921年1月完成。2月这本书才最后定名为《漂亮冤家》。[②] 后来菲茨杰拉德对它进行了一些修改，主要是在小说语

① Ibid., p. 52.

② Henry Dan Piper: *F. Scott Fitzgerald: A Critical Portrait*, pp.82-85 ; Mary Jo Tate: *Critical Companion to F. Scott Fitzgerald*, pp. 26-27.

言上的润饰，在结构上未做大的改动。1922 年 3 月该书出版，由于菲茨杰拉德当时享有广泛的名声，第一次印刷就达 20,600 册，当年加印了两次，3 次共达 5 万册。

在一定程度上，可以把这部小说视为《人间天堂》的延续。前面一部作品主要人物是大学生，而后一作品中的主要人物则已大学毕业、恋爱并结了婚，在爵士时代里进一步成长。《漂亮冤家》的男女主人公是当时新潮男士和女郎的代表，过着花天酒地、放荡不羁的生活。同时，在创作这部小说期间菲茨杰拉德夫妇的生活方式与该作品中所描写的极为相似。菲茨杰拉德把自己的生活体验写进了小说里。他的大学同学和朋友埃德蒙·威尔逊曾在一封信中这样说到这部小说："它全是关于他（菲茨杰拉德）的婚姻生活。"[①]

在这部小说的创作中，菲茨杰拉德受到弗兰克·诺里斯和西奥多·德莱塞等自然主义作家的影响。根据亨利·丹·派珀的研究，诺里斯的《凡陀弗与兽性》（*Vandover and the Brute*, 1912）与《漂亮冤家》有着不少相似之处：

> 最明显的是两个故事都处于道德堕落的氛围中。两位主人公也惊人地相似。弗兰克·凡陀弗和安东尼·佩奇都来自富裕家庭，都上了哈佛大学；后来两人都作为浅薄的艺术爱好者和花花公子追求放荡、没有目标的生活。……两人都丧失了道德底线。[②]

两人都成了自己无法掌控的无情命运的牺牲品。

虽然《漂亮冤家》销量较大，但是当时批评界的评价却甚低。例如他的大学同班好友毕晓普批评道：

> 那本书的中间部分写得太长、太匆忙。所呈现的事件偏离了主题。并且在展现对于故事很关键的材料方面，结论太武断、过渡太突兀。……他的思想常常被处理得像爆竹一样，发出了欢快的

① 参见 Robert Roulston & Helen H. Roulston: *The Winding Road to West Egg: The Artistic Development of F. Scott Fitzgerald*, p. 95。

② Henry Dan Piper: *F. Scott Fitzgerald: A Critical Portrait*, p.90.

噪音,然后就被抛到一边去了;他频繁地任凭词语摆布,而对于那些词语他仅有点头之交;他的美学观是有缺陷的;他的文学趣味有时极其糟糕。[①]

埃德蒙·威尔逊也提出了相当严厉的批评:"他(菲茨杰拉德)被赋予了想象力,却缺乏理性的控制;他被赋予了追求美的欲望,却没有美学的理想;他被赋予了表达的天赋,却没有很多思想要表达。"[②] 后来的批评也是贬多于褒。阿瑟·迈兹纳指出:

格洛丽亚和安东尼的故事充满了对精确观察的生活的描述,菲茨杰拉德使我们感受到了他们的悲伤;但是,他既未能为他们的痛苦提供适当的原因,也未能为赋与人物的重要性提供足够的理由。……他想要《漂亮冤家》成为一种美国版的《包法利夫人》的尝试失败了。他还不能把他的同情与判断区分开来(如同他在写《了不起的盖茨比》时能做的那样),因为他还不能真正确定他的判断。[③]

其他较有代表性的批评意见诸如:理查德·D. 利汉批评《漂亮冤家》是"一部未消化思想的小说","在主题上不清楚"。[④] 罗伯特·斯克拉认为,该小说是"一部粗心草率、思想混乱的作品","代表了菲茨杰拉德理解和控制材料的能力的最低点"。[⑤] 詹姆斯·E. 米勒指出,"较一致的批评意见是:他的小说的缺陷在于缺乏明确的方向和目的",菲茨杰拉德"与他的材料距离太近而看不清楚它们,过于陶醉在他的作品外在

① John Peale Bishop: "Mr. Fitzgerald Sees the Flapper Through", in Henry Claridge, ed.: *F. Scott Fitzgerald: Critical Assessments*, p.77.

② 参见 K. E. Eble: *F. Scott Fitzgerald*, p. 74。

③ Arthur Mizener: *The Far Side of Paradise*, pp. 142-143.

④ Richard D. Lehan: *F. Scott Fitzgerald and the Craft of Fiction*, pp. 82-83.

⑤ Robert Sklar: *F. Scott Fitzgerald: The Last Laocoön*, London: Oxford UP, 1967, pp.95, 172.

的闪光而看不到它内在的虚假。"[①] 正是由于上述严重缺陷,所以至今为止,《漂亮冤家》仍然是菲茨杰拉德所有长篇小说中评价最低的一部。产生这些严重缺陷的主要原因除了前文提及的之外,另一个主要原因是这部作品的实际写作时间太短,他只花了 6 个月写作,用在修改的时间则不到 3 个月。[②]

与《人间天堂》相比,《漂亮冤家》虽然在总体评价上要低许多,但是在结构上和叙事方式上还是有明显进步。它分为三部,每部三章,与结构松散的《人间天堂》相比要匀称紧凑得多。它保持了前后一致的叙事角度和语气,而《人间天堂》的叙事角度和语气则前后不同。《漂亮冤家》全书基本由陈述性的叙事和对话组成,而《人间天堂》还包括了诗歌和戏剧片段,在文体上显得杂乱。[③]

对于《人间天堂》和《漂亮冤家》长时期里评价较低的原因,安德鲁·胡克曾做过细致的分析,归纳起来主要有三点:一、批评界以《了不起的盖茨比》为标准机械地衡量其他作品,从而忽视了其他作品独特的写作风格,这也是与菲茨杰拉德本人的创作愿望相违背的;二、《人间天堂》和《漂亮冤家》因作者成名太早而被贴上"不成熟的标签",这有失公允;三、将这两部早期作品中所体现出的道德模糊性视为其作品的致命弱点,而作者认为这种道德模糊性却深刻反映了生活在一战后新旧世界交替时代年轻人的矛盾心理,正是"这种简单评判的缺乏、这种不确定性和模糊性、这种面对事物的困惑感赋予了早期作品的生命和魅力。"[④] 在同一年(1989 年),约翰·B. 钱伯斯的专著《F. 斯科特·菲茨杰拉德小说研究》也同样指出过去对《人间天堂》和《漂亮冤家》的评论都惊人地一致失之偏颇,"其原因在于 40 年以来所有评论都源于那一个未加质疑的假设,即菲茨杰拉德是一位情绪化思考者,而非理性的思考者。这种观念导致人们对他的生活极度感兴趣,认为只有将他的艺

① James E. Miller: *F. Scott Fitzgerald: His Art and His Technique*, pp. 60, 64.

② 参见 Henry Dan Piper: *F. Scott Fitzgerald: A Critical Portrait*, p.86。

③ 参见 K. E. Eble: *F. Scott Fitzgerald*, p. 71。

④ 参见 Andrew Hook: "Cases for Reconsideration: Fitzgerald's *This Side of Paradise* and *The Beautiful and Damned*", in A. Robert Lee, ed.: *Scott Fitzgerald: The Promises of Life*, pp. 17-35。

术同他的生活紧密联系才能看清这位作家。"[①] 钱伯斯批驳了这种观念，指出："《人间天堂》牢固地建立在一种连贯的理性基础上"，菲茨杰拉德"成熟作品的基本要素，包括内容和技巧两个方面，都能在《人间天堂》中找到。"[②] 钱伯斯进一步认为，对两部前期小说内容与技巧的客观研究不仅揭示了小说的精心设计是以菲茨杰拉德前后一致的反讽观点为基础的，而且证明了这两部早期小说同《了不起的盖茨比》与《夜色温柔》一样具有几乎同等的重要性。[③]

以上胡克和钱伯斯两位批评家的评论现在看来是比较客观中肯的，对后来的菲茨杰拉德批评产生了影响。1990 年代和 21 世纪以来的菲茨杰拉德研究领域出现了许多注重《人间天堂》和《漂亮冤家》的论文和专著，这一点在后文将有进一步的评述。在《漂亮冤家》之后，菲茨杰拉德在长篇小说创作上将迈出新的巨大步伐。

菲茨杰拉德早在 1922 年就开始构思新的长篇小说。他在当年 7 月写信给珀金斯："我要写某种新的东西——某种杰出的、美丽而简单的、并且具有复杂精细格调的东西。"[④]1923 年 6 月他开始动笔写。但是，因写剧本《蔬菜》和为赚钱维持高消费生活而创作一些短篇小说使他中断了这部长篇小说的写作。1924 年 5 月到法国里维埃拉后才又开始《了不起的盖茨比》的创作。经过了夏天和秋天的写作和修改，完成了书稿。10 月末寄给了斯克里布纳出版社。菲茨杰拉德与编辑珀金斯就书稿的取名和修改问题几次通信。菲茨杰拉德考虑过的书名有：《戴金帽的盖茨比》（Gold-hatted Gatsby）、《西卵的特里马尔奇奥》[⑤]（Trimalchio in West Egg）、《通往西卵的路上》（On the Road to West Egg）、《在灰堆与百万富翁之间》（Among the Ash Heaps and Millionaires）、《跳得高的情人》（The High-bouncing Lover）、《盖茨比》（Gatsby）等。最终在珀金斯的建议下定名为《了不起的盖茨比》。珀金斯读了书稿后，在 1924

① John B. Chambers: *The Novels of F. Scott Fitzgerald*, p.9.

② Ibid., p. 66.

③ Ibid., p. 90.

④ Mathew J. Bruccoli: *Some Sort of Epic Grandeur*, p.170.

⑤ 古罗马作家佩特罗尼乌斯的小说《萨蒂利孔》中的人物，他喜欢举行豪华的酒宴。奥斯卡·王尔德曾把此书译为英文。

年11月20日写给菲茨杰拉德的信中,高度赞扬了这部小说,称"它是一部杰出的书,暗示了各种思想和情绪。你采用了完全正确的方法来讲述故事;……你的反讽具有如此强烈的效果……"。他对主人公盖茨比的人物塑造提出了两点主要的批评意见:一是"盖茨比的形象有些模糊"(相比之下汤姆·布坎南则很生动形象),二是"盖茨比的经历必须保持神秘"。另外,对盖茨比传记性材料的采用和出现的章节也提出了修改意见。[①]

菲茨杰拉德按照珀金斯的意见认真地做了许多修改。1925年4月10日《了不起的盖茨比》出版,第一次印刷是20,870册,第二次印刷只有3,000册,并且到菲茨杰拉德去世时仍然有一些第二次印刷的书还放在斯克里布纳出版社的库房里。与他的前两部长篇小说相比,销量并不算好。

对于该小说,当时批评界的意见并不一致、甚至大相径庭,有的给予了严厉的批评,有的则给予了很高的赞誉,也有的表现出模棱两可的态度。不过,总的看来赞扬的评论要多一些。以下是一些具有代表性的批评性评论。门肯批评道:"菲茨杰拉德的新小说《了不起的盖茨比》在形式上不过是一个美化了的、并不太可能发生的轶事。……主题则是老套的、浪漫而荒谬的爱情。"[②] 哈维·伊格尔顿在《达拉斯新闻晨报》上的评论认为该书是"一个失败"。[③] 鲁斯·施耐德在《纽约世界晚报》评价道:"在读了《了不起的盖茨比》之后,我们深信菲茨杰拉德先生不是当今伟大的美国作家之一。"[④]

表现出模棱两可的评论态度的典型代表可能是伊莎贝尔·佩特森的《最新的》一文,该文说:"菲茨杰拉德的新小说……既不深刻,也不持久,也未产生它是无足轻重的印象。"她在称赞了小说的结构之后,称"《了不起的盖茨比》只是一个没有分量的、迷人的小玩意。……在

① 参见 Henry Dan Piper: *F. Scott Fitzgerald's "The Great Gatsby": The Novel, The Critics, The Background*, New York: Scribner's, 1970, pp.102-104。

② Henry Claridge, ed.: *F. Scott Fitzgerald: Critical Assessments*, Vol. 2, p. 156.

③ 参见 Nicholas Tredell, ed.: *F. Scott Fitzgerald: "The Great Gatsby"*, New York: Columbia UP, p. 11。

④ Ibid.

再现生活的表面,他的精湛技巧令人叹服。他以精确的语气、声调和色度描写季节和地方;他比报纸更为同步地反映现实,然而他也是一位艺术家。但是他未能深入到闪光的表面之下……这是一本季节性的书……。"①

当然,赞扬的评论居多。吉尔伯特·塞尔迪斯在《日晷》杂志上发表的《春天的飞翔》中对《了不起的盖茨比》赞扬道:

> 它有着浓烈的生活气息……;它生气勃勃、处处闪光、引人入胜。它以毫不费力的精确展现了极度难以描写的场景,人群、交谈、行为、追溯——每一种都来得自然而令人信服。次要人物和事件都是多姿多彩、充满活力,围绕主要问题凝聚了起来。精湛的技巧是非凡的。……菲茨杰拉德不再满足于对美国生活外在的讽刺性报道,而是以有相当深度的反讽去抨击潜藏在美国生活外表之下的精神。②

塞尔迪斯的评论预示了后来在"菲茨杰拉德复兴"中出现的不少相似观点。威廉·罗斯·贝内特在题为《一部值得赞美的小说》("An Admirable Novel")的评论中,指出《了不起的盖茨比》是"一部成熟的小说","显示出完全成熟的技巧"。他还说:"盖茨比的神秘是具有美国这个时代鲜明特征的神秘。并且盖茨比只是永恒的'幸运青年'的另一个现代范例。"③这一评论所表达的盖茨比这个人物具有鲜明的美国特征并且是一个具有代表性的人物的观念成了后来《了不起的盖茨比》批评史中反复出现的内容。④不可忽视的赞扬评价还来自包括薇拉·凯瑟、伊迪丝·沃顿、格特鲁德·斯泰因和T.S. 艾略特等在内的著名作家。

---

① Isabel Paterson: "Up to the Minute," *New York Herald Tribune Book Review*, April 19, 1925, *F. Scott Fitzgerald in His Own Time: Miscellany*, Mathew J. Bruccoli, et al. eds.: Ann Arbor, MI: UMI, 1971, pp.346-348.

② Gilbert Seldes: "Spring Flight", *The Dial*, August 1925, pp.162-164, in Henry Claridge, ed., *F. Scott Fitzgerald: Critical Assessments*, Vol. 2, pp. 170-171.

③ 参见 Nicholas Tredell, ed.: *F. Scott Fitzgerald: "The Great Gatsby"*, pp. 24-25。

④ Ibid., p.23.

应该指出，在60多年来的“菲茨杰拉德复兴”和菲茨杰拉德研究的进一步深入发展之中，上述针对《了不起的盖茨比》的批评性意见逐步都被颠覆否定了，而赞扬的观点则得到进一步的彰显深化。

在《了不起的盖茨比》出版3周之后，菲茨杰拉德开始了第四部长篇小说漫长曲折的创作过程。1925年5月1日他写信给珀金斯说：“我最高兴的想法是关于我的新小说——它在形式、思想和结构上都是真正新的——这个模式是乔伊斯和斯泰因长期寻求的，而康拉德未能找到的。”[①] 这是一个关于美国电影业的一位技术员在欧洲旅行期间弑母的故事。菲茨杰拉德时断时续地从1925年到1930年写了5稿，每一稿都没有超过4章。其中一部分内容在他去世后，以《世界博览会》的标题发表在《肯庸评论》(1948年秋季号)。1930年4月珊尔达精神崩溃，住进瑞士的精神病院。这导致了这部长篇小说的写作中断，不过，这也为他的创作提供了新的素材。1931年9月珊尔达出院后，他们回到美国。1932年1月菲茨杰拉德写信给珀金斯说，他计划连续5个月写小说，并重新构思了这部小说。但是2月他的工作就被珊尔达的再次发病住院中断。其后他重新构思了小说的情节和结构，也利用了部分早期稿子的内容。他的日志表明珊尔达的病情成了他写作该小说的决定性因素，它为小说女主人公妮科尔的病情提供了许多细节，也为作品提供了情感的焦点。小说中戴弗对妮科尔病情的反应就是源于菲茨杰拉德对珊尔达病情变化的感受。菲茨杰拉德为该小说考虑过的书名有：《醉汉的假日》(The Drunkard's Holiday)、《戴弗医生的假日》(Doctor Diver's Holiday)、《理查德·戴弗》(Richard Diver)，最后定名为《夜色温柔》，出自英国诗人济慈的名作《夜莺颂》。1934年1月—4月，《夜色温柔》在《斯克里布纳》杂志连载。经过反复构思和多次修改，这部写作时间前后长达9年的作品终于在1934年4月12日出版。[②]

《夜色温柔》第一次印刷的7,600册立即销售一空，接着又印刷了两次，共8,225册。这样的销量在大萧条时期已经是不错的了。并且它

① Andrew Turnbull, ed., *The Letters of F. Scott Fitzgerald*, p. 182.

② 参见 Mary Jo Tate: *Critical Companion to F. Scott Fitzgerald*, pp. 207-209 ; Mathew J. Bruccoli: *Reader's Companion to F. Scott Fitzgerald's "Tender Is the Night"*, Columbia, SC: U of South Carolina P, 1996, pp. 1-4。

还上了《出版家周刊》4月和5月的畅销书榜。根据菲茨杰拉德研究专家马修·J. 布鲁科利的统计，当时有影响的批评家和有影响的美国刊物发表了评论24篇，其中持赞扬意见的有9篇、批评意见的有6篇、褒贬参半的则有9篇。[①] 吉尔伯特·塞尔迪斯在《纽约晚报》（1934年4月12日）上称《夜色温柔》为"一部伟大的小说"，菲茨杰拉德"再一次走上了我们时代顶尖美国作家的自然地位"。[②] 卡梅伦·罗杰斯在《旧金山纪事报》（1934年4月19日）上欢呼该小说是"一部深深地打动人、写得优美的故事，它会确保菲茨杰拉德作为美国作家的地位。"[③] 戈登·刘易斯在《夏洛特新闻报》（1934年5月7日）赞扬该小说是"一部优秀的、五彩缤纷的、悲剧性的书，是以大师般风度精心写成的。"[④]

对它的批评意见主要集中两方面：一是小说的结构问题，认为它缺乏整体性，未能取得一种单一的强烈效果；二是主人公迪克·戴弗走向毁灭的原因描述得不清晰、难以令人信服。[⑤] 客观地看，《夜色温柔》确实也存在着时间顺序上的不准确和前后矛盾之处。还有批评认为这部小说脱离了1930年代大萧条时期的现实，而是描写了1920年代的时尚生活。刘易斯·甘尼特在《纽约先驱论坛报》上发文指出：菲茨杰拉德"是战后放荡青年一代的桂冠诗人。现在他37岁了，《夜色温柔》是他在9年里的第一部长篇小说。然而他还在写漂亮的、受赌咒的女人，悲伤的青年男子，以及那个远去了的人间天堂的爵士时代。"[⑥] 产生这些尖锐批评意见的一个重要原因是：菲茨杰拉德的《了不起的盖茨比》已经获得了高度的评价，许多批评家对这部9年后才发表的新作寄予了很高的期望。典型的代表意见是詹姆斯·格雷在《圣保罗快报》（1934年4月12日）上的说法："《夜色温柔》令人极为失望，因为它出自于我

① Mathew J. Bruccoli: *Reader's Companion to F. Scott Fitzgerald's "Tender Is the Night"*, Columbia, SC: U of South Carolina P, 1996, p. 33.

② 参见 Jackson R. Bryer, ed.: *F. Scott Fitzgerald: The Critical Reception*, p. xxi。

③ Ibid.

④ Ibid.

⑤ 参见 Henry Claridge, ed.: *F. Scott Fitzgerald: Critical Assessments*, Vol. 3, pp.2-3, 6-7, 9-10。

⑥ Lewis Gannett: "Books and Things," in Henry Claridge, ed.: *F. Scott Fitzgerald: Critical Assessments*, Vol. 3, p.4.

们最杰出的一位作家，他已经证明过这样的事实：他能够具有精湛的技艺和细腻的情感。”赫塞尔·布里克尔在《北美评论》（1934年6月号）上承认它是“一部重要的好作品”，但接着又说：“它几乎丝毫没有表现出比《了不起的盖茨比》在哲学上有所前进”。[①]

一些批评家对《夜色温柔》的结构诟病是因为作者采用了时序倒错的手法。作品的第一部长达148页，是以年轻电影演员罗丝玛丽的视角讲述1925年发生在法国里维埃拉海滨和巴黎的故事；第二部才是故事的真正开始，讲述了从主人公迪克·戴弗1889年出生，到1917年迪克参与治疗妮科尔，继而两人产生恋情并结婚的故事；第三部迪克离开诊所并离开里维埃拉，与妮科尔分手，最后回到美国纽约州北部偏僻的小镇行医。针对这种批评，菲茨杰拉德后来在结构上做了调整，重新按时间顺序叙述故事。后来这一版本经批评家马尔科姆·考利编辑并加序言在1951年出版。但是这一新版本并未得到批评界和读者的广泛认同。

菲茨杰拉德最后一部长篇小说《最后一位君子》的创作始于1939年1月他与米高梅电影公司的合同终止之后。而这部小说的“种子”却可追溯到菲茨杰拉德笔记所记录的1927年1月与电影业“神童”欧文·塔尔贝格的会见。此人当时仅28岁，已是米高梅电影公司的副董事长和著名制片人。他即是新小说主人公施塔尔的原型。此次会见的部分内容也被写进了该小说的第一章。[②]1939年5月19日菲茨杰拉德在给代理人哈罗德·奥伯的信中说：“我已经草拟了整部小说，包含每一个片断、每一个事件和每一个人物的粗略概要”。10月14日他发电报给珀金斯：“我想我能够把这本书写为仿佛是一部传记，因为我了解这个人的性格。”[③] 如同以前一样，他为了解救家庭经济上的燃眉之急也曾中断这部长篇小说的写作，为《老爷》杂志写“帕特·霍比”系列短篇小说及其他短篇作品。他曾先后与《柯里尔》杂志和《星期六晚邮报》联系出售这部长篇小说的连载权，可是均未成功。1940年秋，他在

① Jackson R. Bryer, ed.: *F. Scott Fitzgerald: The Critical Reception*, p. 322.

② 参见 Mathew J. Bruccoli, ed.: “Introduction”, in *The Love of The Last Tycoon*, Cambridge: Cambridge UP, 1993, pp. xvi-xxii。

③ 参见 Mary Jo Tate: *Critical Companion to F. Scott Fitzgerald*, pp. 133-134。

每周给珊尔达的信中报告了该小说写作的进展情况。在 10 月 23 日的信中他写道:“我深深地沉浸在小说里,生活在其中,它使我感到快乐。它是像《盖茨比》那样建构的小说,配合情节有一些富于诗意的散文段落,但是没有像《温柔》那样的沉思或附带事件。每一件事都必须有助于故事的戏剧性发展。……到今天写了两万个单词了,并且一切都很好。”[①]12 月 13 日他写信给珀金斯说,该小说“进展迅速”,第一稿将在 1 月 15 日后完成。[②] 可惜菲茨杰拉德未能活到那一天,1940 年 12 月 21 日他与世长辞。他原计划写 30 个片段,但只写了 17 个。遗稿还包括全书的提纲。珀金斯为了纪念老友、也为了给菲茨杰拉德的遗产挣一些钱,便计划将此遗稿整理出版。他先后请了作家约翰·奥哈拉和巴德·舒尔伯格来完成这部小说,但是两人都推辞了。后来菲茨杰拉德的老友埃德蒙·威尔逊接下了整理编辑此书的工作。1941 年 10 月 27 日斯克里布纳出版社把《最后一位君子》连同《了不起的盖茨比》及几个著名短篇合在一起出版。《最后一位君子》包含原已完成的章节、未写完部分的情节概要、30 页菲茨杰拉德的笔记,以及表明全书提纲的一封信。到 1941 年底该书印了 5,108 册。这部合集在 1945 年、1947 年和 1948 年曾几次重印。《最后一位君子》的英语单行本 1949 年由灰墙(Grey Wall)出版社出版,而斯克里布纳出版社的单行本则迟至 1958 年才出版。[③]

对菲茨杰拉德过去作品的评论往往有较大分歧,而当时对《最后一位君子》的评论却几乎一致叫好,并且不少评论也是对菲茨杰拉德创作生涯的总体评价。许多批评家都认为,如果这部小说写完整了,它会是菲茨杰拉德最精彩的作品。威尔逊在该小说的《序言》中做出的高度评价[④]得到了批评界的普遍认同。J. 唐纳德·亚当斯在《纽约时报书评》(1941 年 11 月 9 日)封面的评论指出,《最后一位君子》“会是菲茨杰拉德的最佳小说,一部非常精彩的作品”,因为它表明了“他对材料的把

① Mathew J. Bruccoli, ed.: “Introduction”, in *The Love of The Last Tycoon*, p. xxxiii.

② 参见 Andrew Turnbull, ed.: *The Letters of F. Scott Fitzgerald*, p. 290。

③ 参见 Mathew J. Bruccoli, ed.: “Introduction”, in *The Love of The Last Tycoon*, p. lxxv。

④ Ibid.,并参见前面“第一节 菲茨杰拉德生平”。

握是多么坚定，他在多么深的程度上发展成长为一位生活的观察家。”[①] 布鲁科利指出，两位作家对《最后一位君子》的反应可能促进了“菲茨杰拉德复兴”。[②] 这两位作家是指詹姆斯·瑟伯（Thurber, James）和斯蒂芬·文森特·贝内特。瑟伯在《新共和》（1942年2月9日）上称《最后一位君子》是“一位第一流小说家的最后作品；它表明了他的发展，它圆满结束了他过于短暂的生涯。它为我们提供了他所做过的，并指出在他生活的最大画布上他将要画的。按照作品目前的状况，它充满了大量杰出的东西。”[③] 贝内特在《星期六文学评论》（1946年12月6日）上发文提出：“假若老天爷允许菲茨杰拉德完成这本书，我认为毫无疑问它将为美国小说增添一个主要人物和一部主要作品。”在文章结尾贝内特写下了“它将是我们时代最稳固的声誉之一”这段著名结论[④]。

二、 短篇小说

菲茨杰拉德自1909年（年仅13岁）便开始发表短篇小说。据杰克逊·R. 布赖尔的统计，菲茨杰拉德共写了短篇小说178篇；其中146篇于他在世期间发表；18篇在他去世后发表；14篇未发表。[⑤] 仅46篇分别被收在他在世期间发表的4部短篇小说集里：《新潮女郎与哲学家》（1920）、《爵士时代的故事》（1922）、《所有悲伤的年轻人》（1926）和《清晨的起床号》（1935）。他去世后，其余大多数篇目（也包括一些过去已经发表过的短篇小说）由几位学者先后编为集子出版，主要有：马尔科姆·考利编的《F. 斯科特·菲茨杰拉德短篇小说选》（1951）、阿瑟·迈兹纳编的《作家的黄昏：未经收录的小说、散文选集》（1957）、阿诺德·金里奇（Gingrich, Arnold）编的《帕特·霍比系列小说》（1962）、约翰·屈尔编辑的《F. 斯科特·菲茨杰拉德学徒期小说：1909年—

① 参见 Jackson R. Bryer, ed.: *F. Scott Fitzgerald: The Critical Reception*, p. xxiv。

② 参见 Mathew J. Bruccoli, ed.: “Introduction”, in *The Love of The Last Tycoon*, pp. lxxvi-lxxvii。

③ 参见 Jackson R. Bryer, ed.: *F. Scott Fitzgerald: The Critical Reception*, p. xxiv。

④ Mathew J. Bruccoli, ed.: “Introduction”, in *The Love of The Last Tycoon*, p. lxxvi.

⑤ Jackson R. Bryer, ed.: *The Short Stories of F. Scott Fitzgerald: New Approaches in Criticism*, p. xi.

1917年》(1965)、马修·J.布鲁科利在菲茨杰拉德女儿斯科蒂协助下编辑的《天堂的碎片:菲茨杰拉德夫妇短篇小说拾遗21篇》(1973)、杰克逊·R.布赖尔和约翰·屈尔合编的《巴兹尔和约瑟芬系列小说》(*The Basil and Josephine Stories*, 1973)、马修·J.布鲁科利编的《代价高昂:F.斯科特·菲茨杰拉德晚期短篇小说拾遗》(1979)、布鲁科利编的《F.斯科特·菲茨杰拉德短篇小说新选》(*The Short Stories of F. Scott Fitzgerald: A New Collection*, 1989)、布鲁科利编的《F.斯科特·菲茨杰拉德的〈阔少爷〉及其他故事》(1998)、布鲁科利与朱迪丝·S.鲍曼合编的《盖茨比之前:早期26篇小说》、布赖恩特·曼格姆编的《F.斯科特·菲茨杰拉德早期短篇小说精选》等。

在较长的时期里,菲茨杰拉德的短篇小说仅《重访巴比伦》、《冬天的梦》、《阔少爷》、《五一节》、《一颗像里茨饭店那么大的钻石》、《赦罪》、《冰宫》和《疯狂的星期天》等8篇常被批评家们关注。他的大多数短篇小说长期遭到忽视,其中的一个重要原因是,它们大部分都发表在不为主流批评界重视的流行杂志上,如《星期六晚邮报》、《老爷》、《都市杂志》、《红皮书》等,因为这些刊物能给他最高的稿费。同时,包括门肯在内的主流批评界对他的多数短篇小说持批评态度,指责它们"花哨"、"不均衡"、是"通俗杂志小说"、为了"赚钱"、质量"低下"等等。[①] 另一个重要原因是菲茨杰拉德本人也对自己的短篇小说表示出贬低、甚至咒骂的态度。如他曾对门肯和海明威称自己为通俗杂志写的短篇小说是"垃圾"、"婊子"。[②] 他的这种说法产生了长远的误导作用。不可否认,菲茨杰拉德为流行杂志写短篇小说的一个主要目的就是为了赚钱以维持他们夫妇的高消费生活并为妻子珊尔达治病。同样不可否认的是:实际上,菲茨杰拉德对待短篇小说创作也是十分认真的,正如他在致他的文学代理人哈立德·奥伯的信中所写的:"我的所有故事都是像长篇小说那样构思出来的,需要一种特殊的感情,一种特殊的体验——这样我的读者(如果有那样的读者)知道每一次它都将是某种新的东西,它

① 参见 Mangum, Bryant: "The Short Stories of F. Scott Fitzgerald", Ruth Prigozy, ed.: *The Cambridge Companion to F. Scott Fitzgerald*, pp. 58-59。

② 参见 John Kuehl: *F. Scott Fitzgerald A Study of the Short Fiction*, p. 7。

的新不是在形式上而是在内容上。”[①]

值得注意的是：第一，菲茨杰拉德的一些短篇小说与长篇小说有密切关系。这些短篇小说在情节、人物、主题或者叙事技巧等方面与他的长篇小说相似甚至相同。例如：《冬天的梦》描写了一位与盖茨比极为相似的青年，他出身低微、怀有浪漫梦想，勃勃雄心，执着地追求一位富家美女，最终梦想破灭。《阔少爷》同《了不起的盖茨比》一样在主题上表达了财富对人物的影响，其叙述者是涉足故事中的人物，与《了不起的盖茨比》的叙述者尼克颇为相似。布赖恩特·曼格姆指出，在《所有悲伤的年轻人》（1926）与《清晨的起床号》（1935）两部短篇小说集出版相距的9年间，菲茨杰拉德发表了56篇短篇小说，除了其中的8篇之外，其他全部发表在《星期六晚邮报》上。56篇中的17篇与《夜色温柔》有较密切的联系，5篇以欧洲、尤其是法国里维埃拉海滨为背景，它们也是《夜色温柔》的背景；另外8篇描写的人物“本质上是《夜色温柔》人物的彩排”；还有4篇则表现了与《夜色温柔》相同的主题和情绪。“《邮报》成了他长篇小说的实验工场”。[②] 如同布鲁科利所指出的那样，菲茨杰拉德在短篇小说中“对主题、人物及背景进行了实验，而这些问题其后在他的长篇小说里得到发展。”[③]

其次，菲茨杰拉德在世时的惯常做法是，他在发表一部长篇小说之后，就会发表一部短篇小说集，如：《人间天堂》出版半年后发表了《新潮女郎与哲学家》；《漂亮冤家》出版半年后发表了《爵士时代的故事》；《了不起的盖茨比》出版一年之后发表了《所有悲伤的年轻人》；在《夜色温柔》出版一年后发表了《清晨的起床号》。这是因为在一般情况下，他的短篇小说集的销量要比长篇小说大，可以为他赚到更多的稿费，以便让他能为下一步创作长篇小说免去维持家庭生活的后顾之忧。

① Mathew J. Bruccoli, et al. eds.: *F. Scott Fitzgerald on Authorship*, p.144.

② 参见 Mangum, Bryant: “The Short Stories of F. Scott Fitzgerald”, in Ruth Prigozy, ed., *The Cambridge Companion to F. Scott Fitzgerald*, pp.70-71。须注意的是，曼格姆的统计数据56篇可能有误，如其中他列举的《夜里的爱情》（“Love in the Night”）和《花了一便士》（“A Penny Spent”）发表在1925年的《星期六晚邮报》，并非在1926年之后。

③ Mathew J. Bruccoli: *The Composition of “Tender Is the Night”: A Study of the Manuscripts*, p.70.

再者,同长篇小说一样,他的许多短篇小说的素材也来自于他自己的人生经历,如:巴兹尔和约瑟芬系列小说主要是依据他青少年时期的经历和体验写的。《疯狂的星期天》(1932)、《帕特·霍比系列小说》等作品的素材则是来自于他在好莱坞的经历。

三、 其他著作

菲茨杰拉德自中学时代开始写诗歌,在纽曼学校的校刊《纽曼新闻》上发表过诗歌。在普林斯顿大学期间,他在诗歌创作上受到同班好友毕晓普的指导和影响,在校刊《拿骚文学杂志》、《普林斯顿之虎》及戏剧社团"三角俱乐部"中发表了不少诗歌和音乐剧歌词。他的诗歌曾出现在他的小说中,如《人间天堂》。[①] 虽然他的主要成就是小说,但是他在1920年发表《人间天堂》之后仍然不时写诗,诗歌创作一直伴随了他整个一生。这一点为他的小说创作提供了有益的帮助,诗歌创作培养了他精炼地写作和更好地运用意象。1981年马修·J. 布鲁科利把他的诗歌收集出版,书名为《诗集1911年—1940年》(*Poems 1911—1940*)。该诗集几乎收录了菲茨杰拉德创作的全部诗歌,其中包括一些没有标题或者不完整的诗作。

1911年,年仅15岁的菲茨杰拉德在圣保罗私立学校读书,就为圣保罗的伊丽莎白戏剧俱乐部写了剧本《来自牲口打着横J印记牧场的姑娘》。随后他还为该俱乐部写了《捕捉影子》(*The Captured Shadow*, 1912)、《懦夫》(*Coward*, 1913)和《各种各样的鬼怪》(*Assorted Spirits*, 1914)。菲茨杰拉德本人在这4部剧中均扮演了主要角色并担任了其中两部剧的舞台监督。1978年艾伦·马戈利斯把这4部剧本编辑成书发表,书名为《F. 斯科特·菲茨杰拉德的圣保罗剧本,1911—1914》(*F. Scott Fitzgerald's St. Paul Plays, 1911—1914*)。在普林斯顿大学期间,菲茨杰拉德在该校学生的戏剧社团"三角俱乐部"中十分活跃。1915年菲茨杰拉德在《拿骚文学杂志》上发表了剧本《影子桂冠》。他是两幕音乐剧《菲!菲!费-费!》(1914)的主创人员之一,他写了剧中17首歌词。1996年南卡罗来纳大学出版社出版了该剧的摹本。另外,他还为三角俱乐部的音乐剧《邪恶的眼光》(*The Evil Eye*, 1915—1916)

① 参见Mary Jo Tate: *Critical Companion to F. Scott Fitzgerald*, p.359。

和《安全第一》(*Safety First*, 1916—1917)写了歌词。这几部剧的歌词后来都被收在《诗集1911年—1940年》和马修·J. 布鲁科利等编的《F. 斯科特·菲茨杰拉德在他自己的时代:杂集》(1971)中。他早期的戏剧创作对后来的长篇小说创作有一定影响,《人间天堂》和《漂亮冤家》中都包含了带有舞台说明的戏剧性对话。[①]

1923年4月菲茨杰拉德创作的剧本《蔬菜》由斯克里布纳出版社出版,此书只印了一次,印了7,650册。菲茨杰拉德极力想让该剧上演,同年11月19日在大西洋城的阿波罗剧院首演,可是这次演出是一场大失败,观众在第二幕演出中就纷纷退场。这给菲茨杰拉德很大的打击。以后虽然他偶尔也谈论要写另一部剧本,但是他再也没有发表剧本了。[②]

菲茨杰拉德一生与电影有割舍不断的关系。[③]他的不少作品被改编拍摄成电影。仅在1920年代他就有两部长篇小说和5篇短篇小说被改编拍成电影。它们是《漂亮冤家》(电影拍于1922年)和《了不起的盖茨比》(电影拍于1926年);短篇小说《头与肩》1920年改拍为电影《唱诗班姑娘的罗曼史》(*The Chorus Girl's Romance*),《迈拉会亲》("Myra Meets His Family")1920年改拍为电影《猎夫记》(*The Husband Hunter*),《近海海盗》的同名电影拍于1921年,《骆驼之背》1924年改拍为电影《1492号列车员》(*Conductor 1492*),《当面推人》("The Pusher-in-the-Face")的同名电影拍于1929年。[④]从1920年至他去世之前,他曾经多次尝试电影剧本的创作或改编,也几次到好莱坞参与创作或者修改电影剧本。他参与写作或改编的电影剧本或梗概有:《横跨大陆的基蒂》(*Trans-Continental Kitty*,1922)、1923年根据伊迪丝·沃顿的小说《月下世事》(*The Glimpse of the Moon*)改编的同名电影剧本、为电影协会写的剧本《沙砾》(*Grit*, 1924)、应联艺影业公司(United Artists)制片人邀请1927年去好莱坞写的《唇膏》、1931年为

① Ibid., p.358.

② Ibid., p. 245.

③ 参见吴建国:《菲茨杰拉德研究》,上海:上海外语教育出版社,2002年,第307-315页。另参见Gene D. Philips, *Fiction, Film, and F. Scott Fitzgerald*, 1986。

④ 参见Mary Jo Tate: *Critical Companion to F. Scott Fitzgerald*, p. 321。

米高梅电影公司改编的《红头歌女》、1934 年与人合作写的《格蕾西在海上》（*Gracie at Sea*）、1937 年先后改编的剧本《在牛津的美国佬》（*A Yank at Oxford*）和《三个战友》、1938 年写的《失节》、《玛丽 · 安东涅蒂》（*Marie Antoinette*）、《妇女》和《居里夫人》、1939 年改编的《乱世佳人》、1939 年写的《冬日欢宴》（*Winter Carnival*）、《空袭》、《打开那扇门》（*Open That Door*）、《一切发生在夜间》（*Everything Happens at Night*）、1940 年写的《窃贼》（*Raffles*）、《38 岁正当年》（*Life Begins at Eight-Thirty*）及他自己的小说《重访巴比伦》改编的电影剧本。不过，这些剧本只有小部分最终拍成了电影。[①]

菲茨杰拉德的非虚构散文包括了他的文章、笔记和通信。根据玛丽 · 乔 · 泰特编著的《F. 斯科特 · 菲茨杰拉德批评指南》，菲茨杰拉德在报刊上发表的文章近 40 篇。菲茨杰拉德去世后，埃德蒙 · 威尔逊把其中一部分、连同他的笔记和一些通信编辑成《崩溃》（1945）出版。阿瑟 · 迈兹纳也曾把他的部分文章连同一些短篇小说编辑为《作家的黄昏》出版。菲茨杰拉德的文章谈及了他和珊尔达的生活，他的创作体验和收入，他对婚姻、家庭、子女教育的看法，对爵士时代的看法，对一些作家和作品的评论，他内心的感受，他自己精神崩溃和创作力枯竭等许多方面的问题。这些文章是了解菲茨杰拉德其人其作的重要材料。当然，同许多作家一样，菲茨杰拉德在一些涉及他本人的文章里可能有所避讳，这需要研究者根据其他方面的资料去进行判断和评价。菲茨杰拉德关于创作方面的论述后来被汇集成书，它们是：由拉里 · W. 菲利普（Phillip, Larry W.）编辑的《F. 斯科特 · 菲茨杰拉德论写作》（*F. Scott Fitzgerald on Writing*, 1985）和马修 · J. 布鲁科利与朱迪丝 · S. 鲍曼合作编辑的《F. 斯科特 · 菲茨杰拉德论创作》（1996）。菲茨杰拉德在世时做了大量笔记，这些笔记后来陆续被整理编辑出版，主要有：约翰 · 屈尔编辑的《弗朗西斯 · 斯科特 · 基 · 菲茨杰拉德的思想笔记》和马修 · J. 布鲁科利编辑的《F. 斯科特 · 菲茨杰拉德笔记》（*The Notebooks of F. Scott Fitzgerald*, 1978）。在笔记中，菲茨杰拉德记录了他所观察到和听到的轶事、社会现象、流行的时尚、语言和笑话、种种场景，他体验到的情感、他的想法等等，为他的创作积累了丰富的素材。

① 参见 Mary Jo Tate: *Critical Companion to F. Scott Fitzgerald*, pp. 321-323。

菲茨杰拉德的大量通信在他去世后被多次整理出版，主要有：安德鲁·特恩布尔编辑的《F. 斯科特·菲茨杰拉德书信集》(1963)，约翰·屈尔和杰克逊·R. 布赖尔合编的《亲爱的斯科特 / 亲爱的马克斯：菲茨杰拉德—珀金斯通信集》(1971)，杰克逊·R. 布赖尔等合编的《亲爱的斯科特 / 最亲爱的珊尔达：菲茨杰拉德夫妇情书集》(2002)，布鲁科利等合编的 3 部书《F. 斯科特·菲茨杰拉德通信集》(1980)、《F. 斯科特·菲茨杰拉德：书信中的一生》(1994) 和《马克斯韦尔·珀金斯的儿子们：菲茨杰拉德、海明威、沃尔夫与他们的编辑的通信》(*The Sons of Maxwell Perkins: Letters of F. Scott Fitzgerald, Ernest Hemingway, Thomas Wolfe, and Their Editor*, 2004)。这些通信也是菲茨杰拉德研究的宝贵资料。

第二章

菲茨杰拉德的矛盾与洞见

第一节　菲茨杰拉德的矛盾与洞见

从菲茨杰拉德的整个创作生涯来看，他是一位充满矛盾的作家。他的矛盾性体现在：一、他的作品对美国社会进行了严厉批判，揭示和批判美国社会金钱至上、物质至上的倾向，展示了美国梦的破灭，而他本人却一直怀着美国梦，向往和追求上流社会的生活方式，执着地追求金钱。他和珊尔达的生活方式成了当时美国青年一代羡慕和模仿的目标。他曾在致编辑马克斯韦尔·珀金斯的一封信中说："我不能降低我们的生活水准，我不能忍受这种财务上的不稳定。"① 二、对待"非常富有的人"（the "very rich"）的矛盾态度。他在作品中对汤姆·布坎南一类极度自私、践踏别人的富人加以无情地鞭笞，而他自己及作品中的人物，如盖茨比，却极其艳羡"非常富有的人"那样的生活，千方百计要跻身于富人社会。三、他一生都处于作为赚钱谋生的职业作家与作为具有雄心的文学艺术家的矛盾和冲突中，一方面他希望经济收入能使他过一种体面的上流社会生活，为像《星期六晚邮报》提供高稿酬那样的通俗杂志写了不少他自己认为是"垃圾"的短篇小说；② 另一方面他也渴望创作出优秀的作品，能成为一位名垂青史的作家、美国最伟大的

① Mathew J. Bruccoli: *The Composition of "Tender Is the Night": A Study of the Manuscripts*, p.98.

② 他在 1925 年写给门肯的一封信中说："我为《邮报》写的垃圾作品越来越糟，因为其中的心灵越来越少……" 参见 John Kuehl: *F. Scott Fitzgerald: A Study of the Short Fiction*, p. 7。

文学家之一。同时,他对自己的作品却缺乏信心。在《了不起的盖茨比》出版时,他在致珀金斯的信中写道:“这本书今天出来了,我因担心和不祥的预感而忧心忡忡。……事实上,我的全部信心都消失了。”[①] 四、他本人说自己在“内心里是一个道德家,想以某种可以接受的形式向人们说教”。他推崇的四种基本价值观念是:勤奋(industry)、守纪(discipline)、责任感(responsibility)和成熟(maturity)。他的作品不乏对青年一代的道德说教。他的许多作品,尤其是短篇小说,在某种程度上都成为了寓言。[②] 他自己一生也在竭力地遵从这些价值观念。然而他本人在 1920 年代却过着一种时尚、挥霍、甚至放纵的生活,成为当时青年一代追捧、模仿的对象。五、具有强烈反讽意味的是:他自称是“失败的权威”,却成功地描写了美国文明和西方文明的种种失败。六、他是一位具有诗人气质的杰出小说家。这样一位具有文学天赋的作家在写作中却常常出现词语拼写错误(有时甚至是十分低级的错误)。

詹姆斯·W. 韦斯特也曾总结指出:菲茨杰拉德创作生涯中存在着“复杂的内在张力”,这些张力“存在于艺术与商业、现实与虚构以及公开与私下的人格面貌之间”。韦斯特进一步说明道:这些张力“存在于菲茨杰拉德的私人生活与公开著作之间,存在于他想成为一位受尊重的文学家的愿望与要把书卖出赚钱的欲望之间,存在于他想成为供养家庭的负责任男人的愿望与他把生活的材料用于虚构作品的决心之间——所有这些张力仍然在吸引读者研究和讨论他。”[③] 这清楚地表明了菲茨杰拉德创作生涯中的复杂矛盾性正是他的作品具有持久魅力的重要原因。

菲茨杰拉德的洞见散见于他的虚构作品、非虚构散文和访谈中,可以大致分为以下几个方面:

一、他对当时时代特征的看法。在 1920 年发表的《人间天堂》中,他写出了一段十分著名的话:“这里来了新的一代……他们成长起来,

① Mathew J. Bruccoli, et al. eds.: *F. Scott Fitzgerald on Authorship*, p.97.

② 参见 Malcolm Cowley:“Fitzgerald: The Romance of Money”, in Harold Bloom, ed.: *F. Scott Fitzgerald*, New York: Chelsea, 1985, p.59。

③ 参见 James W. West III: “Fitzgerald's Posthumous Literary Career”, in *Journal of Scholarly Publishing*, January 1997, pp. 92, 101。

发现所有的神都死了，所有的仗都打过了，人的所有信念都动摇了。”[1]这段话精辟地总结了第一次世界大战对青年一代的影响，抓住了战后西方社会悲观的精神特征。这与其后两年发表的艾略特的《荒原》有异曲同工之妙。1926 年发表的短篇小说集《所有悲伤的年轻人》则进一步深刻地反映了美国青年一代迷惘的精神面貌。1920 年美国妇女经过 70 多年的斗争赢得了选举权。美国妇女开始摆脱斯文传统文化对她们的长期束缚，追求种种权利和自由，包括性的自由。这导致了所谓“新潮女郎”的出现。菲茨杰拉德 1920 年出版的短篇小说集《新潮女郎与哲学家》就表现了这类妇女，同步反映了美国社会的变化。他 1922 年发表的《爵士时代的故事》则反映了 1920 年代美国社会的喧嚣繁荣的特质，直接把那十年命名为爵士时代，而他本人则被批评界冠以“爵士时代代言人”的称号。

二、他深刻地揭示了一战后美国社会的矛盾和繁荣表象下的危机，对美国社会、尤其是上层社会进行了严厉的批判。《了不起的盖茨比》生动形象地描绘了盖茨比经常举行的盛大奢侈的晚会，揭示了在这灯红酒绿、笙歌艳舞的氛围背后潜伏着的危机。这种危机的根源在于出身低微的盖茨比与以汤姆·布坎南为代表的富有阶级之间不可弥合的社会地位差距，危机的结果是主人公最后死于非命，美国梦幻灭。菲茨杰拉德借故事叙述者尼克之口，严厉谴责了汤姆和黛西代表的上层社会：“他们砸碎了东西，毁灭了人，然后就退缩到自己的金钱或者麻木不仁或者不管什么使他们留在一起的东西之中，让别人去收拾他们的烂摊子……”[2]《夜色温柔》中女主人公妮科尔出身于上流社会，而她那富有的父亲却与她发生乱伦行为，导致她患上精神病。男主人公迪克，一位本来很有才华的精神病医生，被妮科尔及其父亲为代表的上流社会利用，并且最终被他们毁掉。小说揭露了上流社会的浅薄、自私，及其巨大的腐蚀力。他的不少短篇小说，诸如《一颗像里茨饭店那么大的钻石》、《阔少爷》、《雕花玻璃酒缸》、《冬天的梦》等等，也同样揭示了战后

① F. Scott Fitzgerald: *This Side of Paradise*, Harmondsworth, Middlesex, England: Penguin, 1963, p.253.

② 译文选自弗·斯科特·菲茨杰拉德：《菲茨杰拉德小说选》，巫宁坤等译，上海：上海译文出版社，1983 年，第 168 页。

美国社会的矛盾、繁荣表象下的危机以及理想的破灭。

特别引人注目的是他对文学创作和评论发表了许多颇有见地的看法。因为他在这方面的论述较多，所以下面单独介绍。

第二节 菲茨杰拉德的创作论

菲茨杰拉德在谈论自己的创作时，不乏真知灼见。在1920年他的第一部长篇小说《人间天堂》出版后几周的一次访谈中，他说道："我认为，一位明智的作家是为他自己一代的青年、为下一代的批评家、为更后来的学校老师而写作。"[①]在21世纪的今天看来，他的这句话在他自己身上应验了。他的另一句颇具哲理的名言是："好的故事它们自己就写出来了，而糟糕的故事不得不被写出来。"[②]他还曾写道：

> 如果作家问心无愧，他的书就能生存下去——至少生存在人们对那本书的感情中。相反，如果作家问心有愧，他就会从评论中只读他想听到的内容。另外，如果作家年轻并且愿意学习，那么几乎所有的评论都是有价值的，即使是那些似乎不公正的评论。[③]

他的这些话都成了批评家们常常引用的名句。

菲茨杰拉德高度注重艺术的创新性。他曾写道："对于真正的艺术家来讲，创新者——如乔托（Giotto）[④]和达·芬奇——要远远超过完美的丁托列托（Tintoretto），[⑤]原创性的D. H. 劳伦斯远比斯坦贝克伟大。"[⑥]

菲茨杰拉德强调文学创作的内容与形式的密不可分关系。他说：

---

① Mathew J. Bruccoli, et al. eds.: *F. Scott Fitzgerald on Authorship*, p.34.

② Ibid., p.96.

③ Ibid., p.140.

④ 乔托（1267—1337），意大利文艺复兴初期画家、雕塑家、建筑师。

⑤ 丁托列托（1518—1594），意大利文艺复兴后期威尼斯画派画家。

⑥ Edmund Wilson, ed.: *The Crack-Up*, pp. 293-294.

没有人想当作家就能成为作家。如果你有话要讲,你觉得那些话从来就没有人讲过,你对它们有如此强烈的感受,以致你会找到别人从来没有发现的方式讲出来。这样你要说的事情与讲述它的方式融合成为一体,不可分解,仿佛它们是一起孕育出来的……[①]

在今天看来,他的这些话都是极有道理的。

菲茨杰拉德对美国社会和生活有着强烈的危机意识和悲剧意识,并力图在作品中表现出来。他写道:

1919 年的种种不确定性结束了。对于即将发生的情况,没有疑问的是:美国将迎来历史上最宏大、最华丽的狂欢,关于它将有许多话要讲。一派金色的繁荣弥漫在空气中……进入我头脑里的所有故事都带有一种灾难感:我小说中可爱的年轻人走向了毁灭,我故事里的钻石山爆炸了,我的百万富翁们如同哈代的农民一样美丽而受到诅咒。[②]

菲茨杰拉德在评论其他作家和作品时,常常也有精辟的看法。他在 1923 年发表的《我读过的 10 部最佳书》中列出了《弗里德里希 · 尼采的哲学》、詹姆斯 · 乔伊斯的《一个青年艺术家的肖像》、萨克雷的《名利场》、康拉德的《诺斯特罗莫》、阿纳托尔 · 法朗士的《泰绮丝》及《牛津英文诗选》等。在说明选择其中每一部的原因时,他说,"因为詹姆斯 · 乔伊斯在以后 50 年文学中将具有最深远的影响。" 他指出,《诺斯特罗莫》是 "过去 50 年的伟大小说,而《尤利西斯》是未来的伟大小说",《泰绮丝》则是"相当于威尔斯和萧伯纳合起来的那个人的伟大作品"。[③]其中,菲茨杰拉德也有看得不准的情况。在他选择的这 10 部最佳书中,有几部并非经典之作,只是因为当时较流行、有较大影响而入选。它们是:《塞缪尔 · 勃特勒笔记》(1912)、马克斯 · 比尔博姆(Beernbohm, Max)

① Ibid., pp. 303-304.

② Edmund Wilson, ed.: *The Crack-Up*, p. 87.

③ Mathew J. Bruccoli, et al. eds.: *F. Scott Fitzgerald on Authorship*, p.86.

的《朱莱卡·多布森》(*Zuleika Dobson*, 1911)、布思·塔金顿(Tarkington, Booth)的《17岁》(*Seventeen*, 1916)。不过,《朱莱卡·多布森》可能对他创作《人间天堂》有较大影响。比尔博姆曾在牛津大学读书,但未获得学位,他的《朱莱卡·多布森》是以他在牛津大学的经历为基础写的一部小说。而菲茨杰拉德与他相似,曾读过普林斯顿大学,但没有毕业就离开了。《人间天堂》也是描写了一位在普林斯顿大学读书的主人公。

菲茨杰拉德似乎对康拉德的《诺斯特罗莫》情有独钟,他在致一家报社编辑的信中还说:"它是自《名利场》以来最伟大的小说。"他认为书中的主人公诺斯特罗莫"是我们的文明中最重要的类型之一。……他是一位使我魂牵梦萦、对我具有不可抵御魅力的人物。"① 他还在不同的场合多次推崇康拉德。他说,康拉德"比我们时代的任何人都更清楚地、更生动地为它(指严肃的作家职业)下了定义:'我的任务是用书面词语的力量去使你听到、使你感受到——首先是要使你看到。'"② 的确,康拉德对菲茨杰拉德的小说创作有重大影响,《了不起的盖茨比》的叙事人物和技巧即是一个明证。

菲茨杰拉德从普林斯顿大学读书时期起,就一直特别推崇英国诗人济慈。他在《拿骚文学杂志》上发表了一首诗《致我未用过的希腊书》("To My Unused Greek Book"),就是模仿济慈的《希腊古瓮颂》之作。著名的菲茨杰拉德批评家布鲁科利指出,菲茨杰拉德"力图成为散文体的济慈,他模仿诗人的节奏,用繁茂的济慈式意象去丰富自己的文风。……如同济慈,菲茨杰拉德对美的变幻与青春的短暂做出痛苦的反应。两人都渴望通过艺术达到不朽,而济慈的英年早逝更使菲茨杰拉德有紧迫感。首要的一点是菲茨杰拉德把自己认同于济慈式原型——英俊青年,为自己的天才而欢呼。"③ 后来,在他的女儿上大学期间,菲茨杰拉德在写给她的一封信中更是极力把自己对济慈的喜爱传达给女儿。他写道:

> 《希腊古瓮颂》具有一种难以忍受的美,每一个音节都不可缺

① Ibid., p.87.

② 参见 Mathew J. Bruccoli, et al. eds.: *F. Scott Fitzgerald on Authorship*, 1996, p.132。

③ Mathew J. Bruccoli: *Some Sort of Epic Grandeur*, p. 73.

少，如同贝多芬第九交响曲里的音符一样……同样对于《夜莺颂》，我每次读完都是热泪盈眶；《紫苏花盆》也是一样……《圣阿格尼斯节前夕》有着英语中最丰富、最令人愉悦的意象，莎士比亚也不例外。最后是他的三四首伟大的十四行诗，《灿烂之星》及其他几首。[①]

菲茨杰拉德的小说作品，如《了不起的盖茨比》和《夜色温柔》，含有许多寓意深刻的意象，具有诗一般的风格，《夜色温柔》的标题和卷首引语都是出自《夜莺颂》，这些均是济慈影响的证据。

他在《100个虚假的开头》一文中谈到了他创作的体会：

多数情况下，我们作家必须重复我们自己—这是真理。我们在一生里有两三次非凡并且动人的体验—这些体验是如此非凡并且动人，似乎在那时任何其他人都不会同样地被迷住、冲击、拯救、感到困惑、惊讶、沮丧、伤心、谦卑、受到启迪和奖赏。

然后我们很好地或者不那么好地了解了我们的行业。只要人们愿意听，我们把我们的两三个故事可能讲述10次、也可能100次，每一次都披上一种新的伪装。

……无论事情发生在20年前或者在昨天，我必须带着一种感情去开始，那是我亲身体验的并且是我能够理解的感情。[②]

他与女友吉尼芙拉 · 金初恋的体验就正是这样被他反复写进了《人间天堂》、《了不起的盖茨比》、《冬天的梦》及《巴兹尔和约瑟芬系列小说》等作品中，只不过人物和情节有所变化。

菲茨杰拉德曾在《书人》（1926年5月）杂志上发文谈论文学题材问题。他认为自华盛顿 · 欧文以来，题材问题束缚了美国作家。他批评了1890年以来、尤其是1919年—1926年间的“文学淘金热”，指出一些作家并未把素材处理好，也没有把素材消化。他提出在一定程度上H. L. 门肯在这个问题上有责任（尽管他对美国文学的贡献比任何在世的

① Ibid., pp. 72-73.

② Mathew J. Bruccoli, et al. eds.: *F. Scott Fitzgerald on Authorship*, pp. 128-129.

人都大),门肯的思想“总是伦理的而不是美学的”。受他影响的一批作家“专注于外在的、不值一顾的、‘民族的’、枯燥乏味的东西”。他进一步指出:“他们从来未能充分地意识到:无论多么仔细地观察素材,素材在其生存的时刻都是难以捉摸的,除非它被一种诚实的文风和一种富于激情的情感宣泄所净化。”[①] 在当时美国文坛上,门肯是一言九鼎的巨头。菲茨杰拉德能够尖锐地指出美国文坛存在的问题,并明确提出门肯负有一定责任,这说明菲茨杰拉德也是一位颇具胆识的批评家。

在创作上菲茨杰拉德注重对素材的筛选和对作品的精益求精,力图以精简的方式表达丰富深刻的内容。他批评了托马斯·沃尔夫疏于对素材的剪裁那种“笨拙而繁杂”的文风。他在《了不起的盖茨比》创作过程中删减的内容足以构成另一部小说。在创作《夜色温柔》的9年里他先后写了3个不同的版本,更换了多个书名。[②]

菲茨杰拉德看重作品的真诚。在评论当时的两位通俗作家时,他写道:“他们酒足饭饱、因虚荣而精神畅快。他们视生活为玫瑰色,除了他们制造的快活垃圾作品外,他们写作的任何东西都反映出强烈的不真诚。”[③] 他在为现代图书馆重印的《了不起的盖茨比》写的“序言”中指出:“就我的看法,把它(指该小说)读完,人们能够看到它如何能得到改进——然而不会感到有任何不符合真理的内疚;真理或者更确切地说真理的相等物即是真诚想象的努力。……我认为它是一本真诚的书。”[④]

菲茨杰拉德成名后,乐于帮助其他尚未成名的文学青年。他曾向斯克里布纳出版社的著名编辑珀金斯大力推荐海明威。他还多次在文章中赞扬海明威和托马斯·沃尔夫。他也曾向年轻作家提出建议,建议他们去读托尔斯泰、马克思和D.H.劳伦斯的著作。[⑤]

应该指出,菲茨杰拉德也有一些偏见或者偏激的观点。在一次采

① F. Scott Fitzgerald: “How to Waste Material: A Note on My Generation”, in Matthew J. Bruccoli, et al. eds.: *F. Scott Fitzgerald on Authorship*, pp. 105-109.

② 参见 John Kuehl: *F. Scott Fitzgerald: A Study of the Short Fiction*, p.144。

③ 参见 Mathew J. Bruccoli, et al. eds.: *F. Scott Fitzgerald on Authorship*, p.99。

④ Ibid., p.140.

⑤ Ibid., p. 185.

访中，他曾说："没有伟大的文学传统，只有每一种文学传统最终都要死亡的传统。明智的文学之子要杀死他自己的父亲。"[①] 他的这种说法体现了作家想超越前辈的那种"影响的焦虑"。同时，无论是从美国、从英国、或是从世界的范围来看，伟大的文学传统都是客观存在的，不会因为某个人的否定而消亡。然而矛盾的是，菲茨杰拉德紧接下来谈论风格问题时，却罗列了一批他希望模仿的作家。他说：

> 至于风格，我指色彩。我想用词语做任何事情：像威尔斯那样处理热烈而充满激情的描写，以塞缪尔·勃特勒的明晰、萧伯纳的广度、奥斯卡·王尔德的风趣去采用悖论，我想描绘康拉德笔下那种广阔、燥热的天空，希琴斯（Hichens）和吉卜林笔下那种金色夕阳和百纳被般云彩的天空，切斯特顿那种彩色粉笔画的黎明和黄昏。所以一切都要通过范例。事实上我是一个职业的文学窃贼，热衷于追求每一位我这一代作家的最佳方法。[②]

他的这段话清楚地表明，尽管他否认伟大文学传统的存在，实际上他自己也深受文学传统的影响。这也是他的矛盾性的一种体现。

当被问及对著名诗人卡尔·桑德堡的看法时，菲茨杰拉德的微词表明了他的偏见："桑德堡可能是一个聪明的家伙。但要说他是一位诗人，简直是荒唐。那个伟大的城市芝加哥感受到文学的觉醒，他们四处寻找一位可以用伟大来称誉的诗人。桑德堡是被发现的唯一人，于是适合桑德堡的那个伟大的无产阶级诗人的传说立即被编造了出来。"[③] 实际上，桑德堡是自惠特曼以后美国最重要的诗人之一。

菲茨杰拉德似乎对作家传记一贯持批判的态度。他曾在笔记中写道："从来就没有一部关于优秀作家的好传记。不可能有。"他还说："传记是最虚假的艺术，那是因为在济慈之前没有济慈式的人物，在林肯之前没有林肯式的人物。"[④] 这样的说法显然是偏激了，文学史上并不缺乏

① Ibid., p. 86.

② Ibid., p. 34.

③ Ibid., p. 64.

④ Ibid., pp. 180, 186.

优秀作家的好传记。就以菲茨杰拉德本人为例,阿瑟·迈兹纳写的关于他的传记《远在天堂边》至今仍被批评界认为是最好的传记之一;布鲁科利写他的传记《史诗般壮丽:F. 斯科特·菲茨杰拉德的一生》也被批评界公认是一部材料丰富、考据翔实的重要著作。

第三章

菲茨杰拉德作品的虚构与真实

第一节　强烈的自传色彩

菲茨杰拉德的虚构作品中的许多背景、情节、人物与其人生经历吻合或十分相似。在美国文学史上的经典作家中，虚构作品与作家自己生平如此相似，作品的自传色彩如此强烈的，他可能要算第一人。

菲茨杰拉德的家庭背景，包括他的父母的天主教信仰、母亲一方的爱尔兰“土豆饥荒”移民背景、父亲一方衰败的英国贵族的血统、两方家族传统观念的冲突，他早期在家乡圣保罗的成长过程，在美国东部天主教教会办的纽曼学校和普林斯顿大学读书的经历，后来参军及退伍后的生活经历和爱情体验，他与珊尔达的婚姻、他们时尚奢侈的生活及在欧洲的经历，他妻子珊尔达患精神病长期住院的情况，他在好莱坞的工作和生活体验等等，都对他的创作产生了不可忽视的影响。他去过和居住过的许多地方、经历过的许多事件、他本人和他的妻子以及他们认识的许多人物都成为他作品的背景、素材和原型。

菲茨杰拉德在普林斯顿大学读书的经历和朋友成为他第一部长篇小说《人间天堂》的背景和人物原型。书中主人公艾默里·布莱恩的原型就是菲茨杰拉德本人，另一人物托马斯·帕克·德英维利尔斯的原型即是菲茨杰拉德的朋友约翰·皮尔·毕晓普，达西神父的原型则是对菲茨杰拉德有很大影响的费伊神父。[①] 他的初恋女友吉尼芙拉·金是多部作品里的女主人公的原型，如《人间天堂》中的伊莎贝尔、《了不起的盖

① 参见 Mathew J. Bruccoli: *Some Sort of Epic Grandeur*, pp. 48, 37; Arthur Mizener, *The Far Side of Paradise*, pp. 42-43。

茨比》中的黛西及《巴兹尔和约瑟芬系列小说》中的约瑟芬。

《漂亮冤家》里的主要角色安东尼·佩奇和格洛丽亚·佩奇夫妇，以及他们的朋友几乎都是以菲茨杰拉德夫妇和他们的朋友为原型，他们包括埃德蒙·威尔逊、H. L. 门肯、乔治·琼·内森（Nathan, George Jean）、普林斯顿大学的同学勒德罗·富勒（Fowler, Ludlow）等。小说里安托尼和格洛丽亚夫妇家中有一位名叫塔娜的日本女仆，而菲茨杰拉德夫妇家里也有一位同名的日本女仆。[①] 小说虚构的佩奇夫妇曾居住的地方（纽约州玛丽埃塔）是根据菲茨杰拉德夫妇新婚后所住的康涅狄克州的韦斯特波特来描写的。佩奇夫妇同菲茨杰拉德夫妇一样常常毫无节制地饮酒、聚会，为金钱问题所困扰。菲茨杰拉德还把珊尔达的日记和信件的一些内容写进了这部小说，以致珊尔达在《朋友丈夫的新作》（"Friend Husband's Latest", 1922）一文里半开玩笑地写道："抄袭从家里开始"。[②]

菲茨杰拉德夫妇1922年—1924年间曾在纽约长岛居住，《了不起的盖茨比》故事发生的主要地点也是在那里。小说中汤姆夫妇居住的东卵村即是长岛上传统的富人居住区曼哈西特内克（Manhasset Neck）；盖茨比和尼克住的西卵村即是长岛上文艺界人士的聚居区格雷特内克（Great Neck），菲茨杰拉德一家和作家林·拉德纳一家都住在那里。盖茨比这个人物在一定程度上是以菲茨杰拉德在长岛认识的一个名叫马克斯·格拉克（Gerlach, Max）的人为原型，此人在当时曾被指控从事非法的酒类生意。同时，菲茨杰拉德把自己的道德价值观念融入了盖茨比身上。盖茨比与黛西的关系的描述在很大程度上源自菲茨杰拉德先后与吉尼芙拉·金和珊尔达的恋爱经历。黛西的朋友乔丹·贝克的蓝本是吉尼芙拉·金的好友伊迪丝·卡明斯（Cummings, Edith），此人曾获得1923年女子高尔夫比赛冠军。小说中的黑社会人物迈耶·沃尔夫山姆则是基于当时的一个赌徒和诈骗者阿诺德·罗斯坦（Rothstein, Arnold），他与轰动一时的"富勒–麦吉"（Fuller-McGee）案件中的首犯爱德华·W. 富勒有密切关系。[③]

① 参见 Henry Dan Piper: *F. Scott Fitzgerald: A Critical Portrait*, p. 87。

② 参见 Mary Jo Tate: *Critical Companion to F. Scott Fitzgerald*, p. 32。

③ 参见 Mary Jo Tate: *Critical Companion to F. Scott Fitzgerald*, pp. 87, 97, 99-101。

菲茨杰拉德在法国生活的体验，他的妻子珊尔达与一法国海军航空兵军官的恋情，她患上精神病、在精神病院的治疗情况，为《夜色温柔》提供了素材。该小说中的男主人公迪克·戴弗身上有作家本人的身影。著名批评家菲利普·拉夫指出了作品人物与作家之间的紧密关系："在塑造迪克·戴弗这个人物的同时，菲茨杰拉德或许无意识地创作了与他自己密切相关的一种生活形象。妮科尔可以被理解为这个完全疯狂的社会制度的一个象征，对于这一社会制度菲茨杰拉德则在长期扮演迪克·戴弗。"[①] 作品中的人物罗丝玛丽·霍伊特是以好莱坞电影演员洛伊斯·莫兰为蓝本塑造的，1927 年菲茨杰拉德去好莱坞时结识了她；另一人物阿贝·诺斯（North, Abe）则是以他的密友、著名幽默作家林·拉德纳为原型。

菲茨杰拉德在好莱坞工作的体验和见闻则为《最后一位君子》创作奠定了基础。作品的主人公门罗·施塔尔是以他认识的好莱坞制片人欧文·塔尔贝格为模特塑造的；小说的叙述者兼人物塞西莉娅·布雷迪是以他自己的女儿斯科蒂为原型。布雷迪爱恋施塔尔的情节则是以斯科蒂与电影编剧巴德·舒尔贝格的关系为基础的，舒尔贝格曾与菲茨杰拉德合作电影剧本《冬日欢宴》。1940 年 10 月 23 日菲茨杰拉德在给妻子珊尔达的信中谈到《最后一位君子》时，写道："我深深地沉浸在小说里，生活在其中，它使我感到快乐。"[②]

菲茨杰拉德的许多短篇小说也具有浓厚的自传色彩，出自于他的经历和见闻。例如他最著名的短篇小说《阔少爷》主人公的原型就是他在普林斯顿大学的同班同学勒德洛·福勒。[③] 另一著名短篇小说《冬天的梦》是以他和吉尼芙拉·金的恋爱经历为蓝本。[④]《冰宫》的女主人公则是以珊尔达为原型。他在电影界的经历和体验也为他的不少短篇小说创作提供了背景、人物或题材，例如《雅各布之梯》中纽约女售货员珍妮在富人雅各布的帮助下成为好莱坞的明星，珍妮便是以好莱坞电影明星洛伊斯·莫兰为模特刻画的；《魅力》（"Magnetism," 1928）故

① Henry Claridge, ed.: *F. Scott Fitzgerald: Critical Assessments*, Vol. 3, p. 19.

② 参见 Mary Jo Tate: *Critical Companion to F. Scott Fitzgerald*, p.138。

③ 参见 Mathew J. Bruccoli: *Some Sort of Epic Grandeur*, p. 232。

④ 参见 Arthur Mizener: *The Far Side of Paradise*, p. 49。

事的素材取自男演员乔治·汉纳福德(Hannaford, George)遭讹诈的事件;《疯狂的星期天》人物的部分性格特征取自制片人欧文·塔尔贝格和他的妻子诺尔玛·希勒,情节则出自菲茨杰拉德参加的塔尔贝格夫妇举行的一次聚会;《帕特·霍比系列小说》是关于好莱坞一位颓废潦倒的剧本作家,他并不是出自菲茨杰拉德本人的自传性人物,而是源自菲茨杰拉德在好莱坞的所见所闻。[①]

从以上内容可以看出,菲茨杰拉德的许多作品中的地点、人物、事件都或多或少有他本人经历和体验的踪迹。马尔科姆·考利在1951年的文章《菲茨杰拉德:双面人》("Fitzgerald: The Double Man")中指出:菲茨杰拉德作为一位作家的突出特点是他的"双重视角",他把"最大的批评距离……与最大程度地沉浸在戏剧中结合了起来。"[②] 菲茨杰拉德既是观众的一员,又是作品"表演"中的演员。甚至他自己就曾说过:"有时,我都不知道珊尔达和我是否是真实的人,或者我们是否是我小说中的人物。"[③] 他的这种话清楚地表明了他作品的自传色彩是何等强烈。

正是由于菲茨杰拉德的作品具有强烈的自传色彩,使菲茨杰拉德批评具有一个突出的特征:那就是批评家们往往把他的小说与他的生平非常紧密地结合在了一起;传记批评成了对他作品的一种长期有效的批评模式。不过从另一方面看,正因为一些批评家过于注重菲茨杰拉德作品里的自传性因素,他们的评论可能会忽视作品人物的广泛意义。现在有批评论著认为菲茨杰拉德小说中自传材料的重要性被一些批评家夸大了,同时不少批评家也未能正确地认识菲茨杰拉德本人的自我贬低言论。他们不仅全盘接受了菲茨杰拉德的这类言论,而且还往往将其发挥扩展。[④] 这一点也是值得注意的。

另外,菲茨杰拉德个人和家庭的生活经历与当时美国社会历史的

---

① 参见 Mary Jo Tate: *Critical Companion to F. Scott Fitzgerald*, pp. 323-324。

② 参见 Malcolm Cowley: "Fitzgerald: The Double Man", in *Saturday Review of Literature*, 34 (February 24, 1951), pp. 9-10,42-44。

③ Malcolm Cowley: "Fitzgerald: The Romance of Money", in Harold Bloom, ed.: *F. Scott Fitzgerald*, p. 57.

④ 参见 Ray Canterbery & Thomas D. Birch: *F. Scott Fitzgerald: Under the Influence*, St. Paul, MN: Paragon, 2006, p. xiv。

发展变化是紧密结合在一起的。他和珊尔达的生活方式是美国爵士时代和大萧条时期社会生活的体现和代表,他作品中的强烈自传色彩与作品的深刻历史意识有着密切的联系。

第二节 深刻的历史意识

菲茨杰拉德的作品具有丰富深刻的内涵与其强烈的历史意识是密不可分的。它们真实地记录了社会的变化,深刻地反映了当时的社会世态,生动地再现了历史,体现了时代的精神特征。他是当时青年一代的代表,是"爵士时代"的代言人。在这方面,著名批评家莱昂内尔·特里林曾把他与歌德相提并论。[①]

他在《人间天堂》中所写的那句话"新的一代……他们成长起来,发现所有的神都死了,所有的仗都打过了,人的所有信念都动摇了",准确地表达了第一次世界大战后年轻一代的心声。书中的人物罗莎琳德·康纳吉则是1920年代美国新潮女郎的典型,她的言行代表了当时出现的性革命潮流。[②]亨利·丹·派珀指出,菲茨杰拉德根据他个人的观察,认识到1910年—1920年间同他一道成长起来的青年男女与当时英美畅销小说描写的青年状况是大不相同的。《人间天堂》和他的早期小说中的女主人公是对"来自中西部的享有特权的富裕中产阶级女孩忠实、准确的描写"。[③]

1920年美国妇女经过了70多年的斗争赢得了选举权。美国妇女开始摆脱斯文传统文化对她们的长期束缚,追求种种权利和自由,包括性的自由,这导致了所谓的"新潮女郎"的出现。菲茨杰拉德1920年出版的短篇小说集《新潮女郎与哲学家》就表现了这类妇女,同步反映了美国社会的变化。他1922年发表的《爵士时代的故事》则反映了1920年代美国社会的喧嚣繁荣的特质,直接把那十年命名为爵士时代。

《漂亮冤家》里安东尼·佩奇和格洛丽亚·佩奇及他们的朋友那种

① 参见 Lionel Trilling: "F. Scott Fitzgerald," in Alfred Kazin, ed.: *F. Scott Fitzgerald: The Man and His Work*, p. 202。

② 参见 Kirk Curnutt: *The Cambridge Introduction to F. Scott Fitzgerald*, pp. 70-71。

③ 参见 Henry Dan Piper: *F. Scott Fitzgerald: A Critical Portrait*, pp. 58-59。

挥霍放荡的生活是那个繁荣时期美国社会消费主义盛行的表现，他们那一代青年消费的不仅是物质商品，而且也是消费青春、浪费年华。这在一定程度上体现了那个时代、尤其是青年文化的特征。

《了不起的盖茨比》通过描写盖茨比追求美国梦失败的悲剧，表达了更有历史深度的、广泛意义上的美国文明的悲剧，并对之加以了批判。埃德温·S. 富塞尔在《菲茨杰拉德的美丽新世界》一文中指出了"盖茨比个人悲剧与美国文明悲剧的联系"，并说："粗略地讲，菲茨杰拉德的基本情节是新世界的历史……更准确地讲，是在新世界里人类想象的历史。"富塞尔还说，菲茨杰拉德的"虚构世界不再仅仅是爵士时代、迷惘的一代，而是在他那个时代达到了顶点的整个美国文明。……那是菲茨杰拉德对美利坚合众国最成熟的观点，可能是在我们全部文学作品中对'新世界'的残酷现代性，对它的冷酷、虚幻与荒诞最辉煌的陈述……"①

这部小说对盖茨比从事非法生意暴发致富、周末举行盛大宴会和舞会、当时种种流行文化及社会风尚等的描写，是禁酒时期和爵士时代的生动写照。1922年轰动纽约的"富勒–麦吉"案件为菲茨杰拉德创作《了不起的盖茨比》提供了重要的素材。该案中的首犯爱德华·W. 富勒出身不明，却是当时华尔街叱咤风云的人物，他伙同他人采用非法欺骗的手段赚取了大量金钱。他的迅速发迹得益于同华尔街另一神秘人物查尔斯·A. 斯通汉姆（Stoneham, Charles A.）的帮助，此人还涉足赌博、体育、报业，是纽约巨人棒球俱乐部的老板。富勒与纽约黑社会人物阿诺德·罗斯坦也有着神秘的联系。小说里丹·科迪与盖茨比的关系对应于斯通汉姆与年轻的富勒的关系；盖茨比与迈耶·沃尔夫山姆的关系则对应于富勒与罗斯坦的关系。菲茨杰拉德从"富勒–麦吉"案的报道中还借用了若干细节，把它们写进了小说里。小说里盖茨比、尼克同沃尔夫山姆一道在曼哈顿餐馆吃饭，他们的谈话暗示了与黑社会的联系。沃尔夫山姆回忆起他与同伙罗西·罗森塔尔等在对面的"老大都会"餐馆大吃大喝一夜，凌晨4点服务员通知罗西外面有人找，结

① Edwin S. Fussell: "Fitzgerald's Brave New World", in Arthur Mizener, ed.: *F. Scott Fitzgerald: A Collection of Critical Essays*. Eaglewood Cliffs, NJ: Prentice-Hall, 1963, pp. 48, 43, 49.

果在人行道上被一伙黑帮枪杀,"他们向他吃得饱饱的肚皮上放了3枪。"[①] 在纽约历史上,罗斯坦在1928年也被枪手打死。随后虽然纽约警方介入调查,但是却试图掩盖罗斯坦与其他纽约名人的联系。此事引起公众舆论的强烈抗议,导致了历史性的"西伯里调查"。法官西伯里(Seabury)调查的结果揭露了纽约政界与金钱、犯罪、体育、商业等各个方面的密切关系,迫使当时的纽约市长吉米·沃克(Walker, Jimmy)和其他高级官员辞职。[②] 这一点表明了《了不起的盖茨比》惊人的预见性,它是对1920年代美国社会的尖锐批判。

这部小说描写的种种场景,提及的书籍、流行杂志、广告、电影和作品人物对于西方文明、移民、梦想、社会变化等问题的议论反映了当时美国社会和文化中出现的种种变迁和争议,准确地凸显了美国社会的精神特征。例如:小说第二章描写汤姆、尼克和汤姆的情妇默特尔一起去了纽约城,默特尔买了当时的通俗刊物《纽约闲话》(*Town Tattle*)、电影杂志、冷霜和香水、一只小狗。到了汤姆的公寓,房间里也放着几份旧的《纽约闲话》、两三本百老汇的黄色小刊物和当时流行的一部通俗小说《名字叫彼得的西门》(*Simon Called Peter*)。随后默特尔换了"一件精致的奶油色雪纺绸连衣裙"。这些细节体现了当时消费文化的影响。第一章里汤姆对着尼克等人谈到了戈达德(Goddard)的《有色帝国的兴起》(*The Rise of the Colored Empires*)一书,表达了白人至上的种族主义观点:"如果我们不当心,白色人种就会……完全被淹没了。讲的全是科学道理,已经证明了的","我们是占统治地位的人种,我们有责任提高警惕,不然的话,其他人种就会掌握一切了。"[③] 这样的观点正是那个时代有着白人至上观念的种族主义者感到忧心忡忡的问题。除了汤姆提到的《有色帝国的兴起》,这类著作还有麦迪逊·格兰特(Grant, Madison)的《伟大种族的消亡》(*The Passing of the Great Race*, 1916)、

① 参见弗·斯科特·菲茨杰拉德著:《菲茨杰拉德小说选》,巫宁坤等译,上海:上海译文出版社,1983年,第65-66页。

② 参见 Henry Dan Piper: *Fitzgerald's "The Great Gatsby": The Novel, The Critics, The Background*, pp. 171-175。

③ 弗·斯科特·菲茨杰拉德著:《菲茨杰拉德小说选》,巫宁坤等译,上海:上海译文出版社,1983年,第14页。

洛思罗普·斯托达德（Stoddard, Lothrop）的书《反对白人至上的有色浪潮》（*The Rising Tide of Color Against White World Supremacy*, 1920，此书正是格兰特作的序；值得注意的是盖茨比的图书室里就有《斯托达德演说集》），查尔斯·乔西（Josey, Charles）的《种族与民族团结》（*Race and National Solidarity*, 1923）等。[①] 这些著作在当时有着广泛的影响。它们导致了美国国会分别在1921年、1923年和1929年通过了三部严格限制定额的移民法。

这部作品中还有不少这样的场景描写和人物的议论。难怪罗纳德·伯曼称"菲茨杰拉德是美国景象第一流的观察家"。[②] 亨利·丹·派珀在评论《了不起的盖茨比》时，则更明确指出：

> 菲茨杰拉德那一代作家很少有人比他更有时间感和地方感。……《了不起的盖茨比》不是一部历史小说。菲茨杰拉德描写的是他刚生活过的二十年代初期的世界。但是，因为他在阐释那个世界时所赋予的道德理解，因为他那真实具体的描写，他的小说比许多正统历史学家的事实性陈述使我们更接近于那个世界。[③]

派珀的这段话清楚地说明了菲茨杰拉德小说所具有的深刻历史意识。

《夜色温柔》和《崩溃》系列文章（1936）反映了一战前后和大萧条时期美国和西方社会的精神特质，历史问题是作品的中心问题。米尔顿·R. 斯特恩这样评论《夜色温柔》反映的历史问题："那本书的主题是历史本身，是施彭格勒式的一种文明衰落进入野蛮状态的进程。《夜色温柔》的中心问题是一次大战前后西方世界的道德历史，更具体地

---

① 参见 George McDaniel: "Madison Grant and the Racialist Movement ", in *American Renaissance Magazine*, Vol. 8 No. 2, December 1997. 28-04-2012, <http://www.amren/re/1997/12/#cover>。

② Ronald Berman: "*The Great Gatsby" and Fitzgerald's World of Ideas*, 1997, p.2.

③ Henry Dan Piper: *Fitzgerald's "The Great Gatsby": The Novel, The Critics, The Background*, p.1.

讲,它是美国梦的延续史。"[1] 因为菲茨杰拉德在写作《夜色温柔》的后期(1932年—1934年)和写作《崩溃》系列文章时,他处于人生的低谷期,他妻子长期患病住院,家庭生活负担沉重,收入减少,负债累累。他本人精神上极度痛苦,常常借酒浇愁,他的这种体验是与大萧条时期整个美国社会的氛围和广大民众的体验完全一致的,所以他在《小心处理》(《崩溃》系列文章之一)中写道:"我最近的体验是与繁荣时期结束后席卷全国的绝望浪潮相同的"。[2] 菲茨杰拉德研究专家詹姆斯 · L. W. 韦斯特三世也指出:"菲茨杰拉德长期以来感觉到他自己生活的循环与美国社会在1920年代和1930年代的起伏是平行的。"[3] 布鲁斯 · L. 格伦伯格认为,《崩溃》系列文章"从历史的语境看,不仅表明了一种个人的崩溃和'失败',而且表明了更大、更重要的美国自我的崩溃和失败","贯穿这些文章的主题就是美国的崩溃"。[4] 布鲁科利则明确指出:"他与他的时代是如此强烈地一致,以致他扮演了主流思想倾向要求的角色。在爵士时代他象征了欢腾与信心,在大萧条时期他则象征了受挫的期望与悔恨。"[5] 以上评论都是关于他的历史意识的明确表述。

菲茨杰拉德最后的未竟之作《最后一位君子》同样也表现出了强烈的历史意识。作者有意识地把美国历史上的几位总统与男主人公门罗 · 施塔尔联系了起来,以凸显施塔尔在电影界的巨头地位、他的特殊品质和作品的历史感。首先,施塔尔的名字门罗与美国第5任总统詹姆斯 · 门罗(Monroe, James)的姓相同。其次,小说第一章第一个主要场景描写了女主人公塞西莉娅同剧作家怀利 · 怀特等人去参观前总统安德鲁 · 杰克逊在纳什维尔的故居"赫米蒂奇"(Hermitage)。菲茨杰拉德通过描写这幢故居把美国历史上的总统与好莱坞的巨头

---

① Milton R. Stern, ed.: "Introduction", in Milton R. Stern, ed.: *Critical Essays on F. Scott Fitzgerald's "Tender Is the Night"*, p. 2.

② F. Scott Fitzgerald: *The Crack-Up*, p. 84.

③ Jackson R. Bryer, et al. eds.: *F. Scott Fitzgerald: New Perspectives*, p. 205.

④ Bruce L. Grenberg: "Fitzgerald's 'Crack-up' Essays Revisited: Fictions of the Self, Mirrors for a Nation", in Jackson R. Bryer, et al. eds.: *F. Scott Fitzgerald: New Perspectives*, pp. 207-208.

⑤ Matthew J. Bruccoli: *Fitzgerald and Hemingway: A Dangerous Friendship*, p. 9.

联系了起来。杰克逊总统和男主人公施塔尔一样,出身贫寒,通过自我奋斗,成为美国历史上第一位出身平民的总统,施塔尔则成为好莱坞的巨头。这正是美国梦实现的体现。有批评家考证,菲茨杰拉德拥有杰克逊传记《安德鲁·杰克逊:有教养的野蛮人》(*Andrew Jackson: The Gentle Savage*, 1929)。此外,在他潜心创作《最后一位君子》之前一年,另一部杰克逊传记《安德鲁·杰克逊:一幅总统肖像》(*Andrew Jackson: Portrait of A President*, 1938)获得了普利策奖。考虑到菲茨杰拉德一贯对同时代的畅销书和种种奖项感兴趣,他很可能也读过这本书。[1] 再次,这部小说不止一次地提到林肯总统,并借用一位参观好莱坞的英国作家乔治·博克斯利(此人的蓝本是英国作家奥尔德斯·赫胥黎,菲茨杰拉德曾与他合作编写剧本《居里夫人》)对施塔尔的看法:"施塔尔同林肯一样,是一位在许多战线进行一场长期战争的领袖",[2] 把施塔尔与历史联系了起来。对此迈克尔·米尔盖特评论道:

> 两个人都出身卑微,受过的正规教育很少,但是都有巨大的才能和远见。两人在与下属的关系上都平易近人、非常民主。两人都毫不迟疑地接受自己职位的全部责任,而不喜欢许多牵连的职责。正如菲茨杰拉德认为的,在施塔尔与林肯的职位之间有一种明显的相似性:可以把施塔尔视为总司令,收到从战线上传来的报告,向他的将军(导演)们发出命令,监督由其他人完成细节的工作。[3]

菲茨杰拉德在《笔记》里针对这部小说的历史观写道:"我把它挑出来看——我认为它是世界上最美妙的历史。它是关于我和我的人民

① 参见 Robert A. Martin: "Fitzgerald's Use of History in *The Last Tycoon*", in Jackson R. Bryer, et al. eds.: *F. Scott Fitzgerald: New Perspectives*, pp. 147-149。

② F. Scott Fitzgerald: *The Love of the Last Tycoon*, p. 107.

③ Michael Millgate: "Scott Fitzgerald as Social Novelist: Statement and Technique in *The Last Tycoon*", in Harold Bloom, ed.: *F. Scott Fitzgerald*, pp. 85-86.

的历史。而且如果我像希拉[①]那样昨天才来到这里，我仍然会这样想。它是所有抱负的历史——不仅仅是美国梦，而且是人类之梦，如果我来到这一历史的末尾，那也是处于开拓者行列里的一个位置。"[②]从他的这段话可以看出，菲茨杰拉德是怀着强烈的历史意识创作了这部作品，他也有着非凡的抱负，希望自己成为人类文明史上的一位开拓者。

纵观菲茨杰拉德的作品，在一定程度上我们可以把恩格斯对巴尔扎克作品的一段评论也用于他的作品：

> 巴尔扎克……在《人间喜剧》里给我们提供了一部法国"社会"特别是巴黎"上流社会"的卓越的现实主义历史……在这幅中心图画的四周，他汇集了法国社会的全部历史，我从这里……所学到的东西，也要比当时所有职业的历史学家、经济学家和统计学家那里学到的全部东西还要多。[③]

我们从菲茨杰拉德作品里也同样可以了解当时美国社会的历史，他作品所蕴含的丰富内容和表达的深刻思想超过了许多关于同一时期美国的历史著作。

正是由于菲茨杰拉德作品中强烈的自传色彩和深刻的历史意识，才使得他的小说具有高度的真实性，并忠实地反映了当时的时代精神。从美国社会历史文化语境来看，菲茨杰拉德的作品不仅反映了美国社会历史的特征，而且他的创作、他和珊尔达的生活方式也影响了当时的美国社会和文化，尤其是对青年文化产生了深刻的影响。他们夫妇就是当时美国青年一代的偶像，许多青年都艳羡并模仿他们的生活方式。即使在他去世70多年后的今天，世界上仍然有成千上万的读者热衷

① 希拉·格雷厄姆是好莱坞专栏作家，菲茨杰拉德在好莱坞时期的情人，她出身卑微，来自英国。参见本篇第一章第一节"菲茨杰拉德的生平"。

② F. Sott Fitzgerald: *The Notebooks of F. Scott Fitzgerald*, ed. Mathew J. Bruccoli, New York: Harcourt Brace Jovanovich/Bruccoli Clark, 1978, p.332.

③ 恩格斯：《致玛·哈克奈斯》，载《马克思恩格斯选集》第4卷，北京：人民出版社，1972年，第462-463页。

于阅读菲茨杰拉德的传记和他的小说。莫里斯·迪克斯坦（Dickstein, Morris）认为菲茨杰拉德"在今天大众心目中，一直是爵士时代、新潮女郎时期、轻浮的青年文化、以及表现更鲜明的美国梦的编年史家。"[1]他的这一评价只是针对大众的，可能还不够全面。对于学术批评界来说，菲茨杰拉德不仅是爵士时代和青年文化的代言人，他在文学创作中对社会历史问题思索的深度与广度、对社会历史现象反映的准确与生动更超越了许多正统的历史学家。

① Morris Dickstein: "Fitzgerald: The Authority of Failure", in Jackson R. Bryer, et al. eds.: *F. Scott Fitzgerald in the Twenty-first Century*, p, 306.

第四章

菲茨杰拉德经典的形成与巩固

第一节　菲茨杰拉德在世时期的声誉与评价

菲茨杰拉德在世时，其作品经历了大起大落的命运。菲茨杰拉德的第一部长篇小说《人间天堂》（1920）在出版头两年里就卖出了49,075本。他立即名声鹊起，成为一战后美国青年一代的代言人。由于他的这部长篇小说连同后来发表的《漂亮冤家》和短篇小说的影响，加上他和珊尔达的名人地位及时尚生活方式，他们夫妇成了美国公众心目中的浪漫传奇。名人效应使他的短篇小说的稿酬不断上升，一度（1929年6月至1931年8月在《星期六晚邮报》上发表了19篇）每篇高达4,000美元，他成了当时美国稿酬最高的作家。而在1930年代中后期菲茨杰拉德的名声急剧下降，在文学界近乎完全销声匿迹。1939年初，年轻的电影剧作家巴德·舒尔贝格（他是菲茨杰拉德小说的崇拜者）接到联艺电影公司的通知去同菲茨杰拉德合作写《冬天欢宴》时，他还以为菲茨杰拉德已经去世了。[①] 在菲茨杰拉德去世的1940年，其全部作品的销量仅72本。去世前的最后几年里，他没有长篇小说发表，短篇小说的稿酬也降至每篇250美元。[②]

菲茨杰拉德在世期间受到的批评和评价虽然不乏褒扬赞叹之声，但是在更多的时候对他的评价常常是毁誉参半。一篇署名R. V. A. S.的评论称其小说《人间天堂》“令人惊奇、令人耳目一新”，准确、忠实地“反

① 参见 Mathew J. Bruccoli: *Some Sort of Epic Grandeur*, p. 454。

② 参见 Jackson R. Bryer: “The Critical Reputation of F. Scott Fitzgerald”, in Ruth Prigozy, ed.: *The Cambridge Companion to F. Scott Fitzgerald*, p. 209。

映了美国本科生的生活”。[1] 对美国现代主义思潮颇有影响的作家格特鲁德·斯泰因认为《人间天堂》“为公众真正创造了新的一代。她从来没有改变对这一点的看法。她认为对于《了不起的盖茨比》这一点同样是真实的。将来菲茨杰拉德的许多著名同代人被人遗忘时,他的作品仍然会被人阅读。”[2] T.S. 艾略特在 1925 年 12 月 31 日致菲茨杰拉德的信中,赞扬《了不起的盖茨比》道:“在我看来,事实上它是自亨利·詹姆斯以来美国小说迈出的第一步。”[3] 菲茨杰拉德在普林斯顿大学的同学和好友毕晓普在 1921 年发表的文章《三位杰出的青年小说家》中则表达了褒贬参半的批评。他指出:菲茨杰拉德

> 具有罕见的天赋,能够体验浪漫、真诚的情感,半个小时后又能保持距离讽刺性地去看待这类情感。他对周围男男女女的种种表象有着一种惊人的把握,然而对他们思想的或者情感的动机没有深刻的理解。即使对他那著名的新潮女郎,他也未能表明她的魅力所依靠的那种现实的智慧、那种复杂的情感素质……[4]

当时“一言九鼎”的批评家门肯和埃德蒙·威尔逊曾对菲茨杰拉德提出了严厉的批评意见。尽管门肯曾高度赞扬《人间天堂》是他近期读过的“最佳美国小说”,但是在 1925 年《了不起的盖茨比》出版时,同一个门肯在《巴尔的摩太阳晚报》上发表文章提出严苛的批评。他认为该书“在形式上不过是一部被美化了的、并不太可能发生的轶事”,“场景是……长岛的华丽别墅和低级俗气的晚会”,“主题是老套的、浪漫而荒谬的爱情”,“主要人物是一个暴发户……——一个有着大量来源神秘的金钱的年轻人”。门肯认为这部小说与《人间天堂》相比,“在根本上是一个逊色得多的故事”。[5] 威尔逊在《〈了不起的盖茨比〉之前的菲茨杰拉德》(“Fitzgerald before *The Great Gatsby*,” 1925)一文中,

① 参见 Alfred Kazin, ed.: *F. Scott Fitzgerald: The Man and His Work*, p. 51。

② Alfred Kazin, ed.: *F. Scott Fitzgerald: The Man and His Work*, p. 9.

③ Ibid., p. 93.

④ Henry Claridge, ed.: *F. Scott Fitzgerald: Critical Assessments*, p. 378.

⑤ See Alfred Kazin, ed.: *F. Scott Fitzgerald: The Man and His Work*, pp. 89-91.

首先借用了一位名人讲述的故事,那个故事把菲茨杰拉德比喻为一个拥有一颗钻石的"愚蠢老妇人"。然后批评道,

> 确实,菲茨杰拉德得到了一颗钻石,却不知道用来做什么。因为他被赋予了想象力,却缺乏理性的控制;他被赋予了追求美的欲望,却没有美学的理想;他被赋予了表达的天赋,却没有很多思想要表达。①

由于门肯和威尔逊在当时批评界的重要地位,这样的批评意见对菲茨杰拉德的声誉造成了致命的长久伤害。

由于菲茨杰拉德与海明威同为迷惘一代的作家,批评界常常把他们做比较,而这类比较往往是外表和形式上的,褒扬海明威、贬低菲茨杰拉德成了一种长期的固定模式。布鲁科利曾对这一现象进行了中肯的分析和评论:

> 菲茨杰拉德与海明威使他们自己戏剧化了——演出了他们自己的神话。一个人扮演了落魄的作家,另一位则扮演了文坛巨人。两位角色都得到了公众的接受。
>
> ……
>
> 他同海明威一样是一位巧匠。然而海明威的名字让人联想起对文学的献身,菲茨杰拉德的名字让人联想起的则是不负责任。公开酗酒的菲茨杰拉德是一种难堪,而勤奋工作的菲茨杰拉德却未被人注意。海明威用运动占据了他不写作的时间,并且清楚地表明打猎和钓鱼与他的美学相关。他有能力使他所做的每一件事情似乎都与文学有关。海明威显示出信心,而菲茨杰拉德在很大程度上通过他自己的公开陈述使他等同于失败。一个精明的一味追求名利的人不会发表《崩溃》文集。海明威把菲茨杰拉德的公开屈辱归因于一种对失败的热爱。一种更好的解释是由菲茨杰拉德的典范品质提供的,因为他似乎体现了民族的思想倾向。②

① Alfred Kazin, ed.: *F. Scott Fitzgerald: The Man and His Work*, p. 78.

② Matthew J. Bruccoli: *Fitzgerald and Hemingway: A Dangerous Friendship*, pp. 7-9.

在1930年代，虽然美国批评界对菲茨杰拉德的批评意见并非一致，有过一些褒扬的评价，如前文"菲茨杰拉德的创作"一节谈到的吉尔伯特·塞尔迪斯和卡梅伦·罗杰斯等人的评论，但是也有不少与1920年代同样严苛的批评。这类严苛的批评意见特别体现在对《夜色温柔》的评论上。玛丽·M.科拉姆在题为《关于精神病患者的小说》("The Psychopathic Novel", 1934)的书评中，认为《夜色温柔》令人兴奋的内容"都是在太肤浅的经验层次上"，女主人公妮科尔"像是取自于教科书的一个病例"。科拉姆进一步批评菲茨杰拉德："几乎所有他早期的缺陷依然存在：他的男性角色仍然如同10年前一样，是爱恶作剧的二年级大学生；他的女性角色都聪明、易变而年轻，懂得在一个具有爵士乐特质、修养肤浅的社会中所有物欲的世故和社会的世故。"[①] 在美国文学史上号称"红色十年"的1930年代，不少评论都具有强烈的政治性。在这样的历史背景下，一些评论批评菲茨杰拉德"固执地倒退，无视当时的经济问题和法西斯主义的兴起。"[②] 迈克尔·马奇(March, Michael)认为该小说的题材"令人失望"，他惊呼："天哪！他所写的那个世界，对于我们生活在受大萧条困扰的美国的大多数人来说都是陌生的。"[③] 菲利普·拉夫则在《你不能在沙滩伞下躲避飓风》("You Can't Duck Hurricane Under a Beach Umbrella")一文中说：菲茨杰拉德"没有把他当时所见到的放入小说的社会背景中。他自己被他过去描写那类人物的浪费、奢侈卷走了，他把自己等同于他们。因此……曾把他视为战后美国文学的一位主要天才的批评家们不久认识到，在这里另一位有前途的作家渐渐消失了。"[④]

在1930年代后期，批评界普遍都认为菲茨杰拉德作为一位作家已经"完了"。而菲茨杰拉德本人在1936年9月25日《纽约晚邮报》头版的访谈中，则坦承了自己的酗酒、精神上的崩溃和创作力的枯竭。他

① Milton R. Stern: ed.: *Critical Essays on F. Scott Fitzgerald's "Tender Is the Night"*, pp. 59, 60, 62..

② Ibid., p. 4.

③ Ibid., p. 63.

④ Ibid., p. 78。

自己成了唱衰菲茨杰拉德的"领唱"。[①]

不过，现在看来，当时那些权威人士的指责是有失偏颇的，它们已经在后来的"菲茨杰拉德复兴"中被彻底颠覆了。囿于当时的社会历史环境和艰难窘困的家庭状况，加之批评界的影响，菲茨杰拉德本人对自己的一些看法也是不客观、不恰当的。今天进行菲茨杰拉德研究时应该特别注意这些情况。

第二节 "菲茨杰拉德复兴"与其经典地位的形成和巩固

一、"菲茨杰拉德复兴"简述

尽管埃德蒙·威尔逊曾对菲茨杰拉德提出过严苛的批评，但在1945年他整理出版了作家的自传体文集《崩溃》，对引发"菲茨杰拉德复兴"起了关键作用。该书和多萝西·帕克选编的《F. 斯科特·菲茨杰拉德袖珍文集》（1945）、巴德·舒尔贝格的以菲茨杰拉德为原型的小说《不再抱幻想》（*Disenchanted*, 1950）、1951年阿瑟·迈兹纳发表的第一部菲茨杰拉德传记《远在天堂边》、马尔科姆·考利编的《F. 斯科特·菲茨杰拉德故事集》（1951）、艾尔弗雷德·卡津编的批评文集《F. 斯科特·菲茨杰拉德：其人其作》等著作一起，重新激发了学术界和广大读者对菲茨杰拉德个人生活和创作艺术的兴趣，也标志着"菲茨杰拉德复兴"的开始。当时处于鼎盛期的新批评对于"菲茨杰拉德复兴"也起到了重要作用。新批评主张细读文本，批评家们通过细读菲茨杰拉德作品，发现了他作品所蕴含的深刻主题、采用的丰富的象征和其他技巧、精心的措辞和诗一般的风格。

"菲茨杰拉德复兴"出现了四次高潮：[②]

1. 1945年前后开始的"菲茨杰拉德复兴"在1960年代达到第一

① 参见 Alfred Kazin, ed.: *F. Scott Fitzgerald: The Man and His Work*, p. 16。

② 布赖恩特·曼格姆在《F. 斯科特·菲茨杰拉德：美国小说家》一文中，划分了"菲茨杰拉德复兴"的三次高潮，分别是1960年代、1970年代及1980年代。笔者加上了1990年菲茨杰拉德学会成立以来的第四次高潮。参见 Bryant Mangum: "F. Scott Fitzgerald: American Novelist and Short Story Writer", in *Reader's Guide to Literature in English*, London: Frizroy-Dearborn, 1995, pp. 293-296。

次高潮，在这10年间有15本专著和文集出版，其中影响较大的有詹姆斯·E. 米勒的《F. 斯科特·菲茨杰拉德：他的艺术与技巧》（1964）、亨利·丹·派珀的《F. 斯科特·菲茨杰拉德：一幅批评画像》（1965）、理查德·D. 利汉的《F. 斯科特·菲茨杰拉德和小说技巧》（1966）和罗伯特·斯克拉的《F. 斯科特·菲茨杰拉德：最后的拉奥孔》（*F. Scott Fitzgerald: The Last of Laocoön*, 1967）。在他去世的1940年，他所有作品的销量仅为72本；而在"菲茨杰拉德复兴"第一次高潮中的1967年他的所有作品销量则达到了480,256本。[①]1958年—1968年间季刊《菲茨杰拉德通讯》出版，后扩展为《菲茨杰拉德/海明威年鉴》（1969—1979）。

2. 1970年代大量过去没有面世的菲茨杰拉德作品的重新出版和一系列重要书目文献（以1972年布鲁科利的《F. 斯科特·菲茨杰拉德：描述性文献目录》为代表）出版，是"菲茨杰拉德复兴"的第二次高潮。同时期问世的还有10部专著，如米尔顿·R. 斯特恩的《金色瞬间——F. 斯科特·菲茨杰拉德的小说》、约翰·F. 卡拉汉的《国家的幻想：F. 斯科特·菲茨杰拉德小说中的神话与历史》（1972）和罗伯特·埃米特·朗的《〈了不起的盖茨比〉的生成：F. 斯科特·菲茨杰拉德，1920—1925》等，以及5部批评文集，如布赖尔主编的《F. 斯科特·菲茨杰拉德：批评接受》（*F. Scott Fitzgerald: The Critical Reception*, 1978）等。

3. 1980年代随着布鲁科利写的传记《史诗般壮丽：F. 斯科特·菲茨杰拉德的一生》（1981）的发表，菲茨杰拉德经典及批评"爆炸般"增长。这些包括：第一部菲茨杰拉德的诗歌集、收录最多的一部短篇小说集、最全的一部菲茨杰拉德通信集、4部新的传记、3部全新的论文集和7部批评专著。代表性的批评专著有布赖恩·韦的《F. 斯科特·菲茨杰拉德与社会小说的艺术》（*F. Scott Fitzgerald and the Art of Social Fiction*, 1980）、第一部论述菲茨杰拉德女性人物的专著萨拉·毕比·弗赖尔的《菲茨杰拉德笔下的新女性：变革的先驱》（1988）、约翰·B. 钱伯斯的《F. 斯科特·菲茨杰拉德的小说》（1989）、布赖尔主编的文集《F. 斯科特·菲茨杰拉德短篇小说批评新方法》（1982）。

4. 1990年菲茨杰拉德学会的建立标志着"菲茨杰拉德复兴"的又

① Jackson R. Bryer: "Four Decades of Fitzgerald Studies: The Best and the Brightest", in *Twentieth Century Literature*, Vol. 6 No. 2 (Summer, 1980), p. 252.

一次新高潮。菲茨杰拉德学会恢复出版了《菲茨杰拉德通讯》,并且自2002年起每年都编辑出版一期《F. 斯科特·菲茨杰拉德评论》。该学会组织了6次国际学术研讨会,会议论文对菲茨杰拉德作品采用多角度、新方法的研究,研究广度和深度都有了空前的发展。布赖尔等人合编的《F. 斯科特·菲茨杰拉德研究新视野》(2000)和《21世纪的F. 斯科特·菲茨杰拉德》(2003)就是这些会议论文集的代表。仅在1990年—1999年的十年间,就有17部研究论著发表,其中多数是针对菲茨杰拉德一部长篇小说的专著,评价较高的有理查德·利汉的《〈了不起的盖茨比〉:奇迹的极限》、米尔顿·R. 斯特恩的《〈夜色温柔〉:破碎的世界》(1994)和杰克·亨德里克森的《成长小说〈人间天堂〉》(1993)。第四次高潮是跨世纪的。罗纳德·伯曼的菲茨杰拉德研究专著系列(共6部,1994—2009)是这一时期的突出代表,他的论著把菲茨杰拉德研究推向了新的高度。

下面就"菲茨杰拉德复兴"中促使他成为经典作家的主要著作分类简介。

二、菲茨杰拉德批评论著

"菲茨杰拉德复兴"开始之后,一系列研究专著、论文和文集陆续问世。第一部研究文集是由艾尔弗雷德·卡津编的《F. 斯科特·菲茨杰拉德:其人其作》。该书汇集许多著名作家和学者的评论文章,这些人包括埃德蒙·威尔逊、H.L. 门肯、T.S. 艾略特、多斯·帕索斯、约翰·毕晓普、史蒂芬·文森特·贝内特、莱昂内尔·特里林、马尔科姆·考利、威廉·特洛伊等。布赖尔认为至今还没有任何研究文集超过这部。[①] 特别值得注意的是,仅在1951年就出现了10来篇颇有价值的评论文章,如威廉·巴雷特(Barrettm, William)的《菲茨杰拉德与美国》("Fitzgerald and America")、莱斯利·费德勒的《阅读F. 斯科特·菲茨杰拉德札记》、R.W.B. 刘易斯(Lewis, R.W.B.)的《菲茨杰拉德的方式》("Fitzgerald's Way")、马尔科姆·考利的《菲茨杰拉德:双面人》和《斯科特·菲茨杰

① Jackson R. Bryer: "Four Decades of Fitzgerald Studies: The Best and the Brightest", in *Twentieth Century Literature*, Vol. 6 No. 2 (Summer, 1980), p. 212.

拉德的短篇小说》（“The Scott Fitzgerald Story”）等等。[①]1954年马里厄斯·比利颇具影响的文章《斯科特·菲茨杰拉德对美国的批评》把菲茨杰拉德列入美国文学大师的行列。[②] 英国学者A.E.戴森的文章《〈了不起的盖茨比〉：36年之后》（1961）把该作品的重要性提高到世界文学的高度，他认为《了不起的盖茨比》“不仅属于美国文学而且属于世界文学”，小说的结尾“取得了一种普世性的悲剧视野”。[③] 詹姆斯·E.米勒的《F.斯科特·菲茨杰拉德的小说技巧》（1957）是第一部菲茨杰拉德研究专著，经修订扩充1964年版更名为《F.斯科特·菲茨杰拉德：他的艺术与技巧》。此书连同上文提到的几部专著：理查德.D.利汉的《F.斯科特·菲茨杰拉德与小说技巧》、罗伯特·斯克拉的《F.斯科特·菲茨杰拉德：最后的拉奥孔》、米尔顿·R.斯特恩的《金色瞬间——F.斯科特·菲茨杰拉德的小说》、约翰·F.卡拉汉的《国家的幻想：F.斯科特·菲茨杰拉德小说中的神话与历史》等都对菲茨杰拉德作品进行了深入细致的分析，给予了较高的评价。这一时期还有好几部美国文学论著含有专门章节论述菲茨杰拉德的作品，如：约翰·W.奥尔德里奇的《迷惘一代之后》（1951）、莱斯利·费德勒的《纯真的结束》（*An End to Innocence*, 1955）、弗雷德里克·J.霍夫曼的《二十年代》（*The Twenties*, 1955）和《弗洛伊德主义与文学思想》（*Freudianism and Literary Mind*, 1957）等。以上论著加上阿瑟·迈兹纳的传记《远在天堂边》为菲茨杰拉德作品进入经典奠定了基础。随后，大量相关专著和论文集陆续发表（参见本书第一编综述相关部分），促使菲茨杰拉德批评声誉不断提高，他的经典地位进一步得到巩固。根据玛丽·乔·泰特的《F.斯科特·菲茨杰拉德批评指南》（2007），菲茨杰拉德批评的专著达65部、文集有31部、含有关于他的专门章节的书或专论文章则达96部（篇）。关于菲茨杰拉德评论文章数量则多得

① Ibid., p. 258.

② Marius Bewley: “Scott Fitzgerald’s Criticism on America”, in *Sewanee Review* 62 (Spring 1954), pp. 223-46.

③ 参见 Nicolas Tredell, ed.: *F. Scott Fitzgerald: “The Great Gatsby”*(Columbia Critical Guides), New York: Icon Books Ltd., 1997, p. 73。

难以准确统计。[①]

三、多种菲茨杰拉德传记和回忆录

根据玛丽·乔·泰特的《F. 斯科特·菲茨杰拉德批评指南》,关于菲茨杰拉德的传记和回忆录有 25 部,含有他的传记章节的书及传记文章也有 25 种。阿瑟·迈兹纳的《远在天堂边》是第一部传记,出版当年就卖出 70,000 多本,至今仍是众多菲茨杰拉德传记中的上乘之作。它不仅提供了最翔实的传记材料,而且也是最佳的菲茨杰拉德批评之一。布赖尔赞扬它是"大量菲茨杰拉德学术研究和批评的源头"。[②] 另一部很好的传记是布鲁科利的《史诗般壮丽:F. 斯科特·菲茨杰拉德的一生》(1981)。此书在菲茨杰拉德的生平和创作方面也提供了丰富翔实的材料,具有重要学术价值。1991 年它的修订版出版, 1993 年和 2002 年又分别再版。其他较有价值的传记和回忆录是安德鲁·特恩布尔的《斯科特·菲茨杰拉德》(1962)。作者在 1932 年仅 11 岁时便认识了菲茨杰拉德,这是一部把亲身回忆与细致调研结合起来的传记。安德烈·勒沃特的《F. 斯科特·菲茨杰拉德传》(1983)是以法国人的眼光写的颇具新意的传记,关于菲茨杰拉德在法国的经历部分特别有价值。菲茨杰拉德的情人希拉·格雷厄姆的《心爱的异端》(1958)提供了他后期在好莱坞的情况。另外,南希·米尔福德的《珊尔达》(1970)虽然是关于珊尔达的传记,但是对于了解菲茨杰拉德也有价值。

四、菲茨杰拉德作品的校勘本与文献目录

1960 年代菲茨杰拉德文献目录开始出现。杰克逊·R. 布赖尔编的《F. 斯科特·菲茨杰拉德的批评声誉》(1967)收录了 2,000 多条关于菲茨杰拉德的书评、论文、图书章节、报刊文章及学位论文的篇目。后来,布赖尔编辑了《F. 斯科特·菲茨杰拉德:批评接受》(1978),此书

---

① 笔者于 2011 年 8 月 1 日查了国外论文数据库 JSTOR,把"Fitzgerald, F. Scott"输入,出现的结果是 8,738 篇;把搜索范围限定在 article 和 review 类,结果是 3,227 篇;限定在 article 一类,则有 736 篇。而 JSTOR 数据库一般还不包括近一两年的文章。

② 参见 Jackson R. Bryer: "Four Decades of Fitzgerald Studies: The Best and the Brightest", in *Twentieth Century Literature*, Vol. 6 No. 2 (Summer, 1980), p. 253。

按菲茨杰拉德作品发表的时间顺序汇集了他生前的代表性评论文章，很有价值。布赖尔编的《15位现代美国作家》（1969/2nd ed., 1974）含有“F. 斯科特·菲茨杰拉德”一章，对菲茨杰拉德研究和批评进行了评述。布赖尔编的《F. 斯科特·菲茨杰拉德的批评声誉：书目研究——补遗至1981年》（1984）收录了2,200多条关于菲茨杰拉德的书评、论文、图书或章节，以及学位论文的篇目。布鲁科利的《F. 斯科特·菲茨杰拉德：描述性文献目录》（1972）及1987年的修订版、《补遗》（1980）和2001年的修订版是最基本的菲茨杰拉德文献。它们发掘出许多过去鲜为人知的条目，解决了大量文本的争议问题。琳达·斯坦利编写的《F. 斯科特·菲茨杰拉德的国外批评声誉》（1980）和《F. 斯科特·菲茨杰拉德的国外批评声誉，1980—2000：分析与注释文献目录》（2004）提供了英、法、德、意、俄等欧洲国家以及加拿大、澳大利亚、日本、印度等国菲茨杰拉德研究论著的陈述。自1990年代开始剑桥大学出版社聘请著名菲茨杰拉德研究专家（包括布鲁科利和詹姆斯·W. L. 韦斯特三世）对菲茨杰拉德作品进行严格校勘并加上序言，计划再版他的全部作品。目前已出版由布鲁科利校勘的《了不起的盖茨比》（1991）和《最后一位君子的爱》（1993）；由韦斯特校勘的《人间天堂》（1995）、《特里马尔奇奥：〈了不起的盖茨比〉的早期版本》（2000）、《新潮女郎与哲学家》（2000）、《爵士时代的故事》（2002）、《我失去的城市：1920年—1940年散文》（2005）、《所有悲伤的年轻人》（2007）、《漂亮冤家》（2007）、《失去的十年：1936年—1941年刊发在〈老爷〉杂志的短篇小说》（2008）、《巴兹尔、约瑟芬及格温故事集》（2009）、《尖顶与怪兽饰：1909年—1919年的早期作品》（2010）等。其后斯克里布纳出版社又陆续出版了这些剑桥版校勘本的平装本。这些剑桥校勘本为菲茨杰拉德研究提供了更可靠的文本基础。

五、以菲茨杰拉德作品为题的学位论文

通过查阅美国联机计算机图书馆中心（OCLC）硕博士论文数据库（WorldCat Dissertations and Theses），关于菲茨杰拉德的论文共有1,022篇。经过筛选，博士论文共177篇。其中美国的博士论文最多，达147篇，其余30篇博士论文分别出自德国、法国、英国、西班牙、加拿大、澳

大利亚、新西兰、瑞士等国。在这177篇中，专题博士论文有106篇，非专题博士论文（含有评论菲茨杰拉德章节的论文）71篇。最早的一篇是1949年詹姆斯·E.米勒的《F.斯科特·菲茨杰拉德小说技巧研究》（*A Study of the Fictional Technique of F. Scott Fitzgerald*），它于1957年出版成"菲茨杰拉德复兴"中第一部专著《F.斯科特·菲茨杰拉德小说技巧》。进一步查看这些博士论文，可以发现其中还有许多论文已经作为专著出版，只是其中一些书名与论文原名相比有所改动，或者一些论文成了作者后来专著的基础，而且一些博士论文作者后来成了著名的菲茨杰拉德研究专家。诸如：马修·J.布鲁科利1961年的博士论文《F.斯科特·菲茨杰拉德〈夜色温柔〉的创作：手稿研究》（*The Composition of F. Scott Fitzgerald's Tender Is the Night: A Study Based on the Manuscripts*）于1963年由匹兹堡大学出版社出版，1996年布鲁科利发表了《F.斯科特·菲茨杰拉德〈夜色温柔〉读者指南》；詹姆斯·L.W.韦斯特1971年发表博士论文《F.斯科特·菲茨杰拉德〈人间天堂〉公认版本的材料》（*Materials for an Established Text of F. Scott Fitzgerald's This Side of Paradise*），后来韦斯特在博士论文基础上修改并改名为《〈人间天堂〉的创作》，于1983年出版。其他一些著名菲茨杰拉德学者，如露丝·普里戈齐和理查德·利汉，他们的博士学位论文也是以菲茨杰拉德研究为题。

以上所述菲茨杰拉德作品和研究论著的大量出版，促进了菲茨杰拉德研究的逐步深入发展和重新评价，使他的作品进入了美国文学经典的殿堂。21世纪前后"菲茨杰拉德复兴"和批评的新高潮的出现则更加巩固了他作为经典作家的地位。

从一些有较大影响的美国文学史论著可以清楚地看到菲茨杰拉德在美国文学史中地位的变化。罗伯特·E.斯皮勒在1955年出版的《美国文学的周期》中对菲茨杰拉德评价道：

> 菲茨杰拉德的力量——和他的弱点——在于他的自白的诚恳，还在于表达自白的词语天赋。……菲茨杰拉德作为一个通俗杂志作家的成功和作为一个艺术家的发展的失败反映了他对于自

己那个时代敏锐而有限的理解，而并非反映了那个时代或者他自己的道德弱点。[①]

1988年出版、埃默里·埃利奥特（Elliott, Emory）主编的《哥伦比亚美国文学史》对菲茨杰拉德有了完全不同的评价："尽管富裕且富有魅力的人物在他的大多数小说中占据支配地位，菲茨杰拉德却一直忠实于一种理想幻灭的潜流，怀疑幸福的结局，同他时代的更深刻的基调联系在一起。"[②] 该书进一步评论道：

根据欧文·豪（Howe, Irving），美国文学是"一种新思想……一种新声音。思想与语言，观念与意象调入了一个新的生命，于是我们有了我们文学的繁花盛开。"……通过他们的重大成就，他们帮助带来了美国文学的全面成熟。在其发展中很少有人像F. 斯科特·菲茨杰拉德、欧内斯特·海明威和格特鲁德·斯泰因那样具有开创性。[③]

萨克文·伯科维奇（Bercovitch, Sacvan）主编的《剑桥美国文学史》（第6卷，2002）则明确地肯定了菲茨杰拉德在美国文学史中的重要经典作家地位。此书认为：

菲茨杰拉德比任何同时代的作家（福克纳除外）都更成功地把美国的历史和神话——信守和背叛的诺言——变成他自己的东西。……菲茨杰拉德成为"爵士时代"的声音，成了那个巨大的、铺张奢侈的社交聚会的诗人。[④]

① Robert E. Spiller: *The Cycle of American Literature*. New York: Macmillan, 1955, p. 193.

② Emory Elliott: *Columbia Literary History of the United States*. New York: Columbia UP, 1988, p. 883.

③ Ibid. p. 886.

④ Sacvan Bercovitch: *The Cambridge History of American Literature* (Vol. 6). Cambridge, UK: Cambridge UP, 2002. p. 144.

这里所说的"那个巨大的、铺张奢侈的社交聚会"即是指喧嚣繁荣的1920年代的美国社会。从上述三部文学史论著对菲茨杰拉德的评价,可以看出他在美国文学史上的地位在不断上升,他已经成为一位十分重要的经典作家。

第五章

菲茨杰拉德批评的再认识

第一节　社会历史文化语境的影响

菲茨杰拉德创作及批评的发展与当时的社会历史文化语境和批评思潮有着密切关系。第一次世界大战后美国经济蓬勃发展，进入空前繁荣时期和消费主义盛行时期。同时 1919 年通过的《宪法第 18 条修正案》禁止酒的酿制和贩卖，美国进入了禁酒时期。1920 年通过的《宪法第 19 条修正案》赋予妇女以选举权。美国妇女为之奋斗了多年。选举权的获得导致对妇女其他权利和自由的承认，使妇女从过去"斯文传统"的禁锢中解放了出来。她们开始体验到种种新的自由，包括性的自由。1920—1929 这十年被称为"爵士时代"或者"喧嚣的二十年代"。菲茨杰拉德称爵士时代"是一个奇迹的时代、艺术的时代、无节制的时代、也是一个讽刺的时代。"[①] 那个时代在菲茨杰拉德的小说中得到了最生动的描绘（他有两部短篇小说集就分别取名为《新潮女郎与哲学家》和《爵士时代的故事》），那个时代的青年文化在他的《人间天堂》和《漂亮冤家》中得到了最快、最直接的反映。这符合主张历史批评的当时批评界的主流，这是他声名鹊起的重要原因，所以他被称为"爵士时代的代言人"。《了不起的盖茨比》可以说是爵士时代的真实写照。

1929 年 10 月华尔街股市的大崩溃标志着长达近十年的大萧条时期的开始。1930 年代被称为"激进的三十年代"或者"红色十年"。在这一时期，马克思主义在美国得到广泛传播，出现了一批以马克思主义

① 参见 David Minter: *A Cultural History of the American Novel*, Cambridge UP, 1996, p. 82。

为指南的左翼批评家,他们是格兰维尔·希克斯、约瑟夫·弗里曼、迈克尔·高尔德、马克斯·伊斯特曼和维·卡尔弗顿等。一些左翼刊物如:《新大众》和《党派评论》等在传播马克思主义思想、促进左翼文学的发展上起到了重要作用。卡尔弗顿在《美国文学的解放》(1932)中运用阶级分析的观点来评论20世纪的美国文学。希克斯写出了第一部运用马克思主义观点的文学史著作《伟大的传统》(1933)。希克斯和高尔德等人编辑的文集《美国无产阶级文学》(1935)提出:"时代的唯一主题应该是反映美国工人、农民和自由职业者的命运。"[①] 在这样的氛围里,美国出现了一批杰出的左翼作家和作品,诸如:多斯·帕索斯的《美国》三部曲(1938)、约翰·斯坦贝克的《愤怒的葡萄》(1939)、詹姆斯·法雷尔的《施塔尔兹·朗尼根》三部曲(1932/1934/1935)、厄斯金·考德威尔的《烟草路》(1932)等等。[②] 菲茨杰拉德在这一时期的作品,包括《夜色温柔》和短篇小说,仍然继续他1920年代作品的题材和主题。这显然不符合当时的文学主潮。这是导致菲茨杰拉德的批评声誉在1930年代急剧下降的主要原因之一。

在这一时期弗洛伊德心理学在美国思想文化界产生了很大的影响。许多作家有意识或无意识地运用了精神分析学说。同时,现代主义思潮在美国形成气候,在文艺界产生了广泛影响。现代主义诗人有埃兹拉·庞德、T.S. 艾略特、玛丽安·穆尔、威廉·卡洛斯·威廉斯及华莱士·史蒂文斯等;现代主义戏剧家有尤金·奥尼尔和桑顿·怀尔德;菲茨杰拉德则是包括斯泰因、海明威和福克纳等人在内的现代主义小说家中的一员。在菲茨杰拉德作品中可以发现弗洛伊德心理学和许多现代主义作家的影响。《夜色温柔》即是弗洛伊德心理学影响的明证。康拉德、T.S. 艾略特、乔伊斯、D.H. 劳伦斯、斯泰因等现代主义作家对菲茨杰拉德的创作都有着程度不等的影响。例如,批评界熟知的情况是,康拉德在《黑暗的心》和《吉姆老爷》中采用的人物—叙述者技巧在菲茨杰拉德的《了不起的盖茨比》得到了有效的运用。再如,菲茨杰拉德在

① 转引自王长荣:《现代美国小说史》,上海:上海外语教育出版社,1992年,第59页。

② 关于这一时期左翼作家的评述,请参见 David Minter: *A Cultural History of the American Novel*, pp. 181-195;杨金才主撰:《新编美国文学史》(第3卷),上海:上海外语教育出版社,2002年,第589-601页。

1922 年 6 月 25 日致威尔逊的信中谈到了乔伊斯的《尤利西斯》对他个人的影响。他说:《尤利西斯》给他"一种空虚的、凄凉的痛苦。我的一半祖先就是来自那样一个爱尔兰阶层,或许还要低一些的阶层。那本书使我感到惊人地袒露无余。"[①] 在谈到爵士文化与美国现代主义的关系时,沃尔特·卡莱德简(Kalaidjian, Walter)认为:"……爵士文化变成了美国现代主义的工业和商业能量的同义词,如同在菲茨杰拉德的《新潮女郎与哲学家》和《爵士时代的故事》那样的经典作品中所见证的那样。"[②]

谈到当时的文化语境,还应该提到威廉·詹姆斯、乔治·桑塔亚纳和约翰·杜威等哲学家。他们的著作和思想深刻地影响了美国社会和文化,包括文学和文学批评,菲茨杰拉德的作品也不例外。罗纳德·伯曼称上述哲学家的哲学是公共哲学,他们"力图为他们的时代再创造美国社会生活的意义"。伯曼指出:桑塔亚纳的《理性生活》(*The Life of Reason*, 1905)共 8 章,其中 6 章在文学中、包括在菲茨杰拉德的作品中都有反响。它们涉及到爱情、家庭、贵族理想、民主、自由社会、理想社会及其衰落等问题。伯曼进一步指出:"菲茨杰拉德在他的思想范围内一直忠实于詹姆斯的思想。他无疑是评论那些思想的变化着的传统的一部分。"[③]

另外,不可忽视的是,19 世纪美国社会的斯文传统(genteel tradition)对菲茨杰拉德有重要影响,他塑造的主要人物是"斯文传统主人公"(genteel hero),他们往往怀有浪漫主义的梦想,如《了不起的盖茨比》的主人公盖茨比和《夜色温柔》的主人公迪克·戴弗。

第二节 研究范式和方法的流变

20 世纪被公认为批评理论的世纪,出现了形式主义、新批评、原型批评、心理分析批评、西方马克思主义、现象学、结构主义、后结构主义、

① F. Scott Fitzgerald: *The Crack-Up*, p. 260.

② Walter Kalaidjian, ed.: *The Cambridge Companion to American Modernism*, Cambridge UP, 2005, p. 7.

③ Ronald Berman: "*The Great Gatsby" and Fitzgerald's World of Ideas*, pp. 4-8, 16.

读者反应批评、女性主义、新历史主义、后殖民理论、文化研究、性属研究、生态批评等等众多流派，经历了注重内在因素和形式问题的语言学转向和注重外在因素和意识形态问题的文化转向。正如格雷戈里·卡斯尔（Castle, Gregory）在《布莱克韦尔文学理论指南》中指出的："20世纪文学理论沿着两条主要的道路发展：一条注重语言、语言的差异及形式主义；另一条注重历史主义、意识形态、以及社会和文化的决定性力量。从一个角度看，在一定的时期一种或者另一种道路成了理论的主流；然而从另一个角度看，两条道路是相互依存的。"[1] 文学研究的方法和模式也经历了从注重文本的形式问题和内在因素到注重文本的意识形态和外在因素，再到两类方法和模式并存的变化。

美国著名批评理论家文森特·B. 利奇（Leitch, Vincent B.）在《同理论生活在一起》（2008）第三章"应用理论"（Applied Theory）中归纳了1950年代以来美国学界在解读文学作品时应用理论的发展变化。他指出，在1950年代形式主义批评占主导地位，但有时受到各种神话批评家、社会批评家、语文学家、现象学家的"有力挑战"。到1970年代后期，情况有显著变化，随着"多面体的"后结构主义的兴起，它在不同程度上渗入并为种种竞争的解读范式注入活力，它们包括马克思主义、女性主义、接受理论、族裔美学和新历史主义。到1990年代初期，文化研究成了主导的解读范式，不过，它受到与其密切相关的、有时也是独立的批评理论模式的"威胁"，它们是酷儿理论、后殖民理论以及种种族裔研究。然而过去10年，文化研究的一些分支发展出了不同的解读前提和条件，"以半自治的状况出现"，诸如创伤研究、环境研究、残疾研究、身体研究等。利奇总结道，"现在有多种牌号的应用理论"。[2]

自1945年前后"菲茨杰拉德复兴"开始以来，菲茨杰拉德研究就一直伴随着20世纪批评理论的流变而发展。利奇所总结的美国批评界理论应用的变化趋势或多或少地反映在菲茨杰拉德研究中。但是菲茨杰拉德研究的发展并非是与批评理论的变化同步的。通过仔细考察可以发现：与批评理论的流变相比，菲茨杰拉德研究中批评方法和模式

---

① Gregory Castle: *The Blackwell Guide to Literary Theory*, Malden, MA: Blackwell, 2007, p. 54.

② 参见 Vincent B. Leitch: *Living with Theory*, Malden, MA: Blackwell, 2008, p. 32。

的运用常常有延续、滞后和并存的现象。本节将考察菲茨杰拉德研究发展进程中，尤其是"菲茨杰拉德复兴"的几次高潮中的一些重要论著的批评方法和模式来说明这一问题。

在1920年代和1930年代，美国批评界关注的焦点是作品对时代的"敏感性"，因为那时美国批评界的主要人物H.L.门肯和埃德蒙·威尔逊等人主张"历史批评"，主张从文学作品所处的社会、政治、经济语境去阐释作品。[①] 这是菲茨杰拉德作品在当时得到赞扬或者批评的主要原因之一。菲茨杰拉德在世期间的批评主要是发表在报刊上的书评，篇幅一般较短，缺乏深入细致研究的学术性论文。在今天看来，菲茨杰拉德在世时的一些批评并非客观准确，例如埃德蒙·威尔逊对他前期作品的的评论，以及他当时对《夜色温柔》的批评。

菲茨杰拉德去世后的20年里，新批评在美国批评界占据主导地位，所以那一时期的菲茨杰拉德批评更多地是关注作品本身，诸如作品的结构、人物、主题、象征和语言风格。直至1950年代末和1960年代初新批评的影响才衰败下来。不过，正是新批评对文本细读的强调，促使了一些批评家认真细读菲茨杰拉德的作品，发现了他作品里的丰富内涵，在1945年之后开始逐步形成"菲茨杰拉德复兴"。

1960年代至1970年代前期美国社会出现了剧烈的动荡，各种社会运动和思潮如民权运动、妇女解放运动、反战运动、学生运动、反文化思潮、新左派等等此起彼伏。欧洲出现的种种批评理论和后现代主义思潮也深刻地影响了美国。这些运动和思潮直接或间接地影响或促进了女性主义批评、黑人美学批评、新历史主义、性属研究和文化研究等批评理论的兴起和发展。菲茨杰拉德批评主流关注的问题也从作品内部转向作品与外部因素的关系，许多学者都把菲茨杰拉德作品置于1920年代和1930年代的社会历史文化背景中去研究。[②] 这些新的批评理论和方法的运用对重新阐释菲茨杰拉德的作品起到了积极的作用，产生了一大批颇有新意的研究论著。后文将对此做较详细的评述。

在"菲茨杰拉德复兴"及第一次高潮时期（1960年代）菲茨杰拉

---

① 参见Vincent B. Leitch: *American Literary Criticism from the Thirties to the Eighties*, New York: Columbia UP, 1988, p. 90。

② 参见Kirk Curnutt: *The Cambridge Introduction to F. Scott Fitzgerald*, p. 112。

德批评对他的正面评价扭转了他在世后期受到的负面评价，为他恢复声誉、进入经典作家的行列奠定了基础。这一时期的重要论著包括阿瑟·迈兹纳、艾尔弗雷德·卡津、马尔科姆·考利、詹姆斯·E. 米勒等人的著作。詹姆斯·E. 米勒的《F. 斯科特·菲茨杰拉德的小说技巧》(1957)是第一部研究菲茨杰拉德作品的专著，内容侧重分析《人间天堂》、《漂亮冤家》和《了不起的盖茨比》三部小说。该书于1964年出了修订版，书名改为《F. 斯科特·菲茨杰拉德：他的艺术与技巧》，增补了《夜色温柔》和《最后一位君子》两部菲茨杰拉德的后期作品。米勒在此书的"引言"中说，该书重点探讨了三方面的技巧："主题的发展、视点、及呈现事件的方式"[①]。这清楚地表明这部专著注重文本内部研究，采用的是新批评的模式。理查德·D. 利汉的《F. 斯科特·菲茨杰拉德与小说技巧》(1966)同样采用新批评的方法，细读菲茨杰拉德的作品，剖析以济慈为代表的浪漫主义传统以及康拉德、威尔斯、詹姆斯、施彭格勒等人对他的影响，深入探讨了他刻画的人物和表达的多种主题，包括青年、失败、战争、金钱与财富、时间等主题，同时也讨论了他的技巧和风格。这部专著也注重对文本内部因素的研究。罗伯特·斯克拉的《F. 斯科特·菲茨杰拉德：最后的拉奥孔》也采用新批评的细读方法结合传统的社会历史批评模式，阐述了美国社会文化的斯文传统对菲茨杰拉德作品的影响。他指出，菲茨杰拉德小说的主人公，诸如盖茨比、迪克·戴弗和门罗·施塔尔等，都是属于斯文传统文学的浪漫主人公类型。他还认为，"凭借《了不起的盖茨比》，菲茨杰拉德创造了他自己关于民族悲剧和高雅艺术的见解。"[②] 亨利·丹·派珀的《F. 斯科特·菲茨杰拉德：一幅批评画像》(1965)则是一部典型的传记批评模式的专著。此书紧密结合菲茨杰拉德的传记材料对他的5部长篇小说、部分短篇小说及《崩溃》系列散文进行了评论。派珀认为菲茨杰拉德的"生平材料持续地阐明了他的技艺的本质，菲茨杰拉德的艺术是如此个人化，以致根本不能把它与他的生平分割开来。"[③] 在"菲茨杰拉德复兴"第一次浪潮时期的批评偏重于《了不起的盖茨比》，也有一些著作涉及《夜色温柔》，但是忽视

① James E. Miller: *F. Scott Fitzgerald and the Craft of Fiction*, p. xiii.

② Robert Sklar: *F. Scott Fitzgerald: The Last of Laocoön*, pp. 6, 195.

③ Henry Dan Piper: *F. Scott Fitzgerald: A Critical Portrait*, p. xiii.

了他的其他长篇小说，尤其是菲茨杰拉德的早期作品。在对他的小说的评论上，往往集中在一些特定的问题上，如在评论《了不起的盖茨比》的论著中，集中在美国梦的幻灭、象征、叙述技巧等问题上。

在 1960 年代，结构主义已经在西方兴起，新批评作为一个批评流派已经衰落。但是从这一时期的菲茨杰拉德研究可以看到，多数批评家依然运用新批评、传统的社会历史批评及传记批评模式去解读作品。这表明批评理论主流的变化并没有同步反映在文学作品的批评角度和意义阐释上，而是有一个相对的滞后现象。

"菲茨杰拉德复兴"的第二次高潮出现在 1970 年代。从 1970 年代开始，长篇小说研究也不再局限于《了不起的盖茨比》和《夜色温柔》两部，如米尔顿 · R. 斯特恩的《金色瞬间—— F. 斯科特 · 菲茨杰拉德的小说》（1970）对包括《人间天堂》和《漂亮冤家》在内的 4 部长篇小说进行了解读。

尽管 1970 年代是后结构主义、接受理论、符号学、女性主义兴起或者流行的时期，但是这一时期菲茨杰拉德研究的不少论著却呈现出了不同的批评模式。菲茨杰拉德研究专家布赖尔称斯特恩的《金色瞬间—— F. 斯科特 · 菲茨杰拉德的小说》是在把菲茨杰拉德作品置于美国经验语境中考察的论著里最好的一部。[①] 在此书中斯特恩采用了非常传统的社会历史批评及传记批评，指出菲茨杰拉德在创作中"运用了历史、美国身份，对美国的过去进行了道德重建"，力图描写"一种社会特征，一种民族类型"。他称菲茨杰拉德为"这个国家所产生的最'美国的'作家（the most 'American' writers）之一"。[②] 约翰 · F. 卡拉的《国家的幻想：F. 斯科特 · 菲茨杰拉德小说中的神话与历史》也把菲茨杰拉德作品视为美国经验的表达，从历史和神话的角度去进行政治解读，认为菲茨杰拉德作品表现的主题不是个人的失败而是一个民族的失败。托马斯 ·J. 斯塔沃拉的《F. 斯科特 ·菲茨杰拉德：美国身份的危机》（1979），

① Jackson R. Bryer: "Four Decades of Fitzgerald Studies: The Best and the Brightest", in *Twentieth Century Literature*, Vol.26 No.2, *F. Scott Fitzgerald Issue* (Summer, 1980), p. 257.

② 参见 Sergio Perosa: "Fitzgerald Studies in the 1970's", in *Twentieth Century Literature*, Vol. 26 No.2, F. *Scott Fitzgerald Issue* (Summer, 1980), pp. 223-226。

把菲茨杰拉德小说视为自传作品，运用埃里克·埃里克森（Erikson, Erik）[1] 的心理社会危机（psychosocial crisis）理论剖析菲茨杰拉德的生活、婚姻和他几部长篇小说的男主人公的身份危机，做了新的探索。

"菲茨杰拉德复兴"的第三次高潮出现在1980年代。在这十年里有10部专著出版。布赖恩·韦的《F. 斯科特·菲茨杰拉德与社会小说的艺术》运用新批评细读的方法和传统的社会历史批评去解读作品，指出菲茨杰拉德是一位"社会小说家"，他比同时代的作家（福克纳除外）对美国社会和文化的氛围做出了更敏锐及时的反映。[2] 第一部论述菲茨杰拉德女性人物的专著萨拉·毕比·弗赖尔的《菲茨杰拉德笔下的新女性：变革的先驱》（1988）采用女性主义批评对菲茨杰拉德长篇小说中的女性人物进行了新的、较为系统细致的剖析，批驳了过去对其女性人物（如《了不起的盖茨比》中的黛西）的负面评论。约翰·B. 钱伯斯的专著《F. 斯科特·菲茨杰拉德的小说》（1989）反对在菲茨杰拉德研究中长期存在的传记批评模式，指出以往对《人间天堂》和《漂亮冤家》两部作品的评论有失公允。他在细读菲茨杰拉德四部完整的长篇小说的基础上，考察了它们"有节制反讽的呈现方式"和"思想上的连贯性"。他认为前两部作品与后两部作品具有同等的重要性。[3] 当然，菲茨杰拉德的《人间天堂》和《漂亮冤家》应该并值得去认真研究；不过，它们是否和《了不起的盖茨比》及《夜色温柔》具有同等的重要性可能还需要进一步商榷。另外，这一时期还有两部论述菲茨杰拉德与电影的关系的著作：吉恩·D. 菲利普斯的《小说、电影与F. 斯科特·菲茨杰拉德》（1986）和惠勒·温斯顿·狄克逊的《F. 斯科特·菲茨杰拉德的电影视角》（1986）。

这些论著表明1980年代的一些批评理论流派，如女性主义批评、文化研究已经对菲茨杰拉德研究产生了影响，同时也有批评家坚持用传统的批评方法，写出了颇有分量的论著。新旧批评方法和模式并存于这一时期的研究中。

---

① 埃里克·埃里克森（1902—1994），美国心理学家、心理分析医生，提出了人格的心理社会发展理论和身份危机理论。

② Brian Way: *F. Scott Fitzgerald and the Art of Social Fiction*, p. x.

③ John B. Chambers: *The Novels of F. Scott Fitzgerald*, pp. 9, 16, 90.

在菲茨杰拉德研究领域中，一个值得注意的现象是：在较长时期里，批评界偏重长篇小说，忽视短篇小说。菲茨杰拉德共发表短篇小说178篇，仅《重访巴比伦》、《冬天的梦》、《阔少爷》、《五一节》、《一颗像里茨饭店那么大的钻石》、《赦罪》、《冰宫》和《疯狂的星期天》等8篇常被批评家们关注。第一部研究菲茨杰拉德短篇小说的专著迟至1971年才出现，它是约翰·A. 希金斯的《F. 斯科特·菲茨杰拉德短篇故事研究》。该书分析归纳了菲茨杰拉德短篇小说的类型与艺术特色，并讨论了其短篇小说与长篇小说的关系。在1982年之前菲茨杰拉德的全部178篇短篇小说中只有22篇被论及过。[①]1982年杰克逊·R. 布赖尔编辑的《F. 斯科特·菲茨杰拉德短篇小说批评新方法》出版，这是第一部专门针对菲茨杰拉德短篇小说的论文集，具有较高的学术价值。它包括了22篇全新的论文，研讨的篇目除了老8篇之外，还有不少从未被评论的短篇小说。这些文章的作者分别采用社会历史批评、传记批评、新批评、文化批评、荣格的心理分析批评等多种批评方法和角度探讨菲茨杰拉德短篇小说的形式、风格、技巧、多种主题以及与他的长篇小说的关系。艾丽丝·霍尔·佩特里的《菲茨杰拉德的小说技巧：1920年—1935年的短篇小说集》针对菲茨杰拉德在世期间发表的4部短篇小说集，对一些过去从未受到认真对待的短篇小说进行了细致解读。

到了1990年代，菲茨杰拉德短篇小说的研究状况才有了根本的改变，扩展到了他的整个短篇小说领域，不仅包括他生前发表的4部短篇小说集，而且也包括去世后才陆续被整理出版的若干集子，尤其是过去长期遭到忽视的短篇小说。一些专门针对短篇小说的研究论著陆续出版，其中一部是约翰·屈尔撰写的《F. 斯科特·菲茨杰拉德短篇小说研究》。此书对菲茨杰拉德的短篇小说创作进行了全面的评述，包括他在中学和大学时期创作的短篇小说，以及他去世后才出版的小说集，并重点剖析了他的8篇代表作，还收入了其他批评家的相关评论文章。布赖恩特·曼格姆的《依然是笔财富：F. 斯科特·菲茨杰拉德短篇小说艺术中的金钱》探讨了菲茨杰拉德如何根据杂志和读者的需求去修改小说，并具体分析了这些短篇小说（包括一些过去不太被人关注的小说）

---

① 参见 Jackson R. Bryer: "Introduction," *The Short Stories of F. Scott Fitzgerald: New Approaches to Criticism*。

的优缺点。斯蒂芬·W. 波茨的《天堂的代价：F. 斯科特·菲茨杰拉德的杂志生涯》(1993)与前面曼格姆的书类似，只是权威性弱一些。[①] 罗伯特和海伦·H. 鲁尔斯顿合著的《通往西卵的曲折道路》讨论了菲茨杰拉德1925年以前的创作，主要是他的短篇小说，包括他中学和大学时代写的短篇小说。另一部值得一提的是布赖尔编辑的《F. 斯科特·菲茨杰拉德被忽视短篇小说新论》(1996)，这部专门针对遭忽视的短篇小说的批评文集收录了由众多新老菲茨杰拉德研究专家和美国文学著名学者撰写的24篇全新的论文。这些文章探讨了这些短篇小说丰富多样的主题、与其他短篇小说和长篇小说的内在联系，表明了菲茨杰拉德的短篇小说和长篇小说是紧密相连的整体。

1990年菲茨杰拉德学会成立以来，菲茨杰拉德研究更是有了长足的发展。尤其是1996年前后纪念菲茨杰拉德诞生100周年的种种学术活动引发了新的一波菲茨杰拉德研究热潮。这是“菲茨杰拉德复兴”的第四次高潮。这一热潮一直持续至今。新一波热潮不仅体现在成果的数量上，也体现在研究的广度和深度上。过去长期受到忽视的短篇小说和一些长篇小说(如《人间天堂》和《漂亮冤家》)、甚至菲茨杰拉德的剧本等都有学者研究。这些研究具有如下特点：

一、新视角和新方法的采用

对于菲茨杰拉德研究，20世纪后半叶的部分流派批评理论具有较大影响，一些批评家运用了种种现当代批评理论来剖析菲茨杰拉德的作品，包括结构主义、后结构主义、巴赫金的理论、后现代主义等等，特别是女性主义、性属研究、文化研究、心理分析、叙事理论运用得较多，产生了不少颇有创见的论著。[②]

---

① 参见 Jackson R. Bryer: “The Critical Reputation of F. Scott Fitzgerald”, in Ruth Prigozy, ed.: *The Cambridge Companion to F. Scott Fitzgerald*, p. 231。

② 运用现当代批评理论和方法来研究菲茨杰拉德的作品这一趋势应该说自1970年代就开始了，在1980年代和1990年代有了更广泛的应用和发展。参见 Nicolas Tredell, ed.: *F. Scott Fitzgerald: “The Great Gatsby”*, 1997; Jackson R. Bryer: “The Critical Reputation of F. Scott Fitzgerald”, in Ruth Prigozy, ed., *The Cambridge Companion to F. Scott Fitzgerald*, pp. 209-234。

当代菲茨杰拉德研究明显的倾向是关注大众通俗文化对他作品的影响和阶级、种族、性别等因素在他作品中的表现，这是一种注重意识形态的政治批评。贾洛姆·莱尔·麦克唐纳的《F. 斯科特·菲茨杰拉德小说中的运动、叙事与国家》回顾了 19 世纪末 20 世纪初美国的运动文化，分析了有组织的观赏运动如何帮助菲茨杰拉德及其小说形成阶级、社群、国家等概念。他指出菲茨杰拉德的作品中"运动本身（包括其规则、历史、身体动作）以及与运动相关的故事共同建构起了作家关于社会阶级划分的思想"，通过分析体育运动，我们可以了解贯穿所有美国式"叙事、思想及反讽"中蕴含的社会阶级划分体系。[①] 迈克尔·埃弗雷特·诺林的《F. 斯科特·菲茨杰拉德的种族视角与文学的伟大事业》分析了菲茨杰拉德的主要作品，包括《了不起的盖茨比》、《漂亮冤家》、《夜色温柔》、《最后一位君子的爱》以及早期的两部短篇小说《头与肩》和《近海海盗》（均写于 1920 年）及死后发表的《最亲爱的》（1969）中的种族视角。作者讨论的焦点是，菲茨杰拉德如何在 1920 年代美国现代主义文化生产的宏观背景下，实现成为严肃作家、文化精英和白人男性贵族写作的代表。罗马尼亚学者维吉尔·米哈尤的专著《在爵士时代与后现代主义之间：F. 斯科特·菲茨杰拉德》在"后现代主义的综合视野"下，从音乐美学这一"颠倒的角度"，[②] 运用切分、发音、音调调谐、进行、中断等爵士乐术语，分析菲茨杰拉德作品的历史、美学与批评语境，从音乐的角度分析了菲茨杰拉德与后现代主义之间的关联。可以说，这部论著是美学批评与政治批评相结合的、跨学科研究的成果。高塔姆·孔杜的《菲茨杰拉德与电影的影响：小说中的电影语言》从形式主义的角度，运用电影叙事的术语与方法，重点分析了菲茨杰拉德五部长篇小说，说明了大量电影叙述技巧的运用对小说主题、人物描写、章节过渡、吸引读者等起到的促进作用，指出菲茨杰拉德的电影叙事凸显了

① 参见 Jarom Lyle McDonald: *Sports, Narrative, and Nation in the Novels of F. Scott Fitzgerald*, pp. 2, 7。

② 参见 Virgil Mihaiu: *Between the Jazz Age and Postmodernism: F. Scott Fitzgerald*, pp. 9, 38。

作家对技巧的高度关注以及他在小说形式上的成就。在批评方法上，这部论著虽然属于关注文本形式因素的内在研究，但它同时又是涉及小说和电影两种不同门类的跨学科研究。

另一方面，也有一些批评家坚持从社会、历史、文化（包括通俗文化）的角度结合文化研究的方法去阐释，也出现了一些颇具新意和深度的论著。其中特别值得注意的是罗纳德·伯曼的著作。他的《〈了不起的盖茨比〉与现代时代》探讨了作品与资本主义消费文化及市场经济的关系。伯曼运用文化研究的方法，细致深入地探讨了19世纪末20世纪初美国工业化进程、经济因素、通俗文化、大众传媒，包括电影、广告、杂志等等，对于作品主题表达和人物塑造的影响。不过，此书少数地方的引证似过于宽泛，有脱离作品本身的倾向。伯曼下一部专著《〈了不起的盖茨比〉与菲茨杰拉德的思想世界》则从研读1920年代第一手的社会历史文献着手来评论作品，引证了当时许多思想家、批评家的论著。在丰富史料的基础上，伯曼探讨作品与资本主义消费文化的关系，分析盖茨比思想中的世俗神学渊源以及新兴的消费社会中的物质世界如何影响了小说中的语言、意象与故事发展。布赖尔称赞此书"见解深刻而有新意"。[①] 不过，此书的一些观点和例证与前一本书有重复之嫌，另外有个别例证显得牵强，与作品本身的关系并不密切。

需要注意的是，这一类研究与传统的社会、历史、文化角度的研究相比，既有继承，也有突破，批评家更注重通俗文化和资本主义消费文化对菲茨杰拉德作品的影响和作用。这可能与当今文化研究的影响较大有关。

二、研究范围和视野的扩大

这主要体现在两个方面：

1. 过去长期遭到忽视的作品引起批评界的关注。例如：布赖尔等

① 布赖尔还高度赞扬罗纳德·伯曼的前一部著作：*The Great Gatsby and Modern Times*, 1994。称这两部书都"新颖并具有开创性"。参见 Jackson R. Bryer: "The Critical Reputation of F. Scott Fitzgerald", in Ruth Prigozy, ed.: *The Cambridge Companion to F. Scott Fitzgerald*, 2002, p. 230。

编的《F. 斯科特·菲茨杰拉德研究新视野》(2000)是1992年第一届菲茨杰拉德国际研讨会的文集,收录了21篇新写的文章,这些文章从多种角度研讨了菲茨杰拉德的作品,过去受到忽视的作品,如《人间天堂》、《漂亮冤家》、《最后一位君子》及短篇小说和散文都有专文评论。杰克逊·R. 布赖尔、露丝·普里戈齐和米尔顿·R. 斯特恩等合编的《21世纪的F. 斯科特·菲茨杰拉德》(2003)是1996年在普林斯顿大学举办的国际菲茨杰拉德研讨会的论文集,所收的19篇论文涉及到了他的青年时代、青年文化、性属、妇女与婚姻、宗教、叙事模式、语言、幽默、南北战争对他创作的影响、他的技巧与市场经济的关系、菲茨杰拉德与福克纳、海明威、薇拉·凯瑟等诸多方面的问题。值得注意的是该论文集19篇中,评论《了不起的盖茨比》仅1篇,《夜色温柔》连一篇都没有,基本都是针对过去较少评论的作品,这表明了近期批评界关注的倾向。这两部文集采用的批评角度和方法也是多元化的,如象征研究、女性主义、性属研究、消费文化、历史研究、文化研究、传记批评、文体和话语分析等。

2. 把菲茨杰拉德同其他许多作家联系起来进行探讨也是菲茨杰拉德研究的一种趋势。这些作家除了常见的海明威之外,还有马克·吐温、薇拉·凯瑟、福克纳、德莱塞、托马斯·沃尔夫、奥威尔、索尔·贝娄等等。罗纳德·伯曼发表了4部这样的专著。他的《菲茨杰拉德、海明威与20年代》用新历史主义的方法将两位作家的作品与1920年代的社会思想进行了平行解读。伯曼的《菲茨杰拉德、威尔逊、海明威:语言与体验》探讨了菲茨杰拉德、威尔逊和海明威如何在爵士时代这一特定背景下处理语言、经验和现实的关系,即他们如何将现实组织进自己的文学语言。具体到菲茨杰拉德,作者通过分析其主要作品如《了不起的盖茨比》和他对其他作家作品的批评,指出菲茨杰拉德受柯勒律治、济慈、华兹华斯、威廉·詹姆斯、沃尔特·李普曼和乔治·桑塔亚纳等作家和思想家的影响,其浪漫思想具有深厚的哲学渊源。在此书中伯曼称菲茨杰拉德是1920年代“最后一位浪漫的批评家”。伯曼的《现代性与进步:菲茨杰拉德、海明威与奥威尔》一书从分析1920年代—1930年代美国的历史、哲学与文化语境入手,深刻分析了菲茨杰拉德、海明威及奥威尔作品中两个现代主义文学最重要的结构特征:对进步概念的反思及爱因斯坦相对论对时间第四个维度的讨论。伯曼指出菲茨杰拉德是那些质疑现代主义进步性的作家之一。与其他作家对进步性质疑不同的是,菲茨杰拉德的反思是一种独特的“关于进步的地理学”:他的地理描写既有真实也有隐喻的一面。他也描写东西南北等传统地理概念,但他笔下的东和北是与西和南对立的。东部的纽约代表了进步的市场价值,而南方则代表了发展中不可避免的传统的失落,人物的思想与行为因为时间与空间的不同而具有了不同的意义。[①] 伯曼在《翻译现代主义:菲茨杰拉德与海明威》(2009)中指出两位作家都“翻译”了其他思想家的观点,菲茨杰拉德“翻译”了弗洛伊德、约翰·杜威、威廉·詹姆斯等人的思想,海明威则通过塞尚“翻译”了现代主义的结构与视觉艺术。两位作家虽兴趣和关注的焦点不同,但都从别的思想家那里获得灵感与启发,并运用于自己的创作中。

除了伯曼的论著外,还有一些批评家的论著把菲茨杰拉德同其他作家联系起来进行研究。诸如:贾迈勒·阿萨迪的专著《F. 斯科特·菲茨杰拉德与索尔·贝娄小说中的表演、修辞与阐释》分析了菲茨杰拉德和索尔·贝娄作品中修辞、表演和阐释之间的联系。通过比较菲茨杰拉德的《了不起的盖茨比》、《夜色温柔》、《最后一位君子》与索尔·贝娄的《雨王亨德森》、《受害者》及《贝拉罗莎暗道》,作者指出这些小说之间有个最重要的共同之处,“两位作家都在小说中广泛采用了表演的主题,以表现人类探寻其行为与现实本质的历程”[②]。乌韦·尤拉斯(Juras, Uwe)的《愉悦我:西奥多·德莱塞和 F. 斯科特·菲茨杰拉德的人格文化及其表现》(*Pleasing to the I: The Culture of Personality And Its Representations in Theodore Dreiser And F. Scott Fitzgerald*, 2005)也属于这一类。

自 1990 年以来,西方批评理论中具有较大影响的是文化研究、性属研究、生态批评和后经典叙事理论等,这些批评理论都注重文本的外在因素和意识形态问题。它们在菲茨杰拉德研究的第四次浪潮中或多

① 参见 Ronald Berman: *Modernity and Progress: Fitzgerald, Hemingway, Orwell*, pp. 14, 17, 19。

② Jamal Assadi: *Acting, Rhetoric, & Interpretation in Selected Novels by F. Scott Fitzgerald & Saul Bellow*, p.172.

或少都有所反映，其中相对突出的是性属研究和文化研究，尤其是消费文化和大众文化研究对菲茨杰拉德研究的影响。同时，许多批评家也结合了新批评的文本细读的方法、传统的历史批评和传记批评模式去解读菲茨杰拉德的作品。注重作品外在因素和意识形态问题的批评方法和模式是同注重文本内在因素的批评方法和模式并存的。

从菲茨杰拉德研究的发展史可以看出，新批评的解读方法几乎一直持续存在，传统的社会历史批评在一个相当长的时期也有不少批评家使用。究其原因，在 1950 年代、1960 年代和 1970 年代发表论著的学者，他们大多是在 1940 年代和 1950 年代读的大学并获得学位，那一段时期新批评在美国大学的文学教学中占据主导地位，他们都接受了严格的新批评理论和方法的训练。他们成为大学教授后，又把新批评方法和理念运用在教学中，影响了下一代学者。同时，新批评的细读方法是一种行之有效的解读作品的方式，所以新批评的解读方法一直广泛地被运用。即使许多菲茨杰拉德研究论著采用了其他批评理论模式，但同时也运用了新批评的方法。不过，应该注意的是，近三四十年来许多学者在运用细读方法时不再遵循传统新批评的禁忌，而是更注重分析文本的种种外在因素的作用和影响，如伯曼等人的论著所呈现的。文森特 · B. 利奇指出："细读的策略""已经被扩展和修正了"，"然而作为一种一直受欢迎的工具，细读被灵活化了、翻新了、后现代化了"。他称之为"后现代的细读"（postmodern close reading）。[①]

菲茨杰拉德的小说属于社会世态小说，反映了当时美国的社会风貌和历史状况，传统的社会历史批评是一种阐释他作品的有效模式，因此一直都有不少批评家使用。1970 年代以来随着批评理论向文化转向，批评理论转而关注社会、历史、文化等方面的问题，注重种族、性属、阶级等因素，菲茨杰拉德研究的更多论著采用了注重作品外在因素的种种批评模式，包括传统的社会历史批评模式。不过，不少批评家在运用传统社会历史批评模式的同时，也采用了 1970 年代以来出现的新的批评方法，诸如女性主义、性属研究、叙事理论、文化研究等。这些新的批评方法的运用促进了菲茨杰拉德研究的深入发展，对他的作品做出了新的阐释，提出了与过去不同的观点，产生了许多有重要学术价值的成

① Vincent B. Leitch: *Living with Theory*, p. 47.

果。前面利奇指出的在文学作品解读上理论应用变化的趋势,也在一定程度上反映在菲茨杰拉德研究领域中。

在总体上看,菲茨杰拉德研究的批评模式经历了从注重作品的内部因素和形式问题的内在批评到注重外部因素和意识形态问题的外在批评,再到内在批评与外在批评并举或者结合的趋势。后一种趋势正是当代法国著名批评家托多罗夫在《文学在危难中》(2007)一书中提倡的"内在的方法(研究作品的各种成分之间的关系)应该补充外在的方法(研究历史的、意识形态的、美学的语境)"以及"文学的内部研究和文学的外部研究之间的平衡"。[①] 追求这种平衡也正是当下文学批评需要的。批评理论的流变对文学作品研究角度和阐释方式会产生重要的影响。批评理论主流的变化往往会反映在作品的分析和意义的阐释上。不过,值得注意的一个现象是:批评理论主流的变化反映在对文学作品的批评阐释上常常并非是及时同步的,往往要滞后一些时间。同时,还须注意的另一个现象是:在一段时期里,虽然批评理论的主流已经发生了变化,但是批评家们对文学作品采用的批评模式仍然可能是多种多样的,并非都采用当时理论界占主流地位的批评理论。这种现象在菲茨杰拉德研究领域明显存在。在某种程度上,这种情况表明了文学作品阐释与批评理论流变的关系。

纵观90年来的菲茨杰拉德批评,简言之,一个突出的特点是:由于菲茨杰拉德在创作中把自己的生平与文学虚构作品紧密地结合在了一起,除了少数批评家外,无论批评家们倾向于采用什么批评理论和方法去解读他的作品,他们中的许多人都或多或少地运用了传记批评方法,都在不同程度上关注作家传记因素在其作品中的体现和作用。另一个特点是:尽管菲茨杰拉德批评和对他的评价在作家本人在世期间曾有过巨大的起伏和争议,但是自从"菲茨杰拉德复兴"开始以后,对他的研究热潮一波接一波地不断高涨,研究的深度与广度都在与年俱增,对他的评价也是越来越高。他已在美国文学经典作家的殿堂中稳固地占据了一席。这可能是菲茨杰拉德本人生前也未能预料到的。

---

① 郭宏安:《脆弱的平衡——读兹维坦·托多罗夫的〈文学在危难中〉》,载《外国文学评论》2011年第4期,第202-212页。

附录一

重要文献

一、作品

1. 文学作品

作品

This Side of Paradise. New York: Scribner's, 1920.

Flappers and Philosophers. New York: Scribner's, 1921.

The Beautiful and Damned. New York: Scribner's, 1922.

Tales of the Jazz Age. New York: Scribner's, 1922.

The Vegetable, or From President to Postman. New York: Scribner's, 1923.

The Great Gatsby. New York: Scribner's, 1925.

All the Sad Young Men. New York: Scribner's, 1926.

Tender Is the Night. New York: Scribner's, 1934.

Taps at Reveille. New York: Scribner's, 1935.

The Last Tycoon. Ed. Edmund Wilson. New York: Scribner's, 1941.

The Stories of F. Scott Fitzgerald. Ed. Malcolm Cowley. New York: Scribner's, 1951.

Afternoon of an Author: A Collection of Uncollected Stories and Essays. Ed. Arthur Mizener. New York: Scribner's, 1958.

The Pat Hobby Stories. Ed. Arnold Gingrich. New York: Scribner's, 1962.

The Apprentice Fiction of F. Scott Fitzgerald: 1909—1917. Ed. John Kuehl. New Brunswick: Rutgers UP, 1965.

The Stories of F. Scott Fitzgerald: A Selection of 28 Stories. Ed. Malcolm Cowley. New York: Scribner's, 1969.

The Basil and Josephine Stories. Eds. Jackson R. Bryer and John Kuehl. New York: Scribner's, 1973.

Bits of Paradise: Twenty-one Uncollected Stories by F. Scott and Zelda Fitzgerald. Ed. Matthew J. Bruccoli. New York: Scribner's, 1974.

F. Scott Fitzgerald's Screenplay for Three Comrades. Ed. Matthew J. Bruccoli. Carbondale: Southern Illinois UP, 1978.

F. Scott Fitzgerald's St. Paul Plays: 1911—1914. Ed. Alan Margolies. Princeton, NJ: Princeton University Library, 1978.

The Price Was High: The Last Uncollected Stories of F. Scott Fitzgerald. Ed. Matthew J. Bruccoli. New York: Harcourt Brace Jovanovich/Bruccoli Clark, 1979.

Poems: 1911—1940. Ed. Matthew J. Bruccoli. Bloomfield Hills, Mich. & Columbia: Bruccoli Clark, 1981.

Babylon Revisited: The Screenplay. Intro. Budd Schulberg. New York: Carroll & Graf, 1993.

作品选集

The Portable F. Scott Fitzgerald. Ed. Dorothy Parker. New York: Viking, 1945.

The Indispensable F. Scott Fitzgerald. Ed. Dorothy Parker. New York: The Book Society, 1949.

The Bodley Head Scott Fitzgerald, 6 vols. London: Bodley Head, 1958—1963.

Babylon Revisited, and Other Stories. New York: Scribner's, 1960.

Six Tales of the Jazz Age and Other Stories. New York: Scribner's, 1960.

The Stories of F. Scott Fitzgerald, 5 vols. Harmondsworth, U. K.: Penguin, 1962—1968.

The Lost Decade, and Other Stories. Harmondsworth, U. K.: Penguin, 1987.

The Short Stories of F. Scott Fitzrald: A New Collection. Ed. Matthew J. Bruccoli. New York: Scribner's, 1989.

The Fantasy and Mystery Stories of F. Scott Fitzgerald. Ed. Peter Haining. London:

Robert Hale, 1991.

The Cambridge Edition of the Works of F. Scott Fitzgerald. Cambridge: Cambridge UP, 1991—2005.

F. Scott Fitzgerald: The Princeton Years — Selected Writings, 1914—1920. Ed. Chip Deffaa. Fort Bragg: Cypress House Press, 1996.

Bernice Bobs Her Hair and Other Stories. Ed. Barbara H. Solomon. New York: Signet Classics, 1996.

F. Scott Fitzgerald: The Jazz Age. Intro. E. L. Doctorow. New York: New Directions, 1996.

Jazz Age Stories. Ed. Patrick O'Donnell. New York: Penguin Books, 1998.

The Rich Boy and Other Stories by F. Scott Fitzgerald. Ed. Matthew J. Bruccoli. London: Phoenix, 1998.

F. Scott Fitzgerald (Bloom's Major Short Story Writers). Ed. Harold Bloom. Philadelphia: Chelsea House, 1999.

F. Scott Fitzgerald: Novels and Stories 1920—1922. Ed. Jackson R. Bryer. New York: Library of America, 2000.

Before Gatsby: The First Twenty-Six Stories. Ed. Matthew J. Bruccoli. Columbia: U of South Carolina P, 2001.

The St. Paul Stories of F. Scott Fitzgerald. Ed. Patricia Hampl and Dave Page. St. Paul: Borealis Books, 2004.

The Best Early Stories of F. Scott Fitzgerald. Ed. Bryant Mangum. New York: Modern Library, 2005.

The Popular Girl. London: Hesperus, 2005.

Spires and Gargoyles: Early Writings, 1909—1919. Ed. James L. W. West III. New York: Cambridge UP, 2010.

作品改编

The Chorus Girl's Romance (based on "Head and Shoulders"): Metro, 1920 (movie).

The Husband Hunter (based on "Myra Meets His Family"): Fox, 1920 (movie).

The Offshore Pirate: Metro, 1921 (movie).

The Beautiful and Damned: Warner Brothers, 1922 (movie).

Conductor 1492 (based on "The Camel's Back"): Warner Brothers, 1924 (movie).

The Great Gatsby: Famous Players, 1926 (movie); Paramount, 1949 (movie); Paramount, 1974 (movie); NBC, 1955 (television production); CBS, 1958 (television production); A&E, 2001(television production); The Pittsburgh Ballet, 1996 (Ballet); The Metropolitan Opera, 1999 (Opera); Warner Bros., 2012 (Movie)

The Pusher-in-the-Face: Paramount-Famous Players-Lasky, 1928 (movie).

The Last Time I Saw Paris (based on "Babylon Revisited"): MGM, 1954 (movie).

Tender Is the Night: Twentieth Century Fox, 1962 (movie); BBC, 1985 (television production).

The Last of the Belles: A Herbert Brodkin production, 1974(television production).

The Last Tycoon: Paramount, 1976 (movie).

Bernice Bobs Her Hair: Learning in Focus, 1977 (television production).

Under the Biltmore Clock (based on "Myra Meets His Family"): Rubicon Film Productions, 1985 (television production).

Tales from the Hollywood Hills: Pat Hobby Teamed with Genius (based on several Pat Hobby stories): Zenith Productions/PBS, 1987 (television production).

The Curious Case of Benjamin Button: Paramount, 2008 (movie).

2. 非虚构作品

The Crack-Up. Ed. Edmund Wilson. New York: New Directions, 1945.

The Letters of F. Scott Fitzgerald. Ed. Andrew Turnbull. New York: Scribner's, 1963.

Thoughtbook of Francis Scott Key Fitzgerald. Princeton: Princeton UP, 1965.

F. Scott Fitzgerald: Letters to His Daughter. Ed. Andrew Turnbull. New York: Scribner's, 1965.

F. Scott Fitzgerald in His Own Time: A Miscellany. Eds. Matthew J. Bruccoli and Jackson R. Bryer. Kent, OH: Kent State UP, 1971.

As ever, Scott Fitz—. Eds. Matthew Bruccoli and Jennifer M. Atkinson. New York: Lippincott, 1972.

F. Scott Fitzgerald's Ledger, A Facsimile. Ed. Matthew J. Bruccoli. Washington:

NCR Microcard Books/Bruccoli Clark, 1973.

Dear Scott/Dear Max: The Fitzgerald-Perkins Correspondence. Eds. John Kuehl and Jackson R. Bryer. New York: Scribner's, 1973.

The Cruise of the Rolling Junk. Intro. Matthew J. Bruccoli. Bloomfield Hills, Mich. & Columbia: Bruccoli Clark, 1976.

The Notebooks of F. Scott Fitzgerald. Ed. Matthew J. Bruccoli. New York: Harcourt Brace Jovanovich/Bruccoli Clark, 1978.

Correspondence of F. Scott Fitzgerald. Eds. Matthew J. Bruccoli and Margaret M. Duggan. New York: Random House, 1980.

F. Scott Fitzgerald on Writing. Ed. Larry W. Phillips. New York: Scribner's, 1985.

F. Scott Fitzgerald: Manuscripts, 18 vols. Ed. Matthew J. Bruccoli. New York: Garland, 1990—1991.

F. Scott Fitzgerald: A Life in Letters. Eds. Matthew Bruccoli, with Judith S. Baughman. New York: Simon & Schuster, 1994.

The Sayings of F. Scott Fitzgerald. Ed. Robert Pearce. London: Duckworth, 1995.

F. Scott Fitzgerald on Authorship. Eds. Matthew J. Bruccoli, with Judith S. Baughman. Columbia: U of South Carolina P, 1996.

Dear Scott, Dearest Zelda: The Love Letters of F. Scott and Zelda Fitzgerald. Eds. Jackson R. Bryer and Cathy W. Barks. New York: St. Martin's Press, 2002.

Conversations with F. Scott Fitzgerald. Eds. Matthew J. Bruccoli, and Judith S. Baughman. Jackson: UP of Mississippi, 2004.

The Sons of Maxwell Perkins: Letters of F. Scott Fitzgerald, Ernest Hemingway, Thomas Wolfe, and Their Editor. Eds. Matthew Bruccoli, with Judith S. Baughman. Columbia: U of South Carolina P, 2004.

My Lost City: Personal Essays, 1920—1940. Ed. James L. W. West. III. Cambridge; New York: Cambridge UP, 2005.

二、传记

Bruccoli, Matthew J.: *Scott and Ernest: The Authority of Failure and the Authority of Success*. New York: Random House, 1978.

——: *Fitzgerald and Hemingway: A Dangerous Friendship*. New York: Carroll & Graf, 1994.

——: *Some Sort of Epic Grandeur: The Life of F. Scott Fitzgerald.* New York: Harcourt Brace Jovanovich, 1981; rev. ed. New York: Carroll & Graf, 1991; 2nd rev. ed. Columbia: U of South Carolina P, 2002.

——, et al., eds: *The Romantic Egoists: A Pictorial Autobiography from the Scrapbooks and Albums of F. Scott and Zelda Fitzgerald.* New York: Scribner's, 1974.

Buttitta, Tony: *After the Good Gay Times: Asheville-Summer of '35, A Season with F. Scott Fitzgerald.* New York: Viking, 1974; 2nd ed. *The Lost Summer: A Personal Memoir of F. Scott Fitzgerald.* London: Robson, 1987.

Callaghan, Morley: *That Summer in Paris*. New York: Coward-McCann, 1963.

Canterbury, E. Ray, and Thomas Birch: *F. Scott Fitzgerald: Under the Influence*. St. Paul: Paragon House, 2006.

Donaldson, Scott: *Fool for Love: F. Scott Fitzgerald.* New York: Congdon & Weed, 1983.

——: *Hemingway vs. Fitzgerald: The Rise and Fall of a Literary Friendship*. Woodstock: Overlook Press, 1999.

Graham, Sheilah: *College of One*. New York: Viking, 1967.

——: *The Real F. Scott Fitzgerald: Thirty-Five Years Later*. New York: Grosset & Dunlap, 1976; London: W. H. Allen, 1976.

——, and Gerold Frank: *Beloved Infidel*. New York: Holt, Rinehart & Winston, 1958.

Hackl, Lloyd C.: *F. Scott Fitzgerald and St. Paul: "Still Home to Me."* Cambridge: Adventure Publications, 1996.

Hemingway, Ernest: *A Moveable Feast*. New York: Scribner's, 1964.

Hook, Andrew: *F. Scott Fitzgerald: A Literary Life*. New York: Palgrave MacMillan, 2002.

Koblas, John J.: *F. Scott Fitzgerald in Minnesota: His Homes and Haunts*. St. Paul: Minnesota Historical Society Press, 1978.

Lanahan, Eleanor: *Scottie, the Daughter of... The Life of Frances Scott Fitzgerald Lanahan Smith*. New York: HarperCollins, 1995.

——, ed.: *Zelda, An Illustrated Life: The Private World of Zelda Fitzgerald.* New York: Harry N. Abrams, Inc., 1996.

Latham, John Aaron: *Crazy Sundays: F. Scott Fitzgerald in Hollywood.* New York: Viking Press, 1971.

LeVot, André: *F. Scott Fitzgerald: A Biography.* Paris: Julliard, 1979.

Mayfield, Sara: *Exiles from Paradise: Zelda and Scott Fitzgerald.* New York: Delacorte Press, 1971.

Mellow, James R.: *Invented Lives: F. Scott and Zelda Fitzgerald.* Boston: Houghton Mifflin, 1984.

Meyers, Jeffrey: *Scott Fitzgerald: A Biography*. New York: HarperCollins, 1994.

Milford, Nancy: *Zelda: A Biography*. New York: Harper and Row, 1970.

Mizener, Arthur: *The Far Side of Paradise: A Biography of F. Scott Fitzgerald.* Boston: Houghton Mifflin, 1951; rev. ed., *F. Scott Fitzgerald: A Biographical and Critical Study*. London, Eyre & Spottiswoode, 1958; rev. ed., *The Far Side of Paradise*. New York: Vintage, 1959; rev. ed., Boston: Houghton Mifflin, 1965.

——: *Scott Fitzgerald and His World.* New York: G. P. Putnam's, 1972.

Page, David, and John J. Koblas: *F. Scott Fitzgerald in Minnesota: Toward the Summit*. St. Cloud: North Star Press, 1996.

Prigozy, Ruth: *F. Scott Fitzgerald: An Illustrated Life*. Woodstock, New York: Overlook Press, 2001.

Rielly, Edward J.: *F. Scott Fitzgerald: A Biography*. Westport: Greenwood Press, 2005.

Ring, Frances Kroll: *Against the Current: As I Remember F. Scott Fitzgerald.* San Francisco: Ellis/Creative Arts, 1985.

Shephard, Richard: *F. Scott Fitzgerald.* Harpenden: Pocket Essentials, 2005.

Taylor, Kendall: *Sometimes Madness Is Wisdom: Zelda and Scott Fitzgerald, a Marriage*. New York: Ballantine, 2001.

Tompkins, Calvin: *Living Well Is the Best Revenge*. New York: Viking Press, 1971.

Turnbull, Andrew: *Scott Fitzgerald.* New York: Scribner's, 1962.

Westbrook, Robert: *Intimate Lies: F. Scott Fitzgerald and Sheilah Graham: Her Son's Story*. New York: HarperCollins, 1995.

West, James L. W., III: *The Perfect Hour: The Romance of F. Scott Fitzgerald and Ginevra King, His First Love*. New York: Random House, 2005.

三、工具书

Bloom, Harold, ed.: *F. Scott Fitzgerald: Comprehensive Research and Study Guide*. Broomall: Chelsea House, 2000.

Bruccoli, Matthew J.: *The Merrill Checklist of F. Scott Fitzgerald*. Columbus: Merrill, 1970.

——: *F. Scott Fitzgerald: A Descriptive Bibliography*. Pittsburgh: U of Pittsburgh P, 1972; rev. ed. 1987.

——, ed.: *F. Scott Fitzgerald at 100: Centenary Tributes by American Writers*. Rockville: Quill & Brush, 1996.

——: *F. Scott Fitzgerald: A Descriptive Bibliography, Supplement (2001)*. New York: Bruccoli Clark Layman/The Gale Group, 2002.

——, ed.: *F. Scott Fitzgerald's The Great Gatsby: A Literary Reference*. New York: Carroll & Graf Publishers, 2000.

——, and Judith S. Baughman: *Reader's Companion to F. Scott Fitzgerald's Tender Is the Night*. Columbia: U of South Carolina P, 1996.

——, and George Parker Anderson: *F. Scott Fitzgerald's Tender Is the Night: A Documentary Volume: Dictionary of Literary Biography, Vol. 273*. Detroit: Bruccoli Clark Layman/Thompson/Gale, 2003.

——, and Judith S. Baughman, eds.: *F. Scott Fitzgerald in the Marketplace: The Auction and Dealer Catalogues, 1935—2006*. Columbia: U of South Carolina P, 2009.

Bryer, Jackson R.: *The Critical Reputation of F. Scott Fitzgerald: A Bibliographical Study*. Hamden: Archon Books, 1967.

——: *The Critical Reputation of F. Scott Fitzgerald: A Bibliographical Study. Supplement*. Hamden: Archon Books, 1984.

Bucker, Park S., ed.: *Catalogue of The Matthew J. and Arlyn Bruccoli F. Scott Fitzgerald Collection at the Thomas Cooper Library, the University of South Carolina*. Columbia: MJB, 1997.

——, ed.: *The Matthew J. and Arlyn Bruccoli Collection of F. Scott Fitzgerald at the Thomas Cooper Library, the University of South Carolina: An Illustrated Catalogue*. Columbia: U of South Carolina P, 2004.

Curnutt, Kirk: *The Cambridge Introduction to F. Scott Fitzgerald*. New York: Cambridge UP, 2007.

Gale, Robert L.: *An F. Scott Fitzgerald Encyclopedia*. Westport: Greenwood Press, 1998.

Gross, Dalton, and MaryJean Cross: *Understanding The Great Gatsby: A Student Casebook to Issues, Sources, and Historical Documents*. Westport: Greenwood Press, 1998.

Pelzer, Linda Claycomb: *Student Companion to F. Scott Fitzgerald*. Westport: Greenwood Press, 2000.

Prigozy, Ruth, ed.: *The Cambridge Companion to F. Scott Fitzgerald*. Cambridge UK: Cambridge UP, 2002.

Stanley, Linda C.: *The Foreign Critical Reputation of F. Scott Fitzgerald*. Westport: Greenwood, 1980.

——: *The Foreign Critical Reputation of F. Scott Fitzgerald, 1980—2000: An Analysis and Annotated Bibliography*. Westport: Praeger, 2004.

Tate, Mary Jo: *F. Scott Fitzgerald A to Z: The Essential Reference to His Life and Work*. New York: Facts On File, 1998.

——: *Critical Companion to F. Scott Fitzgerald: A Literary Reference to His Life and Work*. New York: Facts On File, 2007.

Tanner, Bernard R.: *F. Scott Fitzgerald's Odyssey: A Reader's Guide to the Gospels in The Great Gatsby*. Lanham: UP of America, 2003.

Weisbrod, Eva: *A Student's Guide to F. Scott Fitzgerald*. Berkeley Heights: Enslow, 2003.

四、专著

Allen, Joan M.: *Candles and Carnival Lights: The Catholic Sensibility of F. Scott Fitzgerald*. New York: New York UP, 1978.

Baughman, Judith S., and Matthew J. Bruccoli: *Literary Masters: F. Scott Fitzgerald*. Detroit: Manly/Gale Group, 2000.

Berman, Ronald: *The Great Gatsby and Modern Times*. Urbana: U of Illinois P, 1994.

——: *The Great Gatsby and Fitzgerald's World of Ideas*. Tuscaloosa: U of

Alabama P, 1997.

——: *Fitzgerald, Hemingway, and the Twenties*. Tuscaloosa: U of Alabama P, 2001.

——: *Modernity and Progress: Fitzgerald, Hemingway, Orwell*. Tuscaloosa: U of Alabama P, 2005.

——: *Translating Modernism: Fitzgerald and Hemingway*. Tuscaloosa: U of Alabama P, 2009.

Bingham, Derick: *A Voice Full of Money: The Parable of The Great Gatsby: A Warning Against Moral Drift*. Greenville: Ambassador-Emerald International, 2001.

Bruccoli, Matthew J.: *The Composition of Tender Is the Night: A Study of the Manuscripts*. Pittsburgh: U of Pittsburgh P, 1963.

——: *Apparatus for F. Scott Fitzgerald's The Great Gatsby [Under the Red, White, and Blue]*. Columbia: U of South Carolina P, 1974.

——: *"The Last of the Novelists": F. Scott Fitzgerald and The Last Tycoon*. Carbondale & Edwardsville: Southern Illinois UP, 1977.

——: *Getting It Right: The Publishing Process and the Correction of Factual Errors —with Reference to The Great Gatsby*. Columbia: n. p., 1994.

——: *Classes on F. Scott Fitzgerald*. Columbia: Thomas Cooper Library, University of South Carolina, 2001.

——: *Getting It Wrong: Resetting The Great Gatsby*. Columbia: n. p., 2005.

Callahan, John F.: *The Illusions of a Nation: Myth and History in the Novels of F. Scott Fitzgerald*. Urbana: U of Illinois P, 1972.

Chambers, John B.: *The Novels of F. Scott Fitzgerald*. London: Macmillan/New York: St Martin's Press, 1989.

Claßen, René: *Der Einfluss der neuen Medien auf Leben und Werk F. Scott Fitzgeralds*. Hamburg: Diplomica Verlag, 2009.

Combs, Maggie: *How to Analyze the Works of F. Scott Fitzgerald*. Edina: Abdo Consulting Group, Inc., 2012.

Crosland, Andrew T.: *A Concordance to F. Scott Fitzgerald's The Great Gatsby*. Detroit, MI: Bruccoli Clark/Gale Research, 1975.

Cross, K. G. W.: *Scott Fitzgerald*. New York: Grove Press, 1964.

Grube, John: *Tender Is the Night: Keats and Scott Fitzgerald*. Halifax, Nova Scotia: Dalhousie UP, 1964.

Dixon, Wheeler Winston: *The Cinematic Vision of F. Scott Fitzgerald*. Ann Arbor: UMI Research Press, 1986.

Donaldson, Scott: *Fitzgerald and Hemingway: Works and Days*. New York: Columbia UP, 2009.

Eble, Kenneth: *F. Scott Fitzgerald*. New York: Twayne, 1963.

Fahey, William A.: *F. Scott Fitzgerald and the American Dream*. New York: Crowell, 1973.

Fryer, Sarah Beebe: *Fitzgerald's New Women: Harbingers of Change*. Ann Arbor: UMI Research Press, 1988.

Gallo, Rose Adrienne: *F. Scott Fitzgerald*. New York: Ungar, 1978.

Glenday, Michael K.: *F. Scott Fitzgerald*. London and New York: Palgrave Macmillan, 2012.

Goldhurst, William: *F. Scott Fitzgerald and His Contemporaries*. Cleveland: World, 1963.

Hendriksen, Jack: *This Side of Paradise as a Bildungsroman*. New York: Peter Lang, 1993.

Higgins, John A: *F. Scott Fitzgerald: A Study of the Stories*. New York: St. John's UP, 1971.

Hindus, Milton: *F. Scott Fitzgerald: An Introduction and Interpretation*. New York: Holt, Rinehart and Winston, 1968.

Kuehl, John: *F. Scott Fitzgerald: A Study of the Short Fiction*. Boston: Twayne, 1991.

Kundu, Gautam: *Fitzgerald and the Influence of Film: The Language of Cinema in the Novels*. Jefferson: McFarland, 2008.

Lathbury, Roger: *Literary Masterpieces: The Great Gatsby*. Detroit: Manly/Gale Group, 2000.

Lehan, Richard D.: *F. Scott Fitzgerald and the Craft of Fiction*. Carbondale: Southern Illinois UP, 1966.

——: *The Great Gatsby: The Limits of Wonder*. Boston: Twayne, 1990.

Long, Robert E.: *The Achieving of The Great Gatsby: F. Scott Fitzgerald,*

1920—1925. Lewisburg, PA: Bucknell UP, 1979.

Mangum, Bryant: *A Fortune Yet: Money in the Art of F. Scott Fitzgerald's Short Stories*. New York: Garland, 1991.

Matterson, Stephen: *The Great Gatsby and the Critics*. London: Macmillan, 1990.

McDonald, Jarom Lyle: *Sports, Narrative and Nation in the Fiction of F. Scott Fitzgerald*. New York: Routledge, 2007.

Miller, James E., Jr.: *F. Scott Fitzgerald: His Art and His Technique*. New York: New York UP, 1964; Rev. ed. *The Fictional Technique of Scott Fitzgerald*. Folcroft: Folcroft Press, 1974.

Moore, Benita A.: *Escape into a Labyrinth: F. Scott Fitzgerald, Catholic Sensibility, and the American Way*. New York: Garland, 1988.

Moseley, Edwin M.: *F. Scott Fitzgerald: A Critical Essay*. Grand Rapids: Eerdmans, 1967.

Nowlin, Michael: *F. Scott Fitzgerald's Racial Angles and the Business of Literary Greatness*. New York: Palgrave Macmillan, 2007.

O'Meara, Lauraleigh: *Lost City: Fitzgerald's New York*. New York & London: Routledge, 2002.

Parkinson, Kathleen: *F. Scott Fitzgerald: Tender Is the Night*. Harmondsworth, U. K.: Penguin, 1986.

——: *F. Scott Fitzgerald: The Great Gatsby*. Harmondsworth, U. K.: Penguin, 1987.

Pendelton, Thomas A.: *I'm Sorry About the Clock: Chronology, Composition, and Narrative Technique in The Great Gatsby*. Selinsgrove, PA: Susquehanna UP, 1993.

Perosa, Sergio: *The Art of F. Scott Fitzgerald*. Ann Arbor: U of Michigan P, 1965.

Petry, Alice Hall: *Fitzgerald's Craft of Short Fiction: The Collected Stories, 1910—1935*. Ann Arbor: UMI Research Press, 1989.

Phillips, Gene D.: *Fiction, Film, and F. Scott Fitzgerald*. Chicago: Loyola UP, 1986.

Piper, Henry Dan: *F. Scott Fitzgerald: A Critical Portrait*. New York: Holt, Rinehart and Winston, 1965.

Potts, Stephen W.: *The Price of Paradise: The Magazine Career of F. Scott*

Fitzgerald. San Bernardino: Borgo Press, 1993.

Roulston, Robert, and Helen H. Roulston: *The Winding Road to West Egg: The Artistic Development of F. Scott Fitzgerald*. Lewisburg: Bucknell UP, 1995.

Schiff, Jonathan: *Ashes to Ashes: Mourning and Social Difference in F. Scott Fitzgerald's Fiction*. Selingsgrove: Susquehanna UP, 2001.

Schlacks, Deborah Davis: *American Dream Visions: Chaucer's Surprising Influence on F. Scott Fitzgerald*. New York: Peter Lang, 1994.

Seiters, Dan: *Image Patterns in the Novels of F. Scott Fitzgerald*. Ann Arbor: UMI Research Press, 1986.

Shain, Charles E.: *F. Scott Fitzgerald*. Minneapolis: U of Minnesota P, 1961.

Sklar, Robert: *F. Scott Fitzgerald: The Last Laocoön*. New York: Oxford UP, 1967.

Stavola, Thomas J.: *Scott Fitzgerald: Crisis in American Identity*. New York: Barnes & Noble, 1979.

Stern, Milton R.: *The Golden Moment: The Novels of F. Scott Fitzgerald*. Urbana: U of Illinois P, 1970.

——: *Tender Is the Night: The Broken Universe*. New York: Twayne, 1994.

Tanner, Barney: *Joycean Elements in F. Scott Fitzgerald's The Great Gatsby*. Bethesda: Academica Press, 2007.

Way, Brian: *F. Scott Fitzgerald and the Art of Social Fiction*. London: Edward Arnold, 1980; New York: St. Martin's Press, 1980.

West, James L. W., III: *The Making of This Side of Paradise*. Philadelphia: U of Pennsylvania P, 1983.

Whitley, John S.: *F. Scott Fitzgerald: The Great Gatsby*. London: Edward Arnold, 1976.

Zhang, Aiping: *Enchanted Places: The Use of Setting in F. Scott Fitzgerald's Fiction*. Westport: Greenwood Press, 1997.

五、论文集

Assadi, Jamal, and William Freedman, eds.: *A Distant Drummer: Foreign Perspective on F. Scott Fitzgerald*. New York: Peter Lang, 2007.

Bishop, John Peale, et. al.: *An F. Scott Fitzgerald Companion*. New York: Book-of-the-Month Club, 2000.

Blazek, William, and Laura Rattray, eds.: *Twenty-First Century Readings of Tender Is the Night*. Liverpool: Liverpool UP, 2007.

Bloom, Harold, ed.: *F. Scott Fitzgerald*. New York: Chelsea House, 1985.

——, ed.: *F. Scott Fitzgerald: The Great Gatsby*. New Haven, CT: Chelsea House, 1986.

——, ed.: *Gatsby*. New York: Chelsea House, 1991.

——, ed.: *Bloom's Biocritiques: F. Scott Fitzgerald*. Philadelphia: Chelsea House, 2002.

——, ed.: *Bloom's Modern Critical Views: F. Scott Fitzgerald*. New York: Chelsea House Publishers, 2006.

——, ed.: *F. Scott Fitzgerald's The Great Gatsby* (Bloom's Modern Critical Interpretations). New York: Bloom's Literary Criticism, 2010.

——, ed.: *F. Scott Fitzgerald's Short Stories* (Bloom's Modern Critical Interpretations). New York: Bloom's Literary Criticism, 2011.

Bruccoli, Matthew J., ed.: *Profile of F. Scott Fitzgerald*. Columbus, OH: Merrill, 1971.

——, ed.: *New Essays on The Great Gatsby*. New York: Cambridge UP, 1985.

——, ed.: *F. Scott Fitzgerald: Centenary Exhibition, September 24, 1896—September 24, 1996: The Matthew J. and Arlyn Bruccoli Collection, the Thomas Cooper Library*. Columbia: U of South Carolina P, 1996.

Bryer, Jackson R., ed.: *F. Scott Fitzgerald: The Critical Reception*. New York: Burt Franklin, 1978.

——, ed.: *The Short Stories of F. Scott Fitzgerald: New Approaches in Criticism*. Madison: U of Wisconsin P, 1982.

——, ed.: *New Essays on F. Scott Fitzgerald's Neglected Stories*. Columbia: U of Missouri P, 1996.

——, Alan Margolies, and Ruth Prigozy, eds.: *F. Scott Fitzgerald: New Perspectives*. Athens: U of Georgia P, 2000.

——, et al., eds.: *F. Scott Fitzgerald in the Twenty-first Century*. Tuscaloosa: U of Alabama P, 2003.

Claridge, Henry, ed.: *F. Scott Fitzgerald: Critical Assessments*, 4 vols. Near Robertsbridge, UK: Helm information, 1991.

Cowley, Malcolm, and Robert Cowley, eds.: *Fitzgerald and the Jazz Age*. New York: Scribner's, 1966.

Curnutt, Kirk, ed.: *A Historical Guide to F. Scott Fitzgerald*. New York: Oxford UP, 2004.

De Koster, Katie, ed.: *Readings on F. Scott Fitzgerald*. San Diego: Greenhaven, 1998.

——, ed.: *Readings on The Great Gatsby*. San Diego: Greenhaven, 1998.

Dickstein, Morris: *Critical Insights: The Great Gatsby*. Pasadena: Salem Press, 2010.

Donaldson, Scott, ed.: *Critical Essays on F. Scott Fitzgerald's The Great Gatsby*. Boston: G. K. Hall, 1984.

Eble, Kenneth, ed.: *F. Scott Fitzgerald: A Collection of Criticism*. New York: McGraw-Hill, 1973.

Hoffman, Frederick J., ed.: *The Great Gatsby: A Study*. New York: Scribner's, 1962.

Johnson, Claudia, ed.: *Class Conflict in F. Scott Fitzgerald's The Great Gatsby*. Detroit: Greenhaven Press, 2008.

Kazin, Alfred, ed.: *F. Scott Fitzgerald: The Man and His Work*. Cleveland: World, 1951.

Kennedy, J. Gerald, and Jackson R. Bryer, eds.: *French Connections: Hemingway and Fitzgerald Abroad*. New York: St. Martin's Press, 1999.

LaHood, Marvin J., ed.: *Tender Is the Night: Essays in Criticism*. Bloomington: Indiana UP, 1969.

Lee, A. Robert, ed.: *Scott Fitzgerald: The Promises of Life*. London: Vision/New York: St Martin's Press, 1989.

Lockridge, Ernest H., ed.: *Twentieth Century Interpretations of The Great Gatsby: A Collection of Critical Essays*. Englewood Cliffs: Prentice-Hall, 1968.

Mandal, Somdatta, ed.: *F. Scott Fitzgerald: A Centennial Tribute*, 2 vols. New Delhi: Prestige, 1997.

Mizener, Arthur, ed.: *F. Scott Fitzgerald: A Collection of Critical Essays* (Twentieth

Century Views). Englewood Cliffs: Prentice-Hall, 1963.

Noble, Don: *Critical Insights: F. Scott Fitzgerald*. Pasadena: Salem Press, 2011.

Piper, Henry Dan, ed.: *Fitzgerald's The Great Gatsby: The Novel, the Critics, the Background*. New York: Scribner's, 1970.

Ramanan, Mohan, ed.: *F. Scott Fitzgerald: Centenary Essays from India*. New Delhi: Prestige, 1998.

Stern, Milton R., ed.: *Critical Essays on F. Scott Fitzgerald's Tender Is the Night*. Boston: G. K. Hall, 1986.

Tredell, Nicolas, ed.: *F. Scott Fitzgerald: The Great Gatsby*. New York: Columbia UP, 1997.

六、博士论文（专题研究）[①]

Allen, Joan M.: "Residual Catholicism in Selected Works of F. Scott Fitzgerald." University of Massachusetts Amherst, 1973.

Anderson, George Parker: "A Writer Wastes Nothing: F. Scott Fitzgerald's Stories and the Achievement of *Tender Is the Night*." University of South Carolina, 1994.

Antolin-Pirès, Pascale: Le discours des objets dans l'oeuvre de F. S. Fitzgerald. University Michel de Montaigne, 1997.

Aschkenase, Shelly Bogotty: "All the Sad Young Women: A Feminist, New Economic Analysis of F. Scott Fitzgerald's Debutante-flappers. " Georgia State University, 2001.

Barnhill, Sarah Rives: "*Tender Is the Night* From Diver Carbon to Book: Textual Analysis and Collations." University of South Carolina, 1990.

Beard, Phillip Leon: "Fitzgerald's Nostalgia and the Twilight of the American Sublime." University of Maryland, College Park, 2000.

Bloom, Thomas Kenneth: "The Style of F. Scott Fitzgerald." Ohio University, 1972.

① 检索来源：美国联机计算机图书馆中心（OCLC）"WorldCat Dissertations and Theses" 数据库以及 ProQuest Dissertations and Theses(PQDT) 数据库；检索截至 2012 年 3 月。

Box, Patricia Ann Slater: "The Image of the Artist in the Works of F. Scott Fitzgerald." Texas Tech. University, 1978.

Bronson, Dan E.: "Vision and Revision: A Genetic Study of Scott Fitzgerald's Short Fiction with Some Excursions into His Novels." Princeton University, 1972.

Bruccoli, Matthew Joseph: "The Composition of F. Scott Fitzgerald's *Tender Is the Night*: A Study Based on the Manuscripts." University of Virginia, 1961.

Bullock, Heidi Kunz: "Typology in the Major Fiction of F. Scott Fitzgerald." Vanderbilt University, 1990.

Buntain, Lucy: "*The Great Gatsby*: A Romantic Masquerade." University of Nebraska-Lincoln, 1975.

Callahan, John Francis: "When That Greater Dream Had Gone: History and Self in *The Great Gatsby* and *Tender Is the Night*. " University of Illinois at Urbana-Champaign, 1970

Castaño Lloris, Trinidad: Ecos de jazz en la narrativa de F. Scott Fitzgerald. Universidad de Salamanca, 1996.

Chambers, John B.: "F. Scott Fitzgerald and the Idea of the Novel." University of Newcastle upon Tyne, 1984.

Clark, Richard M.: "Fitzgerald in the Late 1910s War and Women." Duquesne University, 2009.

Coleman, Thomas Cooper: "The Social and Moral Criticism of F. Scott Fitzgerald." University of South California, 1959.

Coleman, Daniel: "Mixing Description and Dialogue: An Anatomy of Narrative Voices in *The Great Gatsby*." Cornell University, 1997.

Crosland, Andrew: "A Concordance to *The Great Gatsby*." University of South Carolina, 1976.

Davis, Deborah Ann: "'The Pattern of His Fancies': The Rhetoric of Chaucer's Dream Visions in the Works of F. Scott Fitzgerald." Texas Woman's University, 1986.

Dixon, Wheeler W.: "The Cinematic Vision of F. Scott Fitzgerald." Rutgers University, 1982.

Doyle, Phyllis Louise: "The Search for Selfhood in the Fiction of F. Scott Fitzgerald." University of Rhode Island, 1980.

Ducros, Christiane: La réalité américaine dans l'oeuvre de F. Scott Fitzgerald. Etud. nord-am.: Paris, 1976.

Elliott, James Knight: "The Literary Reputation of F. Scott Fitzgerald." University of New Mexico, 1965.

Ellis, James Nelson: "The Fragmented Hero in the Novels of F. Scott Fitzgerald." University of Texas at Austin, 1963.

Elmore, Albert: "An Interpretation of *The Great Gatsby*." Vanderbilt University, 1968.

Evans, Thomas Jeffrey: "Realism in the Novels of F. Scott Fitzgerald." University of California, Davis, 1974.

Faust, Marjorie Ann Hollomon: "*The Great Gatsby* and Its 1925 Contemporaries." Georgia State University, 2008.

Frederick, Kenneth C.: "The Short Stories of F. Scott Fitzgerald." University of Michigan, 1963.

Fryer, Sarah Beebe: "Fitzgerald's New Women: Harbingers of Change." Michigan State University, 1988.

Gay, Marie-Agnès: Etude stylistique du point de vue narratif et de son évolution dans les cinq romans de F. Scott Fitzgerald. Université Jean Moulin, 1994.

Gillin, Edward: "Re-sounding the River: Mark Twain Currents in F. Scott Fitzgerald." Brown University, 1987.

Goldhurst, William: "F. Scott Fitzgerald and His Contemporaries." Tulane University, 1962.

Gorman, Susan M.: "'My Body and I': Anorexia, Authority, and F. Scott and Zelda Fitzgerald." Tufts University, 2010.

Gross, Barry Edward: "The Novels of F. Scott Fitzgerald: 'The dominant idea'". Ohio State University, 1966.

Haines, James Barr: "Being and Becoming: The Dynamic of Image and Theme in the Novels of F. Scott Fitzgerald." University of Pittsburgh, 1975.

Hallam, Virginia Ann: "The Critical and Popular Reception of F. Scott Fitzgerald." University of Pennsylvania, 1966.

Harris, Marie Phillipsen: "A Critical Study of the Novels of F. Scott Fitzgerald." University of Maryland, College Park, 1952.

Hebel, Udo J.: Romaninterpretation als Textarchäologie: Untersuchungen zur Intertextualität am Beispiel von F. Scott Fitzgeralds *This Side of Paradise*. Universität Mainz, 1988.

Heinze, Eva.: Die Stilentwicklung in der frühen Kurzprosa von F. Scott Fitzgerald: Ein Beitrag zur Überwindung des Impressionistischen Stils in der Amerikanischen Erzählung. Marburg/Lahn, Univ., 1969.

Hendriksen, John O.: "This Side of Paradise as a Bildungsroman." University of Wisconsin, 1989.

Heseltine, Harry P.: "The Development of the Fitzgerald Hero." Louisiana State University, Baton Rouge, La., 1956.

Higgins, John A.: "F. Scott Fitzgerald as a Writer of the Short Story: A Critical Study of His Basic Motifs and Techniques." St. John's University, 1968.

Höcker, Ursula: Darstellung und Kritik der Gesellschaft in den Werken von F. Scott Fitzgerald. Freiburg i. Br., 1961.

Hoenisch, Michael: Untersuchungen zum Formwandel im Werk F. Scott Fitzgeralds. Universität Berlin, 1969.

Hofmann, Eva: Decadence revisited: F. Scott Fitzgerald und das europäische Fin de siècle. Universität Regensburg, 1998.

Horodowich, Peggy Maki: "The Prose of F. Scott Fitzgerald: A Linguistic-literary Study." University of Delaware. 1978.

Höss, Tilman: F. Scott Fitzgerald, die Philosophie des Jazz Age. Universität Köln, 1994.

Humy, Nicholas: "The Stories of F. Scott Fitzgerald and the Establishment of a Consuming Readership." The University of Iowa, 1989.

Huonder, Eugen: "The Functional Significance of Setting in the Novels of Francis Scott Fitzgerald." Bern, 1974.

Kaleta, Kenneth C.: "F. Scott Fitzgerald as Cinematic Novelist: A Study in the Problems of Critical Vocabulary." New York University, 1985.

Keiner, Karl E.: Die Funktion des Reichtums im Erzählwerk von F. Scott Fitzgerald, mit besonderer Berücksichtigung seiner Romane. Universität Mainz, 1984.

Klug, Jack B.: "Satire in the Early Works of F. Scott Fitzgerald." Texas A & M University, 1976.

Kuehl, John Richard: "Scott, Fitzgerald: Romantic and Realist." Columbia University. 1958.

Kuhnle, John Harold: "Conscious Artistry in the Major Novels of F. Scott Fitzgerald." Vanderbilt University, 1971.

Kundu, Gautam: "F. Scott Fitzgerald's Verbal Cinema: Film Techniques in the Major Novels." Oklahoma State University, 1987.

Latham, John Aaron: "The Motion Pictures of F. Scott Fitzgerald." Princeton University, 1970.

Leighninger, Robert Dean, Jr.: "Achievement Anomia and F. Scott Fitzgerald: A Study in the Interrelationships of Social Scientific Theory-building and Fiction." Syracuse University, 1971.

Long, Robert Emmet: "The Hero and Society in the Earlier Novels of F. Scott Fitzgerald: A Study in Literary Milieu." Columbia University, 1968.

Maimon, Elaine P.: "The Biographical Myth of F. Scott Fitzgerald (1940-1970)." University of Pennsylvania, 1970.

Mangum, Anthony Bryant: "The Short Stories of F. Scott Fitzgerald: A Study in Literary Economics". University of South Carolina, 1974.

Margolies, Alan: "The Impact of Theatre and Film on F. Scott Fitzgerald." New York University, 1969.

Mark, Winifred Agnes Nora: "The Critical Reception of the Major Works of F. Scott Fitzgerald, 1920-1977." Catholic University of America, 1978.

McDonald, Jarom Lyle: "Sport, Status, Narrative, and Nation: Sport Culture as Social Analysis in the Fiction of F. Scott Fitzgerald." University of Maryland, College Park, 2005.

Millani, Mary Elvira: "Irony and Symbolism: An Examination of the Longer Fiction of F. Scott Fitzgerald." Saint Louis University, 1968.

Miller, James Edwin: "A Study of the Fictional Technique of F. Scott Fitzgerald." University of Chicago, 1949.

Miller, John Neely: "Romanticism, Irony and the Novels of F. Scott Fitzgerald." Stanford University, 1964.

Moore, Benita Ann: "Escape into a Labyrinth: F. Scott Fitzgerald, Catholic Sensibility and the American Way." University of Iowa, 1976.

Mota, Miguel: "A Dialogue of Voices: Malcolm Lowry's *Tender Is the Night*." Queen's University, 1994.

Moyer, Kermit: "The Historical Perspective of F. Scott Fitzgerald." Northwestern University, 1972.

Mylan, Shirley Anne: "Exiled from Paradise: F. Scott Fitzgerald's Search for a Centered World." University of California, Riverside, 1986.

Nuttall, F. F.: "The Establishment of Literary Influence on and an Analysis of the Development of the Fiction of F. Scott Fitzgerald." University of Strathclyde, 1973.

O'Meara, Lauraleigh: "Lost city: Fitzgerald's New York." Arizona State University, 1999.

Pair, Joyce Morrow: "Borrowed Time: The Philosophy and Fiction of F. Scott Fitzgerald." Georgia State University, 1983.

Pike, Gerald Stephen: "A Concert of One: Voice in the Short Fiction of F. Scott Fitzgerald." University of California, Davis, 1990.

Piper, Henry Dan: "Scott Fitzgerald and the Origins of the Jazz Age." University of Pennsylvania, 1950.

Plowden, Sarah Caroline Harman: "F. Scott Fitzgerald and Literary Synesthesia: The Heightening of Mood, Moment, and Ambiguity". University of South Carolina, 1990.

Podis, Leonard: "*The Great Gatsby*: A Stylistic Analysis." Case Western Reserve University, 1975.

Potts, Stephen W.: "F. Scott Fitzgerald: His Career in Magazines." University of California, Berkeley, 1980.

Prigozy, Ruth Markoe: "The Stories and Essays of F. Scott Fitzgerald: a critical study." City University of New York, 1969.

Reiter, Joan: "*F. Scott Fitzgerald: Hollywood as Literary Material*." Northwestern University, 1972.

Schaeffer, Lynne: "F. Scott Fitzgerald and the South." University of Detroit Mercy, 1977.

Schiff, Jonathan: "Ashes to Ashes: Mourning and Difference in F. Scott Fitzgerald's Fiction." State University of New York at Albany, 1997.

Schitter, Hans Günter: Zeitgeschichte, Mythos und Kunst in den drei letzten Romanen F. Scott Fitzgeralds. Freiburg i. Br., 1968.

Schlacks, Deborah Davis: "American Dream Visions: Chaucer's Surprising Influence on F. Scott Fitzgerald." Texas Women's University, 1994.

Seiters, Dan: "Image Patterns in the Novels of F. Scott Fitzgerald." Southern Illinois University, 1976.

Service, Eleanor Harnett: "Sense of Place in F. Scott Fitzgerald." Case Western Reserve University, 1976.

Seshachari, Neila C.: "Myth in the Novels of F. Scott Fitzgerald." University of Utah, 1975.

Shunnaq, Susanne Ramadan: "The Transitional Epic Hero in American Literature: Alger, Fitzgerald, and the Philosophy of Success." Pennsylvania State University, 2000.

Silver, Elizabeth Jane: "America Revisited: History and Setting in the Works of F. Scott Fitzgerald." University of California, Los Angeles, 1981.

Sklar, Robert A.: "The Last Laocoön: A Study of F. Scott Fitzgerald." Harvard University, 1965.

Smith, Felipe: "The Dark Side of Paradise: Race and Ethnicity in the Novels of F. Scott Fitzgerald." Louisiana State University, 1988.

Staley, Thomas: "F. Scott Fitzgerald: A Study of His Development as a Novelist." University of Pittsburgh, 1962.

Stanley, Linda C.: "The Foreign Critical Reputation of F. Scott Fitzgerald: An Analysis and Annotated Bibliography." New York University, 1976.

Stavola, Thomas: "Crisis in an American Identity: An Application of Erik Erikson's Psychoanalytic Theories to the Life and Fiction of F. Scott Fitzgerald." Fordham University, 1977.

Stebbins, Todd Harrison: "*Tender Is the Night*: The Last Love Battle, with a Newly Generated Concordance." University of South Carolina, 1993.

Steinberg, Michael Jay: "Dream and Disillusion: The Major Theme in F. Scott Fitzgerald's Fiction." Michigan State University, 1974.

Storm, Laura: "*The Great Gatsby*: From Novel into Opera." Florida State University, 2004.

Sweetman, Charles: "F. Scott Fitzgerald and the Fiction of Failure." Washington University, 2003.

Tischler, Michael Emil: "Nervousness in the Works of F. Scott Fitzgerald." University of Nevada, Las Vegas, 2001.

VanArsdale, Nancy: "F. Scott Fitzgerald's Conflict with America: A Study of Displacement and Psychic Geography in His Work." New York University, 1991.

Walton, Dean F.: "A Chance for Preciseness: A Study and Collation of F. Scott Fitzgerald's Revisions to Selected Stories for His Four Collections." University of Delaware, 1982.

West, James L. W.: "Materials for an Established Text of F. Scott Fitzgerald's *This Side of Paradise*." University of South Carolina. 1971.

Weston, Elizabeth A.: "The International Theme in F. Scott Fitzgerald's Literature." New York University, 1988.

White, Patti: "Gatsby's Party: The System and the List." City University of New York, 1990.

Williams, Jere Lee: "The Cast of Glamour: A Study of Selected Short Stories of F. Scott Fitzgerald." Rice University, 1970.

Wilson, Doni M.: "Modernizing Love: F. Scott Fitzgerald and the Fictions of Romance." University of North Carolina at Chapel Hill, 2003.

Winter, Keith: "Paired Opposites as a Method of Composition in Fitzgerald's Novels." Washington State University, 1972.

Woll, Harvey Stephen: "The Double World of F. Scott Fitzgerald's Short Stories." Duke University, 1976.

Woodward, Jeffrey Harris: "F. Scott Fitzgerald: The Artist as Public Figure, 1920—1940." University of Pennsylvania, 1972.

Zhang, Aiping: "From Parable to Microcosm: The Use of Setting in the Fiction of F. Scott Fitzgerald." Harvard University, 1993.

七、期刊资源

Fitzgerald Newsletter (quarterly, 1958—68). Washington, D. C.: NCR Microcard Books, 1969.

Fitzgerald/Hemingway Annual, 1969—79.

F. Scott Fitzgerald Collection Notes. S. C.: Thomas Cooper Library, University of South Carolina, 1995-.

The F. Scott Fitzgerald Review. Hempstead, New York: The F. Scott Fitzgerald Society, 2002-.

八、网站资源

http://www.sc.edu/fitzgerald/ <F. Scott Fitzgerald Centenary Home Page>

http://libweb.princeton.edu/libraries/firestone/rbsc/aids/fitzgerald/ <F. Scott Fitzgerald Papers, Princeton University>

http://www.sc.edu/research.html < Thomas Cooper Library, University of South Carolina>

附录二

人名中外文对照及索引

附录三 书、报、刊、篇名中外文对照及索引

一、刊物及出版社名

二、菲茨杰拉德夫妇的著作(含改编电影)名

三、本书出现的菲茨杰拉德研究著作

四、本书出现的菲茨杰拉德研究文章